B

READ AND BE BETTER

1873

许知远 著

梁启超

维新

1898

A YOUNG REFORMER

1873－1898

GUANGXI NORMAL UNIVERSITY PRESS

广西师范大学出版社

·桂林·

给 yiyi

你代表希望、勇气与不可解释的乐观

———

再版序　莽撞的变法者

修订比想象的更折磨人。

我犹记完成第一卷时的欣喜，它不仅是对梁启超最初岁月的叙述，还试图还原一个时代的色彩、声音与情绪，理解一个士大夫群体的希望与挫败。

重读时，我汗颜不止，意识到自己的雄心与能力间的失衡。我太想把一个时代装入书中，以至于人物常被淹没，还引来一个令人不安的趋向，似乎个人只是时代精神的映射，其内在动机、独特性反而模糊了。

同样重要的是，我试图描绘一个思想者，却对其思想脉络了解不足。若不能分析学术风气、八股训练对于个人心灵的禁锢，怎能展现出冲破它的勇气与畅快！我也对权力与学术间的纠缠缺少洞察，不管古文今文还是汉学宋学之争，皆与权力合法性直接相关，它是中国历史的本质特征之一。

对于官僚机制的运转，我也缺乏确切感受。这个体制看似严密却充满漏洞。一个小小的、万木草堂式的组织，就能迸发出如此力量，掀起滔天巨浪。

意识到弊端，并不意味着能修正。我似乎能看到八年前自己的莽撞，闯入一个完全陌生的领域，很多时刻，全凭直觉来应对繁多材料，建立起某种生硬逻辑。偶尔，你也会惊异于这种直觉的准确性。

事实上，梁启超正是直觉型的思想者。他以二十三岁之龄出任《时务报》主笔，从孔子改制到明治维新，从春秋大义到福尔摩斯，无所不谈，笔触甚至比他的思考更快。他依赖即兴与直觉，头脑中的理念或许庞芜、凌乱，笔下却铿锵有力。他也受惠于上海的印刷革命，它重组了知识体系，催生出新的共同话语，这个年轻的主笔脱颖而出。

这一卷覆盖了梁启超最初的二十五年，从 1873 年出生于华南的茶坑村，到 1898 年卷入百日维新。在很大程度上，他以康有为的追随者与宣传者的面貌出现。这段时间，他的个人资料并不充分，也因此其时代背景，尤其是康有为的影响，变得尤为重要。我记得自己对于康有为的摇摆心理。他从一个大名鼎鼎的变法者，似乎变为一个盲目自大者、一个厚颜无耻的自我推销者、一个权力迷恋者，甚至毁掉变法的躁进者。但逐渐地，敬意又重新生出。面对一个恐惧与麻木蔓延的体制，他汇聚了一群维新同仁，带来一股新风，当舞台出现时，他毫不犹豫地一跃而上。他对青年人的魅力更令人赞叹，他将万木草堂塑造为一台学术生产与政治影响力的机器，

　　　　　　　　　　　　梁启超：维新 1873—1898

学生们聚聚散散，却始终以某种方式联结。这种力量还将延续到海外，造就一个全球性的政治、商业、文化网络。

这群广东师徒也胆大妄为。他们并非日后宣称的渐进的维新一派，只要时机适合，他们会毫不犹豫地与孙文结成同盟，推翻清政府统治。也因此，当维新受挫，围园锢后的计划并不令人意外。

这一版的叙述更为流畅，我尽量将古文白话化，删减了一些烦冗的引用，但一个缺陷仍旧显著。1888 年第一次上清帝书以来，康有为在十年间创造了一套政治哲学，从《公羊春秋》到议会民主，杂糅又充满大胆的想象力。在很长一段时间里，梁启超的思想不过是这套理论的阐述与延伸。但如何清晰、生动地描述这套理论，我尚未找到更恰当的笔触。

这一卷的修订，常伴随着威士忌与查克·贝利的歌声，后者常被视作摇滚乐的开创者之一，一首 Roll over Beethoven 尤得我心。我猜，康有为的《新学伪经考》《孔子改制考》就如彼时思想界的摇滚乐，带来巨大的感官震撼。查克·贝利令贝多芬翻滚起来，康有为则让孔子摇摆，变为他的变法思想的支持者。万木草堂就像一支乐队，在这一卷中，倘康有为是艺术总监、词曲作者，梁启超就正逐渐获得主唱的角色。

2024 年 11 月 11 日

自 序　一个青年变革者

一

梁启超正盯着我。他鼻正口阔，短发整洁而富有光泽，由中间清晰地分开，竖领白衫浆得笔挺，系一条窄领带，嘴角挂有一丝骄傲，眼神尤为坚定。

这该是他三十岁左右的样子，拍摄地可能是横滨、墨尔本或是温哥华。他动员散落在世界各处的华人商人与劳工捐献资金、创建组织，营救受困的皇帝，建立一个富强的中国。几年前，他还是个脑后拖着长辫的举人，如今已经展现出一个现代知识分子的风貌。

在城市之光的书架上，梁启超与络腮胡须的印度诗人泰戈尔，以及一位裹头、皱眉的男子并列在一本书的封面上。我翻开书，得知裹头男子名为哲马鲁丁·阿富汗尼，一位来自伊斯兰世界的思想家。他们三人是 19 世纪末、20 世纪初亚洲知识分子的代表，目睹各自国家的瓦解与西方的压力，分别以不同方式帮助祖国重获自尊。

它引发了我的兴趣。这是 2013 年深秋，我刚过三十七岁，厌倦了新闻业的碎片与短暂，想寻求一种更辽阔与深沉的表达，从北京搬到旧金山也是这种寻求的一部分。随之而来的闲暇里，哥伦布街上的城市之光书店成了消磨时光的最佳去所。我喜欢它丰富的世界文学书目，二楼 poetry room 的寂寥，以及橱窗上凯鲁亚克的黑白照片。这家书店是垮掉一代作家的发源地，代表着自由不羁的文学趣味，还身处两个世界的交汇地。它背后的唐人街的历史足以追溯到 19 世纪中叶，大批广东人和福建人因淘金潮来到这里，成为这座城市的最初缔造者之一，1903 年，梁启超还曾旅居于此。斜对面是小意大利，在那家令科波拉流连的小咖啡馆里，黑咖啡与老式点唱机尤其令人着迷。

与梁启超的偶遇，特别是他目光之坚定，令这种模糊的寻求清晰起来。为何不写一部他的传记，借此追溯近代中国的转型呢？它足够辽阔与深入，也与我的个人经验紧密相连。

二

1873 年，当梁启超生于广东一个普通的乡村时，清王朝正处于最后的平静时期。1929 年，当他在北京去世时，帝制早已瓦解，新生共和国却仍动荡不安，他昔日的政治对手国民党只在名义上统一了中国。社会变革席卷了每个角落：昔日的缠足女人走入学堂，探讨"娜拉出走后怎么办"；阅读报纸、杂志成了日常习惯，人们在茶馆里、饭桌上谈论着来自世界各地的消息；戏台上的名角们将《定军山》《长生殿》留在电影屏幕与密纹唱片上；因为火车、轮船、电报的普及，再遥远的乡村都可以感到时代之脉搏。思想的变化更是惊人，尽管很多人熟记四书五经，遵从三纲五常，如今却宣布抛弃整个传统，要写白话文、自由恋爱。中央王朝的荣光与傲慢被屈辱与自卑取代，人们饥渴、不无盲目地寻求日本、英国、德国、美国甚至印度的观念的滋养。

梁启超经历着这一切，也是这种转变的积极参与者。他是一位行动者，二十五岁就卷入百日维新的旋涡中，流亡日本后又参与策划自立军起义。他在袁世凯与张勋的两次复辟中挺身而出，成为再造共和的关键人物，还是中国加入第一次世界大战的幕后推动者。

他是个思想者，倘若你谈论中国现代思想的形成，科学、经济学、佛学、法学、政治思想、小说理论……没有一个领域能回避他的影响。他更是个书写者，自1896年出任《时务报》主笔以来，他在三十三年时间里，不间断地写下至少1400万字，涉及时事批评、战斗檄文、组织章程、诗词小说、学术专著、演讲、人物传记……几代人如饥似渴地阅读他的作品，20世纪的历史性人物——陈独秀、胡适、毛泽东——都列居其中。

我也是他的读者，并生活在他缔造的传统中。我就读的北京大学的前身是京师大学堂，他是大学堂最初的章程起草人。我进入新闻业后，他更是一个无法忽略的存在，堪称最伟大新闻记者之一，没有谁能像他一样，用笔与报刊参与了如此多的变革。

但我又感觉，在历史书写中，他至关重要却又面目模糊。他的政治与思想遗产仍强有力地影响着我们的生活，他对现代中国的构建与想象还占据着公共讨论的中心，"新民说"仍是日常用词，流行偶像则把"少年强则中国强"写入歌词。但他的思想与性格，希望与挫败，他的内心挣扎和与同代人的争辩，却很少得到充分的展现与分析。

在世界舞台上，他更是被低估的人物，他理应进入塞缪尔·约翰逊、伏尔泰、福泽谕吉与爱默生的行列，他们身处一个新旧思想与知识交替的时代，成为百科全书式的存在，唤醒了某种沉睡的精神。即使置于自己的时代，梁启超也该进入全球最敏锐心灵的行列。这些人看到一个技术、民族主义、全球化驱动的现代世界的到来，在希望与挣扎中摇摆。梁启超从中国语境出发，回应了很多普遍性问题，对于科学、民族主义、个人精神都做出了独特判断。但与用英文写作的泰戈尔不同，他未被中国之外的读者广泛认知。

这与近代历史的动荡和断裂有关，也受困于中文历史书写。梁启超自己也曾尝试开启现代传记写作，这一传统从未真正扎根于中文世界，没有一位中国人像博斯韦尔观察约翰逊博士那样描述一个人，更不会像爱默生一样笃信"没有历史，只有传记"。个人更像是历史潮流的产物，而非自成一个世界。

这也与观察角度有关。梁启超常仅被置于中国自身语境，很少被放在世界维度。他是 19 世纪末的全球化浪潮的拥抱者，在轮船、电报、铁路、印刷术构造的现代网络中游刃有余。他在横滨编辑的杂志被偷运到国内，给一代人展现了崭新的知识与思想。他的足迹遍及日本、大洋洲、美洲与欧洲，所到之处受到海外华人的热烈欢迎，当地政要与新闻界对他趋之若鹜，认定他握有中国的未来。他在华盛顿会见了西奥多·罗斯福，在纽约拜访了摩根，邀请伯特兰·罗素、约翰·杜威访问中国，在战后的欧洲与亨利·柏格森探讨现代性的困境。

三

2015 年 9 月，在被书架上的梁启超注视了两年之后，我写下第一行字。接下来的三年，它变成一桩彻头彻尾的苦役。

梁启超的作品以及他参与的政治、社会转型的广度与深度，都令人望而生畏，个人与时代之关系也难以把握。对于在西方思想与文学滋养中成长的我来说，汉学与宋学之争、公羊学的兴起是一片充满荆棘的森林，仅仅文言写作就让我头痛不已。清代是中国传统学术的终结，是盲目拥抱新潮流的开端。我受困于中国历史书写对个人情绪与性格的习惯性忽略，使得作为儿子、丈夫与朋友的梁启超在个性的展现方面显得过分单薄。

在此过程中，英国作家菲利普·圭达拉的警告始终在耳边回响："传记是一个非常明确的区域，北面的边界是历史，南面是小说，东方是讣告，西方则是冗长沉闷。"我知道自己，在东西南北间，仓皇不堪。

出于畏惧，最初的计划被拆解成三部曲。这一卷有关梁启超的早年岁月，从出生到戊戌变法失败，短短二十五年中，他从一个边陲之地熟读四书五经的少年，蜕变为将孔子改制与明治维新嫁接一处的年轻变革者。他的敏锐开放、自我创造与行动欲望，在这个时期展现无遗。他不顾功名等级的限制，拜入康有为门下；在上海的四马路上，他驾驭印刷资本主义的新浪潮，成为一种新文体的开创者。他迫不及待地将思想转化成行动，是公车上书的策动者之一，并在学堂中鼓动年轻人的反叛意识，随后卷入百日维新的派系斗争。

不管梁启超多么杰出，未来将怎样声誉卓著，此刻仍是历史的配角，作为狂生康有为的主要助手出场。在彼时的中国学术与权力地图上，他们都是边缘人。但边缘赋予他们特别的勇气，令他们成为既有秩序的挑战者。这也是历史迷人之处，即使人人都受制于自身环境，自由意志仍催促一些人脱颖而出，成为异端与反叛者。倘若你不理解19世纪末的政治与文化转型，不了解一个王朝晚期读书人怎样应考，怎么理解外部知识，听什么戏，朋友间如何通信、宴请，审查之恐惧如何无处不在，你就很难体味这种反叛之价值。

地域特性就像时代氛围一样，给个人打上鲜明的烙印。

我在茶坑村散步，品尝了以陈皮制作的各种菜肴；一个夏日午后，坐在残留的广州万木草堂一角发呆；在衰落的福州路上，想象报馆与青楼林立的昔日繁盛；在夜晚的火宫殿小吃摊上，猜测梁启超刚抵达长沙的心情；或是在北京的法源寺外闲坐，想象他与谭嗣同、夏曾佑热烈的青春……很可惜，在一轮轮的拆毁与重建中，历史现场早已面目全非，你只能依赖想象力，尽管它常不可靠。

写作不可避免地带着当代意识。在触发这本书产生的旧金山，梁启超也曾在一个世纪前到来。他四处演讲，出席宴请，接见华人领袖，还品尝了一种叫王老吉的饮料。他感受到这里的人"爱乡心甚重""义侠颇重"，更看到了不洁的街道、林立的宗派、政治能力与现代德行的缺失。他感慨，若把"自由、立宪、共和"的理念和制度引入中国，可能像是夏天的裘皮大衣、冬日的葛布单衣——"美非不美，其如于我不适何"。如果不能塑造出一种"新民"、一套新的价值观，任何变革都是无效的。一个世纪过去了，华人后代中有一位成了市长，另一位买下了曾鼓吹排华的《旧金山纪事报》，这座城市开始热烈期待引入中国投资人……但走在此刻的唐人街，你会感到梁启超的一些忧虑与困惑仍顽强地存在着，能激起回响，已经获得富强的中国也在探寻某种内在与外在的秩序。

梁启超那一代人也面临一个加速度的、技术革命与知识爆炸的时代，他应对这些变革时的勇敢与迷惘，激起了我强烈的共鸣。这本书也是个避难所，我常躲入另一个时空寻求慰藉。在经常令人厌倦的写作中，意外的惊喜也不时涌来。我感到自己日渐笃定，甚至生长出一种新的雄心。我越来越希望这三卷本的传记成为一部悲喜剧、一部近代中国的百科全书。我期望它能复活时代的细节与情绪，展现出几代人的焦灼与渴望、勇气与怯懦。当梁启超成为声名鹊起的主笔时，比他年长四十五岁的改革者王韬已走到了生命的最后岁月，他看着自己一生呼吁的理念正展现在这个年轻人的报纸上；同样阅读这份报纸的还有安庆的少年读者陈独秀，二十年后，他将成为新文化运动的发起人；在1898年北京躁动的夏日里，身经英法联军火烧圆明园、太平天国运动、甲午之战的李鸿章，旁观着康有为、梁启超这两个青年过分活跃的举动，心中不屑却又暗自钦佩。人性之弱点与光辉，个性之必然与命运之偶然，彼此交织。那些相濡以沫的同志，在历史考验面前也经常反目成仇，彼此疏离，然后在人生下一个路口再度交会。

第一卷即将完成时，我读到了博尔赫斯对《罗马帝国衰亡史》的评论，在他眼中，阅读这本书仿若"投身于并且幸运地迷失在一部人物众多的长篇小说里。其中的人物是人类的一代又一代，剧场就是世界，而其漫长久远的时间则是以朝代、征服、发现以及语言和偶像的嬗变来计量的"。我很期待，这三卷本完成时，我的读者也能有相似的感受，如果你尚未在这一卷中获得，就请耐心地等待第二卷。

2019 年 4 月

目 录

梁启超、林权助笔谈，1898 年 9 月 21 日

仆三日内即须赴市曹就死，愿有两事奉托，君若犹念兄弟之国，不忘旧交，许其一言。寡君以变法之故，思守旧老耄之臣不足以共事，思愿易之，触皇太后之怒……

资料来源：[日] 岩井尊人笔记，陈鹏仁译著《林权助回忆录》，台北：致良出版社，2015 年。

引言　逃亡

　　一个青年匆匆闯入日本公使馆，要找代理公使林权助。这是 1898 年 9 月 21 日午后，阴，炎热异常，北京秋日的清爽尚未到来。[1]

　　日本公使馆是一栋单层砖木结构的平房，正立面七开间，中砌砖作拱券式的大门，门顶檐的女儿墙上又砌了三角山花。这种建筑风格是欧洲古典主义与东方审美的融合，也是日本身份的隐喻，渴望西方却仍深植于东方。它的设计者片山东熊毕业于东京帝国大学，是最早接受西方训练的日本建筑师之一。

　　日本公使馆地处东交民巷，这条小巷正是中国与世界关系的缩影。它的历史可以追溯到元代，南方稻米经大运河到此交易，得名江米巷。明代时，一些重要衙署、王府与寺庙在此兴建，专门学习外国语言的四夷馆也设立于此，它包括鞑靼、女直、西番、西天、回回、百夷、高昌、缅甸八馆，之后又增设八百和暹罗。这是清王朝眼中的异域世界，外来者也是朝贡者，臣服于自己的繁盛与文明。由于"江米"与"交民"读音相近，巷子遂逐渐被称作交民巷，又变成了东交民巷。

清代的东交民巷更为喧闹，宗人府、吏部、户部、礼部都在巷子西口，兵部、工部、鸿胪寺、钦天监、太医院、翰林院在另一端。巷子的意涵在 19 世纪后半叶再度发生改变。在圆明园被一把大火烧毁后，清王朝终于同意英国与法国在北京设立使馆，这意味着中国人与外部的关系已彻底转变。新"野蛮人"与昔日"四夷"不同，他们更强大，还有自己独特的文明。

英国与法国，接着是俄国、美国、德国、比利时、西班牙、意大利、奥匈帝国，先后在此建立使馆。这条狭长的巷子变成了一个西方建筑、生活方式的展览场，空气里经常飘荡着罗伯特·赫德[①] 著名的铜管乐队演奏的乐曲，这位海关总税务司也是最著名的中国通。

日本公使馆是东交民巷的后来者。早在 1871 年，日本就与中国建交，但在相当长的时间里，使馆要么在寺庙，要么在租借的民房中暂时栖身。中国尚未将日本视作一个平等的国家，后者与强大的蛮夷不同。直到 1886 年，日本终在

---

① 赫德（Robert Hart，1835—1911），字鹭宾，英国外交官和清政府官员，曾任大清皇家海关总税务司近半个世纪（1861—1908），著有《中国论集》。

东交民巷有了一席之地。接下来的十二年中，公使馆目睹了中日关系的戏剧性转变，日本不仅在甲午战争中击败中国，还成了中国维新者模仿的对象。日本公使曾为觐见皇帝焦灼不已，光绪如今则充满期待地等待着下野的伊藤博文的到来。

这位匆匆进入使馆的中国青年，额头宽阔，鼻梁挺直，却"脸色苍白，悲壮非常"。林权助认识他，他叫梁启超，是北京活跃的维新者中的一员，其老师康有为更是有名，曾专门给皇帝上呈关于明治维新的著作。"我判断事体极为不寻常。"多年之后，林权助回忆说。他把梁启超请入房间，开始笔谈。汉语是彼时东亚拉丁文，中国、日本、朝鲜、越南的读书人无法口语交流，却分享相同的书面语。"仆三日内即须赴市曹就死，愿有两事奉托，君若犹念兄弟之国，不忘旧交，许其一言。"梁写道。林权助觉得这样交流太缓慢，按铃叫翻译官进来。梁在纸边空白处写道，"笔谈为妙，不必翻译"，接着写下"寡君以变法之故，思守旧老耄之臣不足以共事，思愿易之，触皇太后之怒……"

此刻，翻译官走了进来，对话加速起来。梁启超乞求，日本出面救助光绪帝与康有为，他自己则准备迎接死亡，"我如被逮捕，三天之内会被杀"。这场景必令林权助深感震撼，以至于将近四十年后，仍能栩栩如生地回忆，其细节或有出入，情绪却异常饱满。这也与林权助的个人经历相关，这位面颊修长的外交官刚刚三十八岁，是同代人中最有经验的外交官之一。他是个不幸与幸运交替之人，祖父与父亲都死于倒幕之战，且站在失败的幕府一边，他却被战胜一方收养，入读东京帝国大学，毕业后进入外务省，被派往中国烟台。比起回国度假的公使矢野文雄，他的视野与决断更胜一筹。他体验过北京维新的热浪，还为京师大学堂的创办提过诸多建议。在这些中国维新者身上，他也不难看到日本志士的身影。

林权助允诺梁启超，努力去办他交代的两件事，并劝他："你不必死。你好好思考，必要时随时到我这里来。我会救你。"梁离去后，林权助向伊藤博文汇报情况。这位明治维新的缔造人刚卸任首相，正在中国游历，此刻恰住在使馆。"我完全明白了。梁这个年轻人了不起，真是令人佩服。"伊藤感慨道。

当晚，日本公使馆门外一阵嘈杂，梁启超闯了进来。伊藤要林权助救助，"让他逃往日本，到了日本以后我来帮助他"，"梁启超这个年轻人对于中国而言是一个奢侈的灵魂"。[2]

留宿公使馆的梁启超必定难眠，这是慌乱、恐惧的一日。早晨，慈禧太后宣布训政，收回皇帝手中原本有限的权力。她颁布的首道谕旨就是捉拿康有为兄弟："工部主事康有为结党营私，莠言乱政，屡经被人参奏，着革职，并其弟康广仁，均着步军统领衙门拿交刑部，按律治罪。"[3]御史宋伯鲁也"即行革职"。[4]稍早离开北京的康有为躲过了一劫，康广仁则在南海会馆被捕。流言四起，在京城的茶馆中，人们纷传皇帝设谋加害太后，且引外人相助，太后因此才再度垂帘。据说康有为的另一位支持者、总理衙门大臣张荫桓也被抄家。[5]

梁启超预感到大祸将至，早晨在浏阳会馆与谭嗣同"对坐榻上，有所擘划"，这时"抄捕南海馆之报忽至，旋闻垂帘之谕"。[6]他们连忙拜访李提摩太[①]，多年来，这个操着山东口音的英国传教士，积极地促进中国的变革，并实现自己常不切实际的雄心壮志。他们决定寻求国际力量的干预。李提摩太去找英国公使，维新老手容闳去拜访美国公使，梁启超则前往日本使馆。但美国公使进了山，英国公使正在北戴河度假，只有梁启超找到了林权助。

除去提供个人庇护，日方拿不出解救方案。梁启超或也被某种羞愧左右，他无法解救陷入危险的皇帝与老师，还躲避起来。翌日，这种羞愧更为加剧，谭嗣同进入公使馆，随身携带了著作与诗文辞稿本数册，家书一箧，请求梁保存。他劝梁东渡日本，自己留下，并以程婴与杵臼、西乡与月照这两个例子来慰藉梁与自己，这两位幕末维新的传奇人物分别通过一生一死来践行理念。说完这些，他们"遂相与一抱而别"。[7]在另一则更为生动的回忆里，谭嗣同还说，海外有很多广东华侨，梁启超可以鼓动他们，建立新的变革基础，而自己作为一个言语不通的湖南人，发挥不了作用。

---

① 李提摩太（Timothy Richard，1845—1919），字菩岳，英国传教士。1870年来华，在山东、山西、北京等地传教并普及科学文化知识，著有《亲历晚清四十五年》。

对于林权助而言，这也是个充满考验的时刻。收容梁启超的决定并未得到日本外务省的许可，林尚不知首相兼外相大隈重信的态度。9月22日，他发电给外务省，谈及政变的发生、被通缉的康有为以及张荫桓府邸的被围。他意识到持续了整个夏天的变法终结了，"皇帝陛下最近数月间已成改革运动之中心，经如此之变故，其权势应有所削减"。他没提梁启超正在使馆内躲避。[8]

时间意味着新的危险，对梁启超的通缉尚未到来，却随时可能发生。当天，林权助请郑永昌护送梁启超离开北京，计划先乘火车抵达天津，再搭商船玄海丸前往日本。郑是日本驻天津领事，据说还是郑成功家族后人。离开公使馆前，梁启超做出了人生另一个重大决定，他剪掉脑后的辫子，换上了西装。维新者私下谈论了很多次断发易服之必要，但真的发生时，内心恐怕也不无挣扎，它意味着成为公开的反叛者。

梁启超走出公使馆时，就像个日本人，其仆人紧随其后。下午3点，火车开赴天津。在紫竹林车站，等候在此的日本领事馆翻译井原真澄发现，同行者中有"一个穿西装、用手帕遮着鼻子的男士和中国的仆人"。他问郑永昌此人是谁，却没得到答案，只是被命令要警戒前后。回到领事馆后才知，这就是大名鼎鼎的梁启超。

他们将梁启超藏在领事馆二楼，一切需求由仆人代办。不断来访的天津维新者对井原真澄说，梁启超已经下落不明，请他设法相助，井原只能敷衍过去。李鸿章建立的洋务事业在天津催生出一个维新群体，其中很多人来自广东，"都很热衷于思想和政治的革新"，对伊藤博文的到访抱有很大的期待。[9] 政变消息早已沸沸扬扬，他们庆幸康有为躲过一劫，但一定想不到梁启超正在楼上。

在 9 月 23 日的电报中，林权助向东京汇报了整个事件："主张改革的梁启超因怕可能随时被捕而来到本馆，寻求保护。他住了一晚上。由于害怕清国会产生怀疑，我劝他在逮捕他的命令下达前离开北京……他尚未受到任何指控，而我允许他在本馆住一晚上也不至于给清国政府留下任何罪名。如果他在路上还没有被捕的话，几天后，他将乘玄海丸从天津赴日本。"他强调伊藤正住在使馆，"当前的这种政治局势迫使我要求这么做"，期望得到 2000 日元电汇电信费，还有1000 日元作为津贴费或者机动费用。大隈重信这天做出了军事部署，他同时致电郑永昌与驻上海代理领事诸井六郎，要求"高雄舰、大岛舰的舰长由此奉命与你们一起观察近日的事态发展"。高雄舰正在上海，大岛舰则在天津大沽港。24日，大隈重信发电林权助表示支持，同一天发电报给圣彼得堡与伦敦的日本使馆，通报了北京的政治新动向，令他们探听这些国家的态度。[10]

梁启超躲在日本天津领事馆时，京城气氛越发紧张。9月 24 日，新的上谕到来："张荫桓、徐致靖、杨深秀、杨锐、林旭、谭嗣同、刘光第均着先行革职，交步军统领衙门，拿解刑部治罪。"[11] 对梁启超的通缉令也随即到来，在北京捉拿未遂后，朝廷又电旨两江总督刘坤一在上海缉拿。9月25日，上海道台蔡钧搜捕了已改为官书局的大同译书局。所幸，梁父梁宝瑛、弟梁启勋及妻子李蕙仙听闻北京消息后，已于两天前返回广东。

郑永昌等意识到，让梁启超四天后再登玄海丸就太危险了。9月25日晚9点，郑永昌与两个日本人陪梁启超由紫竹林搭船前往大沽，他们化妆成打猎的样子，计划遇到清兵盘问就说自己要去打鸟。在河上航行一段后，他们被蒸汽快船快马号追踪，上面乘坐着持枪的清兵。翌日凌晨2点左右，他们在新河附近被追上。快马号士兵称自己在追拿要犯康有为，怀疑康就在船上。郑永昌抗议，说船上并无此人，拒绝搜查。士兵毫不理会，他们将绳索缠上这艘小船，准备将其强行拖回天津。逆行了两百多米后，郑永昌斥责这些士兵非法，又一轮争辩后，快马号同意回天津向总督府汇报，同时派一队士兵登上小船，以护送之名前往塘沽。清晨7点，小船快要抵达塘沽港时，恰与大岛号军舰相遇。郑随即挥帽，军舰放下快艇迎接他们。清兵感到不妙，乘坐路过的一艘清国船离去，不愿再谈。登上军舰后，郑永昌留下梁启超，自己前往塘沽火车站。[12]

经这惊魂未定的一夜，梁启超甚至来不及喘口气，新危险就涌来了。大约8点，又一队清兵登上大岛号，声称要追捕康有为。派遣者是荣禄，但此时荣禄奉旨入京，正由袁世凯暂时护理直督。"该华人年约在三十以内，似非康犯，或为康党。"袁世凯在9月26日给总理衙门的电报中写道。一天后，他又在电报中更详细地描述情形，称派往查看的洋员魏贝尔在查询时，大岛号船主"坚不肯认，佯不知康犯"，经过一番访查，魏贝尔发现船上"实有华人一名，年纪甚轻，已剃发改装。至究系何人，无由确查"。[13]

当日，大岛号上又来了一位逃亡者。尽管与康有为、梁启超的看法不无分歧，但王照也是夏日北京的一名活跃的维新者。两日前，他被以"莠言乱政，奸党窃权"的名义弹劾，正在漫游中国的日本浪人井上雅二、平山周、山田良政救助了他。梁与王定是涕泪交集的相遇，在这天崩地裂式的悲剧面前，他们之前的分歧变得毫不重要。他们对外界所知甚少，不知同志们是生是死，光绪皇帝会命运如何，中国又将向往何处。

他们决定求助于伊藤博文与林权助，目之所及，似乎唯这两位外来者才可能提供某种帮助。"启超等忧患余生，所志不成，承君侯与诸公不弃，挈而出之于虎狼之口，其为感激，岂有涯耶！"在"泣血百拜"的信中，他们先是表达了感激之心，接着开始担忧光绪的境况，相信外界谣传的光绪患重病的消息只是有意的构陷，皇帝可能被谋害了，他在几个月的变法中一直生气勃勃。他们请求日本与英美诸国公使联手，请见慈禧太后，或致信总理衙门，"揭破其欲弑寡君之阴谋，诘问其幽囚寡君之何如"。他们甚至说，诸国干涉或许会导致亡国，但比起俄国庇护下的清政府导致的"亡国"，宁可要日、英、美维持下的亡国。他们还恳求伊藤，代为救助身陷狱中的谭嗣同、徐致靖、康广仁等人，因为中国"风气初开，人才甚少"，他们这些"血性男子"之中，或许就有西乡隆盛式的豪杰，若被一网打尽，则"敝邦元气无复之时"。落款处是"启超，照，又拜"。[14]

第一章　茶坑村

一

对于自己的出生年份，梁启超日后写道，是太平天国亡于南京后的第十年，大学士曾国藩逝世一年后，普法战争结束的第三年，意大利则在这一年于罗马建国。[1]

《三十自述》写于 1902 年。按中国人的习俗，梁启超恰好三十岁，若孔夫子的教诲没错，他该进入一个言行恰当、懂得礼数的人生阶段，或许也是一个检讨自我的时刻。与惯常的中国文人相比，梁启超的自述有一种令人难忘的视野，他把自己的命运编织进一个更广阔的时代画卷，既与中国内部的兴衰有关，也与世界性的历史事件产生联系，尽管他犯了个错误：意大利于 1871 年迁都罗马，而不是 1873 年建国。

1873 年 2 月 23 日，当梁启超在广东新会的茶坑村出生时，这种时空感几无可能。他的出生时间被严格限制于中国的农历纪年，癸酉年正月二十六日，这种纪年六十年一循环，不管个人轨迹还是历史变迁，都是往复的。时间也遵循着权力的节奏，皇帝的年号也是时间的刻度，这一年是同治坐上龙椅的第十二年，国家正逐渐从巨大的内乱中恢复过来，与外来者达成了暂时平衡，史官们已经迫不及待地用"同治中兴"来形容这个时刻。梁启超就诞生于这个短暂的、相对平静的中兴时代。

同样平淡的是他的降生地点。茶坑村是熊子乡的五个村庄之一，它所在的新会县位于广州西南，历史悠久。与岭南大部分地区一样，在很长一段时间里，新会不过是遥远南方的一个区域，充斥着瘴气、怪兽与野人，离中原文明遥远之至。它的辖区与名字随着朝代更迭变化，隋唐时曾短暂得名冈州，是中央政权从中原不断向南扩展的明证。不过，真正塑造了此地的是两个历史事件，都与宋王朝的崩溃有关。

1273 年，相传宋度宗的胡姓妃子获救于一个商人，藏身于广东北部南雄的珠玑巷。当朝廷派兵缉拿的传闻到来，大量居民南迁。横跨梅岭关口的珠玑巷是长江流域与珠江流域贸易往来的必经之地，在某种意义上，这个小村庄也像山西的大槐树，被很多岭南人视作家族的起源地，包括茶坑村的梁氏。另一个事件发生于五年后，蒙古大军势不可挡，末代皇帝赵昺率二十万军民驻扎崖山，建立"行朝草市"，次年失败后，幸存者便留在了本地。这两段虚实交替、不无夸张的历史给予本地人一种特别的身份感,身处边缘,却可能代表中国的正统。

政治动荡也带来生态变迁,涌入的人口改变了本地的地理面貌。按照一位历史学家的大胆猜想,蒙古人的南下导致广东北部山区的抛荒,加速土地侵蚀,更多的泥沙通过北江送入珠三角区域。这一进程与罗马帝国衰落时的景象颇有些类似,地中海山区的退化,令泥土沉淀到低地区域。[2] 岭南的移民把沼泽、湿地、森林变成农田,种植稻米、桑树。不断扩展的田地与人口繁衍相互促进,催生出一个越来越繁荣的地区。这个进程在 16 世纪中叶陡然增强,广州、长崎、马尼拉形成了新贸易圈,欧洲人对茶叶和蚕丝的大量需求以及白银源源不断的涌入,令这个区域迅速商业化。

新会县正建于这块仍在不断扩展的冲积平原上。它距离广州 110 公里,西江纵贯全境,潭江横穿其西部,它们在入海口汇成银洲湖,南海展现在眼前。居民在河流、溪水旁筑造小堤基,种植稻谷。随着商业化浪潮的兴起,茶叶、蚕桑、红烟、蔬菜、蒲葵与甜橙成为主要的种植物。后两种尤为著名,它们是明清两代的贡品,还远销周边的省份。到了清代,新会已经是广东繁华的市镇之一,但与临近的顺德、南海仍有差距。当地县志称,西南多农民、少商人,临海处"以薪炭耕渔为业",因此"民无积聚而多贫"。[3]

倘若有人在 1873 年经过新会,看到的一定是再典型不过的珠江三角洲的景象,大大小小的水路连接着市镇与乡

广东溪畔人家，1869 年左右，约翰·汤姆逊摄

村，在辽阔的水域中，这些城镇与市集像是"散落在碟子里的豌豆"。一位叫托马斯的旅行者发现了成片的稻田，果树、鱼塘、桑树一眼看不到头。在村落里，祖祠前竖着旗杆，石墩上刻着获取科甲功名的家族成员的名字，石碑与宝塔则为风水而建。[4]

　　茶坑村就是这图景中的一个普通村落。如今一条大道连接着村口与县城，捞沙填海早已让城郊连成一片，在 19 世纪后半叶，西江、潭江与银洲湖汇成了一片汪洋，村落点缀其中，茶坑村是一个不折不扣的孤岛。就像梁启超自己宣称的，他是中国南部边陲的岛民。[5]

二

茶坑村的历史可以上溯到 15 世纪初,也就是雄心勃勃的明朝永乐皇帝的年代,除了篡夺侄儿的皇位,他还以派遣郑和出海闻名。梁氏与袁氏是最初的到来者,他们在溪水旁种茶树,茶坑村便因此得名。梁家也来自南雄的珠玑巷,之前更可以追溯到福州,可考的祖先梁绍颇有来头,他是宋代的进士,以孝著称。母亲去世后,他在墓旁造芦草屋守孝,种植松柏、修建亭子,据说苏东坡为此赋诗给他,并书其亭为"甘露亭"。他出任广东提干时,梁家迁至南雄。到了南溪公,梁氏迁至新会县大石桥。这半神话半真实的族谱,也象征中国历史的坚韧,凭借流动的家族力量,得以对抗外族入侵、政治动荡、自然灾害。很可惜,自梁绍之后,梁家似乎再未产生与之媲美的人物。

在梁氏错综复杂的族谱中,茶坑村的梁氏分为大井里、羁马里、南兴里、嘉亨里四个宗族。梁启超属于嘉亨里一支,它可追溯到明代天启年间。对这个家庭来说,更清晰可考的祖先是梁毅轩,出生于 1755 年,即乾隆二十年,他直到二十七岁才生下唯一的儿子梁寅斋,从推崇多子多福的传统看来,这无疑是个打击。不过寅斋给家族增添了新的希望,一连生下八个儿子,老二梁维清是梁启超的祖父。

生于 1815 年的梁维清给家族带来了起色。这个勤奋的读书人分家时仅得到几分田地、一间砖房,却充满了上进心。

他苦练柳公权的书法，还考取了秀才，尽管只是科举功名中最低的一等，却足以变成士绅阶层的一员，添置田产，跻身村里的领导人物行列。在梁启超的描述中，梁维清再好不过地体现了一个儒生的作为。他肩负知识与道德权力，在村中参与公共事务，将土路修成石路，兴修水利，发展教育；他粗通医术，替行人看病时从不计较诊金。在危急时刻，他还卷入平定叛乱、保卫家园的活动中。1854年，陈开、李文茂的红巾军围攻广州，新会的陈松年、吕萃晋起兵响应。茶坑村也陷入不安，无赖者蠢蠢欲动，梁维清设立保良会，令乡间无一乱民。[6] 这正是国家秩序的根本，它依赖士绅们维持。

梁启超用颇为传统的文辞来形容他：勤俭朴实，行为缜密，忠厚仁慈，待人周到，治家严格。有桩事迹多少证明这一点，梁寅斋去世后，作为一家之主的梁维清把财产平分给兄弟，其中有些只是同父异母的。梁维清娶了一位官宦之后，妻子黎氏的父亲曾高中1781年的探花，死于广西提督的任上，她嫁到茶坑村，多少是家道衰落的结果。黎氏为梁家生下三个儿子，梁宝瑛最年幼，或许也最聪颖。梁维清宠爱他，竭力教导他。比起父亲，梁宝瑛的科举之路更不平坦，甚至连秀才都没考取。不过，生活还不算糟糕，梁维清将二十多亩土地平分给三个儿子，梁宝瑛分到六七亩，自耕自种。他没放弃书本，成为乡间教书先生，这是再典型不过的失意文人的选择，他自嘲"舌耕为业"。

所幸，梁宝瑛娶了一位聪明贤惠的妻子。赵氏出身书香

梁启超：维新 1873—1898

人家，祖父曾中举人。她不仅善女红，且识字，在一个读书是男孩的特权的时代，这颇不寻常。她的品德让人折服，据说村中儿女婚配时，只要女方随她学过女红，就会赢得"德性必佳"的信任。[7] 不难理解，她定是梁维清最钟爱的儿媳。

梁启超的出生给这个家庭带来了满足与希望，他是第一个男孩，也是长孙，是家族未来的继承人，注定肩负起光宗耀祖之任。

同所有孩子一样，母亲在他生活中扮演了第一个重要的角色。她活泼、灵巧而富有艺术感，或许，梁启超日后的情感充沛与此不无关系。她也是梁启超最初的启蒙者，教他牙牙学语、读书识字。日后，梁启超批评中国女学不兴，致使儿童不过在灶膛、闺房这些地方厮混成长，无法自幼学习文化与知识。母亲定不属于这个行列。她有一种朴素而强烈的道德意识，梁启超记得童年时，不知因何事说谎，终日含笑的母亲突然盛怒，鞭打他数十下，警告他再说谎就会变成盗贼与乞丐。[8] 这不无诅咒的训诫带来了长远的影响，以至于他多年后还记忆清晰，几乎一以贯之，他对别人与自我，总有一种难得的坦诚。

父亲则扮演一个严厉的角色。在仅存的一张合照上，梁宝瑛脸颊消瘦，额头宽阔，颧骨颇高，有一种随年龄而来的镇定。可以想象，他该是个过分拘谨的读书人。"生平不苟言笑，跬步必衷于礼，恒性嗜好，无大小一切屏绝；取予之间，一介必谨；自奉至素约，终身未尝改其度。"梁启超日后这样形容他。[9] 很有可能，他将科举的失败转化成更深的道德要求，这要求又常是脆弱的，容易被现实诱惑吞没。日后，他东渡日本，向流亡中的梁启超索要钱款购置产业，甚至以死相威胁，直到梁的学生集资 1200 银元，才让他得以回去继续购买田产。这似乎也是整个国家的特征，在一套高洁、夸张的言辞背后，是一个道德坍塌的社会。

在儒家伦理支配的家庭秩序中，父子关系常陷入紧张，亲密发生于祖孙之间。祖父是梁启超童年最有力的塑造者，这个不算得志的秀才把诸多期望寄托在长孙身上，他选择到宝瑛家居住，与长孙朝夕相伴，传授自己的学问。最初的启蒙课本该是俗称的"三百千"，从宋代开始流行的《三字经》是大约五百个汉字构成的初级识字课本，三字一句，便于记忆，涉及的内容包括读书、伦理、数目、家畜、五谷诸方面，最初的四句"人之初，性本善，性相近，习相远"是中国人对人性最基础的看法。《百家姓》列举出中国最常见的五百多个姓氏，其中梁姓排在第 128 位。《千字文》通常是很多人的第一本教科书，包含一千个各不相同的汉字，四字一韵，包括自然现象、历代名人、帝王朝廷、为人处世、农耕、饮食、园林、祭祀等方方面面。这三本书大约两千个汉字，构成了一个儿童最初的文化世界。

不过四五岁，梁启超就开始听祖父讲解《诗经》与四书。教育不仅存于书本上，也体现在日常生活中。每年元宵节，祖父会带孙子们去看村里北帝庙的古画，讲解二十四忠臣、二十四孝子的故事。他指点墙壁上的画作，"此朱寿昌弃官寻母也，此岳武穆出师北征也"，它们都传达着中国读书人最爱的忠义之道。在北帝庙中，祖父还写有一副长联："周岁三百六旬，屈指计期，试问烟景阳春，一年有几？展开四十八幅，举头看望，也知忠臣孝子，自古无多。"[10]

梁维清尤其喜欢讲述南宋、晚明之事。岭南正见证了这些历史的转折时刻，某种反叛精神仍在延续。每年清明，梁维清全家乘舟来崖门扫墓，他们的高祖葬于此地。途中，他们会路过一块高约数丈的巨石，突出于海中，上刻"元张弘范灭宋于此"。[11] 1279年春，南宋与元在此决战，二十万大军卷入其中，战斗持续了二十三天，元军统帅张弘范领导了这一摧毁性的战役。它的结束与高潮同时到来，陆秀夫背着九岁的赵昺从江中一块巨石上纵身跃入海中。这充满象征的一跃，在很多人心里，不仅是一个朝代的谢幕，也是中古文明的结束。据说，被囚禁在蒙古战船上的文天祥目睹了这场天崩式的失败。文天祥成为汉人抵抗精神的象征，张弘范则是为虎作伥的典范。

晚明与南宋分享着相似的悲怆。船过巨石时，梁维清喜欢吟诵陈元孝的诗句："海水有门分上下，关山无界限华夷。"[12] 这位明末清初的广东诗人以遗民自居，认定清人和四百年前的蒙古人一样，都是"蛮夷"，他们吞噬了华夏文明。吟诵时，梁维清会提高声调，不无悲壮。清王朝的统治已近两百年，这样公开地感慨华夷之分，不无反叛的意味，也是一种朴素的文化情结。

日后，梁启超也把崖山之战视作故乡最光荣的一刻，"黄帝子孙与北狄异种血战不胜，君臣殉国，自沉崖山，留悲愤之记念于历史上"。[13] 很有可能，流亡中的梁启超因排满夸大了这种回忆。不过这的确是岭南特有的传统，这里的文人执着于宋明理学，对忠诚、气节尤其迷恋，与某种反叛性相连。

三

这个"田可耕兮书可读，半为农者半为儒"的家庭也在不断扩充。赵氏生了四子二女，两个女儿都没留下名字，是女性地位低下的证明。梁启超常与比他年长三岁的姐姐嬉戏，比他小四岁的弟弟梁启勋是他热烈的小跟班。因为缺乏医疗以及普遍的营养不足，死亡从来都是传统社会的一部分。梁启超出生两个月后，祖母即离世；七岁时妹妹出生，"数日而殇"；三弟则在五岁时夭折。所幸，家庭充满和睦，祖父溺爱长孙，有次吃饭蒸了一只鸡蛋给启超，启超分了一半给启勋，启勋又分给更小的弟弟。这亲密感至关重要，梁启超一生都看重人与人的温情。

梁启超日后说，茶坑村生活如同桃花源，他不问世事，是个不带杂质的乡人，"梦梦然不知有天下事"。[14] 这是王朝晚期的暂时平静，也与岭南地区的社会结构有关。梁启超是在稻田、茶园、溪流、祠堂、迷信的包围中成长的，他被保护，也被控制。

宗族早在宋代已经成型，直到明代才在珠三角地区发展出一套错综复杂的系统，它与皇权妥协，又保持着相当的独立。晚清朝廷控制力进一步衰减，宗族影响力则相应增长，遍布的宗族、祠堂都象征了这一点。新会城内人人都知道，五显冲的刘氏、南边圹的许氏、南门头的莫氏没人敢惹。何氏家族更是声名显赫，祖上有人出任过明代南京的六部尚书，仅尚书坊的何氏祠堂就有二十余间。

在茶坑村，梁氏是绝对的大姓，五千居民中约占三千，自为一保，剩下的余、袁、聂等姓为二保。三保的联治机关是三保庙，氏族纠纷必须通过它的裁定，族内居民的所有问题则由各族的宗祠来解决。对于梁姓人家来说，从祖宗祭祀、家庭纠纷，到正月放灯、七月打醮、请外来戏班演出，再到设立蒙馆三四所，聘请教师教育本族儿童，都是由宗祠叠绳堂来掌管，族中贫户无力纳粮，学堂也不得拒其子孙入学。它负责经济管理，也代表道德权威，负责惩罚族内的不法行为，比如偷盗、通奸、不孝等。惩罚方式颇有想象力，犯错者会被"停胙""革胙"，即禁止拜祭祖宗。在一个祖先崇拜的社会中，这是极大的处罚，不啻剥夺了人生之身份。对奸淫的惩罚更富想象力，要杀掉全村的猪分配给全乡人，犯罪家庭则要按猪价赔偿，称为"倒猪"。叠绳堂的管理结合了道德权威与内部民主。耆老会议颇像古罗马的元老院，由五十一岁以上的老人组成，倘若你获得了功名，比如秀才、监生，亦可加入。开会时，未满五十者可旁听，也可插话。四至六名壮年子弟担任值理，执行耆老会议的决议，其中两人专管会计。保长一人，专应对官员。会议每年于春秋二祭前一日举行，有时也临时召开。族人很少诉讼至官府，认定这不道德。[15]

"吾乡乡自治最美满时代，"梁启超日后写道，"此种乡自治，除纳钱粮外，几与地方官全无交涉。"[16] 在这套统治中，个人忠于自己的宗族与家乡，而非抽象的国家，借由教育与道德，清王朝也将教化渗透到每个臣民的内心。外来者很容易被表面的平静吸引，一位英国人曾这样感叹："尽管发生了无数次的叛乱和入侵，但历经沧桑之后，她那灿烂的文明和受到祖先崇拜及宗族教育的固有传统仍然被完整无缺地保存了下来……中国人对实践和实用优先考虑的从容不迫的态度，以及中国人长于沉思的哲学和甚至身处贫困之境也能欢欣快乐的品格。"[17]

很有可能，梁启超与这位英国人一样，将乡村浪漫化了。新会民间械斗的风气甚浓，1882 年，陈姓与林姓就因争夺沙塘圩赌规械斗，直到知县派兵镇压，责令陈姓赔偿林姓五十二条人命，折合白银 10400 两。西边的天马乡、东南的三江乡均族大人多，茶坑村仍会受到邻村的欺侮。有一年茶坑人在三保庙做戏，邻近的天马乡人撑旧船来看戏，回去时把茶坑人的新船撑走，事情最后落得不了了之。在茶坑村，梁氏是权力中心，谭姓、陈姓只能为梁家挖沙、抬棺材，以船为家的疍民很久后才被接纳。就连县志编纂者也承认，本地民风"犷而不驯"。[18]

四

六岁时，梁启超入学。祖父在一间小屋开设了怡堂书室，启超与家族里年龄相仿的孩子成为第一批学生，表伯父张乙星充当第一任老师。按当地风俗，入学这一天，启超要穿上新衣，母亲把一棵青葱卷上红纸，以示孩子越来越聪明。孔子像挂在堂上，新学生给孔子牌位叩头，给老师行跪拜礼，进入一个礼仪化的世界。

这也是人生的一个关键时刻，他们从此拥有了摆脱乡村生活、光耀门楣的可能。自科举制度实行以来，读书几乎是获得荣耀的唯一途径。科举制形成了对书本、读书人的一种天然崇拜，在广袤的国土上，每个儿童都会熟记"书中自有黄金屋，书中自有颜如玉"的训导，一个乡间老太都知"敬惜字纸"的含义，文字蕴含着权力与财富，带字的纸张不能被踩在脚下、焚烧。这种读书热忱常令外来者吃惊不已。17世纪初，一位传教士在广东发现："中国的学校多如牛毛，不仅二十或四十户人家的小村子有学校，而且每个镇的街上都有好几所学校。我们在经过的街上几乎一直都能听到孩童背诵课文的声音。"[19]这位传教士并不知道，这些课程是多么单调、扼杀想象力。背诵是首要特征，且用一种摇头晃脑、大声朗读的方式，似乎唯有这样的戏剧化动作才能将知识塞入脑中。历史学家估测，从两三岁起到八岁，一个学童要认识两千个字，背诵四书五经等经典。接着，最重要的训练登场，他们要学作制艺，即八股文，科举考试的唯一文体。

怡堂书室是遍布中国的各式学堂中最不起眼的一种，学堂是维系统一的重要组成，灌输给子民相似的观念，激起他们共同的希望，还规训他们的言行。梁启超的聪慧立刻突显出来，他记忆力惊人，对语言敏感，尤善于作对。在科举应试中，作对是试帖诗的关键，比如天对地，雨对风，更有很多典故入对。当先生说"东篱客采陶潜菊"，梁启超回以"南国人怀召伯棠"。前者出自陶渊明的诗作，后者来源于《诗经》，周召公出巡途中依甘棠树休憩。在为客人奉茶时，客人问他"饮茶龙上水"，他不无俏皮地对以"写字狗扒田"。[20]

张乙星之后，梁宝瑛成为学堂先生。科场屡次挫败后，他放弃应试，安心做教书匠。这种安心饱含着新的憧憬，他要让长子走上功名之路。梁启勋日后说，父亲的课堂不过是让几个族内孩子陪着梁启超读书而已，谁都知道他前程远大。八岁，梁启超开始学习制艺。短短七百字的文章，题目与内容皆出自四书五经，分为破题、承题、起讲、入手、起股、中股、后股、束股八部分，俗称"八股文"。这是学童的重要时刻，科举之路的开端。你可以想象它对孩子天性的抹杀，他们要用孔子、孟子的口气说话，要让排偶的句子平仄对仗，且不能违背朱熹注解的经义。书写者发挥空间极小，自我表达更被严禁。多年后，梁启超对此表现出深恶痛绝："未尝识字，而即授之以经，未尝辨训，未尝造句，而即强之为文，开塾未及一月，而'大学之道，在明明德'之语，腾跃于口，洋溢于耳。"[21] 教授者就是这一制度的施害者，即使父亲是教师，梁启超也对这一群体充满憎恨，甚至用"蠢陋野悍"来形容他们。

童年的梁启超不会这么想，他看不到生活的另一种可能。况且，在一个儿童眼中，生活总是充满新奇、嬉笑、玩耍。他可以和伙伴们下水捉鱼，在庙宇、祠堂奔跑，跑上熊子山，登上凌云塔吹风。七层高的凌云塔修建于1609年，当地人传说它是为了压制山下有毒的三脚鱼，也因此地文风不盛，宝塔将带来好运气。塔尖设计如葫芦，中空，大小孔眼排列，风吹过时，会发出动人声响。

梁启超没留下童年照片，照相术已经传入中国，但只有很少的人接触过，大部分人相信它能勾走魂魄。可以想象，这个儿童定聪颖可爱，宽额头、阔鼻子、脸颊圆润。他剃掉前额头发，扎起辫子，这是征服者的标志。整个家族似乎都把希望寄托在这个男孩身上，以至于当他玩耍过度时，父亲都会提醒他："汝自视乃如常儿乎？"[22] 这种期待使祖父与父亲认定，启超值得有个更恰当的老师。十岁时，他前往新会县城，在周惺吾的经馆中学习，周曾中秀才，是城中著名的私塾老师。

比起茶坑村，新会城是一个丰富得多的世界。市场、城隍庙、县衙、学宫，还有一处为陈白沙修建的纪念堂，陈是新会最著名的文人，以对儒学的创新而闻名。新事物也已经涌来，1871 年，美国基督教长老会牧师那夏礼①来到新会城，设立关东街福音教堂；1874 年，香山、新会自行捐造火轮船作为缉捕船；一些新会人加入海外移民，美国的铁路、巴拿马的运河、马来亚的橡胶园、澳大利亚的煤矿、秘鲁的金矿，都渴求劳动力，这些移民在海外建立各式的冈州会馆、四邑会馆，它们将成为梁启超日后变革中国的基础。[23] 一些少年则获得另一种人生，1872 年，清政府选派了第一批三十名留美幼童，其中十三岁的陈巨溶、十四岁的陈荣贵皆是新会人。领队来自临近的香山县，名叫容闳，他是中国第一位赴美留学生，毕业于耶鲁大学，并将与梁启超成为朋友、同志。

对于这些变化，梁启超浑然不觉，沉浸在一个目的明确的世界里。多亏了周惺吾这个善教的先生，他很快就迈出漫长科举生涯的第一步，参加童子试。童试是三场连续的考试，新会城的县试、广州府的府试，最后是广东学政主持的院试。三场全部通过的考生将获得生员功名，即秀才。县试

① 那夏礼（Henry V. Noyes，1836—1914），美国传教士、教育家，培英中学创办者，格致书院合办者。

在北门学宫旁的考棚举行，考生要先去衙门的礼房报名，填上姓名、籍贯、年岁以及祖辈三代存殁，还要有担保人出具的保结，证明自己身世清白，也并非冒籍、顶替、匿丧。考试排斥娼妓、优伶、皂隶的子弟，他们是某种意义上的贱民。[24] 三声封门炮后，考试开始。这意味着梁启超进入了新的人生节奏，生活将围绕一连串考试展开，得中秀才之后，还有三年一次的乡试与会试。一种永恒的竞争将伴随着他，只要没有中举人，就会被无法消除的紧张感包围。

他是个幸运的孩子，在县试中脱颖而出。这一年的主考官是彭君穀，任新会县令多年，颇有勤政爱民的声誉。接着，梁启超要前往广州参加府试，新会与广州的轮船尚未开通，应试者往往结伴购买一艘小船，沿西江而上，一起度过三日的行程。梁启超是船上最幼小的一位，其他人都是父辈——屡试不中是大多数读书人的命运——他们在船上做文字游戏，即兴的诗词、作对帮他们逃避枯燥的典籍，炫耀个人才华。一日午饭时，一位同船者指着盘中的咸鱼，要启超以此为题作诗一句，他即刻对以"太公垂钓后，胶鬲举盐初"。这令满座动容，神童之名自此传开。[25]

梁启超的好运气没在广州再现，他没能在府试中崭露头角，但西湖街上的书肆，为他展现了一个新世界。现代印刷尚未普及，雕版印刷的书籍仍是奢侈品，有权势与财富的人才能创建自己的藏书楼，但它们只对族内开放，很少成为公共图书馆。梁家已经算得上乡村中的书香门第，但除去四书五经及应试的书籍，也只有《史记》《纲鉴易知录》，当梁启超从父辈手里获得《汉书》《古文辞类纂》时，已大喜过望。他偏爱《史记》，司马迁高度的文学性与对历史之热忱，早就扎根于他心里。很有可能，他在西湖街上买到《輶轩语》与《书目答问》。这两本书是声誉日隆的张之洞的作品，1870年代出版后即风靡读书界。前者设定的对象是渴望进学的童生、害怕岁考的秀才，告诉他们如何应对考试，维持一个读书人的道德水准。后者是对清代学术的某种总结，从杰出学者到学科分类，再到目录学、版本学，都给出了简明的介绍与指引。张之洞二十六岁高中探花的经历、四川学政的身份，尤具说服力。"归而读之，始知天地间有所谓学问者。"梁启超日后感慨。这两本书把他引向一个更丰沛的学问世界，让他感受到纯粹学术之乐，此前则"瞢不知学"。[26]他定想不到，自己将会与这位大人物相识、仇恨。

在1884年的院试中，梁启超胜出，成为一名生员。新秀才簪花披红，齐聚学道衙门，分班排列，赐酒一杯。考虑到中秀才的平均年龄是二十四岁，十二岁的梁启超显得过分早熟与幸运。茶坑村定充满了欢声、鞭炮声，梁启超从此进入特权阶层，可以穿蓝绸长袍、戴银顶帽子，还被免缴人头税、免服杂役，见到官员不用下跪，成为宗族的代表。他还有机会考中举人甚至进士，成为天子门生。

更令人喜悦的一幕接踵而来。广东学政叶大焯巡视全省，来到新会时，照例对秀才考试，选拔秀异之士。梁启超脱颖而出，应答令学政欣喜。面见结束、众人退下时，梁启超突然跪下，请学政为即将七十大寿的祖父写一幅祝寿文，以求"永大父之日月，而慰吾仲父、吾父之孝思，且以为宗族交游光宠也"。这真是一个理想神童的作为，不仅关注功名，更重孝道。叶在意外之余深表赞赏，挥毫写下祝寿文，把梁启超放入刘歆、柳偃、陆从典、顾野王的行列，他们皆是历史上著名的神童，十二岁时便显现出惊人的才华，要么能解《庄子》，要么能读《尚书》，要么能作《柳赋》……他还赞许茶坑村梁家"祖孙父子兄弟，相聚一堂，怡怡济济"，就连汉代的石氏、唐代的柳氏、宋代的吕氏也不过如此。[27]

第二章　学海堂

一

"你一旦来到广州的大街上，"1871年的《纽约时报》写道，"就几乎分辨不清东南西北。"密密麻麻的街巷上，是更为密密麻麻的店铺。"这些店铺老板的名字和他经营的业务都油漆在一块长长的厚木板上，木板垂直地悬挂店铺的门口，如果有一阵大风吹来，它们就会左右摇摆，彼此碰撞，发出噼里啪啦的声音。"

在一家家禽铺前——很可能是烧味铺——这位记者看到"一只一只又肥又大的鸡鸭，它们整只整只地被压成板状，做成了干货，油脂肥厚，透出深黄的颜色"。他还发现，这里遍地是茶馆，"常常是30人围坐在一些小桌子旁，面前摆放着茶水、饼干和糖果之类的东西。他们之间的谈话欢快但不喧嚣"。他也发现当地人喜欢吃狗肉，因为制作工艺复杂，味美异常，所以"如果你不去想这点，很可能会情不自禁地坐下来，美美地享受它一大盘"。大烟馆也是城市里普遍的景象，他看到"10到12个各种年龄的男人在喷云吐雾……他们所有人都似乎在尽力于从他们所置身的客观存在中消失，忘却这人世上他们所无法忍受的烦恼和忧伤"。

登上一座典当楼的楼顶时，他看到了整座城市的面貌："宽阔的珠江、清式和西式的阁楼、宝塔、博物馆、清真寺、大厦、仓库、商铺等等，这些建筑物看上去并没有分成街道，而是毫不间断地紧紧挨在一起。远处可见英国领事馆的小教堂，上面有钟楼和高高的十字架。高高的越秀山和白云山耸入云端。"借助望远镜，他看到城外的乡村，"像世外桃源一样如歌如诗"。[1]

广州定是最拥挤也最激动人心的世界都市之一，很多观察者——商人、外交官、记者、传教士——在此驻守多年或匆匆一瞥，留下了类似的记载。《纽约时报》的观察是这座城市漫长传统、层叠记忆的一个切片。自唐代以来，广州就以财富冒险与世界主义闻名，与东南亚、中东、非洲的贸易不仅带来巨额财富，也带来了陌生的文明。怀圣寺光塔上随风改变方向的金鸡，诉说着远道而来的阿拉伯商人的故事；六祖慧能在光孝寺剃度，给后世留下了"风动幡动还是心动"的著名论辩。这城市屡遭摧残，黄巢曾在9世纪将它一把火烧毁，17世纪的尚可喜、耿继茂也曾残忍地屠城。自19世纪中叶以来，危机开始接连不断地到来。广州先是在鸦片战争中成为前线，接着在1854年的红巾军起义中被围，当时的两广总督叶名琛大开杀戒，几乎血洗了广州的街道；再后来是英法联军占领广州城，时间长达三年。但这里总有令人赞叹的消化能力，能轻易从混乱、屠杀、陌生的冲击中恢复过来，重新一头扎入闹哄哄、元气充沛的日常生活。

广州也见证了清王朝由盛至衰、由封闭至开放的过程。它是18世纪唯一的通商口岸，那些渴望中国丝绸、茶叶、瓷器的外来商人生活在珠江旁一个狭窄的地段，与指定的中国行商进行交易。他们不能与当地人交往，不能进城，不能学习中文，甚至连携带女眷都被视作异常行为，派往中国的使节更是被傲慢地拒绝。这一模式被称作广州体系（Canton System），象征着这个古老的国度沉溺于以自我为中心，对外部世界不屑一顾。

这些外来者最终证明自己与之前的阿拉伯、印度商人大为不同。他们用武力攻陷了这座城市，甚至有一段时间还托管了它，以自己的方式进行改造。在小岛沙面上，他们不断建立起新巴洛克、古典风格的建筑，修造花坛、公园、俱乐部、雕塑、球场、草坪，让它变成了一座小型的欧洲城市。他们带来的科技、商业、品味也逐渐渗入日常生活。一些餐厅提供煎牛排，来自美国的面粉"色白粉细"，洋酒（特别是香槟）、色拉油、饼干很受欢迎，曼彻斯特的进口洋布也让当地人感叹，"洋纱幼而匀，所织成之布，自比土布为可爱，而其染色更娇艳夺目，非土布所能望其肩背"。[2] 当地的大户人家在住宅中采用铁铸的廊柱、洋蜡烛、扶手椅、沙发、弹簧床、皮大椅、洗面台，这些家具日渐普遍。一层商店、二层住宅的骑楼在市区内出现，它的廊道令人想起本雅明日后描绘的拱廊式巴黎。外国人曾经连城都不能进，中文也不允许学习，现在已经可以在这里创办学校，开设现代医院，编辑报纸，虽然仍要承受大量的敌意与偏见，却慢慢站稳了脚跟。中国人也以自己的方式回应这种冲击。轮船招商局在广州开辟新航线，可以通往上海、汕头、香港、澳门、烟台、牛庄，这些通商口岸构成了一个港口中国的网络。广州还架设了与香港、上海的陆路电报线。造纸厂、锅炉厂，接着是制革厂、玻璃厂、缝纫机厂、罐头厂逐一出现。

古老的习俗也与这些新事物如影随形。这是一个炫耀与寄生的社会，没有一个商人与官员不被大批仆从包围，迷恋用玉石做成的如意、烟盒、扣子、戒指、手镯，每个人的右手拇指上都戴着扳指。社会疾病——鸦片馆、妓院——遍布每个角落，对于很多人来说，广州散发着一股邪恶的诱惑，一个法国人甚至说夜晚的广州"像个富有、美丽的高级妓女，她头戴花冠，全身珠光宝气，用迷人的声音、古怪的旋律，喃喃低唱着三色堇（love-in-idleness）爱情歌曲；在夜色的掩护下，毫无矜持地进行着它那撩人情欲的交易"。[3]

1885 年，当梁启超到来时，这座城市刚从一次恐慌中摆脱出来。两年前，法国与中国在越南北部爆发冲突。这是一个新兴的欧洲强国与一个陷入衰退的东方王朝之间的对抗。前者想扩大自己在东南亚的势力范围，后者则要重申对于越南的宗主国地位。这场冲突也将清流派官员推到了权力中心，他们好战，相信只有强硬姿态才会威慑西方蛮夷。他们暂时获胜了，声名显赫的张佩纶被派往福州，领导福建的水师；张之洞则从山西巡抚任上调到广州，出任两广总督。作为前线指挥部的广州陷入焦灼，担心法国人的攻击。广州的脆弱在这场危机中再次显露无遗，张之洞发现只有飞云号、济安号两艘吨位不足的兵船，倘若法国人来攻，清军毫无应对能力。广州改变了张之洞，他从一个沉迷于道德文章的清流，变为一位推崇洋务的地方大员。他铺设电报线路，创办水陆师学堂，建立广东钱局铸造银元，筹建炼铁厂、织布局，熟悉"克虏伯""毛瑟枪"这些新名词。他还修建了广东第一条马路，总督署则安装了发电机，电灯照明轰动了广州城。在广东，他发现自己不得不应对一些新问题，例如汹涌的出国浪潮、如何保护海外华人劳工的权益。

比起孤岛上的茶坑村和小小的新会城，广州是个规模宏大、光怪陆离的新世界。这是梁启超第一次离家居住，父亲一路随行，表兄谭镳也一起到来。对于这个十三岁的少年来说，训练制艺准备科举才是首要考虑。这里有众多书院和琳琅满目的书籍，还有给予他指点的名师，助他科举之路更进一步。

与大部分到此的学生一样，梁启超先要寻找一家大馆就读。大馆专为应试的学生而设，往往租赁祠堂或是寺庙中的闲置房屋，招收生徒。每馆招收学生上百人，全靠授课先生的名声、课程与个人魅力，他至少要有举人功名。先生每日讲课一两个小时，内容以八股文写作为主，兼带经史、诗赋、策论，都与乡试、会试有关。每周都有考试，除去八股文，还有试帖诗、律赋、史论等。学生的试卷由先生批改，优等者会张贴出来供人观摩。

梁启超先入读吕拔湖的学馆。吕举人是闻名一时的科举教学者，馆前张贴着门联，"两朝三进士，一榜半门生"，以标榜卓越的教学成就。[4]他也以风流不羁的名士做派著称，流连于珠江的紫洞艇上，同代人的诗词中常出现与他一同出游的记载。他一定是个富有幽默感的人物，一位文人多年后回忆起广州往事，还用方言写道："吕拔湖八股文章讲起，秀才笑口合唔埋。"[5]

接着，梁启超前往佛山书院，受教于陈梅坪。陈曾出任学海堂学长，除去梁启超，日后闻名的梁士诒、吴趼人也出自他的门下。梁启超还跟随石星巢读书，学馆设于翰墨池旁边。番禺人石星巢1873年中举，短暂地在广西与四川出任地方官员，但很快发现自己更适合教书，钟情于纵酒之乐。翰墨书馆设有一座图书室，名字颇有意味——徂徕山馆。石星巢将藏书开放，学生可以自由借阅，一位叫康有为的读书人偶尔也从隐居的西樵山过来借书。对于石星巢，梁启超尤为感激，声称自己十五六岁所学的知识都是来自他，多年之后，还请陷入贫困的先生教授梁思成。

对于梁启超，广州的新生活中，应考最为重要。他已在县里脱颖而出，接下来的乡试则要应对来自全省的竞争者，胜出者将成为举人。考试内容从小题变成了大题，题义更为完整，又分为连章题、数节题、一节题、单句题等，除去熟记四书，写作也要更富技巧。八股文声称要为圣人代言，却也要响应时代情绪，被称作"时文"。每个时代都有自己的文风，若你不能抓住这个时代的风气，便无法脱颖而出。一个悖论因此形成，它的命题范围被严格限制于四书中，文体高度形式化，又要求写作者发挥出独特的感受与判断。有限的考官无法应对如此多的考卷，很多不过是匆匆一瞥，评审的标准更充满个人色彩与偶然性，揣摩考官的趣味就成为一项重要的技能，被称作举业中的"金针"。按照小说家吴敬梓的辛辣讽刺，若没有揣摩的能力，圣人也未必能考中。大馆先生的声誉正是建立在他们的揣摩能力之上的。

大量应试指南涌入梁启超的生活。三年一次的乡试、会试分别叫"秋闱"与"春闱"，试卷被称作"闱墨"，卷旁还有考官的点评。被选中闱墨是时代趣味的最佳反映，让应试者训练他们的揣摩之技。出版业的发展也催生了这个产业，石版印刷只需要雕版印刷时间的十分之一，考试刚结束，对应的文选就已印出来，迅速分发到全国各地。在西湖街上，《策学备纂》《诗句解题总汇》《新选五科墨》《乡墨仅见》《大题观海》《大题多宝船》这样的书籍四处可见，同文书局是尤为著名的石印书局。⁶ 闱墨的泛滥也象征着这个时代的学风，这些被认为最聪明、最有前途的青年，将所有的精力都投入速朽的时文中。一位士人感慨道，学人们崇拜这些墨卷，反而不读书了。《申报》则评论说，一般的学子从事试帖制艺，平日孜孜以求的，不过是"三场程式、八股声调、历科试卷、高头讲章，以是为利禄之资、功名之券"。⁷一旦学会作文、中了科名，则将所有经书都束之高阁。在这样的情况下，"师不以是教，弟子不以是学"。⁸

这是一种惊人的知识停滞，一位西方旅行者发现，中国士人"反对电报、铁路以及一切新鲜的东西。他们阅读的经典著作是孔夫子时代创作的，世界历史或人类思想、智慧的发展史，以及所有事物发展和学问的来源之一切最本质的东西，就在那个时刻停顿下来"，而"人的心智就像大清国女人的小脚一样被挤压而萎缩"。⁹另一位路过广州的旅行者则发现，"中国的学者把精力浪费在维护知识一成不变之上"，他接触到那些久负盛名的教师，"他们对地理、历史和物理学却一窍不通"，"那些强大的脑力，若环境适宜，本可掌握最尖端的课题，从事最崇高的探索，名利双收，却被浪费在一种幼稚而荒诞的体系之中"。他震惊于僵化知识与中国人日常生活中表现出的高度灵活性之间的反差："中国人足智多谋，将他们对物理学有限的知识发挥得淋漓尽致，实是让人叹为观止。令人迷惑不解的是，他们既能将知识应用于日常生活，为何又长期故步自封，驻足不前？"¹⁰

所幸，除去八股技巧，广州的先生们也有另一重见识。他们去过北京应试，与各地文人有着这样或那样的交往，还都来自声誉卓著、讲究学术的学海堂。这些阅历与学养一定也在课堂上、阅卷中传递给梁启超，将他带到了学术的边缘。可能是在吕拔湖口中，十三岁的梁启超第一次了解到段玉裁与王念孙的训诂学，"大好之，渐有弃帖括之志"。[11] 若真想进入学术世界，还必须去一家真正的书院就读，除了学海堂，并无他选。

二

广州书院的历史可以追溯到南宋嘉定年间（1208—1224）创立的禺山书院。宋代是书院兴起的年代，朱熹的白鹿洞书院创造了一种新传统，学者们授课、交流学问，有图书馆可供借阅，还因地处山林获得了某种象征性的独立，只与学问有关，不受政治权力影响。这种理念与实践为历史动荡打断。书院的另一次兴盛是在明末，它变成了政治的延伸，学者们通过历史、哲学之辩，实践未竟的政治抱负，风头最盛的东林书院更是充当了批评政治权力的舞台。

清代统治令这个系统迅速崩溃。书院被视作政权的威胁，顺治皇帝下旨"不许别创书院，群聚徒党，及号召他方游食无行之徒，空谈废业"。[12] 直到 1733 年，雍正帝才再度允许创办书院，这位勤勉、着迷思想控制的皇帝只许官办书院，只准教授八股文，不能公开讲学。书院成了驯化士人的重要手段。在相对平静的18世纪，经济繁荣，人口数量激增，严酷的禁令逐渐松弛，一股兴建书院的浪潮又开始了。广州城内清水壕旁的番山书院于1683年重修；一群盐商在1757年创办了越华书院，专为外来的商人之子求学所用；当十三行在18世纪末崛起，从海洋贸易中获利的行商们在1811年建立了文澜书院，加上省级、府级、县级书院与学宫，构成了一个层次丰富的书院系统。[13] 但广州尚未产生有全国影响力的书院。在文化版图上，不管是科举成功的人数，还是涌现出的杰出学者，广东都远落在浙江、安徽、江苏这样的省份之后。1817年，一位梁姓广州举人在北京会试时，旁边考生偷偷询问他一个问题，他立刻说出自《汉书》，一个浙江考生听到对话后惊呼道：广东人居然也知道《汉书》。[14]

这一惨状最终被阮元改变。出生于1764年的扬州人阮元，既是那一代最渊博的学者，也是仕途最得意的官员。他对于经学、史学、金石、天文、书画、舆地、历算都深感兴趣，是乾嘉考据学后期一位重要学者。他还开创性地编辑出版了《畴人传》，将天文学家与数学家编入历史，这一群体从未得到应有的重视。他也是最重要的学术赞助人，将自己的知识趣味融入其中。1801年，出任浙江巡抚时，他创立了诂经精舍，要求书院拥有自己的学术独立性，鼓励学子对学问本身产生兴趣，不要沉迷于应试技巧。诂经精舍不考八股文，也不闭卷考试，除去经学、史学，还增加了算学、天文学、地理学。它随即成为新型书院的表率，在培养出的众多著名学者中，有一位叫章炳麟，日后将成为梁启超的朋友、同事与对手。

1817 年，阮元出任两广总督，把这股雄心也带到了广州。对他来说，广东的学术世界面临着双重挑战。它被知识版图遗忘，在过去两百年以考据为中心的学术思潮中，江南是牢固的中心，广东则是边缘。它的学术传统也令人忧虑，珠江三角洲最受人尊敬的学术人物陈白沙，讲求个人对世界的直觉感悟，而非知识性的考察。阮元试图通过兴建一所新书院来打破这种僵局。书院设在越秀山上，远离商业与权力中心，暗示着对纯粹学术的追求。学海堂这个名字是对东汉学者何休的纪念，何休学识渊博，学问有如海洋。阮元特意为书院撰写楹联，象征贯通中国学术的雄心："公羊传经司马记史，白虎论德雕龙文心。"

学海堂立刻成了广州学术与风尚的中心。它不仅是阮元的个人志趣，也容纳了本地精英的文化抱负。总督府拨发银两与田地，捐助人有来自江南与福建的文化、商业精英，也有客家人以及居住在内城的旗人子弟，还包括著名的商人伍崇曜。他是珠江旁的十三行的领袖，可能是当时世界上最富有的人之一，其财富有相当比重来自鸦片贸易。[15]

学海堂期望学生有专门化的知识探索，设立八名各有所长的学长，而非常规书院的一名山长。课业分为四科，每科由两位学长执掌，每月授课两次。在招生上，只有贡生才有资格入学，一般童生无缘，一旦被录取，学生会获得善待，优秀者每月领取膏火银。这里倡导自学，学长面授学生的仅仅是些提纲挈领的讲述。札记是主要的交流平台，每个学生有日程簿，将每日所学填上，学长借此督促进学。学生与学长每月聚餐，共商学问。每学期，优秀课卷会刊刻在书院的文集上。学海堂吸引了大批杰出的学者与学生，1829 年《皇清经解》的出版标志着它的成熟：七十多位作者，一百八十种著作，三百六十多卷，一千四百多页，是对过去两个世纪汉学研究的一个总结。除去惠栋、戴震、钱大昕、段玉裁这样的汉学家，书中还收录了庄存与、孔广森等人的作品，他们属于常州学派，尊崇何休代表的今文经学。[16] 学海堂不满足于只是将江南文化移植到广州，他们尝试用考据的方法重写岭南的历史，学长吴兰修撰写了《南汉纪》，伍崇曜则资助出版《岭南遗书》，通过重新叙述岭南的漫长历史，重塑广东人的身份意识。

学海堂也深刻地卷入了广州城的历史。它侥幸逃过鸦片战争、红巾军起义，却未能躲掉 1857 年英法联军的到来。炮火彻底摧毁了学海堂的主建筑，"野蛮人"占领了广州，学堂停课，师生们躲到乡下，大批书籍被焚毁，散落各处，《皇清经解》刻板丢失大半。

1861 年，英国人与法国人撤离后，一场重建开始了。领导这场重建的是陈澧，他是再典型不过的学海堂产物，这位首届专课生曾出任学长，是岭南最声誉卓著的学者。他将重建变成一次扩充，学海堂购买了更多的田产，大规模重刻了著作，包括《学海堂丛刻》《通典》《皇朝通典》等。比起江南，广东幸运得多，太平天国运动使得江南的书院、藏书楼几乎被毁坏殆尽，学者们四处流落，死于战火。阮元的雄心实现了，世人在评论学术时，开始说"江浙衰而粤转盛"[17]。学海堂的两位肄业生陈澧与朱次琦开始享有全国性的声誉，被视作咸同年间的学术领袖。

高级官员也都试图在学海堂留下自己的痕迹。1865 年，广东巡抚郭嵩焘决定，在经史外增加数学一门，由精通算学的邹伯奇讲授。张之洞将专课生的数量从十名增加到二十名。新书院不断涌现，却没有一所能挑战学海堂的地位，1879 年的《广州府志》写道："（广东学子）见闻日扩，而其文亦渐近纯熟，岭海人物，蒸蒸日上，不致为风气所囿者，学海堂之力也。"[18]

1887 年，十五岁的梁启超成为这所书院的专课生，翌年转为正班生。阮元的痕迹仍在，特为他兴建的祠堂里悬挂着大幅画像，每年正月二十日，师生们照例行礼纪念。他的学术志趣也被传承下来，翻开学海堂 1888 年的考试题，既可以看到对《诗经》《尚书》的测试，又有关于《史记》、杜甫与韩愈的内容。进入学海堂，也意味着成为学术社群的一员，要养成治学的习惯，梁启超记得，"大抵当时好学之士，每人必置一'札记册子'，每读书有心得则记之"。顾炎武可能是这种传统的开创者，他在《日知录》中记下每日的读书、思考。这是一种严格的思维训练，分为四个步骤：你要留心观察，发现事物的特别之处；你要注意与词语相关的事物，将它们罗列比较；接下来，再综合这些观察，形成自己的看法；最后是多方收集资料，来证明或推翻自己的观点。[19] 在学海堂，这套逻辑发展成"句读、评校、抄录、著述"四项训练。[20] 考据学正是建立于这种归纳法之上。清代学者的主要著作几乎都是札记之书，不管是王念孙的《读书杂志》，还是陈澧的《东塾读书记》，都遵循这一方法。他们警惕任何猜想与自我发挥，讲求句句有出处。

此刻的学海堂，阮元开创的黄金时代早已过去，陈澧代表的白银时代亦成往事。1870年代末，一位叫汪瑔的专课生颇为感伤地回忆起道光年间的辉煌岁月，老一代对荔枝的吟诵。[21] 1886年刊刻的《学海堂四集》是最后一部诗文集，此后，既无经费也缺乏人才。

学术风潮再度转移。"自吾之生而乾嘉学者已零落略尽。"梁启超日后写道。[22] 他的文章也折射出风潮的转变，他写作《汉学商兑跋》，回应《汉学商兑》一文，后者出版于1826年，充斥着作者方东树的个人偏见与门户之争，却预示着盛行一个多世纪的考证学派越来越显著的衰弱，新的学术风尚将是如何兼容汉学与宋学。

洋洋万言的《汉学商兑跋》也是梁启超才华的最初展现。在学海堂，他曾连续四次季考第一，获得过相似荣耀的是年长十七岁的文廷式，学海堂另一位著名才子。这些成功带来了丰厚的膏火银，让他的嗜书欲得到满足，购买《皇清经解》《四库提要》《百子全书》以及前四史。梁启勋回忆说，每当年假，梁启超就带着大捆书籍回到茶坑村。然而这份求知的喜悦，母亲没有分享到太多。1887 年夏天，赵氏因难产去世。梁启超得到消息赶回家时，母亲因天气酷热已入殓，这成为他一生的遗憾。[23]

或许在学友中间，梁启超可以得到一些劝慰。学海堂不仅意味着一套学术训练，也是一种生活方式。和学友们在越秀山赏花，在荔枝湾的花船上饮酒，在富人的风雅花园中联诗，感悟历史、山水、友情、节气变化、人生之悲欢。在日记中，第一任学长谢兰生描述过一个广东雅士的典型生活，对这个群体的文学趣味、纤细的感受力、对词语的精确把握倍加推崇。上巳花朝，中秋看月，九月赏菊，冬至观梅，是他们的共同记忆。初夏，红艳的木棉花环绕山堂，激发起岭南诗人对于家乡的吟唱，学海堂中也颇有因诗词闻名的师生，梁启超不属于这个群体，诗词不是他表现自我的方式。

进入学海堂，也意味着进入了地方精英的行列。梁启超自称是 1887 年的专课生，但名录上没有他的名字。这很可能与他主动退出有关，又或许是因为 1903 年学海堂关闭时他仍是在逃的通缉犯，需要被刻意忽略。抑或仅是他的记忆失误。1887 年名单上的二十名专课生并未产生一位对历史稍有影响的人物，或许只有香山人谭骏谋值得一提。1891 年中举后，谭骏谋成为一名外交官，曾出使古巴与秘鲁。1888 年的专课生名单上，谭镳名列其中；还有香山人陈景华，他不仅将在七年后的公车上书中颇值一书，还卷入民国的广东政治中；陈庆龢则是陈澧的长孙，代表这一伟大传统的延续。

学海堂是一个纪律松散的学术机构，每月两课，每年只有四次季考。学生们可以在其他书院选修课程，梁启超是菊坡精舍、粤秀、越华三家书院的院外生，它们是广州几家最知名的书院，菊坡精舍尤其讲究辞章训练。院外生只需要在书院里固定参与考试，成绩优秀者也可获得膏火银。

1888 年，梁启超多了一个新选择。两广总督张之洞开设了广雅书院，规模恢宏，准备每年在两广地区招收两百名学生。书院不仅资金丰厚，还开创性地为师生设立了斋社，以使他们的学业生活更为稳定。山长梁鼎芬的络腮胡与他的诗才一样著名，他是风头正劲的清流派文人，因弹劾李鸿章名噪一时。张之洞期待广雅书院能成为这个时代的学海堂，助他建立起阮元式的声誉。梁启超内心的骄傲此刻显露出来，他发现这所学校官气十足，一旦长官莅临，全体学生必须在门口站班迎接，便决定不入广雅书院了。[24]

借由这些学生彼此重合的书院，梁启超拓展着自己的交友范围，麦孟华、江逢辰、杨寿昌、曾习经、陈千秋都成了他的亲密伙伴，有些人还会与他相伴终身，这情谊与学识碰撞都将塑造他。这些层层级级的书院，来来往往的年轻人，西湖街一带的繁荣书肆，构成了一个活跃的、令人兴奋的学者社区。紧随北京、苏州之后，广州成为第三大刻书中心，

《广州府志》记载："粤省号富饶，而书板绝少，坊间所售，惟科场应用之书，此外无从购。"但经过两代人之后，府志的编纂者开始宣称"广州学者不出门，而坐拥百城矣"。[25]

不管学者们多么努力，他们面对的仍是一个僵化的、失去现实感的知识世界。变革进入中国是如此迟缓，停留在边缘与表层，即使在广州，即使在学海堂，一个敏锐如梁启超的人也很少遇到这些外来思想，读书人仍沉浸在一个自足的世界里。邹伯奇颇能折射出这种冲突。他是学海堂与众不同的学长，研究传统的天文、历算、地理学，发明了中国第一部摄影机，还是一位绘图高手，阮太傅祠的画像便出自他之手，郭嵩焘则请他绘制现代广州地图。然而，这些尝试都浅尝辄止，邹伯奇是"西学中源说"的最初创建者，在《论西法皆古所有》一文中，他认定墨子早已精通数学、显微镜。两位最杰出的学海堂成员陈澧、朱次琦，仍把注意力放在儒家的内部争论上，着力将汉学与宋学调和在一处。朱次琦私下对郭嵩焘出使英国不无微词，其痛心疾首之情与保守乡绅并无二致。

在新会时，梁启超相信经书中蕴含着永恒的真理，"不知天地间于帖括外，更有所谓学也"；在广州虽知训诂、考据学，却不知还有一个更大的世界。[26] 这种学术也是去政治化的，经过清前期的文字狱，学者们回避政治问题，所有的学宫明伦堂都立《卧碑文》，其中一条是："生员不许纠党多人，立盟结社，把持官府，武断乡曲。所作文字，不许妄行刊刻，违者听提调官治罪。"[27]

三

学问的世界固然迷人，应试才是个人成功的关键。梁启超运气颇佳，光绪皇帝大婚在即，为展示皇恩浩荡，1889年加开了乡试与会试，读书人多了一次改变命运的机会。

乡试因在秋天举办，也称"秋闱"。首场日期9月2日，照例在贡院举办。广州贡院是晚清四大贡院之一，它的历史也彰显了广东日益增加的人口、日益激烈的竞争。贡院在1684年修建时，设有5000余间号舍，它毁于第二次鸦片战争。两广总督劳崇光1861年重建后，号舍增加至11708间，数十间为一列，用千字文编号，象征重新到来的稳定、繁荣以及更为残酷的竞争。1867年，超过一万人参加考试，只有109人中举。少数人有幸成功，失败者则会带来巨大的破坏，广州城的命运与这些科举失败者紧密相关：在唐代，屡试不中的黄巢一把火烧掉了广州城；而在1851年，另一位失意秀才洪秀全发动了太平天国运动。

与所有考生一样，梁启超一早手提考篮在贡院门前等待，场面壮观而喧闹。"南方省份满怀希望的士人又一次会集广州。沙里淘金，要从九千余名士子中挑选出最有中选希望的才子。"一位传教士描述道。[28]考生中既有梁启超这样踌躇满志的少年，也有屡试不中的中年人，甚至白发苍苍的老者。这是一个年龄、身份、经验各异，纯粹由男性组成的群体，相似的经典教育、一朝成名的梦想将他们汇聚成一个群体，充满了挫败、哀叹，却仍满怀希望，痴迷于巨大牌匾上的"龙门"。

比起牌匾上的光辉许诺，现实场面令人尴尬，甚至羞辱。秀才们只能穿单层衫褂，防止不慎夹入纸条被当成舞弊。考篮要以竹条或柳条编成，有玲珑格眼，笔管、烛台、砚台最好也是镂空的，甚至充饥的糕饼与馒头都要切成两半，以示没有塞进纸条……盘查者大声吆喝每个考生的名字，完成搜查。小说家蒲松龄把这些应考的秀才形容成赤脚提篮的乞丐、受审之犯人，他们有些人可能尚未考试就被赶出了考场。科场是通向权力与声望的唯一渠道，舞弊是对权力合法性的公开否定。这看似公正的严厉也象征了国家的统治风格，它不相信任何人，对待子民的很多方式近乎羞辱。

考试更充满折磨，每场两夜三日。首场 9 月 4 日结束，5 日至 7 日是第二场，最后是 8 日到 10 日。考棚窘迫，狭窄的号舍内放置两块木板，白天用作桌椅，晚上则合为床。考生入内即封号棚，直到交卷后才打开，你要在其中构思文章，煮饭，睡觉，对月长叹，听旁边号舍的考生兴奋、叹息，甚至发狂。若号舍恰在厕所旁，恐怕更度日如年。炎热增加了这种痛苦，一位官员向总督张之洞报告说，贡院的空间太过逼仄，"人气相蒸，易生疾病，且散漫无稽"。[29] 他们终于出闱时，"神情惝悦，天地异色，似出笼之病鸟"。[30]

广州贡院龙门牌坊，1902 年

  这一年乡试依然是旧题材。第一场试题分为：一、"子所雅言诗书执礼"至"子不语怪力乱神"；二、"来百工则财用足"；三、"离娄之明，公输子之巧"。诗题则是"荔实周天两岁星"，得星字。主考官李端棻是贵州人，1863 年进士，是翰林院编修，出任过地方学政，颇受倭仁器重，思想却并不保守。副考官是福建人王仁堪，同考官之一的李滋然，曾是张之洞创建的尊经书院的肄业生。[31] 榜单 10 月 10 日在聚奎堂公布，聚奎堂过于狭窄，榜单甚至不能平铺展开。看榜现场也是一幕人间悲喜剧，拥来看榜的人有的狂喜大叫，有的黯然离去，"草木皆惊"。[32]

梁启超迎来了人生的又一个重要胜利，高中第八名，成为一名举人。这一年仅有八十五名中举者，谭镳中榜，曾习经名列第五十九，同榜的还有张元济，他们互称"同年兄"。这是读书人最重要的身份认同之一，就像来自同一个家乡、出自同一位老师门下一样，能够带来即刻的友谊与认可。总督府外专门为新科举子设立了鹿鸣宴，这是唐代开始的传统，用《诗经》中的"呦呦鹿鸣"来比喻招呼同伴的欢宴。对于一个十七岁的少年，这实在是个值得庆贺的时刻，他的文章被刻入己丑恩科的广东闱墨，供以后的考生研读。功名将进入家谱，如果你愿意，还可以在家门口竖立旗杆。中举还意味着实际利益，馈赠、赏金将使举人进入上层生活，各式宴请、祝福纷涌。这恰如吴敬梓在小说中所描述的。

喜事接踵而至，主考官李端棻决定将堂妹李蕙仙许配给梁启超。这几乎是中国读书人的完美际遇，金榜题名与洞房花烛同时到来。在流传的说法中，副考官王仁堪本有意把女儿许配给梁启超，李端棻却占了先机。[33] 面对提议，梁启超定有一丝困惑，也要按惯例向父亲禀报，婚姻是家族的安排，而非个人选择。据说，梁宝瑛最初不愿接受婚事，担心两家地位悬殊，李端棻宽慰他，启超出身寒门，却并非池中之物，终有一日会飞黄腾达。

第三章　春闱

一

　　1890年初春，梁启超前往北京，参加庚寅年会试。三年一次的会试，总于三月举行，被称作"春闱"。他肩负整个家族的希望，若金榜题名、成为天子门生，将给梁家带来无限荣耀。祖父特令梁宝瑛同行，一路照应。梁宝瑛大概也乐于此行，身为一名失败的读书人，一睹京城盛况不失为一种补偿，他还要拜会亲家李端棻，商讨梁启超与李蕙仙的婚事。

　　对于梁氏父子，这是一次大开眼界之旅。在漫长的岁月里，进京赶考是艰苦而兴奋的旅程。清王朝疆域辽阔，考生依靠骑马、骡车、帆船与步行抵达京城，倘若地处边陲，往往要花上几个月时间。这走走停停也会变成一场拓展眼界之旅，考生可以暂时从枯燥的典籍中摆脱出来，游览山川、名胜古迹，拜会文友，作诗饮酒，如果足够敏感，还有机会观察民间疾苦，这都是日后跻身统治阶层的重要一课。这也是场充满自豪与憧憬的旅程，会试标志着他们已经成为全国精英中的一员，享有特权。每个举子都可按照路途远近获得相应的旅行补助，自几两至二十两不等。一些偏远地区的考生还可以使用驿马服务，沿途以黄布旗书"礼部会试"四字为标识。[1]

到了梁启超这一代，体验陡然变化。近代交通令空间骤然缩小，动辄经月的路程缩短为几天，速度的刺激成为新体验。"烈火转孤轮，浩荡随所适""四海真一家，万里乃咫尺"，一位举子这样形容乘坐轮船的经验。[2] 这是一场被迫的革新。仅仅五十年前，英国人的轮船想从虎门口驶至广州时，还引起了当地人的惊呼，认为轮船不仅会尽杀水中鳞虫，而且破坏风水，小艇疍户也将失去营生。[3] 但如今，广州的商人、官员、举子已习惯在珠江北岸的丁字码头登船，前往香港、澳门、汕头与上海，英国人的太古公司与中国人的轮船招商局都提供稳定的船班。

梁氏父子先顺珠江而下到出海口，再沿东南海岸线抵达上海，稍作休息，等待前往天津的航班。照例，他们会住在虹口区，此处的鸿安客栈是南来北往的广东人喜欢的落脚处。上海至天津已是最忙碌的航运路线之一，《申报》还会定期刊载船讯，比起昔日要一个多月才能到天津的大运河线路，蒸汽船海运只需要三天。天津是最繁华的北方港口，海河旁的新古典建筑是各种洋行的落脚处。自李鸿章在 1870 年出任直隶总督以来，这里还获得了显著的政治意义，以第二首都的面貌出现。各国的外交官、新闻记者、地方政治人物前往北京时，总希望能拜会李大人。有些人甚至觉得，北京的总理衙门不过是直隶总督府的一个分支。很可惜，李鸿章铺设天津至北京铁路的建议未获通过，否则梁启超将更快、更舒适地抵达京城。

他们在大沽口上岸，换内河船沿潮白河西行到通州，再乘坐骡车入城。这短短一段路程反而最为困苦，不止一位旅客描述过这糟糕体验。一位德国女作家形容，"这条路看起来好像刚刚经受了一场可怕的地震的冲击：铺路的方石块缺损很多，缺损处尽是一个个黑窟窿，走在上面一脚深一脚浅"，他们乘坐的车没有减震装置，"倒霉的旅客必须蹲在一个坚硬的大方斗里，因为路况的缘故，他们从方斗的一角被甩到另一角，撞得全身青一块紫一块"。[4] 来自南通的举人张謇在日记中写到车夫彪悍、旅途颠簸，"下车劳倦已甚"。[5] 也有旅客在其中看到诗意，德国女作家发现潮白河的纤夫"身板结实俊美，如同古希腊长跑者的健美体形"。[6] 英国外交官巴夏礼[①]一家在河岸上看到"一群驮着茶叶的骆驼在慢悠悠地前进"。[7]

---

① 巴夏礼（Harry Smith Parkes，1828—1885），英国外交官，1856 年任驻广州领事，引发第二次鸦片战争的关键人物。1865—1883 年任英国驻日本公使，1883—1885 年任英国驻大清国公使。

北京城墙，1895 年

　　对于外来者，东便门城墙是他们对北京城的第一印象。巴夏礼的女儿提到，"灰色的砖砌起又高又厚的城墙，好像一座巨大的监狱"。[8] 穿过城门就是糟糕的街道，"一会儿踩到了一堆淤泥，一会儿又被石堆绊了一下；在房屋和马路之间的空地上积满了臭烘烘的死水"。[9] 这景象或许还暗示了令人不安的精神状态，"这里的人民一定是处在停滞的状态中，对任何改革都提不起兴趣"，跟巴夏礼刚离开的日本比起来，"中国人十分鲁莽、易怒，经常闷闷不乐，他们的生活似乎充满了沉重的色彩"。[10] 就像这个矛盾重重的国家一样，道路的污浊只是一部分，它同样有"精雕细刻的店铺门面，飘着红色三角旗的典雅招幌，随风晃动的鲜艳灯笼，以及四处张开的流动商贩头上的大伞，这些是比较吸引人的地方"。[11]

梁启超或会惊异于北京的灰蒙蒙色调，还有广东人无法想象的寒冷、干燥与沙尘暴。南方官僚常会在日记中写下，"大风凄懔如三冬""黄沙涨天""昨夜半大风动地，竟日不止，甚寒"。[12] 不过，对于赶考者，"春风得意马蹄疾，一日看尽长安花"更能体现他们的心情。千年来，王朝的首都从长安变为开封、杭州、南京与北京，这句诗一直激励着每一代赴考者，这是他们最重要的人生机会，有可能"朝为田舍郎，暮登天子堂"。

与大多数举子一样，梁启超父子住在家乡的会馆中。北京的会馆历史可以追溯到明代，是旅居京师的商人与官员筹资共建的，兼具旅馆与公共客厅的功能。它为同乡人提供住宿、宴请的服务。在这种氛围中，官职与地位暂时退隐，相似的语言与乡土经验将他们连接起来，共话乡情，平抚孤独，缓解思乡之苦。与庙宇、茶馆、戏院一样，会馆是重要的公共空间。宣武门南拥挤着近四百座会馆，它们以省、府、县的名义而建，在大街旁或胡同内，有的规模恢宏，有的不过平房几间，折射出不同区域的财富与影响力。粉房琉璃街上的新会会馆坐西向东，硬山合瓦顶，房间分前半部与后半部，有大约五十间。馆内悬挂着陈白沙的对联："紫水黄山，五百年必生名士；橙香葵绿，八千里共话乡风。"相比南横街上的粤东会馆、米市胡同的南海会馆，显得相当低调。新会会馆建于1853年，创建者期待它可以让奔波千里的本乡人"尽歌适馆于数千里之外，而宾至如归"。馆记由顺德人、翰林院编修李文田书写，他是声名卓著的书法家，精通边疆史地之学，日后也将与梁启超发生有趣的交集。[13]

暂缓旅途劳顿后，梁启超随即投身于各种拜访中。他首先要获得同乡官员的印结，这种官员联署的印结是为了防止考生舞弊，确认并非冒名。举子还要前往拜会座师，正是由于他们的慧眼，自己才得以脱颖而出。对京官来说，印结费、门生钱是光明正大的收入，可以弥补低廉的官俸。清王朝的统治建立在道德之上，朝廷给官员的俸禄极低，相信他们理应被道德责任而非物质利益驱动，这反倒形成了矛盾：那些因道德文章跻身官僚阶层的读书人，着力寻找物质回报，连接文人官僚的不仅是文章、诗酒，更是名目繁多的礼金，一种制度性腐败在四处蔓延。

在考生中，梁启超并不引人瞩目。他年纪小，初次入京，免不了生涩、拘谨。资深的赴考者早已熟悉北京的文人生活。福建举人郑孝胥在广和居吃饭，到广惠寺祭奠亡友，与同期举人相聚，到东单牌楼买珠毛褂。[14] 江苏举人张謇则不断"谒客"。[15] 来自浙江的考生蔡元培兴冲冲地去见他崇拜的同乡京官李慈铭，后者以诗文与性情狂狷著称，还是个不知疲倦的日记作家，对蔡的评价是"年少知学，古隽才也"。[16] 在广东举人中，文廷式最为知名，与张謇、郑孝胥及山东的王懿荣并称四大举人。前三人也都与户部尚书翁同龢关系密切，以他的门人自居。翁来自江苏常熟望族，不仅是户部尚书，还是皇帝的老师，被视作南方士林领袖。

比起普通举人，梁启超也有自己的优势，他是翰林院学士的未来内弟。石星巢也着力帮他拓展网络，介绍他与浙江举人汪康年相识，后者也曾随石星巢读书，平日居住在武汉，是张之洞的幕僚。在翰墨书馆九位中举学生中，石星巢尤其欣赏梁启超、谭镳、梁志文、赖际熙，称这四位得意门生是"卓荦之士，经学词章各有所长"，希望汪康年能"一结面缘"。[17] 梁启超没有描述过二人见面的情形，一段友谊就此开始。

对于梁启超，广东人的圈子尚能应付，可倘若离开粤语，连交流都成了问题。来自四方的举子、官员经常说一口不标准的官话，一个考生在日记中写道："造庐投谒，或终日不遇一人。既见，又不能作寒暄语，宾主恒瞠然相对。偶语一事，则方音杂糅，彼此皆不能详其颠末。"[18]

应试最让人焦虑。有了印结，新举人还要通过一场复试，才可参加会试。梁启超要去琉璃厂挑选笔墨纸砚，春闱时，冬意尚未散去，还要携带特别的小炭炉，取暖、煮饭，还能温砚台，以防笔墨冻住。

4月24日，乾清门侍卫领旨到午门交大学士拆封，御使唱名，宣布考官名字。宣旨后，考官直接入闱，以防作弊。这一年的主考官是孙毓汶，副考官是满人贵恒与汉人许应骙、沈源深，同考官有褚成博、杨崇伊等。4月26日是首场，这一天"晨风止，阴有雨意"。[19] 举子们蜂拥至崇文门东南角的顺天贡院。贡院外墙高八尺，号门高六尺、宽三尺，入门处是一座大牌坊，中间是"开天文运"，东西分别为"明经取士""为国求贤"两块牌匾，进大门后是龙门。比起广州，这里的场面更为壮观与慌乱。准备入闱的举子来自五湖四海，操着各式乡音，只等跃入龙门。这一年共有6124名考生，只有少数幸运儿将跻身统治阶层。会试的检查更为严格，在此刻的北京脱开长衫定痛苦万分。

外来者很容易被贡院中的景象震惊。大多数人相信这是最公正的人才选拔机制，它不是基于血缘、神权，而是建立于个人才能之上。一位英国人建议本国采取"一种考虑周详的地方与京城考试制度，就如中国近一千年来所实行而迄今少变更的普通考试制度一样。但欲将来参加行政部门以下的各附属部门工作，则必须先经过普通考试及格然后再参加京城的专门考试"。有些人则认为"鞑靼人的一个小朝廷能够统治中国这个大帝国达二百余年之久，其主要原因就是他们能利用文官竞争考试的制度来网罗全中国的才智之士"。[20]

午正封门后，考试开始。考卷长一尺、宽四寸，上有红线竖直格，每页十二行，每行二十五字，先要写下姓名、籍贯、年龄、出身、三代，才能作答。第一场的题目是"子贡曰夫子之文章"。与乡试一样，这一场的四书文最为重要。对于梁启超这样的南方举子，北方考棚尤为难熬，油布难抵寒气。第二天转晴，风却到晚上才停，第三天"浓阴，辰正雨有声，虽小而密，至未正始止"。[21] 若知道蒲松龄的描述，梁启超定深有同感："孔孔伸头，房房露脚，似秋末之冷蜂。"[22] 29 日，梁启超再度入场。坐在东玉号的郑孝胥在夜间答题甚速。考场的规定严苛，甚至对上厕所的次数都有限制，但就像国家的统治风格一样，威严外表之下到处是漏洞，郑甚至帮一旁的台湾考生写了策论，他们都说福建话。[23]

5 月 4 日，考试结束，举子们获得暂时放松。郑孝胥立刻去拜会朋友，欣赏庭院中盛开的牡丹。初来京城的梁启超或也可品味一下此地生活，去琉璃厂买书、戏院听戏。自四大徽班进京以来，京剧成了最时髦的娱乐，大栅栏就有六家戏院，其中三庆园最有名，谭鑫培是一时名角，慈禧太后也常在宫中吟唱。举子们还可以去胡同吃小吃，到天桥书茶社小坐，富贵街上的五香酱羊肉也很有名，感受"斜日市楼评酒味，秋风门巷听车声"的闲荡之乐。[24]

但焦灼从未消失，人人祈祷自己得中。这一年的放榜定于 5 月 28 日。举子们拥挤到琉璃厂的放榜处，越过攒动的人头寻找自己的名字，或忐忑地在会馆中等待写在绢本上的红字捷报。梁启超的好运气没能再现，但他不必沮丧，名闻天下的郑孝胥与张謇也都同样落榜。在那个年代，中进士的平均年龄将近三十六岁，首考就中的例证更是少得可怜，约三分之二的进士是在成为举人十年后获得的。他才十七岁，有足够的时间等待。学海堂同学也有幸运者，曾习经中了贡士。

放榜也意味着一场新狂欢，戏院、酒肆挤满了举子，有的为高中而癫狂，有的借酒浇愁，从挫败中复原是应试者必经的一课。除了少数幸运者留下来等待殿试，几千名举人如鸟兽散，京城从喧嚣转为平静。

对于这次北京之行，梁启超没留下任何记录。或许他急于准备会试，无心观察一切，或许被接踵而至的新经验占据着，不知如何描述它。比起北京，上海似乎意味着一个富有诱惑的新世界。在四马路的书局，他买到徐继畬的《瀛寰志略》，意外发现世界上原来有四大洲，中国不过是其中一国。他还看到江南制造局译出的西书，可惜无力购买。[25]

梁启超该先回茶坑村，向祖父汇报一路见闻，劝慰因落榜给老人带来的失落，还要谈及即将到来的婚事。他又回到自己熟悉的生活轨迹，在学海堂与翰墨书馆之间穿梭，钻研时文、辞章、考据之学。这平静的生活，很快被打破了。

二

陈千秋告诉梁启超一桩异事，城里来了一位名叫康有为的学者，只是个监生，却曾上书皇帝呼吁变法。出于好奇，陈千秋前往拜访，随即折服于他的学识与个人魅力。康有为谈论了《诗经》《礼记》等诸经，攻击盛行多年的考据之风，还用自己的视角重新诠释了孔子。陈千秋激动地告诉梁启超，康先生的学问是他们做梦都想不到的，这才是他们期待的老师。[26]

陈千秋的话激起了梁启超的兴趣，或许还有一丝怀疑。尽管在会试中败北，他也仍是新科举人，自认在训诂与辞章上"颇有所知"，一个没取得过功名的康先生，能有怎样的学问？八月的一天，启超随千秋前往惠爱街上的云衢书屋，去拜会这位康先生。即使有了陈的事先铺垫，康先生带来的震撼还是超越想象。康先生气势逼人，声线洪亮，滔滔不绝，语气中充满不容置疑的判断，"乃以大海潮音，作师子吼，取其所挟持之数百年无用旧学更端驳诘，悉举而摧陷廓清之"。[27]

夏末广州的炎热暂时被遗忘了，甚至时间都凝滞了，辰时开始的见面，一直到戌时才结束。此前的沾沾自喜立刻消失，梁启超感到如"冷水浇背，当头一棒"。他陷入晕眩，整夜辗转，无法入眠，"且惊且喜，且怨且艾，且疑且惧"，一种旧自我被摧毁后的茫然。翌日，他再往云衢书屋，康先生的态度和缓下来，讲述了陆九渊与王阳明的心学，对史学与西方知识的看法……他彻底认同了陈千秋的看法，康有为是他们梦想的老师。[28] 这是梁启超人生中碰到的第一个强有力的人格，或许也是最强有力的一个。不管学识、阅历还是个人风格，比梁启超年长十五岁的康有为都像来自另一个世界。

尽管夸耀祖上十三世都是士人，南海康家的真正荣耀却来自两位武人。康国熹，参与平定红巾军，赢得左宗棠的赏识；另一位则是康国器，当太平天国打到江西时，他募集士兵，转战于江苏、浙江、福建与广东间，官至广西布政使、护理巡抚。他们都是康有为的祖辈，给家族带来荣耀与物质回报。童年的康有为亲历家中新建的华丽庭院、房屋，一座藏书楼——澹如楼，更为家乡添彩，其两万卷藏书构筑了康有为最初的智识世界。他一生的欢愉、享乐气质，似也与此相关。只可惜，康家的荣耀没能持续太久，再没继承人能像这两位祖辈一样仕途得意。

与梁启超一样，康有为也享有神童的名声，自称五岁即能背诵百首唐诗，十一岁读毕四书五经，十二岁观赏龙舟竞赛，即席写下了四十句长诗。不过，他也过早地体验到生活之不幸，十一岁时，父亲即离世，他像成年人一样处理父亲的丧事。康达初是个离场的父亲，常年在福建与江西担任低级官员，对康有为的成长没有留下印记。他与母亲极为亲密，她用私房钱承担家用，鼓励他读书，对他始终抱有期待。

与梁启超一样，最初塑造康有为的是祖父。康赞修常年在连州担任教谕，连州是广东北部的一座山野小城，汉民与瑶族、苗族混居，也是唐代诗人刘禹锡的流放地。也是在此地，康有为开始了广泛的阅读生涯。在祖父官邸，他读了《大清会典》《东华录》《明史》《三国志》，还有只有官僚阶层才能读到的邸报，因此对现实政治发生兴趣。

他高度的自我中心、骄傲的性格，此刻也已显露。他早早就认定自己"能指挥人事"，家乡人甚至用"圣人为"来讥讽他的一本正经。在连州，他对祖父管辖下的诸生"有霸视之气"。祖父在一次水灾中去世后，康有为成为一家之主，依旧保持特立独行，结婚时，他不让人闹洞房，也不让女儿缠足。

除去祖父，另一位深刻影响他的是朱次琦。在广东，朱次琦与陈澧享受相似的声名，都被视作同光年间的大儒，他们在官场上从未成功，却因教学闻名。不过，朱的性格更为孤僻，他刻意远离学术中心，多次拒绝学海堂的聘任。他在西樵山开设礼山草堂，想扫去汉宋门户之见，推崇个人品行与实践。在这里，康有为发现，比起程颐、朱熹的理学传统，陆九渊与王阳明的心学更符合自己的脾性，"直捷明诚，活泼有用"。[29] 他立志三十岁前读完群书，成为圣贤。

他的热忱没能持续多久，发现"日埋故纸堆中，汩其灵明"。他曾到山中冥想，感到天地万物与自己成为一体，忧虑苍生困苦，放声大笑大哭。他的谈吐能力在那时必然已经有所展现，在与翰林院编修张鼎华山中游览时，他们结交。张鼎华是广州的名门之后，常年在京为官，他为康有为打开了另一扇窗，一览京师风气、朝廷掌故。

但生活不断挑战他的自信，他在科举中屡屡失败，只因祖荫，才获得监生功名，这让他仇恨八股，又更渴望功名。倘按这个路径发展，他不过是一个落魄天才，在中国历史上屡见不鲜。幸好，他还对外界充满好奇，游历从江南到长城塞外，因《瀛寰志略》"知万国之故、地球之理"。他还游历香港，看到"宫室之瑰丽，道路之整洁，巡捕之严密，乃始知西人治国有法度，不得以古旧之夷狄视之"。[30] 上海再次印证了这印象，租界的西方式管理比中国更胜一筹。对于当时的中国读书人，这是个了不起的发现，或许唯有身在伦敦的郭嵩焘、严复，上海的王韬、郑观应等少数人才有类似看法。他购买了大量江南制造局的翻译书籍——从几何、数学到政治制度无所不包，还订阅了《万国公报》。在显微镜下，他发现一只蚂蚁好似大象这么大，一片菊花瓣像是一片芭蕉叶，一滴水里竟有如此之多的微生物，有鳞有角，如蛟龙一样蠕动。这给予他观察世界的新方法，大与小、重与轻、长久与短暂，一切都变成相对的，与佛教典籍颇相通，万物真实又虚幻。这赋予了他新想象力，试图在儒家学说与西方知识间找到某种联通，并笃信自己的牵强附会。他说六艺中的"射"在孔子时代是武备的意思，今天的武备是枪炮；"御"在今天则是驾驶火车轮船。

他深信自己的"经营天下之志"。在内心，做帝王之师的情绪不断浓烈。"匹夫倡论，犹能易风俗，况以天子之尊，独任之权，一嚬笑若日月之照临焉，一喜怒若雷雨之震动焉，卷舒开合，抚天下于股掌之上！"在作于1886—1887年的《康子内外篇》中，他这样写道，期待自己能依靠着独任之权，一展抱负。[31]

他试图展开行动。1888年，他再次前往北京，参加顺天府乡试，对再度落榜不以为意，还认定自己"学有所得，超然物表，而游于人中，倜傥自喜"。[32] 他马不停蹄地结交各种权贵，期望获得赏识，让他们上呈奏折。在奏折中，他公开要求皇帝下罪己诏，还描绘了一个令人惊恐的图景：俄国在北方筑造铁路，迫近盛京；英国入侵缅甸，窥伺四川与云南；法国以越南为跳板，取得广东、云南；中国正在陷入包围之中，"日本虽小，然其君臣自改纪后，日夜谋我，内治兵饷，外购铁舰，大小已三十艘，将翦朝鲜而窥我边"。他大胆催促皇帝"变成法、通下情、慎左右"，他相信，只要皇帝听从他的主张，一切都将变化。[33]

上书没有抵达皇帝手中，康有为的警告没引发共鸣，却带来争议。清朝两百多年来，第一次有监生试图上书，是不折不扣的犯上。与康有为良好的自我感觉不同，人们被他的躁进、功利弄得不胜其扰，一些广东籍官员把他视作耻辱与危险，要驱逐他出北京。连欣赏他的朋友也说他性格中"冬夏气多，春秋气少"，劝他平和一些。[34]

十七岁的梁启超遇到的正是这样一个康有为，带着失落与傲慢，混杂着古今中外的奇怪学识，既能大谈孔子之道，也能描述西洋事物，痛陈时代弊病，雄辩滔滔，比起寻常学者的木讷，他显得过分生机勃勃。

第四章　狂生

一

这醍醐灌顶式的相遇引发了意外的后果。1891 年初，在陈千秋、梁启超的催促下，康有为决定开馆教学。三水人徐勤的到来加速了这个进程，他忠厚慷慨，家道殷实，愿以家资支持。

他们租下邱氏书屋中的一间。这是一座三进的院落，中院种有两棵玉兰树，邱家的祖宗牌位位于里院。书屋建于嘉庆年间，像广州城内很多宗祠学堂一样，专为本姓家族士子应试而建。他们从广东各地赶来省城，参加府试与乡试时，落脚于此。康有为的这家书馆空间窄小，生徒寥寥，名字也平淡无奇——长兴学舍。它所在的长兴里是一条短短的、毫不起眼的小街，甚至没有出现在《广州城坊志》中。向北走上几十米，就是热闹非凡的惠爱街，总督府、城隍庙、巡抚衙门、学宫沿街而立，撑起广府第一街的名号。长兴学舍毫不起眼，不要说学海堂、广雅、粤秀、越华书院，就连专授科举的"小馆"也比不上。康有为却为它赋予一颗辽阔、或许过分辽阔的雄心，要"思圣道之衰，悯王制之缺，慨然发愤，思易天下"。[1]

对于康有为，这是一个重要的开始。仅仅一年前，他还处于壮志未酬的愤懑中。顺天乡试落榜，上书又未达天听，他把北京描述成典型的衰世，"人才之凡下，气节之委靡，学术之荒芜，人情之偷惰，为自古衰世之所无"。他不满学术界，认为"朱学穷物理，而问学太多，流为记诵；王学指本心，而节行易骞，流于独狂"；向往东汉的陈蕃、李膺，宋代的司马光、苏东坡，明末的东林党人，以道德理想对抗时代的堕落，如今再难出现。[2]

他感到前途迷惘，对朋友感慨地说，自己"无土地，无人民，无统绪，无事权"，只能以教书为业，又觉得"为文词，则巧言以夺志，为考据，则琐碎而破道"。他想教授天文，"则无三十五万金所筑之高台，二十五万金所购之千里镜"；考察舆地，"则足迹不能遍行地球以测绘之，财力不能遍购地图以参核之"。[3]

回广州后，他曾试图开馆，却因无举人、进士功名，招来嘲笑，好事者甚至在告示旁边用淡墨写上："监生亦居然出而教馆乎？"[4]如今，他有了独立言说的空间，还有了虔诚的追随者。受此鼓舞，他写就《长兴学记》，陈述自己的教育主张。他以"志于道""据于德""依于仁""游于艺"这四项为教学纲领。[5]它延续着朱次琦礼山草堂的风格，追求对人格的塑造，强调知识传统的兼容。康有为也添加了新内容，要求学生学习外国政治、风俗、科学，以便理解正在变化的世界。他尤重视德育，这是君子理想的延续，实践仁慈与宽恕的精神，在艺术中寻找欢乐，磨砺气节，赋予人生一种使命感。这些纲领、课程与学馆及书院都不大相同，既不专注于八股应试，亦非考据功夫。日后，梁启超将之理解成现代意义上的德育、智育与体育。

课程分类同样新颖，分别义理、考据、经世、文字四课。义理之学含有孔学、佛学、先秦诸子学、宋明理学、西方哲学；考据之学有中国的经学、史学、万国史学、地理学、数学、格致学；经世之学有政治学、中国政治史、万国政治史、政治应用与群学；文字之学中既有中国辞章学，又有外国语言文字学。在校内，康有为每月初一教授演讲课，要求学生每天交日记，涉及养心、修身、接人、执事、读书、时务六项；在校外，隔日就要有体操，鼓励学生外出游历。当然，康有为尚未骄傲到忽视八股训练，在学记中，他特辟一小节论"科举之学"，分经义、策问、诗赋、楷法四项。他的制艺文章颇见功力，私下里或仍为自己的屡试不售愤愤不平。

对梁启超这样的少年，长兴学舍的课程固然新颖，康有为的个人魅力才是关键所在——除去与众不同的知识结构，他更有一种演讲天才。当时的山长、馆主不乏轻狂的名士派头，却很少善于演说，只习惯在纸面上表达观点。康有为恰好相反，当面对人群时，他尤其激情四溢。有一次在翰墨书馆代课，他"悬河不竭之口，旁征博引，独出新解。一席既终，学生咸互相骇愕，以为闻所未闻"。[6]

学术源流这门课完美地展现了康有为的魅力。从儒、墨、法、道到宋代的理学、清代的考据学，从王羲之书法到唐诗中的李白、杜甫，康有为试图将这些思想与人物都纳入一个历史框架。他的眼界也经常跨出边界，把自己一知半解的西方知识讲述给学生。他提到《圣经》中的大洪水，人类可以上溯到五千年；地球是圆的，"凡圆转于空中者，无不圆"；如果换算成中国的纪年，哥白尼的日心说是明朝嘉靖五年（1526）的发现；地下五十里煤之下，有大兽骨；墨西哥挖掘古城，其中有文字；苔为生物之始；落基山有天文镜甚大；印度没有冬天，伊斯兰教则没有闰月……他用新视角来解释中国历史，尧舜就像今天的土司头人，各大土司变成了诸侯国；他说地球是从太阳产生，月球又是从地球产生；昆仑山则是地球之顶，上面有四大金龙池，一条流入俄国，一条流入波斯，一条流入印度，还有一条黄河流入中国……[7]

对于长期被禁锢于八股、辞章的年轻人来说，这几乎是一个知识的迪士尼乐园，它把你头脑中支离破碎的知识置于一个脉络中，还提供一个闻所未闻的新图景。没人深究这些过分混杂的知识正确与否，首先沉醉于快感中。"讲者忘倦，听者亦忘倦。每听一度，则各各欢喜踊跃，自以为有所创获，退省则醰醰然有味，历久而弥永也。"康有为更有一种忧患意识，每谈及国事危难、民生憔悴、外侮到来，"辄慷慨欷歔，或至流涕"。这给年轻人带来使命感，"凛然于匹夫之责而不敢自放弃，自暇逸"。[8]

梁启超大开眼界，自称"一生学问之得力，皆在此年"，并迫不及待地要将新体验分享出去。在长兴学舍度过几个月后，他与陈千秋回到学海堂，几乎每天都与人辩论，"大诋诃旧学"。[9] 辩论不仅是自我炫耀，更可招朋引伴。在陈千秋、梁启超与徐勤之后，韩文举、梁朝杰、曹泰、麦孟华、王觉任先后加入长兴学舍。麦孟华来自顺德，样貌俊美，善于诗词，风格"婉约深秀"，他只比梁启超小一岁，两人尤为亲近，以梁麦并称，"相将顾盼惜毛羽，睹者辄比双凤鸣"。[10] 番禺人韩文举是商人之子，心仪东晋时扪虱而谈的王猛，自命为"扪虱谈虎客"。林奎是新会人，性格仗义，尤善臧否历史人物。陈和泽是康有为的远亲，喜欢追问各种问题。东莞人王觉任是最年长的一位，生于 1860 年，仅比康有为年轻两岁，他心思细腻，自尊自爱。最年轻的梁朝杰来自新宁，只有十四岁，以过目不忘、沉迷佛学著称。南海人曹泰则是学舍弟子个性再好不过的展现。陈千秋到翰墨书馆访友时，在一间房的门缝中看到一副对联："我辈耐十年寒，供斯民衽席；朝廷具一副泪，闻天下笑声。"曹泰正是对联的作者，随后加入长兴学舍。[11] 这些年龄相仿、个性不同的少年，是微缩版的珠三角精英群体。他们头脑敏锐、脾性怪异，彼此共鸣，是康有为最初、最忠诚的追随者，被称为"长兴里十大弟子"。

康有为是父、兄的混合体。他鼓励学舍的自治与参与性，学舍每年设立一名学长，挑选秀异与负有威望的学生，督促其他人的学业，也在老师缺席时讲学。日后最富成就的梁启超，当时并非最受青睐的学生。陈千秋成为第一任学长，一直到离世，他都最得康的欣赏与信任。曹泰以天资著称，他与陈千秋最能领会康有为，并称为学舍的龙与象。每当康有为讨论新理念，陈千秋都是最理想的讨论对象，二人"辨析入微"，梁启超只能"辄侍末席，有听受，无问难，盖知其美而不能通其故也"。对于康钟爱的佛学，他插不上话，遗憾自己"夙根浅薄，不能多所受"。[12]

长兴学舍是一个亲密的共同体，弟子们隔三岔五就一起游逛，足迹遍至越秀山上的学海堂、菊坡精舍、红棉草堂、镇海楼。他们赏月、闲谈，讨论所学所感，热烈争论。若康先生同往，野外就变成了课堂，众人"拱默以听"；倘若先生不在，则"主客论难锋起，声往往振林木，或联臂高歌，惊树上栖鸦拍拍起"。[13] 夏日时分，他们租船出游珠江，游到江中饮酒、吃夜宵、畅谈。珠江游船如织，最豪华的紫洞艇只要一元，更有无数小艇穿梭其中，兜售食物，艇仔粥尤受欢迎。

二

与其他学馆更为不同的是，长兴学舍的弟子还有机会参与编纂书籍。朱次琦述而不作，康有为却是一个狂热的书写者，他邀请弟子成为合作者，收集资料、校对文稿，还参与初稿写作。对于康有为，这是个高产的年份。在《长兴学记》五个月后，《新学伪经考》付诸刻印。全书规模惊人，共十四个章节，超过二十万字。

"始作伪乱圣制者自刘歆，布行伪经篡孔统者成于郑玄。"它以这样大胆的判断开篇。[14] 其背后是学术界正发生的变化，今文经学迅速兴起，其中的公羊学说尤为风行，就如张之洞所感慨："二十年来，都下经学讲公羊，文章讲龚定庵，经济讲王安石。"[15]

孔子整理的六本典籍，《诗》《书》《礼》《易》《乐》与《春秋》，被称作"六经"。《乐》佚失，变为五经。自汉以来，它们被视作一切智慧的源泉，从安邦定国到个人规范皆能提供指导，对它们的研究、注释被称作"经学"。

对于一个依赖教化来控制社会的政权，经学成为"为国家特权合法性辩护的具有意识形态封闭性、排他性的系统"，"皇帝、朝臣、军官、士绅都借经典为他们对公共及私人事务的垄断辩护"。[16] 同时，经书语言模糊，不同的诠释者按自己的方式理解。比如围绕《春秋》，就产生了《左传》《公羊传》《穀梁传》三种诠释性的著作。更重要的是，它与政治纠缠不清，是权力的另一种延伸。

今古文经学之争也是如此。传闻，秦始皇焚书，民间典籍毁于一旦，项羽火烧咸阳，官方藏书也付之一炬。汉初，一些学者靠口耳相传讲述儒家经典，用通行的隶书记载，被称作"今文经"。今文经学重"微言大义"，讲求在经文中发现现实政治意义，曾长期被立于学官，占据优势地位。汉武帝末年，鲁恭王在孔家旧宅墙壁内发现《尚书》《礼记》《孝经》等，是用战国时的古文写成的，被称为"古文经"。这一重大发现，提供了另一种解释。当王莽篡位成功，改国号为"新"，刘歆成功地将古文经立于学官。新朝只持续了十五年，刘秀恢复的汉室重新将今文经尊为官方的意识形态。

此后，今古文经陷入长久的争论，与政治权力纠缠在一起，对学术影响深远。清初，学者治学偏重考证、训诂，考据学成为主流，乾嘉时达到顶峰，其弊端也日益显现，学问琐碎、远离现实。在此背景下，常州学派开始崛起。这一学派的早期代表人物是庄存与。出于对和珅腐败的愤怒，借由《春秋公羊传》，他隐晦地表达政治不满，认为《春秋》中蕴含着道德褒贬，是某种政治哲学：上天制定了世界的秩序，圣人则将它表述出来，人有义务参与治乱，儒生要用行动纠正危机。庄存与有一位才智非凡的外孙刘逢禄，他用一种严格的考据法将学说发扬光大，在他的几本著作中，将何休《公羊传》注中"非常异义可怪之论，如张三世、通三统、绌周王鲁、受命改制诸义，次第发明"。[17]张三世表明历史的进化，从据乱世转向升平世，最终通往太平世，《春秋》中藏有对产生大一统的升平世的叙述。通三统代表着三种制度形式，以黑、白、赤三色代表，例如夏是黑统，商是白统，周为赤统。朝代更迭意味着承天命、改正朔、易服饰、定国色，也意味着任何朝代都不会长盛不衰，新王朝会取代失去天命的旧王朝。刘逢禄有位著名的外甥龚自珍，天才般地将公羊学精神带入时事评论、诗词中，那些尖锐言辞是对沉闷时代的最佳反抗。公羊学形成了一个若隐若现的传统，它言辞模糊，足以接纳不同的解释方式，吸引那些心灵敏感、思想大胆之人。尤其在时代危机时，其微言大义的精神，更引人共鸣。

康有为属于这个传统，却比任何人都走得远。《新学伪经考》宣称，为取悦王莽，刘歆伪造经书，确认篡位者的合法性，凡刘歆力争为之设立博士的经书——《周礼》《仪礼》《左传》《毛诗》——都是伪造的。两千年来的经学家都错了，他们奉伪经为真旨，孔子真正的精神被埋没，藏于烟雾中，以至于"天地反常，日月变色"。[18]新学正是得名于王莽的新朝。

这学说惊世骇俗，却未必是康有为的原创，他刻意忽略了廖平的影响。作为王闿运的高足，廖平孜孜于今古文之争，他的《知圣篇》与《辟刘篇》已做出相似的判断。很有可能，康有为1888年在北京读到了这些作品。去岁，廖平途经广州，与康有为相互拜访，后者还写了一封不客气的长信，斥责他"好名骛外，轻变前说，急当焚毁"。仅一年后，康的态度就如此巨变。"倚马成书，真绝伦也。"廖平日后讥讽说。[19]

陈千秋、梁启超参与了这本书的编检，或许还撰写了一些章节，韩文举与林奎校对史料。出于对陈千秋的偏爱，康有为邀请他撰写后记。日后，梁启超大方地承认了廖平对老师的影响。梁启超了解这种论调，长兴学舍弟子入门的第一本书就是《公羊传》，康有为更是着力把孔子描绘为另一个形象：他不是一个历史记述者与教育者，而是一位制度设计者、伟大革新者、一个无冕的素王；他洞悉一切，有扭转乾坤的行动能力，借《春秋》描绘了一整套政治制度。

多年后，梁启超认定，《新学伪经考》不啻"思想界之一大飓风"，"第一，清学正统派之立脚点，根本动摇；第二，一切古书，皆须从新检查估价"。否定带来解放，规范打破带来自由。但他对老师的写作风格略感不安，曾对陈千秋私下抱怨老师的武断，"其对于客观的事实，或竟蔑视，或必欲强之以从我"。这种"万事纯任主观，自信力极强，而持之极毅"的风格，正是康式魅力的核心。[20]

在1891年的广州，一些读者觉得这些不过是狂生之言。"五经去其四，而《论语》犹在疑信之间，学者几无可读之书。"在给康有为的信中，朱一新表达了不安。[21]这位浙江义乌人求学于诂经精舍，官至陕西道监察御史，也是清流派一员，因弹劾李莲英被贬，如今是广雅书院山长。朱一新意识到时代之困境，却笃信以"正人心，端学术，济时艰"应对，将自己的讲义命名为《无邪堂答问》。他觉得，康有为不无邪之可疑，以伪经名义摧毁经学传统。

他吃惊于康有为竟然为秦始皇辩护。在康眼中，秦始皇不再是焚书坑儒的暴君，而是孔子的支持者。他说康有为神化了刘歆的作用，"阳尊孔子，阴祖耶稣"，劝他不要"鼓一世聪颖之士颠倒于新奇可喜之论"，很可能"惑经之风于是乎炽"。康有为辩解说，自己的教学是"求义理于宋、明之儒，以得其流别；求治乱、兴衰、制度沿革于史学，以得其贯通；兼涉外国政俗教治，讲求时务，以待措施；而一皆本之孔子之大义以为断"，还寄了弟子们的札记给朱一新，以表明自己"不敢以考据浮夸领率后生……盖皆宋儒之遗法，非敢薄之"。他对自己的教育实践也颇有自得："门人兴起者亦颇有人（虽未能大治身心，亦颇淡荣利，而讲时务）。"[22]

这场充满破绽的论证颇能展现当时的思想气氛。朱一新代表严肃学者，忧虑"异教入侵，圣学衰微"，康有为为"以夷变夏"开启了大门。当康有为送他《旧约》时，这疑虑更是大增。康有为将今文学、古文学的争论类比为《新约》与《旧约》之分，西方富强全因《新约》取代了《旧约》，今文学是中国亟需的《新约》。这个类比还暗示，康有为自己正是中国的马丁·路德。

朱一新高估了康有为的西化程度，在给另一位学者的信中，康有为承认："泰西之政，比于三代，犹不及也。"[23]

三

深秋，梁启超前往北京，履行两年前的婚约。长兴学舍满是分离的感伤。师徒都有一种自我赋予的救世情结。"道入天人际，江门风月存。小心结豪俊，内热救黎元。忧国吾其已，乘云世易尊。贾生正年少，诀荡上天门。"在临行赠诗中，康有为把梁启超比作天才政论家贾谊，期望他在京师广结豪杰，以天下为己任。陈千秋的语句更是悲壮："岂无江海志，诀荡恣游遭。苍生惨流血，敝席安得暖。"[24]

"十月，入京师，结婚李氏。"梁启超对这一重大人生事件，只寥寥一笔，没留下任何细节。[25]婚房是新会会馆的三间北房，这或是他第一次见到李蕙仙。蕙仙父母早逝，全赖堂兄李端棻抚养成人，她样貌不算出众，性格尚称得上贤良，据说尤嗜槟榔。这是一桩不对等的婚姻，对于来自官宦之家也更年长的妻子，梁启超总有种特别的敬意。它也把梁启超带到了人生的另一个阶段，从此他以李端棻内弟的身份出现在京官与文士当中。

婚后不久，梁启超返回广州，为来年的春闱做准备。茶坑梁家的悲伤紧接喜事而来，梁维清在第二年正月去世。这是母亲离世后，又一位至亲离去。不过，梁维清应是带着满足离去的，毕竟他最疼爱的长孙已经高中举人，还迎娶了高官显宦之女，这都足令一名乡村秀才感到骄傲。

祖父葬礼后不久，梁启超再度前往北京参加考试。这一年的主考官是户部尚书翁同龢，李端棻则是三位副主考官之一。据说，李端棻曾试图为这位内弟疏通关节。舞弊是科场大忌，考官们仍想方设法拔擢自己信赖的考生——翁同龢就一心期望提携自己欣赏的张謇——通过猜测考卷的文风之类，这些考官常常能辨认出自己心仪的学生。据说，梁启超婉拒了李端棻的好意。

他再度体验到名落孙山的苦涩。这一年的进士榜上有张元济、蔡元培，后者在勤练楷书后，顺利高中。一位名叫曾朴的举人也金榜题名，日后将以小说家闻名。汪康年也榜上有名，对于三十岁的他来说，这是一份迟来的奖赏。梁启超还结识了汪的表弟夏曾佑，一位著名的数学家之子，两年前高中会元，殿试中获得二甲第八十七名，这一年被授予礼部主事。夏曾佑见识广阔，不仅游历过广东、香港与武昌，拜会过傅兰雅①，也对今文学深感兴趣，被同代人夸赞为黄宗羲、龚自珍的传人。他是梁启超第一个非广东籍的密友，他们相差十岁，但这并未阻碍他们的交流热情。

家庭与友情，都给予落榜的梁启超某种慰藉。这些人微言轻却胸怀高远的青年，定会感到京城中的不祥气氛。同治中兴的气象早已衰退，清流派代表的锐气，尽管经常是幼稚的，亦全然落败，一种贪腐、纵乐的风气肆无忌惮地四处弥

---

① 傅兰雅（John Fryer，1839—1928），英国翻译家，曾在江南制造局从事译书工作二十八年，翻译百余种自然与社会科学著作。创办格致书院，编纂《格致汇编》等。

漫。"都门近事，江河日下，枢府惟以观剧为乐，酒醴笙簧，月必数数相会。南城士大夫，借一题目，即音尊召客，自枢王以下，相率赴饮，长夜将半，则于筵次入朝。贿赂公行，不知纪极，投金暮夜，亦有等差。"一位京官曾这样描述北京。在这样的贿赂等级中，军机大臣孙毓汶因与慈禧、李莲英关系密切而权势熏天，排名第一，绰号"大圣"，见他一面需要六百金，亲贵礼亲王世铎要三百，许庚身要两百，张之万是一百。[26]

两年后的慈禧六旬万寿庆典逐渐成了中心话题。重修三海和颐和园催生了越发臃肿的官僚机构，工程尚未开始，工部已经派遣司员六十名，接着增加到八十人。御史李慈铭在奏折中称官员的品级赏赐得太过随意，连一个六部主事都会加上四品衔，他担心"宵人窃位，则志士伤心；幸者冒功，则劳臣夺气"。[27]

梁启超携新婚妻子返回家乡，在茶坑村举办婚礼，洞房就是狭小的怡堂书室。"夫人以宦族生长北地，嫔炎乡以农家子，日亲井臼操作，未尝有戚容"，梁启超对于妻子的包容深为感激。这个官宦之女还颇会处理婆媳冲突，梁宝瑛的新妻子只比李大两岁，但"夫人愉愉色养，大得母欢，笃爱之过所生"。[28]

整整一年，梁启超在茶坑过着家居生活。梁家充满了死亡与新生，继母所生的五弟数日后就夭折了，庶母则生下了六弟。第二年，梁启超也成了父亲，长女思顺在4月出生。

茶坑生活平静，梁启超却变了模样。他大量阅读江南制造局的译书，既有瑞士学者马尔顿撰写的外交指南，也有中国出访者的日记，以及傅兰雅编辑的《格致汇编》。他如今有了新朋友可以抒发志向。在给汪康年的信中，他表达了自己的无力感，"周览天人，知天下事之无可为"，只想与两三个同志一起著书。他希望汪能给他提一些人生建议："足下爱我，其何以教之哉？"他还把康广仁介绍给汪康年，康正在浙江担任小官吏，希望汪能帮助他结识更多的浙江名士，并销售《新学伪经考》。[29]

在另一封信中，梁启超展现出对铁路的强烈热忱。他觉得"中国人士寡闻浅见，专以守残，数百年如坐暗室之中，一无知觉"，而铁路能够打破封闭、守旧的习俗，令人"耳目一新，故见廓清，人人有海若望洋之思"。他感慨，有权势与威望的老一代"因循观望"，年轻一代有志向却无权力，"坐论莫展一筹"。他对张之洞寄予厚望，盼着作为幕僚的汪康年能劝说这位回任武昌的总督行动起来，推动铁路的修建。"诚能于南北冲途成一大路，而令商民于各直省接筑，则十年之间，如身使臂，臂使指，与今日电线相应，转弱为强之机，可计日而待也。"他还在计划一次旅行，冬月腊月间先前往贵州，再去北京，途中路过湖北时去拜会汪康年，如果汪那时恰好在。[30]

四

这趟旅程未能成行。1893 年，梁启超回到广州。一年多来，长兴学舍不断扩张，先从长兴里搬到卫边街邝氏祠堂，又搬迁到广府学宫，更名为万木草堂。徐勤出力最多，笃信草堂的远大前程，捐款签下了十年租约。这一年，梁启超接替陈千秋成为学长，弟弟启勋也随他进入草堂。

这是万木草堂富有转折意义的一年。在乡试中，康有为高中第八名，麦孟华同样上榜，在怪异名声之外，草堂又增加了新神话：他们也善写制艺文章。康有为保持着他的狂傲，没依惯例去拜访座师。

令朱一新忧虑的"新奇颠倒"不断散发魅力。康有为的才华与个性引来新的追随者。新会人陈子褒名列此次乡试第五名，自己设馆于六榕寺塔后，学生有六七十名，比万木草堂还多。他曾听梁启超讲述康有为的学识与风采，中举后对康"一见倾倒"。[31] 梁启超称赞康的讲演"善能振荡学者之脑气，使之悚息感动，终身不能忘。又常反复说明，使听者涣然冰释，怡然理顺，心悦而诚服"。[32] 陈子褒对朋友卢湘父说："上下三千年，纵横九万里，康先生尽之矣。"[33] 一年后，卢湘父也加入万木草堂。广西临桂人龙泽厚同样如此，他已是广东翁源县知事，回乡路过广州时被康有为的学识、风采折服，拜入门下。[34]

广雅书院的梁鼎芬也送来赠诗，其中有"九流混混谁真派，万木森森一草堂"的句子，暗示草堂的远大前程。[35] 梁鼎芬是广东名士、学海堂学长张维屏的曾外孙，他的舅父则是对康有为大加赏识的张鼎华。梁是张之洞最器重的幕僚之一，以美髯著称，与文廷式私交甚笃。同代名流的赞赏，最令康有为感到自得，谁也预料不到，几年后，他们将势同水火。

新弟子马上就领略了万木草堂的魅力。与寻常学馆击梆开课不同，万木草堂以击鼓开始。三通鼓后，弟子们分列东西，鹄立在课堂前。接着，康有为走进来，左右点头致意后落座，众人也坐下。仪式感也表现在身体姿态上。康有为正襟危坐，八字脚着地，从不交足叠股。弟子们坐在硬凳上，身体挺立。当他一开口，弟子们就把这身体的束缚遗忘了。讲台上没有书本与讲义，只有茶壶与茶杯。一堂课持续两三个小时，讲到一半，小童会端上茶点，康有为稍作休息，接着讲下半场。

弟子们对学术源流尤为兴奋，热衷于听到康有为"把儒、墨、法、道等所谓九流以及汉代的考证学、宋代的理学等，历举其源流派别。又如文学中的书、画、诗、词等亦然。书法如晋之羲、献：羲、献以前如何成立，羲、献以后如何变化……皆源源本本，列举其纲要"。[36] 每当草堂贴出"今日讲学术源流"，大家都欢呼雀跃。康有为也着迷于这种兴奋，听众愈多，他的表现也会愈佳，其中常伴有虚妄的评论。他从乐器中发现"笛管甚长，手指不能远压，不能成声。乃悟古人身体甚长，故尚有长狄，去巨兽之期不远，地热力甚大故也。今隔二千余年，地绕日渐远，热力渐小，人身渐短。因推再过二千余年，今笛亦不合后人之用，后万年人小极多"。[37]

"（同学们）都是二十左右岁的人，正是求知欲最发达的时候。脑海中本来空空洞洞，一张白纸，什么东西都可以收纳，"梁启勋回忆说，"又值方面复杂、材料丰富的学术源流讲义以诱导之，所以同学们的思想，尽情奔放，各随其意志之所接近，冲动之所趋向，如万壑分流，各归一方。"[38]

康有为还自创了一套尊孔礼仪。草堂中有一个礼乐器库，包括钟、鼓、磬、铎等乐器，干、戚、羽、旄等舞具，还有投壶所用的竹箭。每月一次的习礼时，"钟磬齐奏，干戚杂陈，礼容甚盛"。[39]康多少相信，这种礼乐精神正是时代所稀缺的。

康先生令人折服的不仅是学识、想象力，还有过人的精力。在硬板凳上坐了几个小时，弟子们下堂后，立刻躺在了床上，康有为却继续批阅功课。每个弟子都有一本功课簿，写下读书时的疑问或心得，每半月上交一次。即使一个简短疑问，康也常常作出长篇批答，他还会传唤弟子来面谈。这是令人惴惴不安的一刻，他们刚躺上床、摊开手脚休息，却要被叫起来接受询问。

草堂内书籍、用具、衣着不分彼此，有时连康有为都忍不住提醒他们，"孟子的弟子还有偷鞋的呢"。草堂的图书馆在不断扩充，藏书共七千余卷，除去康有为，弟子们也有捐赠。康派弟子负责管理，以省去众人分购，令贫寒学生得以阅读。草堂中有一本《蓄德录》，每天顺着宿舍依次传递，每个人随自己的喜好在上面录入格言，写满后储存于图书馆内，新同学可借阅。

编书则是另一项集体行为，在写《孔子改制考》时，康有为"指定一二十个同学，把上自秦汉、下至宋代各学者的著述，从头检阅。凡有关于孔子改制的言论，简单录出。注明见于某书之第几卷、第几篇"。[40]

随着学生的增加，康有为日益频繁地外出讲学，学长制变得日益重要。草堂变成了一个自治组织，可以让一群特立独行的青年自行管理、自由切磋。康有为最重要的助手也从中脱颖而出。博文科学长负责助理教授及分校功课，约礼科学长负责训导督促，干城科学长督率体操，书器科监督类似图书馆馆长。第一任学长陈千秋勤奋，富有条理，对书籍有一种特别虔诚的态度，倘在房中踱步看书，必用长袖托书，若在桌前则一定要把桌面擦干净，才把书放在上面。徐勤则以慷慨、忠诚、勤力著称，他家资丰厚，不仅主动承担贫困同学的学费，还是草堂各项事业最重要的赞助人。他经常和同学们讨论大同理想，陈和泽有一次笑着问他，可否把自己的绸缎裤子让同门穿，他立刻就脱了下来。陈千秋最受康有为青睐，徐勤则是最忠诚的一位，时常督促偷懒的同学编书。麦孟华聪颖异常，他的弟弟麦仲华日后娶了康有为的长女康同薇。曹泰喜欢躺着读书，床上堆满了书，夜晚索性就睡在其中。他习惯晚起，不无诙谐地写了一张客约贴在卧室里："五更未睡不能起，木虱咬伤不能起。"他还着迷于求仙问道，颇有些虚无倾向。[41] 这与陈千秋恰成对比，陈推崇行动，曾经感慨："吾穷天人之理已至矣，已无书可读矣，惟未尝试于事。"[42] 作为草堂的龙与象，二人的辩论经常引发同学围观。每当其中一人发言时，众人觉得对方肯定无法回应，可另一人不仅成功回应，且同样令人觉得无法辩驳。两人常这样交锋甚久，令同学们惊叹不已。他们常说，陈千秋像是永嘉学派，曹泰似乎更近于王阳明。少年们常熬夜读书，每当悟出一些新道理，便相视大笑。

没人比梁启超更善于写文章。因有膏火可领，草堂弟子也在其他书院注册，参与考试，一般是前往粤秀、越华、羊城书院，梁启超则多去应元、菊坡精舍——只有举人才有资格进入应元，而菊坡所考经史辞章难度太大。一位同学记得，每次应课，别人都埋头伏案、夜以继日地写作，梁启超却总是悠然自得，无所事事，同人说笑，直到夜深才开始动笔，从不打草稿，直接答毕交卷。

少年们也在智者中寻找自我认同。在梁启勋心目中，陈千秋是追求经世的法家，曹泰是向往个体自由的道家，梁启超有一种"无我博爱"，可被称作墨家。他作为一个温和沟通者、敏锐阐述者的特性，已显露出来。这类比背后，是诸子学说的兴起。与今文学说一样，对墨子、韩非子、孟子、荀子的研究，象征着裂变的学术世界：要越过历代注经者直接向孔子寻求智慧，与孔子同时代的思想者也值得重视。

草堂弟子有强烈的身份意识。他们都穿蓝夏布长衫，一看就知是康有为的门生。他们普遍健谈，在一些考场与聚会上，只听到他们在高谈阔论，其他学馆的弟子只能旁听。他们努力扩散草堂的影响力，推广康有为的学说，不管是"公羊三世""大同学说"，还是《万国公报》上的言论，都让他们亢奋不已，认定自己掌握了时代的脉搏。梁启超与徐勤曾成立辅仁精庐，租借西湖街的一间书室，邀人开会聚谈，仿效康式讲学，拓展风气。不过，猛然涌来的一百多位学子弄得他们手忙脚乱，"八面周旋，唇焦舌敝，其结果命题会文而已"。[43] 辅仁精庐是年轻人众多短命的尝试之一，也可看作未来行动的某种预演。草堂将成为新的变革中心，每个学生都是组织者与行动者。"康党"的称呼将很快随他们而来，这充满戏谑的名头也象征着万木草堂的自傲，康有为自命为"长素"，孔子是他心中的素王。弟子们也各有名号，陈千秋号"超回"，梁启超号"轶赐"，韩文举"乘参"，麦孟华"驾孟"，曹泰"越伋"，大有超越孔门之意。[44] 他们也的确有强烈的道德感、使命感，一些时候混杂着游戏式的叛逆。广府学宫仰高祠奉祀广东历代著名官员，讲堂中的神龛供奉这些人的牌位，梁启超有天发现了崖山之战时元军汉将张弘范的牌位，众人大怒，在公布他的罪行后，梁启勋劈开木牌，将之投入厨火之中。

梁启超频繁造访双门底的圣教书楼。这是广州唯一一家贩卖西学书籍的书店，由一位基督教徒开办，离万木草堂几步之遥，康有为也常至此。书楼前厅摆放着广学会的西文书籍，《万国公报》尤为显著，后厅是礼拜堂，似乎暗示着新知识总是伴随信仰而来。书楼司事王质甫是兼职牧师，每逢星期天在此布道。他与另一位常客孙逸仙，关系甚笃。

梁启超也日益以独立学者的姿态出现。1893 年冬天，他与韩文举一同前往东莞开馆，学馆就设在城内墩头街的周氏宗祠内。除去教授应试技巧，这里也是康有为思想的讲台。"先生命治公羊学，每发大同义理，余思想为之一变，始知所谓世界公理，国家思想。"时年十七岁的东莞少年张伯桢在日记里回忆说。[45]

面对听众，梁启超编纂了人生中第一部著作《读书分月课程》。"学者每苦于无门径，《四库》之书，浩如烟海，从何处读起耶？"梁启超劈头问道。他把学问分为五类——经学、史学、子学、理学、西学，并提供了一份六个月的速成书单，几乎是康有为教学的翻版。他强调了对墨子与孟子的兴趣，最不喜欢荀子。他要求学生先读《万国史记》，"以知其沿革"，其次读《瀛寰志略》，"以审其形势"，随后读《列国岁计政要》，"以知其富强之原"，读《西国近事汇编》，"以知其近日之局"。除此之外，还有一本天文学著作《谈天》，一本地质学的《地学浅识》。[46]

他显得过于乐观，认为传统的知识经过一年半载便可全盘掌握，西学也"不出三年"，便可成一代通儒。这种狂傲语气，充满一个二十岁青年重构知识世界的渴望与浮躁。他强调笔记的重要性，"当如老吏断狱，一字不放过"。在结尾处，他鼓励读者："稍一优游，则此三年已成白驹过隙，亦何苦而不激其志气以务求成就乎？朱子曰：'惟志不立，天下无可为之事。'是在学者。"[47]这激励式的语气，是他日后写作的重要特征。

第五章　战争

一

1894年初，梁启超再次前往北京。他不再孤单，同行者除了康有为、麦孟华、康的挚友梁小山，在新会住了一年多的李蕙仙也一路随行。

他们是甲午恩科的受惠者。这一年11月7日，慈禧太后将迎来她的六十岁生日。按照中国人的纪年方式，这次生日是一个轮回的结束，一个崭新的开端。这场事先张扬的庆典早在八年前就开始筹备，清漪园被重修，并更名为颐和园——颐养冲和之意显然适于太后的晚年生活。负责庆典的内务府参照的标准是1751年崇庆太后六十万寿庆典与1790年乾隆皇帝八十万寿庆典，那是清王朝最辉煌的时刻。

庆祝是从一连串晋封与赏赐开始的。2月6日（正月初一），瑾嫔、珍嫔分别被晋升为瑾妃、珍妃，奕劻由庆郡王变为庆亲王。李鸿章也被赏戴三眼花翎，在大清国两百多年的历史上，除去王公，此前唯有乾隆朝的傅恒与福康安、嘉庆朝的和琳、道光朝的长龄与禧恩得到过这样的赏赐，李鸿章更是第一个获此殊荣的汉人大臣。[1] 这次赏赐范围之广前所未见，北洋海军提督丁汝昌赏加尚书衔，总兵刘步蟾赐给宝寿字一方、大卷八丝绸缎二匹。[2] 户部尚书翁同龢则赢得了双眼花翎，他在当天的日记中写道："未至午初即上殿恭俟筵宴……午正上升坐，乐舞如常仪，四刻多毕。"[3]

一场全国性动员早已开始。官僚们被鼓励捐出四分之一的薪水，并竭尽全力寻找奇珍异宝，富商们也被鼓励集资奉献，据说光是上贡的白银就超过了百万两。北京城内，紫禁城、西苑三海、万寿寺与颐和园都修缮一新，从颐和园到西华门的道路设有六十段景点，分别搭建龙棚、龙楼、经棚、戏台、楼牌、亭座，以便太后途中休憩，仅此一项花费就高达 240 万两白银。[4]

这的确是一个值得庆祝的时刻，没人能料到这个没落的官僚之女能走得这样远。她成为一名垂帘太后时刚刚二十六岁，不仅置身于汹涌的宫廷政治中，还要面对一个内忧外患的国家。她不仅保住了自己的权力，还阻止了国家的分崩离析，甚至依靠满族亲贵恭亲王与汉人大臣曾国藩、李鸿章的合作，创造了一段中兴岁月。这中兴不仅是传统王朝意义的，也带有国际色彩，制造船舰、翻译书籍、派遣使节、开放通商口岸……中国的传统、规模与崭新的尝试让人不无敬畏，充满生命力……慈禧太后即使不完全是这一切变化的推动者，也是其中最核心的力量。

比起治理国家，她在权力控制上更具天赋，清除潜在敌手，扶植追随者。她还藐视传统，在这个男性绝对主导的政治传统中，进入少数女性统治者的行列，足以与汉代的吕后、唐代的武则天媲美——当然，她不会喜欢这个类比，这两人在历史中都声誉不佳，是闯入的异端。她从未以实际上的统治者面貌出现，而是依赖一种非正式的权力，在自己的儿子同治皇帝去世后，她安排了三岁的侄子继任，继续以垂帘的方式主宰一切。光绪1889年亲政后，她退居到颐和园，泛舟、听戏、作画、写字，将自己装扮成观音大士拍照。她无疑是个充满魅力的女人。"她的身材无懈可击，举止敏捷而优雅，处处呈现出她作为一名杰出女性和统治者的丰姿。她的面容与其说十分美丽，倒不如说是活跃动人。她的肤色稍带橄榄色。照亮她的脸膛的是掩映在浓浓的睫毛后面的漆黑的双眸，其中潜伏着恩宠的笑容和盛怒的闪电。"一位见过她的传教士写道。[5]她倾向于隐藏这种盛怒，喜欢别人称呼自己为"老佛爷"，标榜自己不仅有菩萨般的柔软心肠，还寓含某种归隐之意。只是，她从未也不可能真正归隐，仍对权力高度敏感，她或许不再理会日常的政务管理，但重大的决策都要经过她的同意。皇帝的紫禁城与老佛爷的颐和园平行却不对等，权力中心仍显著地倾向后者。

慈禧期待六旬万寿，这可能是她第一个在平安中度过的整岁生日。她太早卷入动荡的生活，三十岁时经历了太平军与湘军的死战，四十岁时同治帝夭折，五十岁时赶上了中法之战，只有六十岁的甲午年，是太平岁月。

梁启超一行定会感受到这种庆典气氛，他们也是受益者之一，加开的恩科多给了他们一次会试机会。梁启超尤其幸运，短短几年，他已享有两次恩科机会。他们也再度领略了北京的春寒，在他们入城的 3 月 18 日，风刮了一整天，直到夜晚才停歇。梁启超夫妇住在新会会馆，康有为先是住在盛昱家中，然后移居关帝庙客房。最初几日，照旧是一套礼仪：拜客、访友、向同乡的京官寻求印结。作为新科举人，康有为与麦孟华要参与举人复试，因错过了复试时间，4 月 1 日参加了补试。[6]

京城生活仍自足、悠闲，很少有人感受到即将到来的危机，叛乱的消息偶尔传来：湖南天地会的匪徒进攻江西，云南的邪教又起事了，河南有人自封终明王，四川爆发了一场教乱。对大多数人来说，这些事情对自己的生活毫无影响，它们仅存在于官员的奏折中。一些更振奋人心的消息为寿庆增加了喜悦。3 月 12 日，海军提督丁汝昌率北洋舰队访问新加坡、马六甲与槟榔屿，激起了南洋强烈的反响，像是再度确认了清国的实力。3 月 23 日，穿着黄马褂的李鸿章奉旨检阅海军，北洋舰队已被视作亚洲最令人生畏的海军力量，一份西方军事杂志将它列为全球第八。4 月 5 日，台北至新竹的铁路在台湾巡抚邵友濂的主持下竣工，是这个岛屿最新的成就之一。或许偶尔有人会读到3月末上海《申报》上面的报道，一位名叫金玉均的朝鲜流亡者遇刺身亡，谁也意识不到这件事有什么重要之处。

除去准备应考，草堂师徒游山玩水，访僧问道，吟诗作画，校书读帖，流连琉璃厂，沉浸在士大夫的雅事中。康有为保持着他一贯的社交狂热，与六年前来参加顺天府乡试的际遇不同，这一次，他不仅是个新科举人，还有了众多的追随者。他保持着一贯的傲慢，没像别人一样去拜会座师。他也赢得了一些新朋友，其中一位对他尤其激赏，尽管认为他"中外形势惜未透辟"，毕竟"此才竟不易得，宜调护之"。[7]五十七岁的张荫桓也是广东南海人，从未在科举中胜出，他通过捐班进入官僚系统，此刻正出任总理衙门大臣。或许因为从未在传统的儒学世界充分获得自我实现感，又或是南海县与外部世界密切连接，总之他在外交事务中脱颖而出，成为一名"鬼使"，出任驻美国、秘鲁、西班牙公使。回国后，他在北京的外交圈中以直率、吃西餐、热爱打惠斯特牌出名，被公认为清政府中的干员。作为一位年长、更富权威的同乡，张荫桓对康有为欣赏有加，除去彻夜饮酒、谈诗论佛，他们还一起观看埃及的图片——或许会在这个沦为英国殖民地的文明古国上看到大清国的影子。他们也谈起薛福成的《出使英法义比四国日记》，或许会在先驱者身上看到自己。与湖南人郭嵩焘一样，江苏人薛福成是最早理解世界的大臣，他们都被欧洲景象深深震撼，这些国家不仅不是蛮夷，甚至处于一个更高级的文明状态，尧舜禹的三代之治也不过如此。他们回国后都陷入孤立，很少有士大夫对这些见闻感兴趣，还把他们视作异端。在日记中，张荫桓也提到了梁启超，不过没作一字评价。在这些会面中，梁启超只以配角出现，他尚未获得自己的独特声音。

甲午年会试如期进行，主考官是清流派的领袖人物李鸿藻。此次共有 6534 名举人参与，其中一位贵州考生因拿错号，被逐出考场。[8] 头场的四书题是"达巷党人曰大哉孔子"，诗题则为"赋得雨洗亭皋千亩绿"，丝毫看不出时代面临的挑战。[9] 倒是天气显出了某种异常，头场这一天"大风尘霾"，第二场结束时下起了大雨，"平地水深尺，泥淖没踝，尤为狼狈，到寓竟体无干处，人言数十年未有之事也"。[10] 草堂师徒都落榜了，他们的纵横捭阖、肆意妄为，未能在八股文中获得展现。这一年的状元是南通人张謇，翁同龢最器重的门生，在四次落败之后，终于拔得头筹。

落榜没太影响到草堂师生的情绪。他们没回广州，继续在北京优哉游哉。康有为获得了更多的关注，他把《新学伪经考》四处送人，连翁同龢都注意到了。七年前，康有为投帖拜访他时，被拒之门外。这本书没激起翁同龢的赞赏，反给他带来了不安，在日记中写道："看康长素《新学伪经考》，以为刘歆古文无一不伪，窜乱六经，而郑康成以下皆为所惑云云，真说经家一野狐也，惊诧不已。"三天后，他再度拒绝了康有为的拜访。[11]

这位"野狐"不够灵巧，在前往晋阳寺游览时，刚下车就扭伤了脚，伤势颇为严重，扶墙都难以行走。康说自己颓败不堪，只能像枯木一样卧在床上。稍作休养之后，他决定返回广东。梁启超留了下来，他有家眷在此，还结交了新朋友，"于京国所谓名士者，多所往还"。[12] 名士是指重新聚拢起来的清流，他们用道德眼光来看待世事，重视礼法，崇尚内在修养，厌恶贪污、鄙俗，不管是腐败、堕落的官僚，还是洋务者以及他们代表的西方事物，都是憎恶的对象。他们产生于咸同年间，影响力在 1880 年代初达到顶峰。他们出任各级考官，造就了一批忠实门生，散布在翰林院、詹事府这样的言论机构，其锋利言辞、道德主义令人望而生畏。这种活跃在中法战争中戛然而止，他们在奏章与言谈上的意气和战略在现实中不堪一击。被派往福建督导战事时，清流派健将张佩纶坐看福建水师被法军摧毁。他们的声誉跌入谷底，只有翁同龢与张之洞幸存了下来。

甲申后的政治衰败给予了他们新动力，清流派逐渐恢复元气。他们中年长一代有盛昱、沈曾植、安维峻、李文田等人，文廷式、志锐、张謇则属于年轻一代。李鸿藻与翁同龢是这个群体的核心，也是清流派演变的缩影。李鸿藻并不是一个杰出的思想家，却性格耿直、品德纯正，他的政治生命可以追溯到咸丰初年，担任过同治与光绪帝的老师。翁同龢比他年轻十岁，状元及第，是山水画和楷书的高手，还是个坚定的道德主义者。他们都因担任皇帝的老师获得了非比寻常的权力，又对现实世界的运转缺乏真正的理解。翁同龢是皇帝最亲密、最信赖的老师，他尤其厌恶李鸿章对于现代商业、科技的迷恋，相信财富只应产生于节俭与农业中。

一个日渐成年的年轻皇帝期待证明自己，也是清流派的新动力。他们获得帝党的名称，与围绕在慈禧太后周围的后党相对。二者的对立反映了宫廷的内在矛盾，一个期望行使权力的皇帝与一个不愿意放弃权力的太后，产生摩擦。清流派憎恶的对手既有李鸿章，也有军机大臣孙毓汶、徐用仪，他们不仅在道德上堪忧，更是慈禧太后的忠实拥趸。

梁启超没有成为帝党的资格，他太年轻，缺乏功名与资历，只处于这个松散团体的边缘。也许，他也感受到甲午年的平静正被打破，来自朝鲜的零星消息逐渐演化成更大的混乱与危险。

二

朝鲜东学党在春天发动起义时，几乎没引起北京的注意。在士大夫眼中，朝鲜与缅甸、越南、琉球一样，是大清的藩属国。如今，其他藩属国接连丧失，朝鲜已是最后一个名义上的属国，这种重要性也就更显突出，况且，它还与龙兴之地毗邻。

早在 1870 年代，朝鲜就成为日趋衰落的中国与不断扩张的日本间的战场。日本试图在朝鲜扶持自己的势力，对抗中国无所不在的影响力。在壬午兵变与甲申之变中，中国占据了上风，一个叫袁世凯的年轻人在危机中脱颖而出，以"清朝驻扎朝鲜总理交涉通商事宜"的名义成为李鸿章在汉城的代理人。但明确的朝鲜政策从未诞生，一位幕僚劝李鸿章，要么让其自主，与中国脱离关系，要么派遣钦差大臣与军队直接治理。李的回应颇有玩世之感，他说大清国都不敢担保有二十年的寿命，何况高丽。[13] 在袁世凯主导朝鲜事务的岁月里，他对朝鲜的内在政治、社会矛盾毫无兴趣，只关心加强对朝鲜的控制，维系宗主国的体面。在驻朝外交官中，袁以盛气凌人著称，很有可能，这种咄咄逼人的姿态加剧了日本人的不安。

日本的朝鲜政策日渐清晰。西乡隆盛的征韩论由来已久，福泽谕吉则把制伏中国视作日本自立的第一步。参谋本部第一局局长小川又次于 1887 年提出了《征讨清国方略》，要先讨台湾、干涉朝鲜、处分琉球，最后同清国交战。1890 年，日本首相山县有朋在首届帝国议会上发表演说，提到不仅要保卫国境这一"主权线"，还要保卫与此相关的"利益线"——向北延伸至朝鲜，向南则到中国的福建。[14] 当沙皇俄国在 1891 年宣布修建横穿西伯利亚的铁路时，日本的忧虑上升到新高度，认定若想抵制俄国的影响力，就有必要占领朝鲜。

中国不仅对于朝鲜缺乏兴趣，对日本也同样如此。即使在信息最灵通的上海，普遍的情绪也是重俄轻日，比起日本，俄国才是主要的威胁。"俄人铁路逼近黑龙江，此中国心腹大患也。俄意专在亚洲之国，以中国为大。"1894年1月2日的《字林沪报》写道。东学党起义时，人们普遍担心的是俄国入侵："俄人久为中国患，得此（指朝鲜）则如虎展翼，其势不可复制。中国无朝鲜为屏翰，不特东三省可危，而畿辅亦形岌岌。"[15]

5月5日，接到袁世凯电报全罗道的东学党起义，李鸿章没有太在意。一个月后，朝鲜国王"议求华遣兵代剿"时，李鸿章依然没重视。九年前，他与伊藤博文签订的《天津条约》规定，朝鲜事务中，一方派兵前往，须知会另一方。这项条款也未引起他的重视，他多少认为，只需要照例履行宗主国的责任就可以，聂士成、叶志超的一千五百名淮军一旦开赴朝鲜，秩序将很快恢复。驻日公使汪凤藻则在电报中确信，日本正忙于议会政治的混乱，无心对外生事。[16]

日本人不会放过这次机会。该国外交官虽然曾许诺，若清国派兵，"我政府必无他意"，[17]可话音未落，冲突就到来了。伊藤博文尚保有某种谨慎，外相陆奥宗光则代表更年轻一代的声音，他们更冒险，更希望建立个人功业。更何况，这一届政府正面临弹劾，亟需一场重大事件转移公众的不满。日本的行动极为果断。6月2日，伊藤博文禀报天皇，出兵朝鲜、解散国会，并没有获胜信心的天皇认可了这两个决定。三天后，日本在关东设置了战时大本营，五十九岁的有栖川宫炽仁亲王出任参谋总长。[18]

这是一场赌博式的战争。长久以来，日本意见领袖们对中国的情感颇为复杂，他们受惠于中国文化的影响，又认定它是亚洲进步的"障碍"，担心生殖力强、富有心计、勤俭的中国人迟早会横行全球。在作家德富苏峰眼中，战争意味着日本的自我成熟："我不主张为了战争而战争。我也不提倡抢夺他国土地。但是我坚持要求对中国作战，为的是把日本从一个迄今向内收缩的国家改造成为向外扩张的国家。"[19]

李鸿章没准备开战。这不仅缘于他一贯的"以夷治夷"的外交哲学——想借助英俄的调停来压制日本；也因他强烈的现实感，看似庞大的规模往往会掩饰实际的困境，与日本全国动员式的做法不同，他能指挥的只是北洋的陆军与海军。这支号称最精良的部队，也饱受装备不足与训练不力的影响，而为人称道的北洋舰队已经有七年没有添置新的舰艇了，陆军也只有三四万人，"自守则有余，出境作战则颇不足也"。[20]

京师的官僚对朝鲜、日本普遍缺乏了解。直到6月14日，翁同龢才带着全然的胜利口吻，在日记里提到了朝鲜："夜得樵野函，知高丽叛党已散，韩兵屡有小胜，我兵将归矣。"他接着写道："东抚奏土匪充斥情形，旨敕令速捕。"在他心中，朝鲜问题并不比山东土匪问题更紧迫。6月25日，翁在日记中写道，日本不仅没有撤军，反而添兵五千进入汉城，"欲变易其政事，练其兵卒，而不认为中国属国"。他还感慨李鸿章的北洋军队数量太少，只停在了仁川和牙山，没有向汉城推进。[21]

张謇则直到 7 月 2 日才意识到"朝鲜事大棘"。[22] 这位翁同龢的得意门生、新科状元，十二年前曾随吴长庆前往朝鲜，参与平定壬午兵变，被视作朝鲜通，连袁世凯也对他执师生礼。张謇了解日本的野心，认定中日之间会有一战，晚战不如早战。但对日本这十年的变化，他所知甚少。他对翁同龢说，日本的五艘铁甲舰已经过时，剩下的二十九艘巡海快船远不及我方舰船，北洋舰队的船只吨位是日本的数倍，更有镇远、定远这样的战舰；而陆军方面，中日装备相仿，不过中国已占据了地利优势。[23]

其他士大夫更为无知，在接连的请战奏折中，他们将日本视作蕞尔小国，把接下来的较量视为一场必胜的战争。他们私下还将战争视作争夺权力的手段，一个主战的皇帝将牢牢树立权威，清流派的主要敌人——中枢的孙毓汶、徐用仪，地方上的李鸿章——都因主和成为攻击对象。

相比日本媒体的战事分析，北京官员对于即将发生的冲突所知甚少。7 月 15 日，翰林院编修蔡元培读到两周前上海《新闻报》里中日开战的新闻，北京"杳不得消息，未知若何"。[24] 无知不断激发出乐观。7 月 25 日，载满北洋士兵的高升号被日舰击沉后，好战之声随之而起。《字林沪报》评论说："观总而论之，中国理直气壮，将士用命，既入汉江，而至瑞兴，则反客为主，其势亦处于顺。有李傅相坐镇于津沽，转饷运兵，源源不已，可操胜算者，十中六七。"[25] 两

　　　　　　　梁启超：维新 1873—1898

江总督刘坤一笃信，"（日本）兵多系抽调而来，是驱市井之徒以犯锋镝，金鼓一震，心胆皆寒，安能当我百战劲旅"。[26]精通中国政治的海关总税务司赫德发现，"如今在一千个中国人中有九百九十九人肯定大中国可以打垮小日本，只有千分之一的人想法相反"。[27]

三

梁启超定能感受到这股好战的热忱。在酒席茶肆的闲谈上，人们以八仙来作比主战派，李鸿藻是张果老，翁同龢是吕洞宾，礼亲王世铎是曹国舅，张謇则是背着葫芦药的仙童。[28] 梁启超身处圈子边缘，没人倾听他的观点，"惋愤时局，时有所吐露，人微言轻，莫之闻也"，只能埋头读书，"治算学、地理、历史等"。[29] 所幸，汪康年与夏曾佑也在京城，在他们面前，能畅所欲言。

对于梁启超，有些事远比朝鲜更令人焦灼。康有为的"野狐禅"惊动了更多人。8 月 4 日，也就是中日正式宣战的第四天，给事中余联沅上疏弹劾康有为，称他"非圣无法，惑世诬民"，竟敢自称"长素"（长于素王之意），其子弟则以"超回""轶赐"为号，更是对颜回、子贡的藐视。康有为"以诡辩之才，肆狂瞽之谈"，余联沅请皇帝下旨销毁《新学伪经考》，而且援引"太公戮华士，孔子诛少正卯"的例子，要求法办康有为。皇帝随即给两广总督李瀚章发去谕旨，要他查办。[30] 余联沅的参劾令康有为师徒陷入焦虑。一整个夏天，梁启超都在忙于此事，他将新朋友网络变成营救系统，请沈曾植发电给广东学政徐琪，曾广钧发电给李瀚章，又通过张謇转请翁同龢发电给广东。[31] 在此刻的北京，这实在是小事一桩，翁同龢甚至都没在日记里提及。

主战派的判断，随即被证明为荒谬不堪。清军先在平壤作战失利，又在大东沟海战中惨败，其脆弱超出了中国人自己的预料，也令日本人惊诧不已。山县有朋感慨道："平壤的陷落实在是出人意料的结果……接着的海战大捷也是出乎意料的。"[32]

"大军以八月十八日（9月17日）失利于平壤，全军尽歼，丰伸泰、左宝贵死之，叶、聂诸人不知何往。二十日又在营口丧战舰五只。"9月23日，梁启超致信康有为。他的消息不尽准确，清军在平壤失败是前一天9月16日，他还把将领丰升阿写成了丰伸泰，此人并未战死。梁启超提到的营口海战是大东沟海战，发生于9月17日的黄海。除了细节错误，梁对战败并未感到意外："平壤军心之溃、器械之缺、饷道之断、敌焰之雄……今之覆没，实意中事矣。"他还提到"此间人民咸有愁惨之色"，普遍担心日本军队将在数日之间跨过鸭绿江，进入东三省，作为陪京的奉天瞬间失陷，日本水师会直捣天津大沽。对于康有为"兵事虽殷，讲和亦速，十年内尽可从容"的乐观，梁启超认为不然。他认定日本与火烧圆明园的英法联军不同，其狡猾非别的国家可

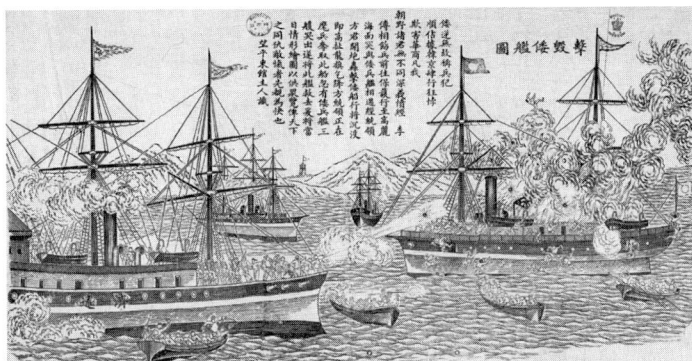

《击毁倭舰图》版画

比，很可能借势占据大清领土。他还担心，倘若日本与英法达成联盟，"事在旦夕可也"。他预感到一个动荡时代的来临，即使外患稍加缓解，各省的会匪反叛也将到来。国事与个人前途都令他颇感迷惘，甚至担心是否还能见到康有为，唯有在信中自我勉励："但求坚定此心，令虽历千劫，皆能自立。"

像所有敏感的年轻人一样，他在乐观与悲观之间摇摆，在混乱中看到了可能性。他相信，战争打破了既有的富贵利欲，人人要重新思考如何安身立命，他们这些传道者有了新机会，就像在干净的田地耕种，颇有不劳而成之感。广州也传来不幸的消息，因卷入南海同人局之事，陈千秋心力交瘁，重病卧床。这加剧了梁启超的悲观，觉得这是因小失大，"仁"是天地所依靠的支柱，"然爱质太多，不加割舍，则于事必多窒碍"。他还感慨墨子的兼爱之学固然美好，可实行起来太困难，若参与具体事务，一定要掌握一些老子学说，才会让人更自在、从容。他特地提到同在京城的同学林奎，其人轻信又自以为是，颇多谈话已经成为他人笑柄，他与麦孟华都不知如何说服，希望老师能去信规劝。

信中最重要的部分关于弹劾。他对自己的诸多努力没有特别把握，找不到人递上反驳奏折，"非肝胆交及深明此道者，安肯为力"，且"政府向无交情，曲折更数人乃始达之，未有能尽心者也"。他劝老师尽快销毁《新学伪经考》的刻板，还安慰老师不要气馁。他把朝廷比作短命的秦朝，"一片江山，已近黄昏时候，纵为无道，亦只若嬴秦之于六艺耳，何足芥蒂"，康的著作如孔子的六艺，传播千秋万代。或许这一弹劾事件对万木草堂也有好处，"此后若有来游者，必皆命世之才也，所缺者亦不过风流沾被之人，多寡不关轻重，听之而已"。在信末，他谈到自己有意前往陕西一家书院任教。

信没有立刻寄出，几天后梁启超又补充了新消息。他得到张謇的确认，翁同龢已经应允尽力周旋弹劾一事，可惜翁正忙于军务，而且身体欠佳，不一定能十分尽力。慈禧太后以"倭人肇衅"为由，暂停六十寿典。主战派则已经乱作一团，李鸿藻被召见时与光绪皇帝对泣不已。梁启超绘声绘色地描述北京的种种传闻：清流派开始相互指责，翁同龢把罪责都推给了李鸿藻；光绪想重新启用恭亲王，但慈禧仍不愿意见这位宿敌。日本人在东北的宣传战也传到了北京，他们不仅准备占领土地，还想俘获中国人的心，否定清朝的合法性，将其说成篡权者，华夏之邦被北方犷悍游牧者占领，荼毒生民。梁启超觉得，这说法"实属横谬可恨"。[33]

信件发往广州后，北京进入了新阶段。一些旧人物、老办法再度被启用，似乎他们能提供暂时的镇定。清流派将目光投向了恭亲王奕䜣。三十四年前，正是年轻的恭亲王留在北京与英法联军谈判，开创了一个新时代。9月29日，慈禧与光绪召见了恭亲王，令他负责总理衙门事务、添派总理海军、会同办理军务。这注定是一次令人失望的回归，恭亲王的雄心与魄力早已散去，尤其是甲申年再度被罢免后，他已经陷入自我放逐式的生活，沉浸于赏花、会友，在诗句中感慨命运之无常——"千古是非输蝶梦，到头难与运相争。"

湘军也被启用，以替代节节败退的淮军，刘坤一被考虑任命为前敌总指挥，湖南巡抚吴大澂也主动请缨。主战派的乐观虽然消退，却仍侥幸地期待湘军如三十年前镇压太平天国一样，能再创奇迹。他们还寄望于国际参与，10月7日，一群翰林院学士联名上《奏请密联英德以御倭人折》，建议提供军费，邀请英德组成参战同盟。这群名士对世界格局一无所知，以为可以把《战国策》里的纵横捭阖直接挪到现实中来。

不管是恭亲王还是湘军，都打破了清流派的期望。10月，日军跨过鸭绿江，并在辽东半岛登陆。绿营兵被迫再度启用，开往山海关，一个目击者看到这些士兵"黧黑而瘠""马瘦而小，未出南城，人马之汗如雨"。士兵们把鸦片烟枪悬挂于马鞍旁，还有人提着鸟笼，用口中咀嚼物喂鸟。[34]

海关总税务司赫德发现，这是一个完全错乱的管理系统。在 8 月底写给同事的信中，他提到近来北京多雨，街道非常泥泞，他去总理衙门途中看见北京的炮兵把一批大炮放在街上，陷在泥辙里没人管……他向总理衙门的大臣们提到此事，这些人不觉得应该派士兵在那里站岗守卫，只是命令老百姓躲开。当他试图与大臣们讨论战事时，只感受到敷衍，仿佛牛奶已经泼翻了，"我们现正准备新罐子，不幸的是这头牛也是一头爱踢的牛"。[35] 到了 10 月份，军机大臣孙毓汶、徐用仪几乎痛哭流涕，愿意听从赫德的一切建议。[36]

初冬到来时，新一轮的恐慌蔓延。粮价飞涨，原来三两四钱可以购得七十公斤粮食，如今十二两只能买五十公斤。因为大批人离京，北京到天津的车价暴涨至十多两。[37] 德国外交官福兰阁 ① 发现，"人们开始担心日本人会包围城市"，使馆区的女士都转移到天津，舞会自然也随之消失了。对于中国文物的收藏者们来说，这倒是好时候，那些漂亮的铜器和漆器如今以便宜的价格出售，日后颇有一些进入了欧洲的博物馆。[38]

---

① 福兰阁（Otto Franke，1863—1946），德国汉学家，1888—1901 年在德国驻华使馆与领事馆担任翻译、领事等职，回国后任教于汉堡大学、柏林大学，著有五卷本《中华帝国史》。

四

梁启超决定返回广州，要赶在大沽港冰冻前乘船，并先把李蕙仙送回贵州。11月3日，他们离京这一天，山县有朋的第一军攻陷了奉天的宽甸，黑龙江将军依克唐阿败走。权力中枢也发生了变化，翁同龢、李鸿藻、刚毅被任命为新的军机大臣。大规模庆寿活动被缩减，慈禧太后期盼已久的寿辰又宿命般地没过好，有人还用"一人庆有，万寿疆无"这种话来讥讽她。

糟糕的战事消息跟随着梁启超到了上海，他听到大连丢失、旅顺不守，一时无法判断是真是假。主和说已被公开谈论，上海的一份报纸评论说："战既不能，守又不可，无可奈何之中，万不得已之际，惟有和之一策乎！"[39] 梁启超原打算与夏曾佑共同前往杭州拜会汪康年，听说汪已离开杭州前往湖北，他在信里感慨："天涯漂泊，同病相怜，未知良晤又在何日耳。"[40]

上海却向他发出了邀请。名士沈善登来访，请他出任一所正在筹建的书院的教习。沈是口岸知识分子的代表人物，进士出身，曾参与湖北荆门煤矿的开采，也为电报系统的建立出过力。他是个活跃的慈善家，以精研佛学著称，所以朋友中既有郑观应、经元善这些的洋务人物，也有杨文会、许灵虚这样的佛学家。沈善登欣赏《新学伪经考》，认为此书"颇有卓见"。几个月前，他在北京偶遇康有为，认定康是"真积学有道君子",佩服之至。他与经元善打算创办一所中西结合的新型书院,相信梁启超"学承渊源",是恰当人选。[41]

回到广州时,梁启超发现,为了躲避弹劾之祸,康有为正在桂林讲学。所幸,李瀚章最终保护了他,李在 10 月 19 日上奏,说"长素"不是"长于素王",而是"弱不好弄,长实素心"之意。康对孔子的质疑实际上也出自"好学之心",《新学伪经考》可以"自行销毁"。康"意在尊崇孔子",并非"非圣无法"。[42]负责调查的是李滋然,正是 1889 年梁启超乡试的同考官。

康有为躲过一劫,万木草堂却面临接连的死亡。十月,曹泰去世。沉醉于佛法的他听说罗浮山有异僧,便前去探访,不料染上山中瘴气,不久病死。康有为写诗悼念:"深思好学似扬雄,奥字奇文谁与通?若为创教思明胜,访道罗浮叹落红。"[43]林奎承担起了扶养曹泰独女的责任。三个月后,陈千秋没能从同人局管理的挫败、积劳中恢复过来,咯血不止,离世了。万木草堂内为他设立了牌位,康有为亲自率弟子吊祭,放声痛哭。一龙与一象都已离去,草堂的黄金时代结束了。

第六章　上书

一

途经上海时，恰逢下雪，这在已经立春的江南多少有些让人意外。"春寒恻恻逼春衣，二月江南雪尚霏。一事生平忘不得，京华除夜拥炉时。"在给妻子的信中，梁启超流露出少见的儿女情长。[1]

六天前，他再度从广州启程，参加乙未年（1895）会试。出于对战事的恐惧，颇多南方举人放弃了北上，但草堂师生照旧出发。他们经常刻意掩饰自己的功名心，一边对八股文章口诛笔伐，一边又勤于应考：康有为说他迫于母命，梁启超则归结于父亲的压力。

令梁启超感伤的不仅是天气，也有对国家的忧虑。与日本的战事不断恶化，在报业发达的上海，他能够听闻各种战败的消息。在海上，提督丁汝昌2月12日在刘公岛自杀，北洋舰队彻底覆灭；在陆地，重新被启用的湘军没有表现出任何人们期待中的力量。即使依赖英国人、法国人保护而暂时获得平静的上海，也处于不确定之中，相传日本人不仅要直取北京，还会进攻南京。上海名士郑观应劝自己的朋友、天津海关道盛宣怀回苏州创办民团，抵御可能到来的日军。[2]

对于个人前途，梁启超同样不置可否。接连三次的落榜不免令人意兴阑珊，时局如斯，获得功名又如何。他对夏曾佑说此行并不是为了参加会试，而只想做一番"汗漫游"，"以略求天下之人才"。他喜欢上海，这里是"南北要冲，人才凑入之地"。他提起了沈善登书院的邀请，教席"虽所得微薄"，但有西文老师，可一边教书一边学西文。[3]在给汪康年的信中，他对去年北京相聚怀念不已，"京华萍合，已成影事，不任怅惘"，羡慕汪和夏曾佑等人在湖北的"同人之乐"，他也很想去拜会新老朋友。他把借阅的《中俄交界图》还给汪康年在上海的弟弟，这本书的作者洪钧曾出任驻柏林与圣彼得堡公使，娶了著名的烟花女子赛金花为妾。"我辈今日无一事可为，只有广联人才，创开风气，此事尚可半主"，他在信中再度表达了这个观点。在要广联的人才中，他特意提及了孙文，说这个人"略通西学，愤嫉时变之流"，又非哥老会式的江湖人物，追随者都是遍布南洋与美洲的商人或留学生。他还听说张之洞有一位梁姓幕僚，也是孙的追随者，希望汪能去一探究竟。[4]

将孙文视作一个可联络的人才，或许跟再度遇到陈少白有关。陈比梁启超年长四岁，英俊而富有才智，也是新会人。他生于一个基督教家庭，父亲是一位牧师，对他影响甚深的三叔也是基督徒，常从广州带回西学译书，教他学习英文、日文。梁启超求学于学海堂时，陈少白进入了美国人那夏礼创办的格致书院，两年后进入香港的西医书院，成为孙文的密友。他帮孙文起草了给李鸿章的上书，提出变法主张。在天津，忙于即将到来的中日冲突的李鸿章，无暇给一个香港医学院毕业生太多的关注。这种挫败感将孙文与同伴们推向另一个方向，"知和平之法无可复施"，1894年年末，他在檀香山成立兴中会，致力于推翻清政权，如今正四处寻求可能联合的力量。

　　陈少白住在洋泾浜的全安栈，听说康有为和梁启超也住在这里，他再度试图接近康有为，后者保持着一贯的傲慢——"庄重接见，正襟危坐，仪容肃然"。当陈少白"痛言清朝政治日坏，非推翻改造，决不足以挽救危局"时，康有为没感到诧异，还多少认同了这种看法。他随即介绍梁启超给陈少白，两人"谈论颇欢"。[5]谁也不知道，谈兴浓时，陈少白是否会无意讲起兴中会正在酝酿的大胆计划。3月16日，孙文在香港主持兴中会干部会议，计划攻取广州，并采用青天白日革命军旗。[6]

　　梁启超没记述这次见面的情形，想必，两人一起分享了对现状的厌恶与改变的决心。但与孙文、陈少白不同，草堂师生仍自视为正途，作为举人的他们仍有机会金榜题名，跻身权力与荣耀的中心，这或许才是更有效的变革方式。康有为的傲慢，与此不无关系。

草堂师徒乘船北上时，战事愈加严重。3月19日，即将驶入大沽港的客轮被一艘日本军舰拦截，日本人怀疑上海来的商轮上可能藏有军火，登船搜查。渤海湾几乎沦为日本的内湖，日本军舰可以自由往来，中国对此毫无办法。稽查没有引发特别后果，却让康有为与梁启超第一次切身感受到战败之屈辱。对康而言，这羞辱中还包括怀才未遇的愤懑——倘若朝廷早日相信他在1888年上书中对日本野心的判断，"必无此辱也"。

抵达天津时，他们可能感觉到这座城市正在上演的戏剧。这里正面临着二十五年来最大的一次权力转移：三个月前，李鸿章被免去直隶总督、北洋大臣之职，由王文韶取代。对于李鸿章而言，这是他一生最大的政治挫败，此外，他还要肩负起与日本谈判的任务，前往马关会见伊藤博文。这已是中国派出的第三个议和使团了，此前不管是德国人德璀琳①领衔的使团，还是张荫桓、邵友濂使团，都被拒绝。在日本人心中，唯有恭亲王与李鸿章有谈判的资格。这是一次注定被唾骂的出使，朝廷不可能让皇胄宗室陷于这样的窘

———————————

① 德璀琳（Gustav von Detring，1842—1913），曾三次出任天津海关税务司，任期累计达二十二年。活跃于晚清外交界与天津租界，与李鸿章交情深厚。

境，耻辱只能由汉人大臣来承担。李鸿章的确要为这羞辱部分地负责，天津城中的一个插曲反映出这是一场必败的战争。作为李鸿章重要幕僚的罗丰禄，战时焦虑的不是国家的命运，而是小家庭，听到威海失守的消息后，他写信给远方的爱妾说："但使倭寇不来，不至无家可归，余事皆可存而不论矣。"[7]

万木草堂师生到达北京时，春意已颇为浓厚，陶然亭的海棠应已含苞欲放。比起梁启超四个月前离开时，京城气氛又发生了不少变化。恭亲王没有给人们带来想象中的改进，他彻底丧失了昔日的风采，在翁同龢的眼中，他已老弱不堪，"疾甚，唯唯"。[8]主战派对于湘军的殷切期待也已化作泡影。清流派的激愤与正义感不仅于事无补，反把国家引入更深的危机，就连他们眼中"素为知兵"的李秉衡，对于日军突袭威海也束手无策。

继续作战的勇气已失去，叹息与哭声弥漫于宫廷，慈禧对刘坤一说："我哭，皇帝亦哭，往往母子对哭。"[9]相拥痛哭也掩饰不住母子的斗争，慈禧以干政、卖官的名义，贬斥了光绪最宠爱的珍妃，这也引发了"帝党"与"后党"之间新的冲突。御史安维峻去年年末上奏折，大胆且不无臆想地提及两宫矛盾，并劝"皇太后既归政皇上，若仍遇事牵制，将何以上对祖宗，下对臣民？"奏章把战败归咎于李鸿章，请求将其诛杀。这是清流派最惯常的风格，用个人恩怨、道德判断来替代复杂的现实。不出意料，安维峻被革职，谪戍张家口，他反而因此"直声震中外，人多荣之"。[10] 一位名叫王正谊的京城镖师甚至自愿护送他前往戍地——在江湖中，这位镖师以"大刀王五"著称。

恐慌四处蔓延，刑部候补主事刘光第在家信中写道："京师颇形震动。京官家眷，十去其八矣。"[11] 迁都的议论喧腾不已。张之洞与李文田最初提出迁都建议，翁同龢也主张迁都，甚至在皇帝面前与孙毓汶争论了起来。颇有一些中低层官员响应这些倡议：沈曾植、蒯光典建议迁都至襄阳；文廷式则用他一贯的纵横捭阖来证明迁都之必要，建议光绪做出类似俄国亚历山大一世的选择——在 1812 年舍弃莫斯科后，俄国最终战胜了拿破仑。然而，这些主张引起了满人权贵的诸多不满。敏锐的工部尚书孙家鼐劝告提出倡议的李文田，倘若执意如此，必然招致奇祸，吓得李赶紧收起了主张。[12] 康有为感到了这股不安气氛，不无臆想地写道："内廷预备车辆五百，以备迁都。朝士纷纷，多虑国亡出京师者。"[13]

战无可战，迁都又无疾而终，和谈便成了唯一的选择。为了寻求国际社会的帮助，恭亲王甚至接受了《纽约时报》的专访，在谴责了日本之后，他破天荒承认中国自身的缺陷："我们对这场战争处理得不够明智，并且，有些官员的表现不称职，不能胜任国家的责任。由于这些不利因素的存在，我们大清国在这次战争中蒙受了巨大的痛苦和损失。"[14] 当然，他不会承认，关键的问题出在最高决策者，也就是太后与皇帝身上。国际干预的确成了清王朝最后的希望，李鸿章来到京城为和谈做准备时，就马不停蹄地拜会东交民巷的公使馆，寻求各国的支持。此刻，所有人都等待他从马关传回的消息。

与去年一样，康有为住在烧酒胡同的关帝庙。梁启超没住新会会馆，而是与麦孟华住在南城一家关帝庙。张荫桓已于3月8日回到北京，或许会与康有为、梁启超谈起失败的广岛之行以及伊藤博文、陆奥宗光之傲慢。梁启超去年夏天结识的一批名士则陷入困境，他们的好战姿态开始让位于恐慌、无奈。和谈不可避免，他们却仍陶醉在道德姿态中。翁同龢一味希望李鸿章坚守只赔款、不割地的底线，对日本的要求一无所知。

战事没有中断会试，却阻碍了很多举子来京，尤其是东南沿海的省份，"盖因倭人犯边，水路不通，东南诸省皆不能来"。大约五千人参加了考试，比往年少了将近两千。他们照例围绕着同乡京官、商号与会馆，寻求京官印结，拜会座师，联络感情，准备应试，或逛一逛闻名已久的京师风物。中国疆域辽阔，风俗差异显著，不同省份的举人缺乏共同体之感。对于大部分人来说，会试才是京师中最重要的事情。山西举人刘大鹏拜会了两位座师，准备了"贽金四两，门敬六千，土仪藕粉二斤"，还拜见了八位山西籍的京官，逛了逛广兴粮店、恒兴号等商铺。初次入京者，很容易被都城的规模与气势所震惊。刘大鹏发现，"京城甚大，凡出门

北京街景，1900 年

远则一二十里，近则三四里，必须一日工夫"，但"出门欲坐车，随地皆有，方便之至。此外又有驴，欲省钱则骑驴"；"京都城中，不知有几千百万人，每日之中，无论大街小巷，莫不肩摩毂击，攘往熙来，酒饭馆千百家，日日满座，演剧院十数家，每院听戏者且有千余人……一年之中，惟忌辰日不演"。他又觉得京城风气"失于浮华""一举一动，莫非争个虚体面"。在护国寺庙会，男女游客杂处，竟然毫不避嫌，这让他颇为震惊，首善之区竟毫不符合孔孟之道，简直有礼崩乐坏之嫌。他还感慨，人们并不真的关心儒家价值，考试只讲究书法，"写字为第一要紧事，其次则读诗文及诗赋，至于翻经阅史，则为余事也"。[15]

这忙碌与喧闹很容易消化前线的紧张感。刘大鹏没有提及中日会谈，只在 3 月 19 日的日记中提到了安维峻对李鸿章的弹劾，他对大刀王五的忠义之举赞叹不已，可惜将其错记成"李五"。至于马关谈判、李鸿章之遇刺，他在日记里只字未提，很有可能也毫不知情。[16]

中日谈判于 3 月 20 日正式开始，地点选在春帆楼，一处以吃河豚闻名的酒楼，也是日方首席代表伊藤博文的钟爱之所。李鸿章将每一次进展用电报发给总理衙门，等待来自北京的指示。第三次谈判结束后，李鸿章回到下榻的接引寺，途中被一个日本人行刺，子弹贯穿鼻部，据说七十二岁的李鸿章镇定异常，用手帕捂住伤口，泰然自若地回到住所。刺杀改变了谈判进程，日方手脚大乱，从天皇到民众都表现出热切关注，忧虑这次刺杀事件引发西方对中国的同情，令谈判更为棘手。中方对于自己代表的命运反而相当漠然，关注点仍在谈判上。"上为之不怡良久……恭邸亦来，相对愁绝"，翁同龢在日记中没表现出任何同情，似乎李鸿章只是代表失败的北洋、失败的自己。[17]中国官员不知如何利用这个意外，将之变成谈判的筹码。

对于这些历史插曲，梁启超没留下个人记录。中国与日本的差异在谈判中显露无遗，当日本媒体将谈判呈现于公众面前时，即使中国官员、举子们，也只能通过零星的消息略知一二——你很难想象李鸿章的谈判团中会有随行记者，有机构与公众可依靠。几年后，梁启超不无同情地称李鸿章"以一人而战一国"。[18]

二

在暂时的停战中，举子们进入考场。理学家徐桐出任主考官，副考官为启秀、李文田、唐景崇——他的哥哥唐景崧正在即将被割让的台湾担任巡抚。危机丝毫没有反映在考场中，试题仍然是三道四书题："主忠信""优优大哉礼仪三百""居天下之广居，立天下之正位，行天下之大道，得志与民由之"。诗题一道："赋得褒德录贤（得廉字，五言八韵）"。[19]

在考生围绕"忠信""礼仪""天下""德贤"论文作赋时，清王朝加速了瓦解。在他们进入考棚的第二天，日方开出了令人瞠目结舌的条款，包括朝鲜独立，割让台湾、辽东两地，赔款白银三亿两，允许日本在华扩大商业投资等。这些条款是日方不同利益集团的汇总：陆军希望拥有辽东，保持对朝鲜之控制；海军则要占据台湾，作为拓展东南亚的基石；财政系统需要巨额赔款，为工业化提供资金……[20]

条款传到北京后，朝廷陷入震惊与愤怒。大约四十年前，恭亲王曾说来自欧洲的蛮夷与之前不同，他们不占领土地，"犹可以信义笼络驯服其性"。[21]如今，同文同种的日本人更贪婪，提出土地要求，赔款数额也是最惊人的一次。这个要求像是普鲁士精神的延续，德国在 1871 年强迫法国签下苛刻条约，割地与赔款不是意外犒赏，它本身就是战争的目标。日本崇拜这个国度，铁血领导者俾斯麦更是伊藤博文的偶像。

"胸中磊块未易平矣。"翁同龢当日写道。接下来几天，主战与主和的争议再起。在军机处内，翁坚持"台不可弃"，孙毓汶则认为"战字不能再提"，至于恭亲王，则抱着"无所可否"的态度。在日记中，翁同龢密集地记下了自己的挫败、沮丧与泪水，空有一腔愤怒，却毫无办法。[22]

4 月 10 日，举人们结束最后一场考试，马关正在进行第四场会谈。对于带伤复出的李鸿章，日方只做出了少许让步，他们在要求割让的辽东半岛中划出了辽阳，即清王朝"龙兴之地"的一部分，将赔款由三亿两减为两亿两。伊藤威胁说："广岛现泊运船六十余只，可载兵数万，小松亲王专候此信，即日启行。"第二天，他继续增加压力，要清政府四日内，也就是在 4 月 15 日之前必须作出回复。[23] 停战只限于北方，日军仍在进攻澎湖列岛。

散场的举子们原本要拜会、宴请、游荡、疏通关系，直到 5 月 6 日放榜才决定去留。而这一年与众不同，马关谈判的消息也进入了他们的视野，他们逃离了考棚中的紧张，却卷入一种新焦灼，并获得了前所未有的政治参与感。"三月二十一日（4 月 15 日），电到北京，吾先知消息，即令卓如鼓动各省，并先鼓动粤中公车，上折拒和议，湖南人和之，于廿八日粤楚同递，粤士八十余人，楚则全省矣。与卓如分托朝士，鼓各直省，莫不发愤，连日并递，章满察院，衣冠塞途，围其长官之车。台湾举人，垂涕而请命，莫不哀之。"在日后的自编年谱中，康有为将自己视作新风潮的开创者。[24]梁启超则附和了这种说法："康有为创议上书拒之，梁启超乃日夜奔走号召，连署上书论国事。广东、湖南同日先上，各省从之，各自连署，麇集于都察院者，无日不有。"[25]在这对师徒的描述中，他们促成了这一历史事件，举人们接连上书，反对《马关条约》。因人们惯用公车来指举人，因此它也被称作"公车上书"。举人们，变成一股崭新且唯一的政治反对力量。

事实上，自李鸿章前往马关，朝廷就一直收到反对议和的奏折。台湾巡抚唐景崧在听闻割台的条款后，于4月14日电奏北京："和议给予土地不可行。"翌日，丁立钧、华辉等五翰林上书反对议和。紧接着，从载濂、载泽这样的王公贝勒，到张之洞、李秉衡等地方大员，再到御史、翰林学士，各种上奏纷纷涌来，要求拒和，尤其反对割地一条，为此不惜再战。他们担心割地会导致南北形势发生改变，防卫更难；这还会丧失人心，以致内乱不断；还将激发列强的野心，提出新的领土要求。他们认定，战败并非系统问题，而是统帅非人、赏罚不明，只要找到合适的将领，纪律严明，就可再战，若把巨额赔款直接改作军费，就可能通过持久战获胜。对日本的轻蔑之词仍大有听众，日本国小民贫，无法久战。有些人还提出了更具体的方案，湖北巡抚谭继洵请求皇上与太后前往西安，以备再战。[26] 这些奏折无不洋洋洒洒、痛心疾首，似乎在战场上失去的，可以在纸上夺回来。

在这些士大夫中，文廷式最为活跃，他也是清议力量的笃信者，相信"公论不可不伸于天下"。他感慨，对于谈判所知甚少，马关与北京间的频繁电文，只有太后、皇帝、军机处与总理衙门的少数大臣才能看到。事实上，他的消息也支离破碎。在 4 月 19 日的联衔奏折中，文廷式还在请求推迟签约，要使节"与之力辩"，但李鸿章已于 15 日晚间发电，将于 17 日上午与日方正式签约。士大夫在自己的历史中纵横捭阖，却对国际知识所知甚少。文廷式多少相信，《马关条约》可能如十多年前的《伊犁条约》一样，即使大臣崇厚"勉强画诺"，仍可能借由曾纪泽的谈判挽回。那是清流派声誉的顶峰，在他们的一连串攻击下，朝廷重新签约。文廷式也相信，自己才是上书的始作俑者："都中多未见其约款，余录之遍示同人。俄而御使争之，宗室、贝勒、公、将军之内廷行走者争之，上书房、南书房之翰林争之。于是内阁、总署及各部司员各具公疏，大臣中单疏者亦十余人。"[27]

4 月 22 日，当《马关条约》的原文条款送到北京时，晴朗的天空忽然刮起了大风，黄雾四处弥漫。[28] 这很难不被视作上天的警告。它的苛刻程度激起了前所未有的屈辱感，一位士大夫感慨："自有中国以来，虽石晋之事契丹，南宋之事金、元，未尝有是也。"[29] 4月23日，德、法、俄三国带来新希望，三国驻东京公使正式向日本提出要求，将辽东半岛归还中国。与其说这是中国"以夷制夷"外交策略的胜利，不如说是欧洲帝国争夺东方的新篇章。俄国害怕日本在朝鲜与中国东北势力的增强，想制止日本在辽东半岛取得立足点，法国希望维持东亚的均势，德国想借此在中国获得一个立足点。干涉震慑了日本，却不能改变现状，日本在5月6日决定放弃辽东半岛，但要追加三千万两白银的赔偿。

在所有的官员上书中，唯一不同的声音来自四川提督宋庆，他在4月25日的奏折中委婉地提醒，"兵非久练，不足深恃。今日之急，尤在料简军实，去腐留精，尝胆卧薪，实事求是"，暗示自己议和主张。[30] 宋庆曾在辽东与日军作战，田庄台失败令他刻骨铭心。仍在前线的刘坤一、吴大澂则干脆保持沉默——他们终于获得了少许的现实感。

在文廷式的自述中，"各省之公车会试京师者亦联名具疏，请都察院代奏……时和议几沮"。[31] 举人们并非上书主体，甚至最初上书的举人也并非康有为师徒，而是台湾举人。4月27日，文廷式与戴鸿慈上奏弹劾都察院阻碍官员、举人上书。翌日，台湾安平县举人汪春源、嘉义县罗秀惠、淡水县黄宗鼎在台湾籍京官具保下，力争朝廷不要割让台湾，"祖宗坟墓岂忍舍之而去？田园庐舍谁能挈之而奔？"而"台民忠勇可用"，可与日人作战。[32] 这是最初上书的举人。随后，更多的举人开始加入。都察院是个极为低效的机构，举人上书须有同乡京官印结担保，都察院全体堂官签名，再按规定的格式抄录一遍，还不得有"违碍字样"。这接连上书是清代历史上的创举。常年的政治高压与自我审查下，读书人不能议论朝政，更不能结党行动。这一次，屈辱感战胜了恐惧与谨慎，无疑是对禁忌的成功挑战。他们在圣贤书上读到的崇高的道德理想，突然有了某种表现渠道，这肯定是一种奇妙的新体验。他们第一次作为政治力量出现，"虽其言或通或塞，或新或旧，驳杂不一，而士气之稍伸，实自此始"。[33]

这与南城独特的空间有关。同乡京官将朝中的消息与情绪带给了举人们，会馆成为集结与动员的中心，热情可以轻易从一个会馆传递到另一个会馆，甚至产生了一种竞争心理，每个省份的举人都想做出更有力的姿态，获取集体荣誉。广东、湖南、江西的举子尤其突出：广东得风气之先，湖南因湘军神话赋予自己一种强烈的责任感，江西则与文廷式的活跃态度有关。山西举人也多次集体上书，原本无动于衷的举人都为此感动。刘大鹏记得，每次都是御史裕德接受上书，与举人"相对涕泣"。[34]

一直到 4 月 30 日，梁启超才第一次出现在上书名单中。都察院代奏了 80 名广东举人的上书，由梁启超领衔，麦孟华名列第五。这份名单是当日都察院代奏的七件之一，其余还有文俊铎领衔的 57 位湖南举人，谭绍裳领衔的 21 名湖南举人，20 名奉天举人，11 名四川举人，43 名湖南与江西举人以及江苏顾敦彝等人的联合上书。[35] 5月1日，又有289名广东举人上书，领衔者是学海堂专课生陈景华，麦孟华列第63位，梁启超是284位。[36]

单从两次署名，很难体现梁启超的重要性。康有为则没有出现在任何一份名单中，他定认为自己具有超然位置，只要梁启超、麦孟华代表即可。与其他举人不同，草堂师生的政治嗅觉极为敏锐，仅广东上书不足以表现他们的愿望与能力，需要一次跨越地域的行动。5月1日，康有为、梁启超号召各省举人集会，要通过更多联署，创造更大的声势，或许可以改变和约命运——中日双方5月8日在烟台正式换约，合约直到那时才会正式生效。

聚会地点松筠庵是杨继盛故居，这位明代嘉靖年间的兵部武选司员外郎，以弹劾权倾一时的宰相严嵩著称，被视为士大夫的道德表率。即使被打得身上没有一块完好的皮肤，他仍坚持自己的主张，临刑前还在吟诵"浩气还太虚，丹心照万古"。咸丰以降，这里成为士大夫集会的场所，清流派尤其看中它的政治与道德意味，常在此"讨论朝政，正言弹劾，一时殿陛风生"。[37] 文廷式更喜于此"日集京朝官……论朝政得失"。[38]

按照康有为的计划，各省举人从5月1日到3日一起探讨他撰写的一万八千字上书，征集签名，4日向都察院投递。康有为被一种强烈的激愤所占据，称自己仅用一天两夜就写成了这篇长文。自然，梁启超与麦孟华参与撰写，还四处奔走、联络举子。在万言书中，康有为再度发挥了他恣意纵横的笔触。他劝皇帝下三道诏书：第一道是罪己诏，深切反省自己；第二道严惩那些主和的大臣、作战不力的将帅、和谈的使臣；第三道是求才之诏，遍求天下人才。他建议迁都，认为陕西是最佳选择，"扼守函、潼，奠定丰、镐"，接下来则是选择将才练兵，联合南洋的华侨助攻日本，"或有奇功"。它提供了一个无所不包的改革方案，包括富国、养民、教民与革新庶政。在富国之法中，他建议发行钞票、修筑铁路、设立轮船公司、开发矿山、创办邮政，增加国家财政收入。在养民之法中，他建议推进农业的现代化，设立农学会等。文章充满悲情意识，充斥这样的字句："弃台民之事小，散天下民之事大；割地之事小，亡国之事大。"[39] 这也是当时典型的策论风格，看似提供了各种解决方案，却没有一种切实可行。

松筠庵定洋溢着悲情，参与者的姿态更胜于可能的结果。康有为声称，有1200人参与了聚会，梁启超提供的数字则是1300名，意味着每四个举人就有一人在万言书上签名。即使经道光年间扩建，松筠庵最多也只能容纳数百人，这千余人该如何聚集在一起？很有可能，参与人以签署知单的方式参与。

出于集体狂热，他们在上面签了名，却少有人有兴趣与耐心读完这封上书，也无心分辨它与其他上书的不同，甚至不知康有为是谁，尽管梁启超称康"实领袖之"。[40] 刘大鹏就从未在日记中提到过康有为的名字，在他眼中，上书更像是举人们的自发行为，是一场没有领导者的运动。来自福建的举人邱菽园也是这场跨省联署的参与者，也从未与康有为谋面。

历史节奏与天气都没站在上书者一边。5月2日，当举人们再度聚在松筠庵时，原本晴朗的天空"忽以向午后大雨震电，风雹交作"。尽管这场异象"逾刻而止"，却彻底改变了院中的气氛，众人"但觉气象愁惨，相对唏嘘，愤悒不得语"。风暴同样发生在天津。天津自4月26日起接连降雨，然后海啸淹没军营，军士死亡上百，不少马匹毙命。直隶总督王文韶电报说，"沿海防务非一两月不能成军"。举人们聚集于松筠庵时，王的电报也传到了北京，彻底摧毁了朝廷残存的拒和决心。在紫禁城内，皇帝盖上玉玺，批准和约，派遣联芳与伍廷芳前往烟台换约。在天津养病的李鸿章则电告伊藤博文，皇帝已批准合约。举人傍晚散去时，"闻局已大定，不复可救，于是群议涣散"，他们中有人说"仍当力争以图万一"，也有"谓成事不说无为蛇足者"。激愤的群情让位于退却与疏离，几百人取回了知单。[41]邱菽园就是其中的一位，认定"主战之不可恃"。[42]到了5月3日，"松筠之足音已跫然矣"。原本计划于5月4日上呈的万言书，最终夭折。康有为将之归结于军机大臣孙毓汶的阻挠，举人"遂多退缩，甚且有请除名者"；他还称王文韶"诬奏海啸、垒械弃毁"，促成了皇帝批准和约。[43]

举人们的情绪变化，不仅因为和约签订，也因 5 月 6 日发榜。除了中榜者，大部分人作鸟兽散，政治情绪随之消散。"和议之成，天下率皆不愿，违众而成，恐和议未能久耳，何如不和之为妥也。"刘大鹏在 5 月 9 日写道。[44] 无论如何，这个山西读书人经历了人生一次独特体验，有机会表达对于国家事务的看法。这是很多人的感受。一个月来，举人单独或联名上书 31 次，1555 人次，覆盖每一个省份。"清朝二百余年未有之大举也。"梁启超日后写道。上书没改变结果，却开启了另一个时代，"公车之人散而归乡里者，亦渐知天下大局之事，各省蒙昧启辟，实起点于斯举"，而"唤起吾国四千年之大梦，实自甲午一役始也"。[45] 康梁师徒发起的联署没有最终上达，参与联署的即使没有康梁自称的千余名，留下名字的也达到创纪录的 603 名。[46] 5 月 11 日，都察院仍在代奏江西举人与云南举人的条陈，也是最后一次公车上书。

万木草堂师徒迎来了喜忧参半的结果。梁启超、麦孟华与梁朝杰再度落榜，命运却给了康有为奖赏，在贡士榜上名列第五。关于梁启超的落榜，还有一个传闻。据说副考官李文田非常赞赏他，李以西北舆地之学著称，在策论中取《西游记》的内容出题，只有梁启超的条对甚详。李文田与另一位副考官唐景崇拿着考卷去找徐桐，希望在满额的榜单上增加这位考生。试卷上的今文学说却激怒了徐桐，他责备李文田偏袒广东同乡。李颇感惋惜，在试卷后批注"还君明珠双泪垂"。另一种传言是，徐桐将梁启超之卷误认为康有为所作，梁是代师受过。[47]

康有为未能将好运气继续下去，在 5 月 10 日的复试中，只中了三等第四名，15 日的殿试则是二甲第四十六名，22 日保和殿的朝考只是二等第一百零二名。康有为的功名心与忧患意识同样显著，他将活动能力运用到关系疏通中，据说他想通过张荫桓送关节于李文田，试图高中状元，跻身翰林院。李文田颇为不悦，不仅将他摒斥在翰林院之外，还将他的躁进行为告诉了京城士大夫，康有为日后的论敌都将以此来攻击他。6 月 2 日新进士召见时，康有为只被授予工部主事的官衔。在一个充斥着冗员的官僚系统中，这无异于慢性死亡，很多人要等上十年、二十年才能得到一个实缺。他这样的候补官员不需要赴任，也没有具体的工作。"自知非吏才，不能供奔走。"康有为用傲慢来掩饰自己的失落。[48]

会试再度失败没太影响梁启超，至少在给朋友的信里，他没流露出任何失落。一连串的上书行动，康有为越来越显著的影响力，还有迅速变化的政治气氛，都带给他鼓舞。光绪皇帝鼓励考生"直言无隐"，想"与海内贤能力矢自强、殚心图治"，5 月 22 日的朝考又以"变则通通则久论"为题。年轻皇帝在战争期间的慌乱暂时退隐了，随之被激发出来的是变革的决心。他在和约签订后颁下圣谕，鼓舞朝臣振作起来："我君臣上下，惟当艰苦一心，痛除积弊，于练兵、筹饷两大端，尽力研求，详筹兴革，勿存懈志，勿骛空名，勿忽远图，勿沿故习，务期事事核实，以收自强之效。"[49]

朝野之中，拒和的热情变成改革的热情。从翰林院编修到地方大员，甚至普通生员，都认定变革之必要性。"大臣争于上，庶僚争于下，台臣争于内，疆臣争于外，以及防边之将帅，上计之公车，泣血拊膺，合词呼吁。下至农工商贾之流，废业奔号，辍耕太息。"王鹏运 5 月 11 日的奏折描述到这种踊跃场景。王文韶也称，"此诚我中国自强之一大转机也"。[50]

5 月 29 日，康有为上奏《为安危大计乞及时变法呈》。[51]这是他对上一次并未呈交的万言书的改写，去掉了拒和，添加了自强部分。他们也开始拓展新渠道传播自己的理念。这一年夏天，上海石印书局出版了《公车上书记》。开篇是一连串序言，先是"仓山旧主"袁祖志与来自长沙的"刘锡爵斐如甫"的序言，接着是署名为"沪上哀时老人未还氏"记录事件过程的《公车上书记》，《上清帝第二书》则作为主要内容出现。康有为的殿试文章也出版了，这对于一个三甲进士来说很不寻常，此前往往只有获得状元、榜眼、探花这种功名的人才有资格如此。离京南下的邱菽园此刻恰好在上海停驻，"见坊肆中人争翻南海康氏《殿试策》"。[52]

《公车上书记》在《申报》刊登了七次广告，销量高达数万部。[53]一个康有为版的公车上书神话开始了。这些小册子预示着康有为、梁启超的未来：他们的影响力不仅依靠奏折，更是面向公众的印刷术。

第七章　改革俱乐部

一

　　一整个夏天，梁启超都忙于各种计划。他对汪康年的新想法深感兴趣，许诺即将南下加入——后者准备在上海出版一份报纸，以翻译外国报纸为主。梁托人在军机处、总理衙门搜集有见地的奏折、论述文章，想编辑一本《经世文新编》，"专采近人通达之言，刻以告天下"，相信它能"转移风气"。[1] 这种文集的历史在清代可以追溯到魏源编辑的《皇朝经世文编》，是文人对国家危机作出的智识反应。经世一词虽出自《庄子》，却代表了中国文人的入世精神。与修身一样，治理天下是儒生不可推卸的责任，每一次新危机到来，这类文集就再度流行。他原想五月离京，又舍不得新政气象。在给夏曾佑的信中，他说皇帝每言及国耻，就顿足流涕，翁同龢也日言变法，自己"欲在此一观其举措。"[2]

翁同龢推动的战争以失败告终，他个人的权势反而增长了，政治对手们成了替罪羊。孙毓汶感到四面涌来的压力，接连告病请求开缺，7月26日，他结束了十年的军机大臣生涯。徐用仪也未能幸免，在与翁同龢的一次激烈争吵之后，他被清流派接连弹劾，8月6日退出军机处。持续了十年的中枢权力结构瓦解了。

另一位权势人物李鸿章也只是勉力维持。经由《马关条约》，他成了千夫所指的罪人，一些愤愤不平的大臣甚至期望将他斩首。当这个七十三岁的老人带着左眼下仍残存的伤疤与一颗倍感挫败的心再度入京时，或许除了慈禧太后没人愿意理解他，他被剥夺了所有重要官职，只充任总理衙门大臣，因为他的外交经验依旧无人可以取代，况且关于辽东半岛的对日谈判仍未结束。他多年的运气似乎用光了，"如果慈禧太后允许他于1893年解甲归田，或者他在七十大寿的时候（1892年），在看到了最高荣誉之后，死亡突然而至，那李鸿章的人生就会作为中国当时最杰出的政治家而被历史记载并流传下去"，一位作家写道。[3]

中枢的新班底也正式形成。在军机处，除去恭亲王、李鸿藻、翁同龢、刚毅，钱应溥也加入了，他以曾国藩的幕僚著称，如今与翁同龢关系甚密。翁同龢也同时出任总理衙门大臣，成了众望所归的领导人，比起李鸿章所住贤良寺的突然冷清，东单二条胡同的翁府一时间车水马龙。六部也发生了一连串变动，广东人许应骙出任左都御史，荣禄升为兵部尚书兼步军统领，还是总理衙门大臣、督办军务处兼练兵大臣，谁都知道，他是未来接替恭亲王的满族亲贵。

梁启超试图结识翁同龢。"康之弟子梁启超来，未见。"[4] 7月2日，他在翁府吃了闭门羹，或许他的名声还不足以吸引翁中堂的垂青，只值得在日记中稍提一笔。而在一天前的日记中，翁写到康有为的到访："李莼客先生来长谈，此君举世目为狂生，自余观之，盖策士也。"莼客即名士李慈铭，已在一年前过世，翁的日记手稿有明显的挖补痕迹，访客该是康有为。[5]

作为一个才华横溢的年轻人，梁启超正赢得更多的瞩目，尽管这瞩目是复杂的。在沈曾植寓所的一次聚会中，李文田也在座。李文田很赏识这个年轻同乡，还曾批改梁的试卷，但两人素未谋面。门人报梁启超到，沈对李文田说，老夫子曾说，新会人梁启超为粤人增色，正好可以一谈。但梁启超进门后，"李骤色变，翅须咏齿，若无所见"。梁窘迫异常，只好告退。沈曾植大惑不解，为何赞许态度变成了"蓄怒以待"。李的评价让在座者大吃一惊，他称梁启超是"耗子精"——"扰乱天下必此人也。"[6]在京城的官员中，李文田以善于看相著称。

这个插曲令人尴尬。在熟悉的朋友中，梁启超更感自在。他常前往潮州会馆，身为低级京官的曾习经住在那儿，他们是学海堂的同学，乡音与共同记忆，尤为亲切，"每瀹茗谭艺，达夜分为常"，每逢春秋佳日，"辄策蹇并辔出郊外，揽翠微潭柘之胜"。[7] 7月3日，曾习经邀请他与江逢辰等人在宝泉河上泛舟赏荷，大醉后，折荷花而归。[8] 比起曾习经与江逢辰这样的旧式才子，梁启超常遗憾自己的诗艺不精。

改革气氛不断升温，屈辱激发起行动欲，文廷式描述道："举国争言洋务，请开铁路者有之，请练洋操者有之，请设陆军学堂、水师学堂者亦有之。其兴利之法，则或言银行，或言邮政，或请设商局，或请设商务大臣。"[9] 突然的瘟疫流行都没能消解这种热忱，翁同龢在日记里写道，"僵者极多"，连他对于日常工作也难以支撑。[10]

康有为也获得了新的关注。7月19日，光绪颁布圣谕，再次强调当前是"创巨痛深之日……卧薪尝胆之时"，变法刻不容缓。谕旨还附带九件折片，被加上封印，以四百里马递送给从黑龙江到云南、新疆到福建的总督、巡抚与将军们。[11] 九件折片分别来自军机章京陈炽、广西按察使胡燏棻、南书房翰林张百熙、一等侯信恪、御史易俊、翰林院侍读学士准良、吏部尚书徐桐，康有为在5月29日上呈的《为安危大计乞及时变法呈》也列于其中。对于康有为而言，作为一名新科进士跻身资深官员之中，相当引人注目。

这九份折片涉及"修铁路、铸钞币、造机器、开矿产、折南漕、减兵额、创邮政、练陆军、整海军、立学堂"诸多领域，展现出国家面临危机之全面与紧迫。[12] 这是战后改革讨论的一次集成：洋务运动失败了，朝廷该采用怎样的新措施？折片都承认现实必须改变，提供的解决方案却彼此矛盾。康有为、陈炽与胡燏棻认定必须向西方学习，"今日即孔孟复生，舍富强外，亦无立国之道，而舍仿行西法一途，更无致富强之术"。张百熙、徐桐仍坚持老办法，恳请皇上"恭取圣祖、世宗、高宗三朝圣训，勤加乙览"，或是"就现有之款力加整顿，剔除中饱，节省糜费"，他们不认为有制度问题，只是需要提高体制的效能。[13]

康有为与陈炽的建议最为大胆。陈炽公然盛赞"泰西政教之胜于中国"，提出设立议院。康有为也要求改革"国朝法度"，进行一场无所不包的制度改革。他在教育与社会上的建议尤其丰富，从翻译书籍、设立丝茶学会，到开设新式学堂、海外传播孔子，都囊括其中。比起陈与康，胡燏棻的语气更为稳妥，最能赢得皇帝的认可，被置于第一。

但这些奏章普遍缺乏具体措施，被下发到地方时，激起的反应更为复杂。地方官员对于造机器、制钞币、创邮政、立学堂颇多争议，怀疑根本变法之必要。大臣们普遍不相信制度的重要性，认定一切的核心是人。浙江巡抚廖寿丰引十年前的中法之战为例，当时战后也曾图强，但"十余年来，海军非不练也，铁舰非不购也，威海一役，委而去之，所谓富强者何在？"[14]问题出在对人才的选拔上。这也是中国传统改革哲学的核心：相信存在着某种完人，来驱动一切变化。以洋务著称的张之洞，也将注意力放在军事、经济、教育领域，而避开政治制度。

四川提督宋庆对于效仿西法颇感怀疑，"我用我法，实事求是，庶几将士一心，缓急足恃"。两广总督谭钟麟干脆说"欲仿行西法者，牵窒碍难行"。河南布政使额勒精额的反应尤为激烈，"泰西之法，只可行之泰西诸国，若用于中国，则乱天下之道也"。他对于修铁路充满忧虑，"不有铁路，则纲常不紊，乐无穷太平之天"。康有为的折片也有了回应。湖北巡抚谭继洵、广东巡抚马丕瑶都赞同他开民智的主张，认为"用意甚善"。对于一年前还在忧虑自己被弹劾的康来说，广东巡抚的表态不无戏剧感。[15]

康有为等不及这些迟来的鼓舞。6月3日，他再上一折《变通善后讲求体要以图自强呈》。这仍是一篇庞杂的万言书，其中最重要的部分是如何改善目前"君尊臣卑""上下相隔"的制度。他提出五条具体的建议：一、下诏求言，允许天下人前往午门投书，奖励被采纳者；二、开门集议，每十万户推举一人，参与政事；三、开设皇帝的顾问机构，皇帝每日与轮值二十人相谈；四、令各省州县开设报馆；五、开府辟士，令军机大臣及督抚县令皆开幕府，广纳人才。

此刻，康有为已是工部候补主事，奏折该由工部代呈。按他自己的说法，李文田阻挠了上书，原本赞许他的工部尚书孙家鼐也改变主意，"卒不递"。他的傲慢品行像他的异端思想一样，带来诸多敌人，在他的记录中，似乎人人都与自己为敌。他想用老办法，与梁启超、麦孟华等联署上交都察院，也不再奏效。[16]

他还为别人代写奏折，其中一次是通过王鹏运上奏，要清理北京街道。北京虽然有恢宏的城墙与角楼，但现代城市的马路、卫生、下水道、绿化概念完全没有进入官僚的头脑。污秽的道路也是官僚系统失败的象征，工部、旗丁、街道厅、步军统领衙门，各类部门叠床架屋，瓜分修缮款项，还勒索商民，道路却无人理睬。这也是国家统治的缩影，官僚陷入麻痹，无力展开行动。

对于清醒的旁观者来说，京师的种种变动并不值得期待。"现在的北京政府，仍然习惯于纸上谈兵：建条铁路就动辄要去占卜风水（方位角度的吉凶）；敕议很久，才下定决心办采矿等实务；为了不显得落后于各国，甚至下令加入万国邮政联合会。这些看来似乎显示出一些更张的决心。但是清国处于落后状态时日已久，像这样要在短短三年里疾速冒进的行为，其结果只能导向政变蜂起的穷途末路。"日本外交官中岛雄写道。旅居北京多年的他不无悲观地认为，奏折与圣谕不过是空话，甚至对圣谕中"卧薪尝胆"的措辞也颇感怀疑，这类话语也曾在日本风行过。"至多好比我国新闻记者，又或是演说家一流人物谋求升迁时泛用的词句，实在也不是可以引起多大轰动的事情。"[17]

在赫德眼中，这不是改革，而是权力之争。这位老辣的爱尔兰人已经执掌海关近三十年，洞悉各种权力游戏。"很难说谁是'未来的当权人'，但迄今为止，张肯定巩固了他的地位。总理衙门刚刚失去孙、徐和廖，得到了翁和李（皇上的师傅）；我大致认为庆亲王的地位也很不稳，因为恭亲王看来要清除掉所有在 1884 年取代他本人和他的一派的那些人。"他在 8 月 11 日写道，"迄今人心思乱，我不愿意预言人能够成什么事：时势胜于人，时势会带来进步，但是进步可能在很大程度上意味着没有人敢于低声耳语，而政府哄骗蛮子的故技，不可能平安无事地一味干下去，我遗憾地认为，这或许正是恭亲王最深信无疑的！"[18]

二

梁启超可能不得不承认，激愤的群情未必产生结果，功名亦飘渺，成了天子门生的康有为也只是官僚系统里一个小齿轮，影响微不足道。他们曾以为接近了权力就能实践理念，没想到连最高权力本身也慌乱而暧昧。皇帝并不能独断乾纲，其变革冲动很容易就被迟缓的官僚系统所消耗。翁同龢则困于自己的无能与胆怯，李鸿章批评他"硕画太多，担当不起，竟是一事不办"。[19]另一位大员荣禄私下干脆称他是伪君子。

草堂师徒把目光转向中下层官僚，他们在"先天下之忧而忧"的士大夫传统中成长，从东汉太学生的风评到明末东林党人讲学，这种理想主义曾为沉闷的政治生活带来活力。倘若这些士大夫能集结在一起，就会演变成一种政治力量。康有为想创办一个学会，聚集同志、倡导改革理念，"合大群而后力厚也"，才能"开风气，开知识"。京城则是最佳地点，如果外省开学会，一地方官吏足以制之。[20]

最初的反馈令人气馁，"颇有应者，然其数甚微"。[21] 作为专制统治者，清政府对结社行为心怀戒备，严禁诸生"纠党多人，立盟结社"，文字狱更令士人埋头功名利禄或琐碎学问。如今，最严酷的时代过去，集体生活些许复苏，诗社与雅集成了主要的聚集方式，但政治倾向只能潜藏于中。这也与士大夫的自我审查有关，"党"的声名不佳，人人都知"君子群而不党"，它是私欲膨胀，会带来分裂与动荡。

在不多的响应者中，除去老朋友沈曾植等，还有新朋友陈炽。四十岁的陈炽见识广阔，在让他声誉鹊起的《庸书》中，他鼓吹议院制度，认为这是西方富强的本源，可以"合军民为一体，通上下为一心"。他赞赏报馆可以使"四民之智宏开，殚见博闻，万里之形声不隔"。[22]陈炽赢得了翁同龢的欣赏，后者称他是"纵横家"，"有识力"，还将《庸书》与汤震的《危言》一同呈给光绪皇帝。

与文廷式一样，陈炽是翁同龢与中下层官员、学者间的桥梁。"气魄绝伦，能任事，甚聪明，与之言，无不悬解"，梁启超也被陈炽深深折服，对夏曾佑兴冲冲地说起这位新朋友。[23]康有为更是与陈炽投缘，他们两人不仅有相似的西学知识，也都分享着一种趾高气扬、故作姿态的做派。一位叫王伯恭的官员记得，一次他拜访陈炽，恰好遇到康有为来访。陈炽先是抚摸自己的额头说头痛，康有为立刻安慰说：

"时事不可为矣，先生何必自苦乃尔。"接着两人开始品评当朝人物，说起两江总督的人选，陈炽说刘坤一或许可以，康有为立刻拍掌赞同。一直在场的王伯恭觉得惊奇又可笑，一位不过是四品的章京，一位是新进的工部主事，却完全沉浸在指挥一切的感受中。王伯恭很快又佩服他们政治嗅觉的敏感，刘坤一果然出任两江总督，张之洞回任湖广总督。[24]

　　陈炽劝康有为以办报为先，当耳目通后，风气形成，再办会。梁启超也相信，"报馆之议论，既浸渍于人心，则风气之成不远矣"。[25]但该办一份怎样的报纸呢？在京师，士大夫熟悉的唯一报纸是《京报》，内容由每天的上谕、奏折构成。每份长约六寸，宽约三寸，多则十来页，少则五六页。这些由军机处下发、传知各衙门抄录遵行的内容，由一家与内府有关的商铺印刷发售，每份十文，每月则优惠为两百文。对朝堂之事感兴趣的人都可购买，报纸在当天黄昏就可送达各户。另有商人把这些报纸转销到其他省份，正阳门外的报房就是专门为此设立的。从内容、印刷到发行，《京报》都远远落后于通商口岸的报纸。它用黄色的竹纸或毛太纸，以木活字排印，与上海流行的石印技术相去甚远。偶尔因时间紧急，它还会采用"豆腐干儿版"——老练的刻字者可以不必书写，直接刻石膏泥板，以微火烧硬，用混着煤屑的水做墨水，结果墨色很淡，难以阅读。[26]

　　8月17日，一份名为《万国公报》的报纸出版，随《京报》派送。它的版式与《京报》相似，没有出版日期，只是每册有编号，内容也相当简陋，只有"论说"一篇。在接下来的三个月中，这份报纸每两日出版一次，论说从广西的富国与养民，到开矿、铸银、造轮船、邮政、学校、报馆、农业，似乎无所不包。其中一篇《地球奇妙论》谈论了地球不停运转："大地行动，寂静无声，人故不觉。现有识者考知此事，使人得明地球之奇妙，正宜深思静察，以悉天地之奥妙也。"[27]

《万国公报》谈不上是一份现代报纸，在北京却是一个新事物。自丁韪良在1872年出版《中西闻见录》①，二十年来，北京就再也没出现过一份非官方报刊。观念开放的士大夫有可能会订阅或零星读到上海的《申报》或传教士编辑的杂志，但对这座城市而言，读报仍是个陌生的习惯，令人想起赫德多年前的感慨："北京是中国最不可能引入新鲜事物的地方，中央政府也不会给以任何形式的支持。只有地方的发展（离首都越远越好）是这个国家所仅见的，可能也是唯一可以依靠的。"[28]

这个谨慎的尝试收获了意外的成功，《万国公报》的影响力迅速扩散，每日可送出两三千册，因为没有署名，人们不知这报纸的出处，有人猜测是德国使馆所为，也有人说它来自总理衙门。"报开两月，舆论渐明。初则骇之，继亦渐

---

① 《中西闻见录》(*The Peking Magazine*)，丁韪良1872年于北京创办的中文报纸，以介绍西方科技为主，1875年停刊。1876年由傅兰雅在上海续刊，改名为《格致汇编》(*Chinese Scientific Magazine*)。

　　　　　　　　　　梁启超：维新 1873—1898

知新法之益。"康有为得意地说。当众人逐渐知道它出自南海会馆时，康有为这种得意更是浓烈："群知必吾所为矣。"[29]

这份报纸带有鲜明的康有为印记。《万国公报》是对广学会同名刊物赤裸裸的抄袭，后者是康有为最重要的西学知识来源。一年前，他还以康长素的名字参加了杂志征文，在应征的 172 篇文章中获得第六等，奖金是白银四两。梁启超与麦孟华试着充任主笔，负责论说文字。他们所写的内容谈不上创新，很多不过就是对上海《万国公报》的照抄或改写。报纸也推销康有为的观点，将万言书拆分出若干部分，以更浅显、简短的方式表达出来，比如"言富"不能止于"开矿、制造、通商"，"言强"也不能仅仅是"练兵、选将、购械"。这些短论认定自己寻找到了西洋富强、中国积弱的原因，它需要依靠的是人才，而人才"在办学校"，学校之盛是"西洋诸国所以勃兴之本原"。[30]

这些短文开启了梁启超的新生涯，作为一名专栏作家，他就各式命题发表看法。这些写作的水平其实无法恭维，他自己也承认"其言之肤浅无用"。他日后抱怨说，"日日执笔为一数百字之短文"，"由今思之，只有汗颜"，这甜蜜的抱怨注定伴他一生。[31]

康有为被这份报纸的影响力所鼓舞，每日携报四处游说，与士大夫聚会、辩论，再度倡议开设学会——他称之为"强学会"，以求中国自强之学。众人对"会"字颇有顾虑，担心与秘密会党相连，倾向于用"书局"。陈炽与沈曾植始终保持热情，在康有为"三举不成"之后，仍然全力赞成。在给朋友的信里，梁启超称赞沈的"坚忍之力"，他对学会未来颇有信心，认为即使"少有阻力，然亦必成"。[32]

努力有了结果，越来越多的名士、官员加入其中。8月，康有为与陈炽召集的一次聚会中，袁世凯、杨锐、丁立钧、沈曾植、沈曾桐、张孝谦、陈养源等参与者约定，各出一部分经费，由康有为草拟学会的序文与章程。一位叫徐世昌的翰林院编修记得，当他9月19日前往嵩云草堂赴张孝谦之邀讨论开书局的事宜时，同座有陈炽、康有为、沈曾植、沈曾桐、丁立钧、陈养源、袁世凯，他们的谈话时间很长，"席罢又谈至三更后始归"。[33]梁启超兴冲冲地写信给夏曾佑，说袁世凯、陈养源等人开会集资两千元，译书刻书刻报的初步资金有了，"以后尚可通达官得多金"。但对于大多数参与者来说，他们不清楚这些松散的聚会将通往何种方向，行动力远不及对闲谈的热衷。在热情洋溢的信发出后不久，梁启超又沮丧地写道："前书所言学会事，尚未大成。"[34]但风声已四处传遍。"京城士夫拟联强学会，已赁屋孙公园，微有眉目，章程尚未定，经费不敷……中国办事所以难成，所以无效也。"一位京官写道。[35]

更令人沮丧的是康有为的离去。他一贯的行事风格似乎激起保守派的愤怒，传闻两位朝中要员徐桐与褚成博将弹劾他。朋友劝他离开避祸，10月17日，他前往南京，打算寻求两江总督张之洞的支持，还期待将学会推广到中国每个主要地区。离京前夜，他与朋友们一起听戏，台上正唱到岳飞被召回一幕，这击中了他的使命感与自怜："山河已割国抢攘，忧国诸公欲自强。复社东林开大会，甘陵北部预飞章。鸿飞冥冥天将黑，龙战沉沉血又黄。一曲欷歔挥涕别，金牌召岳最堪伤！"[36] 他把即将成立的强学会比作东林党人的集会，自己则是另一个时代的岳飞——前线的岳飞被十二道金牌召回，而他要被迫离开京师。

离京前，康有为还见到了李提摩太，一个从未谋面却启迪甚巨的人物。他是英国威尔士一名乡村牧师之子，在就读神学院时就表现出改革的热情，甘冒被开除的风险，参与一场校内课程改革运动，要求学习更多的近代语言，埃及、印度、中国、巴比伦的历史，以取代单纯的希腊语、拉丁语和欧洲历史。毕业后，他前往中国北方传教，相信"中国人是非基督徒中文明程度最高的民族，当他们转化过来后，有助于向欠开化的周边民族传播福音……当北方的中国人成为基督徒后，将会转化他们整个帝国的同胞"。[37]

1870 年来到中国后，他发现比起传授《圣经》，应对社会危机才是更迫切的问题，解决了普通人面临的日常困境，他们才可能听你的福音。从 1876 年到 1879 年，蔓延华北的大饥荒把他推向公共舞台，向曾国荃、李鸿章讲述自己的赈灾之道。他还订购了望远镜、显微镜、分光镜、电压表等，以及关于天文学，澳大利亚、非洲、美洲的自然历史，茶、咖啡、可可、甘蔗等植物学的幻灯片，期望通过给官员们讲述现代知识，启迪他们的信仰之路。[38] 这个哥白尼、蒸汽机与发电机的世界让儒家官员大感意外，李提摩太也知道如何减少这种冲击。他讲中国话，穿中式服装，还喜欢用古雅的中文写信，这些都帮他赢得了喜爱。他难免也引起怀疑，张之洞的幕僚赵凤昌就认为他"如中国大和尚，以善说法，交华贵官"。[39] 1891 年，李提摩太前往上海，主持新成立的广学会，成为《万国公报》的负责人。他发现很难说服中国读书人阅读这份出版物，只好借助在科场外赠送书籍、有奖征文这些手段，吃力地传播自己的思想。

1896 年秋天，李提摩太因福建的一场教案入京，寻求朝中的权力人物给这桩悲剧提供某种解决方案。在京城，正好五十周岁的他发现，在漫长、坎坷的旅程之后，自己开始受欢迎了。如今，从公卿到翰林学士，人人都愿意倾听他的见解。这转变与他刚刚翻译出版的一本书相关。麦肯齐（Robert MacKenzie）的《十九世纪史》（*The Nineteenth Century: A History*）1882 年出版于伦敦，用线性的进步主义来解释历史，在英文世界风行一时。在助手蔡尔康的协助下，李提摩太翻译了这本书，当它最终以《泰西新史揽要》为名于 1894 年在上海出版时，赶上一个恰当的时间：甲午战争的蒙羞激起了中国人对外部世界的新兴趣，它随即成为一本超级畅销书，从官员到士子，凡是对中国的前途有忧虑的人，都对它产生兴趣，将之视作"暗室之孤灯，迷津之片筏"。[40] 在一篇文章中，李提摩太这样解析中国的困境："近六十年来，中国一再遭外敌入侵，割地赔款，饱受屈辱，原因何在？……通过铁路、轮船和电报，上帝拆除了各民族之间的篱笆，以便使他们像同一个家庭的兄弟一样和平而幸福地生活在一起。但满洲人，继续起阻碍作用，从一开始就决心阻挠这个历史进程。因而，他们不仅是在反对外国人，更是在反对上帝确立的宇宙规则。他们一再遭受的屈辱是上天对他们的惩罚。因而，如果对世界的排斥态度是中国遭受失败的原因，她应当代之以一种善意的、友好的态度，那样的话，她就不难成为世界上最伟大的国家之一。"[41]

一口山东口音的李提摩太，也是一个狂热的推销者，见到每个位高权重者，都急于奉上这本书，提出自己的改革建言。他把这些热情传递给了康有为，这个声誉鹊起的名士。"在会客室里，我见到了这位身穿黄色丝绸马褂的、蜚声遐迩的学者。第二天，在离京南下之前，他又送来了自己的一部书作为礼物。他告诉我，他信仰在我们出版物中所启示的上帝那父亲般的爱，以及不同民族间兄弟一样的情意。他希望在追求中国复兴的工作中与我们相互协作。"康有为可能也趁机表达了多年来的仰慕之情，《万国公报》是他心智启蒙的刊物，但他即将南下，双方的合作只能借助他人来完成了。康有为推荐梁启超做李提摩太的中文秘书，后者也立刻意识到，这个青年是"康有为最有才气的学生"。不过他搞错了梁启超的年龄，以为梁已经二十八岁了。[42]

对于梁启超编辑的报纸，李提摩太欣慰又轻视，像是看到了多年教诲之后一个差强人意的学生的觉醒。"政府的机关报——《京报》，千百年来一直是首都惟一的报纸。但现在，第一次出现了一份新报纸。它独立于政府，尽管受到它的暗中支持……开始的时候，他们的报纸的内容都是从我们的刊物上转载的。"新报纸的印刷也不堪，他写道："我们的报纸是在上海用金属字印刷的；而他们采用的却是政府的《京报》所采用的木雕印刷术。"[43]

三

康有为的离去没影响强学会的筹备，归来的文廷式注入了新的力量。"心折曹溪，几为投体"，梁启超称这位学海堂前辈"自是可人"。[44]张孝谦也日益活跃，这位翰林曾出任督办军务处的文案章京，是李鸿章谈判团中的一员，更是李鸿藻的得意门生。11月5日，徐世昌在张孝谦组织的一次宴席上碰到于式枚、文廷式、梁启超、汪大燮、沈曾植、李提摩太、李佳白[①]与毕德格[②]。当晚气氛活跃，众人"言及立志向学，万国会通，同享升平，令人有无限河山之感"。徐还无不诧异地发现，李提摩太、李佳白这两位传教士"皆能读

---

① 李佳白（John Gilbert Reid，1857—1927），字启东，美国传教士，曾创办中外文化交流机构尚贤堂。

② 毕德格（William N. Pethick，? —1902），美国外交官，曾任美国驻天津副领事，后成为李鸿章的重要幕僚。

中国经史"。[45]三十八岁的李佳白也是一名牧师之子，父亲对中国文化兴趣浓厚，将儿子送往中国传教。甲午战争时，李父这样判断中国未来："中国士大夫不少道德名流，其人民亦多抱忠义之概，若使人皆欲强其一国，渐以西土实理实学，化其父兄，教其子弟，卧薪尝胆，发愤为雄，自无难平视欧美。"[46]与李提摩太一样，李佳白也热衷于结交上层官员与士人，相信唯有通过他们，才能更好地传播上帝之音。毕德格则是李鸿章常年的美国顾问，为这位中堂大人沟通中西。

11月中，事情明朗起来。他们在后孙公园租用了场地，不叫"强学会"，而是"强学书局"，以回避可能的危险。与松筠庵、陶然亭一样，后孙公园也是南城重要的聚会场所，园内有万卷楼、戏台等，戏台上还上演过洪升的《长生殿》。在这个新组织中，陈炽、沈曾植、丁立钧出任总董，文廷式、沈曾桐是副董。翰林院编修丁立钧时年四十一岁，因弹劾李鸿章得到张之洞青睐。三十八岁的内阁中书杨锐颇得张之洞信任，是会中骨干。张之洞的长子张权也名列其中。众人期待得到言官们的支持，于是两位御史王鹏运与褚成博也被邀请入会。张孝谦尤为关键，因与李鸿藻的关系，最具话语权。

他们四十岁左右，生于一个政治、社会重获稳定的时代，但甲午之战颠覆了他们的认知。这也是个充满嘲讽的时刻，清流派曾以反改革姿态出现，如今成了改革的热烈支持者，洋务派反而沦为保守派。他们都是中层官员，或是言官，或在没有实权的部曹，言辞热烈，对实际政治却缺乏经验。他们背后是更年长一代的掌权者。张之洞捐了五千两白银，刘坤一五千两，直隶总督王文韶、老将宋庆与聂士成也是重要的捐助者。盛宣怀，李鸿章官督商办政策的实践者，捐助两千两；袁世凯捐助了一千五百两，朝鲜跑回的他，在北京四处钻营，想被派往天津的小站练兵。翁同龢、李鸿藻、孙家鼐更是幕后的关键——从皇帝到清流，他们的影响无处不在。

强学书局不仅赢得了中国官员的赞助，也有外国支持者。即将离任的英国公使欧格讷①"愿大助西书及图器"。这位五十二岁的外交官 1880 年来华，1892 年出任驻华公使，长久以来对中国深抱同情，却也懊恼于朝廷的保守与迟钝。当时他即将离开北京出任驻俄国公使，临行前劝恭亲王要振作起来，为中国的复兴谋划。他警告说，瓜分中国的欲望已被激起，中国要好自为之，不要被人耻笑。对他来说，这个学会正是中国人醒来的标志之一。

"改革俱乐部"，北京的外交官乐于这样称呼它。一位日本外交官写道："该书局乃翰林出身的青年所建立的组织，如张之洞辈素有名望者亦赞成之，捐献了大量金钱。故其基础渐固，遂被视为清国改革之要素。"[47] "在每一次聚会中，人

---

① 欧格讷（Nicholas Roderick O'Conor, 1843—1908），英国外交官，曾任英国驻大清国公使、驻奥斯曼公使、驻俄国公使。

们演讲的内容都是中国的改革问题，在接下来的改革派最感兴趣的讨论中也是如此。"常被邀请参加聚会的李提摩太说。[48] 欧洲反启蒙运动的宗教力量，在中国以启蒙者的面貌出现。

这个组织成为新的政治风向标，以至于李鸿章也想加入，提出捐助三千两。但陈炽一口拒绝了，这源于他狂狷的个人风格，也反映出这个组织缺乏政治技巧，不知如何容纳多元力量。

"北京的新翰林学会。"11 月 18 日的《北华捷报》报道了强学会。记者称发起者是康有为，"一个广东学者，主要以儒家经典，尤其是《论语》为题"，"他是革命性的、异端的、颠覆传统观念的"。这一行动则是"这个国家历史上令人惊异的新奇"，有可能把中国带入文明国家的行列。报道称加入强学会"成为一种风尚"，不同官衔与家族的年轻人都愿意加入，并列举了一连串参与者的名字。[49]

这个名单忽略了梁启超。他太年轻，甚至连进士的功名都没取得，是这个满是翰林学士团体中的例外。资历浅并非不重要，他参与了这个新组织的章程起草，充任书记员，还与汪大燮一起出任《中外纪闻》的主笔，负责编辑事务。在李提摩太的抗议下，他们放弃了《万国公报》的刊名，改用《中外纪闻》，它是强学书局的机关报。

12 月 16 日，《中外纪闻》第一期出版。它仍是双日刊，有了出版日期，紫红色的封面刊头可能是康有为的手笔。比起《万国公报》，它内容更丰富，更接近现代报纸的样子。

册首恭录阁抄，路透社、《泰晤士报》的译文，接着是各省报纸《申报》《新闻报》《循环日报》的摘抄。每册连封页共10页，每页10行，每行22字，采用更精良的竹纸，木活字印刷。每月订费三钱，其中两成是送报费。但论说内容明显减少，更像一份翻译与摘抄的报纸。如今可查询到的论说只有《中西纪年比较表》与《论垦荒广种屯田为农务之本》，前一篇很可能出自梁启超之手，"神州以君纪年，海外以教纪年，义各有取也"，这种口吻颇合康有为倡导的孔子纪年法。[50]

　　12月30日，《中外纪闻》刊登了《上海强学会序》，认定西方的富强蕴藏于学会之中："顷士大夫创立强学会于京师，以讲中国自强之学，风雨杂沓，朝士鳞萃，尚虑未能布衍于海内……士大夫所走集者，今为上海，乃群天下之图书器物，群天下之通人学士，相与讲焉。"[51]文章署名为张之洞，人人都知道它出自康有为之手。康有为11月1日抵达南京，接下来二十多天，隔天即与张之洞见面谈到深夜，康纵论天下之事，说服张之洞支持上海强学会。张之洞恰逢次子落水身亡，通过这位健谈者暂时分散注意力，减缓悲痛。但在孔子改制问题上，两人分歧严重，张认定这是异端邪说。不过，这并未影响张之洞的支持，他给上海强学会贡献了一千五百两白银，成为首席赞助者，并让自己的幕僚鼎力相助。梁鼎芬、黄体芳等八人陪康有为回到上海，租下跑马场西首的王家沙一号，作为上海强学会的开办场所。不久后刊出的上海强学会发起者名单混合了张之洞的幕僚与上海名流，包括状元张謇、名士志锐、陈三立、岑春煊、陈宝琛等人，著名的买办商人郑观应、经元善则是资助人，日后参与创建《时务报》的几位关键人物黄遵宪、吴德潇、邹凌瀚也都名列其中。

汪康年虽不在场，同样是重要人物。他正在武汉为创建中国公会四处奔忙，他邀请梁启超加入的译报，也是这个计划的一部分，张之洞期待他能前往上海负责强学会。康有为要回广州为母庆寿，打算创办广东强学会。在前往广州前，他将两位弟子徐勤、何树龄招至上海，让他们负责《强学报》的出版，在上海强学会诸多的计划中，这是最重要的一项。

"汪主沪，康主粤"的说法在朋友中流行一时。强学会似乎迎来了一个无限希望的时刻，除去北京、上海、武汉、广州，长沙也想建立对应的学会。这星火能燎原吗？

四

《北华捷报》曾担心强学会只是昙花一现（flash-in-the-pan），不可避免地堕落为一个普通的社交俱乐部。这种担心很快成为现实，在热闹的表面下，这个组织相当脆弱，缺乏明确、严肃的使命，是临时拼凑、各方妥协的产物，除去出版《中外纪闻》，没推出其他具体举措。

"专主译印中外时务新书，凡中国旧有经世各图籍，中外各国地图、天图、奇物、奇器、新事、新法，有关文治武备、国计民生者，均在讲求之列。"《中外纪闻》宣称以引介新知识为任，从上海特意买来世界地图、显微镜，这在京城是彻头彻尾的新事物，也代表了它欠缺的视角——了解中国在世界中的位置以及科学眼光。但鲜有人对此感兴趣，梁启超和同人们还要从大街上拉人来看世界地图。在惊叹了显微镜的世界后，人们的热情很快过去。"惟当时社会嫉新学如仇，一言办学，即视同叛逆"，梁启超后来写道，"冀输入世界之智识于我国民，且于讲学之外，谋政治之改革"更成空谈。强学书局随即退化到，有人主张把它变成一家商业书局，专卖国朝掌故、经学书籍，后孙公园变成一个品评朝政的清议场所。[52]

人事之争也一直没停过。读书人的性格缺陷立刻暴露无遗，满腹经纶的翰林学士在纸上滔滔不绝，却不知如何开会、决议与行动，缺乏公共生活的经验，随时陷入彼此的攻击、猜忌；满口仁义公理，却往往只在乎个人私利。丁立钧先与张孝谦产生龃龉，与陈炽发生冲突后，又联手张孝谦来对付陈炽。张孝谦的弱点也不遑多让，他总想成为权力中心，"口称筹款一切皆其力"。[53]叶昌炽发现"众喙纷庞"，担心强学书局是徒有其表的"麒麟楦"，有着麒麟的气象，却不过是头驴。[54]

恰好前来北京的吴樵对此颇感失望。三十岁的吴樵是汪康年朋友圈的重要一员，也参与了上海强学会的筹建。他早年随父亲吴德潚游学京师，入同文馆学习算学，对自然科学颇感兴趣。吴氏父子这次与夏曾佑结伴来京，寓居于绳匠胡同的伏魔寺。吴樵颇感失望与愤慨，却对梁启超与汪大燮的印象很好。汪大燮也对年轻搭档赞赏有加，觉得他有勇气。

吴樵发现，梁启超与周遭环境格格不入，似乎与谁都谈不来。梁自己抱怨缺少可谈之人，似乎对李提摩太印象不佳，日后对这段秘书生涯很少提及。这种孤立感给了他另一个契机，可以狂热地阅读书局置办的大量西洋书籍，一个压缩式的学习期。

更严峻的挑战来了。1896 年 1 月 21 日，御史杨崇伊以"京官创设强学会大干法禁"为由，上折弹劾强学书局。他形容这个组织"自命留心时事，竟敢呼朋引类，于后孙公园赁屋……专门贩卖西学书籍，并钞录各馆新闻报刊"，"按户销售"的《中外纪闻》是以批评为要挟，向官员索贿，结社私议朝政，"必以书院私议干朝廷黜陟之权，树党援而分门户"。当日，谕旨以"植党营私"为罪名，命都察院封禁。[55]

当日中午，当张孝谦把这个消息带到书局时，众人立刻陷入慌乱。张孝谦主张尽快搬迁，汪大燮提议先带走重要的物件，私人物品暂不搬动。院里已经涌来各式看热闹的人。这个组织的弱点暴露无遗，无力承受任何压力。查封要两天后才执行，恐惧已四处弥漫。汪大燮立刻请沈曾植、王鹏运出面，邀请同人商议对策。在当晚的聚会中，众人决定上书陈情，为书局辩护。

这份勇气未能过夜。翌日，丁立钧放弃了原本许诺拟订的上书，当查禁在 23 日傍晚开始时，党祸之阴影盘旋在每个人头上。汪大燮仍不甘心，拉着丁立钧等前往总理衙门找人疏通，在候事厅中，丁哀叹"人心已涣，事无可为，一二人断难为功"，当汪大燮说要到都察院拦车上书时，他吓得几乎哭起来，担心党祸降临。[56] 接着，韩樾堂答应上书都察院，被家人与同乡阻拦，便放弃了。都察院也陷入惊慌，以各种理由拒绝接受。

在旁观者吴樵的记述中，众人"纷纷匿遁"。丁立钧的表现尤其糟糕，提议把书籍、仪器都缴给同文馆。诸多成员中，只有沈曾植兄弟、杨锐、汪大燮与梁启超主张寻找解决方案。汪大燮与梁启超表现得勇敢过人，他们对怯懦的众人说，倘若诸君任由书局毁灭，我们二人就把各位的言行上呈。这种威胁只是气话，却让所有人心怀愤恨。[57]

对弹劾的原因，人们充满猜测，一些人说弹劾是权力斗争的延续，杨崇伊是李鸿章之子李经方的儿女亲家，弹劾可能缘于李鸿章被拒绝入会。日本外交官林董猜测，这可能也与满人权贵的危机意识有关，"该会有不许满洲人入会的规定，满洲人早就对该会不怀好感"。[58]

杨崇伊选择了一个恰当的时机，他上奏之日正赶上李鸿藻外出，后者很可能压下奏折。翁同龢没有表现出任何责任感，"嘿不一言"，把责任推给恭亲王与礼亲王，两人没对这个汉人组织有任何同情。[59]

查禁消息传出后，上海强学会的命运也到了终点。张之洞迅速收回了对这个组织的支持，叮嘱幕僚致电上海各报馆："自强学会会章，未经同人商议，遽行发刊，内有廷寄及孔子卒后一条，皆不合。现时各人星散，此报不刊，此会不办。"[60] 出于谨慎与自保，他还在《申报》上刊登告白，撇清与康有为的关系，似乎他们之前在南京隔日一见的热烈关系只是逢场作戏。

查封不仅在京官中引发震动，也引起了外国人的关注，毕竟强学会曾是被寄予厚望的"改革俱乐部"，是中国变化的风向标。毕德格充满了悲观："已经不会有再兴的希望了。清国特别不欲改良，否，应说是清国不能改良也。"[61] 身在上海的英国作家立德夫人① 则听到这样的传言："其成员中约50多名翰林院的官员已经潜逃，印刷商们已关押在牢狱里。"她这样的外来者一度相信："若说中国这副衰老干枯的骨架还有希望注入新的生命活力，活力之源则肯定非此年轻、健康、生机勃勃的团体莫属了。"[62]

这些舆论带来了意外的压力，清流派大员也行动起来。先是孙家鼐向光绪更清晰地说明了学会的由来，皇帝对自己的草率颇有悔意，归来的李鸿藻也力保。2月24日，书局被恢复，不再是同人组织，而是变为官书局，由朝廷拨款，孙家鼐出任管学大臣。在新拟定的章程中，藏书楼、刊印书

---

① 艾丽西亚·比伊克（Alicia Bewicke，1845—1926），中文习称立德夫人（Mrs. Archibald Little），英国旅行文学作家，1887—1906年来华，著有《亲密接触中国》《李鸿章，他的生平和时代》等。

碧云寺，清末

籍、设备仪器仍在，但内在气质转变了：启蒙的使命消失了，甚至也不再品评朝政，变成了升官发财的另一种选择。

沈曾植、汪大燮进入了新组织，但《中外纪闻》停刊，梁启超也被摒弃在外。这大概缘于梁启超缺乏地位与功名，也与他的异端精神相关，据说正是他写的《学会末议》一文中某些叛逆性的内容引发了争议，变成弹劾的导火索。[63] 幸好李文田已在去年冬天去世，否则一定为自己"耗子精"的预言而颔首自得。

突然间，梁启超失去了一切，他的事业、住所、人生希望都落空了，甚至个人衣物都被没收，只能"流浪于萧寺中者数月"。[64] 他罕见地用诗词来表现自己的情绪，袒露着传统文人式的感伤："病酒厌厌不自支，算寒池阁海棠时。燕窥花屋愁轻别，鹊踏残英恋旧枝。归意速，起来迟。唾情狼藉无人知。年来看得韶光贱，满地嫣红独自归。"[65] 一晚，他与曾习经坐在碧云寺石桥上，失败感弥漫心头，对着明月，两人"语国事，相抱恸哭"。[66]

<h1 style="text-align:center">五</h1>

北京并非仅有失落，梁启超意外地结识了新朋友。吴樵的到来为强学会延续了短暂的生命，他们创办了一个小强学会，一起相聚，"迟大会十日而亡"。[67]

另一个朋友也在春天出现。

关于梁启超与谭嗣同相识，留下了不同版本。在谭嗣同的记述中，吴樵是二人的引介者。谭吴曾一见如故，"相与抚掌大笑，剧谈略数万言不得休息"。[68] 吴认定谭嗣同"精锐能任事"，是"不可多得之员"。[69] 在梁启超的回忆中，见面更富有戏剧感。在一个炎热的下午，梁启超正在曾广钧处做客。三十岁的曾广钧是曾国藩的长孙，也是最年轻的翰林学士，甲午中湘军落败后，颇有一种自我放逐之风。他是梁启超在京师的挚友，"此间可言之人，仍无过重伯（曾广钧字）"。[70] 两人"坐久觉倦"后，仆人报有客到，梁起身告别。曾广钧示意他留下，因来者是位"异人"，不可不见。

这位异人身穿四品官服，是一个英俊青年，有一股旁若无人的气势，进屋之后脱下官服，开始高谈阔论，见到墙壁上悬挂的古剑，拔剑起舞，"舞罢遂相与论上下千古事"。[71] 这景象震惊了梁启超，立刻与此人订交，迫不及待地把此事告知康有为，称谭嗣同"才识明达，魄力绝伦，所见未有其比"，"公子之中，此为最矣"，甚至认为他是未来的总统之选，唯一值得可惜的是"佞西学太甚"。[72]

相较梁启超，年长八岁的谭嗣同来自一个截然不同的世界。他生于官宦之家，父亲谭继洵官任湖北巡抚。但他有一个过分坎坷的童年，十二岁，在一场席卷北京的白喉病灾难中，母亲、大哥、大姐相继丧命。他侥幸逃过一劫，却迎来更不幸的岁月，与继母、父亲陷入了长期的紧张。他自比春秋时的申生公子，夹在父亲与宠妾间，不知如何是好。他的科举之路更充满挫败，父亲为他纳捐获得监生资格，但自1882年第一次参加长沙乡试以来，他连续七次都名落孙山。不过，他是同代人中阅历最广泛的一位。他到过西北大漠，也涉足过东南的台湾。他沉迷于司马迁笔下的游侠式生活，朋友遍及五湖四海，既有浏阳才俊唐才常，也有大刀王五这样的武林人物。他练过武术，长于击剑与单刀，一个目击者见过，他"蹲在地上，叫两个人紧握他的辫根，一翻身站起来，那两个人都跌一跤"。[73] 他还是个音乐爱好者，"善南北昆曲，能歌乐章"。[74]

他的行为与一个儒生相去甚远，思想世界更充斥着矛盾。早年时，他喜欢强调功利与实用的永嘉之学，受到张载与王夫之的影响，着重于自然、宇宙的观念，而非从政治与道德的角度来面对世界。这思考倾向因为与傅兰雅的相识更被激发出来。在上海的格致书院，他看到 X 光片、照相器材和化石标本。他在化石标本中看到了精神变化："天地以日新，生物无一瞬不新也。今日之神奇，明日即已腐臭，奈何自以为有得，而不思猛进乎？" [75]

他对时事敏感，也充满行动欲。中法战争爆发后，他想和朋友组织军队出征，十年后的甲午战争则给他更大的冲击，"地球全势忽变，嗣同学术更大变"。[76] 他 "平日于中外事虽稍稍究心，终不能得其要领，经此创巨痛深，乃始屏弃一切，专精致思"。[77] 他相信制艺戕害人心，要用新知识来取代旧思想。他在家乡浏阳创建算学馆，《兴算学议》一文让他赢得了更多的瞩目，被巡抚陈宝箴、学政江标称为奇才。他也被北京强学会的消息鼓舞，想在长沙创立 "湖南强学分会"，为了学会的安全，他邀请英国驻汉口领事贾礼士出任会长。在给英政府的报告中，贾没有直接提及谭嗣同的名字，却写道："一个旨在介绍西方科学知识的团体已经开始建立起来，它将指出儒家学说和基督教教义的一致性。" [78] 谭嗣同也得知康有为，在给老师的信中提及 "康长素倡为强学会"。[79]

谭嗣同未能继续探索。谭继洵为儿子捐纳了一个知府的官衔，1896 年春天，他遵父命到北京办理前往江苏候补的手续。翁同龢发现，谭公子的个人做派与乃父大不相同："通洋务，高视阔步，世家子弟中桀傲者也。"[80]而他多年前则在日记中形容谭继洵性格拘禁，是礼法之士。

这趟不情愿的北京之行，给谭嗣同带来生命中最重要的相遇，与梁启超的偶遇，随即演变成浓烈的友谊，再加上夏曾佑、吴樵，他们组成了一个亲密无间的小团体。夏在贾家胡同，谭在浏阳会馆，梁在新会会馆，相距甚近，几乎"衡宇望尺咫"。"我们几何没有一天不见面，见面就谈学问，常常对吵，每天总大吵一两场。"多年后，梁启超回忆这段时光时，仍充满情感。这定是激动人心、混乱不堪的争辩，他们试图摆脱旧传统、拥抱新知识，苦苦追寻另一个意义系统又缺乏训练，只能依靠臆想。"不知从那里会有恁么多问题。一会发生一个，一会又发生一个。"梁启超回忆道，"我们要把宇宙间所有的问题都解决，但帮助我们解决的资料却没有，我们便靠主观的冥想，想得的便拿来对吵，吵到意见一致的时候，便自以为已经解决了……"[81]

反对荀子是他们的主题之一。他们将荀子视作眼前危机的肇始，两千年来，人们忘记孔子，也忘记孟子，而遵循荀子的小康理论，尤其是本朝的汉学家们，更尊荀子。佛学是另一个热门话题。"在京晤诸讲佛学者，如吴雁舟、如夏穗卿、如吴小村父子，与语辄有微契。"谭嗣同说。四十四岁的吴雁舟是翰林院编修，也是长沙人，佛学造诣尤深，也曾与康有为谈佛甚洽，惋惜《新学伪经考》被禁毁。他对谭嗣同影响甚巨，令本信耶稣的谭转而信佛，"重大发愿，昼夜精持佛咒，不少间断"。[82]梁启超也与吴雁舟交往密切，称其是"学道之士，于内典持引颇熟，盖阿难多闻之流也，一时学子自无与其比者"。[83]他们还尝试新诗体，要头脑里混杂的概念以诗的方式释放。谭嗣同写到"大成大辟大雄氏，据乱升平及太平"，将佛学与儒学混作一起。[84]在另一句"纲伦桎以喀私德，法会极于巴力门"中，更是引入了caste（印度种姓制度）、parliament（议会）。[85]

六

京师的政治气氛日益令人沮丧。3月30日，文廷式被革职，永不叙用，立刻驱逐回籍，不准在京逗留。谕旨引用杨崇伊的参奏，称他"遇事生风，常于松筠庵广集同类，互相标榜，议论时事，联名执奏，并有与太监文姓结为兄弟情事"。[86]

在普遍的传闻中，这次弹劾仍与李鸿章相关。文廷式曾试图参劾李鸿章，奏稿被李的亲信发现，遂引发报复。在文廷式被革职的前一天，一位叫寇连材的太监在菜市口被斩首。没人确切地知道他的身世与死因，人们却乐于相信，他是因政见触怒了慈禧。寇连材劝太后不应在颐和园中悠游、摒弃忠直之士而任用阿谀之人，要赎回台湾，惩戒主和派的李鸿章与张荫桓。据说，他更大胆地建议，国家以才德而非血缘来选定国君。据传闻，他临刑前仍在从容地吸鼻烟。寇随即变成了一个热门人物，出现在官员的书信和梨园的闲谈里。有些人把他比作明代忠臣杨继盛，还有人把他与文廷式并列，"寇太监从容临菜市，文学士驱逐返萍乡"的联语广为流传。

从强学会被禁，到寇连材、文廷式的遭遇，改革派士大夫陷入沮丧、恐惧与愤怒。这种现象也象征着北京新的权力斗争。谭嗣同形容："京朝官益以攻击为事，初尚分君子小人之党，旋并君子小人而两攻之。党之中又有党，党之中又自相攻……如釜中虾蟹，嚣然以哄，火益烈，水益热，而哄益甚。故知大劫不远矣。"[87] 在给朋友的信中，他也提到："时事较之未乱前，其苟且涂饰尤为加甚，岂复有一毫可望者哉？""三品以上，则诚无人矣"，不过他认定下层官员"人材极多，游士中亦不乏人"。[88] 这些下层官员之中，自然也包括他自己。

最终，梁启超决定离京，他原想前往长沙，因为"十八行省中，湖南人气最可用"，且汪康年与湖南学政江标相熟，可做介绍。[89] 他也想在湖北译书局觅一份差事。最终，他还是决定前往上海，汪康年正筹备一份报纸，或许能一展才能，他也感到"舍言论外未由致力，办报之心益切"。[90]

临行前，朋友们都来相送，曾习经在赠诗中写道："前路残春亦可惜，江南四月有啼莺。"[91]

第八章　时务报

一

当汪康年从武汉登船，沿江而下时，预料不到自己将面临的混乱与机会。在张之洞眼中，上海强学会迅速滑向令人不安的方向，他要汪尽快接掌这个组织。《强学报》的第一期就在封面上使用孔子纪年，"孔子卒后二千三百七十三年"，与"光绪二十一年十一月二十八日"并列。两位主笔徐勤、何树龄忠实地贯彻了康有为的理念，宣扬孔子改制考的理论。[1]

身在广东的康有为也期盼汪康年的上海之行，相信他能化解强学会与张之洞之间的矛盾。"此人（汪康年）与卓如、孺博至交，意见亦同"，1896 年 1 月 26 日，他致信徐勤、何树龄，建议他们"忍辱负重"，与汪康年联合起来，也要找梅溪书院的张经甫多商议。[2]

这期待落空了。汪康年抵达上海后，北京弹劾的风波也波及于此。2月4日，张之洞下令解散上海强学会，关闭只出版了三期的《强学报》。汪康年的上海之行变成了对强学会的接管。《强学报》同人将不满转嫁给了汪康年。学会办事者之一康有仪，也是康有为的堂兄，在给汪康年的信中，语气酸涩又不满，还充满自辩。他仅把三十几两银子、七十多块大洋，还有一些图书、器具转给汪康年，至于余款中的大宗——张之洞资助所剩的七百两银子，康有仪故意绕过汪，托经元善退还给了张之洞。[3]

这小小的波折没有困扰汪康年，反而让他升起更强烈的热忱。三十六岁的汪康年"身躯短小，声音也低，走路极轻，好像有病"，表面"极谨慎小心"，却是"气强在内"。[4]他或许意识到，这是自己一直等待的机会。他给自己取了一个新号"毅伯"，中国文人喜欢用名号代表人生新阶段，他期待自己更为坚毅。[5]过去一年，他试图创办中国公会与译报，都不了了之。如今，他想把关闭的强学会转变成一个新机会，在上海创办一份报纸。这是个大胆的决定。他要拂逆张之洞的意志，后者希望他迅速返回武汉，继续出任两个孙子的家庭教师；他还要在这种肃杀气氛中组建一个新报馆，资金与编辑人员均无着落。

他的好脾气与韧性，让朋友们乐于出谋划策。吴樵劝他与在南京的黄遵宪共商报事。这位广东客家人时年四十九岁，身形消瘦，"瘦到骨立而目光炯炯"，说起话来"声如洪钟"。[6]他少年时就以诗才著称，却在科举之路上屡遭失败，直到三十九岁才在顺天乡试中考中举人。对他来说，这一年更重要的事是在烟台结识了李鸿章，李对他印象深刻，认定他是一位"霸才"。[7]这评价与黄遵宪独特的经历相关。早在1870年，他就游览过香港，用"弹指楼台现，飞来何处峰"的诗句来表达自己的惊叹。[8]他订阅了《万国公报》，还购买了大量江南制造局的译书。当他遇到李鸿章时，后者正忙于签署《烟台条约》。这个条约开启了中国对外派驻使节的潮流，黄遵宪被裹挟进这股新潮流，跟随同乡何如璋出使日本，成为一名职业外交官。驻守日本五年后，他成为旧金山的总领事，接着出任驻伦敦参赞与新加坡的总领事。当他1894年回国时，很少有人比他更理解世界与时代潮流。他的日本知识尤其丰富，写了一本《日本国志》，除去历史与文化，更有对明治维新的介绍，笃信它能给中国带来参照。他是最早意识到朝鲜问题的士人之一，建议朝鲜开港，亲中国，结日本，联美国，应对俄国。他还是一个别具一格的诗人，能将异国风物与新科技发明都写入诗中——"所愿君归时，快乘氢气球""安得如电光，一闪至君旁"——氢气球、光与电，就这样镶嵌入中国诗歌里的友情、思念之中。[9]

很可惜，他的经历与才华很少真正得到认可。他从未获得进士的功名，与张荫桓一样，属于仕途中的"浊流"与"鬼使"。《日本国志》没有被总理衙门刊印，曾赏识他的李鸿章也没提供支持。他引以为傲的诗歌尝试引起的反响也是混杂的，名士郑孝胥就认为"黄实粗俗，于诗甚浅"。[10]

一年多以前，张之洞把他从新加坡的任上召来，却不委任他重要职位，黄把自己形容成一只烦闷的海鸥，壮志未酬。[11]直到1895年年末，他才被派遣办理江苏五省历年的教案。他的外交经验立刻赢得了法国驻上海总领事的敬意，接着他奉派与日本外交官商讨苏州开埠事宜。《马关条约》签署后，苏州与重庆、沙市、杭州变成四个新开辟的通商口岸。在与日本使者的谈判中，他试图捍卫中国的主权，让苏州免于广州、上海式的租界命运，可惜他的努力并未得到张之洞的认可，总理衙门也忽略他。

但在具有维新意识的士大夫中，他的声音日益重要。早在1895年5月，黄遵宪就读过汪康年中国公会的章程，是上海强学会最初的六位签名者之一。客家人的豪情与海外阅历让他有一种不拘小节的独特作风，令诸名士震惊不已。初见张之洞时，他就"昂首足加膝，摇头而大语"，这令讲究等级秩序的张大人相当不悦。[12]郑孝胥甚至讥讽他"状甚浊俗"，浑身散发着鸦片气。[13]自负如康有为，也都不免惊诧于黄遵宪的自信、不羁以及广博见闻，[14]这种傲慢更可能源于愤懑与缺乏安全感。像那个时代的很多先驱一样，黄遵宪不被时代理解。十多年前，尚在日本的黄遵宪遇到恰好来访的流亡香港的王韬，二人感慨地说，在中国的士大夫中，"其下者为制义、为试帖；其上者动称则古昔、称先王"，却

　　　　　　　　梁启超：维新 1873—1898

连一幅世界地图也没见过，他们不知天下的样子，动辄说外国是蛮夷，将其视作禽兽，在连番受辱之后，仍不肯觉醒。[15]

黄遵宪也在寻找同道，以及一项值得投入的事业。与汪康年见面后，他随即成了新计划的热情参与者，不仅个人捐助了一千元，还开始在自己同僚中筹资。[16] 在日本时，他就对"新闻纸"印象颇深，相信这是明治维新成功的重要因素，与汪康年一样，他也主张办一份译报。

译报的源头可以追溯至魏源。1830 年代末，这个湖南人在出任林则徐的幕僚时，特别提倡翻译外国报纸，以了解夷情。当时的外国报纸大多出自传教士的手笔，出版于澳门、新加坡，魏源的《海国图志》大幅采用这些翻译。可惜，他的主张没有得到士大夫的反响，倒是两位美国人做出了回应，三十多年后，江南制造局的金楷理[①]与林乐知[②]主编《西国近事汇编》，把各外文报刊所载的内容翻译成中文，印送给官绅传阅。士大夫对新闻毫无概念，把这五天一印、经常传递几周甚至数月前的新闻汇编，当作理解西方的唯一渠道。在新闻业最发达的上海，翻译西文也是中文报纸的主要内容，少有采访的概念。

作为不知疲倦的通信人，汪康年将想法通报给武汉、长

---

① 金楷理（Karl Traugott Kreyer，1839—1914），曾任美北浸礼会传教士和江南制造局翻译，1880 年后服务于中国驻欧洲各国使馆。

② 林乐知（Andrew Young John William Allen，1836—1907），美国传教士，在中国居留时间长达四十七年，创办《万国公报》。

沙、南京、北京的朋友们。汪大燮、陈三立、吴德潚、邹代钧都主张先办译报。邹在信中希望"专译西政、西事、西论、西电,并录中国谕旨",这样才能广泛地研习西学,分门用工,相互切磋。他们还考虑到政治危险,直接评论中国的时政令人不安,转译则安全得多,要少发关于时政的议论,"必有忌之者"。[17]

吴樵为报馆人选焦灼。在他心目中,梁启超是个恰当的人选,在康有为一众学生中,"惟此人可与也",若夏曾佑或汪大燮能与梁启超共事,"必能济之"。[18]

二

5月初,梁启超抵达上海,立刻扎入了忙乱中。再度见到汪康年令人兴奋,甲午年一别,已近两年未见。徐勤与何树龄已返回广州,库房中或许还有一些尚存的《强学报》,但康有为的痕迹早已消散。

他见到了黄遵宪,迅即感受到其独特风格,"一见未及数语,即举茶逐客"。三天后,他差片回拜,仍"神情冷落异常"。[19]黄遵宪相当傲慢,或许出于一考眼前青年的心理,他大谈日本维新,并要求梁启超作出总结。当晚10点,梁离开黄的寓所,翌日清晨,带着四五千字的文章回来。这一次,黄遵宪改变了态度,他被这个青年的概括能力、行文所震惊,尽管相差二十五岁,却开始成为梁最热烈的拥护者。

确立信任之后，一个热烈讨论期到来。报馆的选址、报纸的形态、印刷机器、人员构成、募款、编辑方向，日夜谋议此事。在出版周期上，汪康年想以《循环日报》为榜样，办一份日报，但黄遵宪与梁启超认定旬报更适合。他们还决定采用"时务报"这一报名，昭示它与现实的密切关联。

朋友纷纷从各地发来自己的主张。汪大燮强调外国人的保护，在上海的租界，如果有外国人愿意充当名义上的发行人或主笔，报纸就可以享受领事裁判权的保护，"吾辈非惧祸，然万一有事，后难继也"。他被强学会的遭遇吓住了，担心"时务报"这恢宏的刊名恐怕与内容难符，"庸人震其名，未见报而已有攘臂相争之意"。他甚至劝上海的同人们不要吃花酒，这是康有为在北京被攻击的罪证之一。[20] 6月5日，出任衢州府西安县令的吴德潇路过上海，也加入了这场讨论，另一位江西人邹凌瀚则慷慨地捐助了五百两银子，他们都成为这份报纸的最初发起人。[21]

"雨甚不克出门，既约季清、卓如来此，此晚间同赴一家春一饭。"黄遵宪的便条显示这密切交往。[22] 梁启超起草了创办公启，经过黄遵宪修改，五位发起人签名，印行了一千份，散发给全国各处的朋友，寻求资金、发行、文稿上的支持。在北京、上海的强学会相继失败后，这份报纸成了这个宽泛的"改革俱乐部"的新希望。

但与半年前强学会引发的盛况不同，新尝试只赢得谨慎的支持。北京的同人仍沉浸在失败主义气氛中，对上海的一切都将信将疑。发来的公启无人理睬，沈曾植偶然翻阅到，对其中的条款还颇为不满。在武汉与长沙，众人在言语与道义上都表示支持，一说到筹款与发行，又表现得一筹莫展。张之洞对汪康年的自作主张颇为不满，要他尽快回到两湖书院，并让梁鼎芬带话给他，威胁中断汪的经济来源，"开报馆，则无馆；不开报馆，则有馆"。[23]

在上海短暂的汇聚后，五位发起人再度散去。应直隶总督王文韶之邀，黄遵宪前往天津出任津海关道，吴德潇、邹凌瀚分赴浙江与江西，留下汪康年、梁启超操持报务。7月4日，黄遵宪写信给他们，从公启的派发、广告刊登到社论基调，都提出建议。与平日大大咧咧的举动不同，他在信中表现得相当谨慎，强调"勿盛气，勿危言"。他还承担起主要的筹款任务，努力游说官僚同人。在他信中，不断出现"朱竹实观察见公启愿助一百元""黄爱棠大令捐银一百两"……[24]

至于报纸的出版时间，黄遵宪建议等到皇帝对《请推广学校折》批示之后。这份奏折是李端棻在6月12日上奏的，主张京师和各省府州县皆设学堂，设藏书楼，创仪器院，开译书局，选派游学，还有一条广立报馆——"请于京师及各省并通商口岸，繁盛镇埠，咸立大报馆，择购西报之尤善者分而译之，译成除恭缮进呈御览，并咨送京外大小衙门外，

　　　　　　　梁启超：维新 1873—1898

即广印廉售，布之海内。"奏折分析了报纸的重要性，"知今而不知古则为俗士，知古而不知今则为腐儒。欲博古者莫若读书，欲通今者莫如阅报，二者相需而成，缺一不可"。西方国家报馆林立，"凡时局、政要、商务、兵机、新艺、奇技，五洲所有事故，靡所不言"，而"上自君后，下至妇孺"，都是阅报之人，"皆足不出户而天下事了然也"。他将此视作富强之源，因为"在上者能措办庶政而无壅蔽，在下者能通达政体以待上之用"。[25]

这份奏折很可能是梁启超所拟，北京同人参与修订，以李端棻的名义上奏，为即将创刊的《时务报》寻求更明确的合法性。对这份报纸的未来，人人都缺乏足够的想象力，忧虑经常超过期待。危险不仅来自外界压力，也来自内部。一位友人仍警告汪康年："卓如素未谋面，不知其为人"，黄遵宪"非任事者，相为犄角，恐有损而无益"。[26]

梁启超也劝慰远方的康有为，新报不再采用孔子纪年，黄遵宪与汪康年都坚持不可，他自己也觉得这会引发忌恨。新报纸面临种种困难，经费紧张得有如"八十老翁过危桥"，可能再次失败。[27]

上海给予他们另一种鼓舞。与北京沉闷气氛截然不同，在上海的租界区，若要办一份报纸，只要有场所、资金、印刷机，连工部局的执照也不需要，更没有新闻审查。报馆没有聘请外国人出任名义上的发行人或主笔，地址选在了英租界的四马路石路。

6 月 22 日，报馆在《申报》刊登广告，将"择日开张"，"拟专发明政学要理及翻各国报章，卷末并附新书"。[28] 汪康年携带《同志公启》前往湖北，这一趟行程既是为报馆，也为个人私事。张之洞委派他兼办湖北译书局事务，在上海负责购买译书，这对汪的窘迫生活是极大的缓解。汪离开的日子里，梁启超的信件一封接一封，"君行始一日，已有无数事当相告"。梁启超在一封信中论及诸多事项，既有关于日文翻译的，也有在报纸刊登告白的，还有黄遵宪来信。几天后，他又在信中讨论捐款到编辑人员再到分销点。[29] 两人关系更密切，分工也更明确，梁承担编务，汪以总理身份负责分销、筹款。

8 月 5 日起，《时务报》连续四天在《申报》刊登告白："本报定于七月初一出报，石印白纸，慎选精校，每本三十二页，实价一角五分，每月三本。定阅全年每月取回印资四角二分，先付报资者每年收洋四元，本馆按期派人分送不误。"告白还宣称出版译丛："本报并有新译各书附印报后，如《铁路章程》《造铁路书》《华盛顿传》《西国学校课程》《俄罗斯经营东方本末》等书，皆新出希见之本。"[30]

谁也不知道这份报纸会以何种面目出现，它与四马路上拥挤的大大小小的报馆又会多么不同。报馆最繁忙的时刻，正是江南梅雨季节，种种设想、讨论，希望与焦灼，都在潮湿中积酿。

三

1896 年 8 月 9 日，报纸如期出版。封面设计朴素，刊名"时务报"三个大字居中，采魏碑体，右上侧是出版日期"光绪二十二年七月初一日"，右下角则是地址"上海四马路石路"。左侧直接标明售价：每册取纸料费一角五分，定（订）阅全年者取费四元五角，先付资者取费四元。

杂志栏目分为"社论""恭录谕旨""京外近事""域外报译"诸项。在谕旨栏，有湖南巡抚陈宝箴查办劣幕任麟、山东巡抚李秉衡关于黄河漫溢的奏折，还有今年万寿节的拜祭礼仪、广西剿匪的奖励与云南兴办矿务的请求；京外近事是强学会改为官书局的消息，王鹏运奏请开办商务局，广西开办铁路；域外报译既有译自《伦敦东方报》的英俄两国在东方的势力争夺、英国领事对中国厘金弊端的批评，还有关于西藏喇嘛与廓尔喀人的冲突。编辑对于日本的动向颇为关注，有译自《西字捷报》有关两国关系的分析。与期待的战争胜利情绪不同，日本人对未来充满焦虑，"以华人身壮力强、地大物博，即使日本幸而小胜，终必为华所败"。[31] 还有关于日本铁路的报道，它的造价、已铺设的里程，都令中国铁路相形见绌。

尤为令人兴致盎然的是科技报道，潜水艇被称作入水船，"船能浮亦能沉"；无线电"凭空发递，激成为浪，颤动甚疾，每秒跳二万五千次"；X 射线"当照相时病者之旁偶

上海四马路，1900年代

有一石，待照毕晒上纸片，以察疮管之病"；甚至提到了"挪勃而君"设立的奖项，即诺贝尔奖，包括格致（物理）、化学、医学、文学、和平五项。[32] 该期开始连载欧文《华盛顿传》的译文，翻译者是遵义人黎汝谦，曾任驻神户领事，他撰写的前言充满中国的演义特色："华盛顿者，合众国开创之君也，泰西人士数近古豪杰必称华盛顿、拿破仑二人。"[33] 报上还刊登了柯南·道尔的《福尔摩斯》，这部小说在伦敦正大受欢迎，如今以《英国包探访喀迭医生奇案》的标题连载。

梁启超的两篇论说刊登于最显著的位置。"血脉不通则病，学术不通则陋，道路不通故秦、越之视肥瘠漠不相关，

梁启超：维新 1873—1898

言语不通故闽、粤之于中原邈若异域。"在《论报馆有益于国事》中，梁启超以一连串比喻形容贯通之重要，他相信，国家也是如此，上下不通、内外不通正是"中国受侮数十年"的原因。[34] 该文章既是发刊词，也是创办哲学，强调报馆正是贯通中国最有力的工具——报馆愈多，其国愈强。

文中列举了中国新闻业的四个弊端：闭门造车，信口以谈，沉醉琐碎与秘辛；记载不实，在战争中，即使战败，却刊登捷报；对人物与时事的评论缺乏标准；语言陈旧，言之无物，断章取义。这些弊端拉低报馆与记者的声誉，"海内一二自好之士，反视报馆为蟊贼，目报章为妖言"。[35]

他心中理想的报纸是西方大报，议院言论、国家财政、人口统计、地理状况、民业盈绌、学会课程、物产品种、邻国动态、兵力增减、律法改变、物理发现、新制造新技术，一律刊登，它的影响力惊人，"朝登一纸，夕布万邦"。他自我期许是《泰晤士报》主笔式人物——"五洲之人莫不仰首企足以观《泰晤士》之议论。文甫脱稿，电已飞驰"，主笔本人也是政治领袖，昨为主笔，今日执政，早晨离开政坛，晚上主笔报馆。在文末，他引用顾炎武"天下兴亡，匹夫有责"的名言，期许报馆之力。[36]

倘读者因这篇论说而激动，这种激动在第二篇还将继续。"昼夜而变成日，寒暑变而成岁。大地肇起，流质炎炎，热镕冰迁，累变而成地球；海草螺蛤，大木大鸟，飞鱼飞鼍，袋兽脊兽，彼生此灭，更代迭变而成世界。"在《变法通议自序》中，他以一连串天文、地理、生物学的例证表明，一切都在变。他把笔锋转到制度与传统，税收、兵制、选官制度，"无时不变，无事不变"。他不无陈词滥调地引用了《易经》中的"穷则变，变则通，通则久"，强调中国需要新的变。他公布了一个庞大的书写计划，将围绕变法，分十二个门类写六十篇相关文章。[37] 这是他的典型作风，急于建立一个宏大目标，赋予它独特意义。像他一生中的许多事业，这个计划也无疾而终。

这两篇文章气势恢宏，充满来自国内外的例证和比喻、鲜明的否定与肯定以及各种感叹助词，梁启超令人赞叹也饱受诟病的风格，初见端倪。只要对当时的社会思潮稍有了解，一定可以感到这份杂志在编辑、思想、文风上的尝试。它不囿于宫廷的斗争、琐碎的社会见闻或对外部世界的简单介绍。它代表着新型知识人对于国家变革的严肃观察，一种新叙事，从中可以看到中国内部的发展进程、中国在世界图景中的位置，还有姿态鲜明的改革话语的讨论。

十天后，第二期《时务报》出版，延续了首期风格。梁启超撰写了《论不变法之害》，继续鼓吹变法之必要。他把中国比作即将崩坏的千年巨厦，其中的人有三种反应：犹然酣嬉鼾卧，漠然无所闻见；看到危险，却只会痛哭，束手待毙，不思拯救；只做出细节上、技术上的补救。他建议，只有全面的变革，才可能应对危机。否则，等待中国的将是印度、奥斯曼土耳其、波兰的命运——古老的印度沦为英国殖民地，"地跨三洲，立国历千年"的奥斯曼被瓜分，波兰则亡国。[38] 中国若想不亡，就要学习俄国、普鲁士、日本的自我变革精神。为了减少人们对新法的疑虑，他称新法并非西方人特有的，它在日本的成功，证明中国也可实施。

当读者反馈到来时，梁启超或许才会意识到，自己创造了一个怎样的新事物。中国幅员辽阔，直到这一年年初才开始建立一个全国性的邮政系统，铁路更是处在萌芽状态，所以颇费了些时日，《时务报》才被运到各个行销点。在距离颇近、水路贯通的南京，第一期杂志在 8 月 15 日运抵。在当天的日记里，心高气傲的郑孝胥写道："缪小山来，以《时务报》十本属代劝售，即汪穰卿等所创也。"[39] 他没记下任何阅读感受，或还没来得及翻阅。但纪钜维给汪康年发来热情洋溢的信件，"顷见《时务报》第一册，体例既精，式亦雅饬，人必爱观，纷纷市井诸报，不可同年而语"，他期望"从此风气大开，俾中国士夫渐变空疏之习，皆知讲求时务，君之功岂可量哉！"他对一些小纰漏如错字、漏字提出了指正，还主动介绍可能的销售点，比如天津文美斋。纪钜维是一位古书鉴赏家、词人，《四库全书》总编纂者纪晓岚之后，也是张之洞幕府中的一员。读到第二期时，他的褒奖更加热烈，尤其夸赞《论不变法之害》一文"沉着痛切，言言扼要"，说梁启超"真晓人也"。[40]

读到前两期杂志后，北京的汪大燮松了一口气。此前，人们盛传新杂志第一期的首篇文章会是《寇连材传》，第二期是王鹏运阻止圆明园工程的奏折。汪很担心这将招来大祸，"徒取怒于西方"。[41]"西方"意味着西太后，这种隐晦是当时通信的常见方式，政治恐惧无处不在。身在武汉的邹代钧还没读到杂志，只听说销售不错，去信汪康年："报能畅销，甚慰，虽由公之擘画周详，亦赖卓如大笔如椽，足以震动一时耳。"当他读到了第一期，掩饰不住兴奋，"阅之令人狂喜，理识文兼具，而采择之精、雕印之雅，犹为余事"，它极具标志意义，"足洗吾华历来各报馆之陋习"。邹也是张之洞幕府中的一员，曾出访英国与俄国，对地图绘制兴趣浓厚，正筹建舆地协会。他一定对刊登的地图公会的启示非常满意。他也是个挑剔的读者，建议地名、人名的翻译倘有先例，就不要再用新词，比如中国原有对尼泊尔的用法，就不必再译成聂包尔；其次是译文的详尽性，对西方情况的介绍过于省略，不要刻意与《万国公报》不同。他尤其喜欢《医生奇案》，"既可观其风俗，又能引人入胜"。[42]吴樵则在重庆舟中抒发自己的感受，"急读之下，狂舞万状"，觉得《华盛顿传》"尤妙不可言"，并用他一贯夸张的语气称赞道："谨为四百兆黄种额手曰：死灰复炽；谨为二百里清蒙气、动物、植物种种众生额手曰：太平可睹。"[43]

连张之洞的态度也转变了，观望与怀疑转变成热情的支持。两周前，黄遵宪还不无沮丧地说张之洞无意公开支持《时务报》，但到了9月1日，张之洞已命幕僚致电报馆："头期报三百五十、二期二百速寄。"[44]第二天，他又命湖北

梁启超：维新 1873—1898

文武大小衙门及各局、书院、学堂一律官费派阅。他评价这份旬刊"识见正大，议论切要，足以增广见闻，激发志气"，尤其满意它"系中国绅宦主持，不假外人"，因此"实为中国第一种有益之报"。[45]

这些反馈定令报馆同人欣喜不已，迫于截稿日期的压力，他们没有太多时间庆祝。第三期《时务报》如期出版。在最后两页，报社人员与捐款者集体亮相，标志着报馆在编务与组织上的成熟。在报社名单上，有总理汪康年、撰述梁启超、英文翻译张坤德、法语翻译郭家骥、日文翻译古城贞吉，还有负责印刷与财务的理事黄春芳。[46]

郭家骥与古城贞吉象征着这份杂志不断扩充的雄心。创办人不满足于仅从英文报纸获取信息，还要增加更多的语种。郭是北洋海军学堂的教习，曾留学法国，他在这期翻译了《巴黎日报》的三篇短文，分别有关英国的商务发展、奥匈帝国制造的新枪械，还有巴尔干半岛几个小国酝酿的联盟，想摆脱奥斯曼帝国之统治。

三十一岁的古城贞吉生于熊本，有一对招风大耳，声音洪亮。他自修中国文学与经学，热心研究李白与《西厢记》。在刚刚出版的厚达 734 页的《中国文学史》一书中，他用西方文学理论来梳理中国文学的脉络。对中国文化的兴趣并未减弱他强烈的民族情绪，甲午战争爆发后，他写信给朋友，"请寄日本刀，将随军赴辽东"，他的一个弟弟也阵亡于朝鲜。[47]创刊前，汪康年就曾委托驻日本使馆物色日语翻译，在中国派驻日本将近二十年后，竟很难找到此类人才，他们只能粗通口语，很难将日文文章翻译成中文——这也是中国智识停顿的缩影。古城贞吉最终成了最佳人选。汪鼓励古城搬到上海，加入报馆。这预示中国士林知识风气的转变，日本因素日益重要，人人都想知道它富强的秘密。

自第三期，《时务报》专为古城开辟《东文报译》一栏，他翻译了四篇文章，分别是美国共和党的新政、伊藤博文对台湾现状的评论、日本领事论驻外的日本渔民问题，还有来往欧亚两洲的轮船业情况。报馆还期许古城提供译书的服务，"日本近习西法，译西书甚多，以东文译华文较为简捷，今除译报外兼译各种章程并书籍"。[48]古城最终成为这份杂志最长久而稳定的供稿者，对于很多读者来说，他是通往日本知识世界的窗口。

梁启超撰写了两篇文章。《论变法不知本原之害》是他变法系列文章的第三篇。他直截了当地否定了洋务运动三十年，它尽管"讲求洋务""创行新政"，却不是真正的变法。对于甲午战争后的种种变法观点，他逐一批驳。他发现，人人都在谈论练兵、开矿、通商，却少有人探究具体的实施、内在逻辑。变法者被两种弊端所困：官僚系统的贪腐无能以及对西人的盲目崇拜——相信任何变法必须要依赖西方人。其背后是中国社会的混合心理：一种是盲目乐观，只要把这美好计划付诸官僚系统推行，就能实现；另一种则是失败主义，只有任用西方人才能成功，"西人明达，华人固陋；西人奉法，华人营私"。梁启超将此归咎于中国官吏的非职业化，"一人之身，忽焉而责以治民，忽焉而责以理财，又忽焉而责以治兵"，且"责任不专，一事必经数人，互相牵掣，互相推诿"。他也怀疑对西人的过分依靠，洋务运动招募不少西人，仍未带来起色。与士大夫普遍强调人才的重要性不同，他对制度更有信心，"立法善者，中人之性可以贤，中人之才可以智"；而当前制度"塞其耳目而使之愚，缚其手足而驱之为不肖，故一旦有事，而无一人可为用也"。

他提醒读者，变法是一个系统的事业，有其内在逻辑："变法之本，在育人才，人才之兴，在开学校，学校之立，在变科举，而一切要其大成，在变官制。"他用日本作例证，认为正是有了这些措施，"区区三岛"才在"外受劫盟，内逼藩镇"的情况下，"化弱为强"。他甚至引用了很可能是臆造的俾斯麦的评论。据说，三十年前，这位铁血宰相就预言过中日两国的结局，他看到中国人前往欧洲时只往船炮工厂跑，买回廉价产品，日本人则讨论学业，研究制度。[49]

在另一篇文章里，他描绘了一幅生动的（或许也出于自己想象）波兰命运的画面，那些逃亡的贵族、富绅如羊犬一样被驱赶，"田产没于异族，妻子夷为奴丐"，他相信波兰问题在于内部，是不主动变法之害，而非俄国入侵。[50]

在这一期的末页，《时务报》公布了杂志的财务状况。强学会的1200两余款被置于汪康年、梁启超名下，黄遵宪捐银1000元，盛宣怀则有500两，接下来的朱之榛、黄幼农等都是黄遵宪的朋友,徐勤也捐助了 100 元,汪康年动员湖南矿务总局捐出 400 元。它还刊登了各处代收捐款人——几乎是创办人的亲友联盟——北京是西珠市口陈炽与麻线胡同李岳瑞的住所,武汉是叶瀚的自强学堂与王秉恩的织布局,烟台则是黄遵楷的潮州会馆……派报处遍及主要口岸城市,武汉、南京、烟台、重庆、宁波等。[51] 此刻,报馆收到了 6880 元捐助,有 28 个网点。[52]

《时务报》确立起一种独特风格,年轻主笔的光芒尤其闪耀,《变法通议》系列文章迅速征服了读者的心。在接下来几期,梁启超围绕学校连续写了几篇论说。在《学校总论》中,他描述了一场全面性教育危机的到来,读书人不仅很少知晓西学、时务之学,就连孔子之学也都遗忘了,他们要么痴迷于许慎、郑玄这套汉学,要么是程颐、朱熹的理学,反而很少关注孔子的原本学说。兴建学校是解决困境的关键,他列出了一个粗略的计划:中国应该有四千万小学生、一百十八万四千多中学生、十六万五千多大学生,如果一时不能达到这个目标,也可以先按百分之一的比例开办,中国的财力足以支持。在《论科举》中,他将科举制度视作阻碍中国进步的主要障碍,还提供了三个应对之策:上策是将孔子与西方的教育理想结合在一起,把科举与学校合一,小学相当于秀才诸生,大学是举人,大学毕业是进士,出洋学习者则是庶吉士,其余分发各部;中策是在科举中的帖括一科之外,设立其他科目,将西方语言、科技、医学、兵法等都纳为考试科目，并用各种办法特招人才；下策则是扩充科举考试的内容，将三场考试的题目扩大，削弱对楷书的过分重视。梁启超认为上策可以使中国富强，中策可以保中国安定，而下策则勉强让中国生存。在《论学会》一文中，他的乐观洋溢纸面，"一年而豪杰集，三年而诸学备，九年而风气成"。[53]

这些文章都展示出梁启超对民智的信念，若人人都能拥有正确的知识训练，中国定变得强大。在他的心中，正确的训练是孔子学说与西方知识的融合。"据乱世以力胜，升平世智力互相胜，太平世以智胜""世卿为据乱世之政，科举为升平世之政""学校之制，惟吾三代为最备"，文中的三世论调，与德国、法国、英国例证融合一处。[54] 这是当时文人的流行论调，西方的知识与制度并非崭新的创造，不过实践了中国黄金时代的理念。

在编辑《西学书目表》时，梁启超的西学知识得到了更充分的展现。这是一次冒险的尝试，六年前才在四马路上读到《瀛寰志略》，如今就打算将涌入中国的西学书籍进行一次分类，创造一张新的知识地图。《西学书目表》收录四百多本书，这些书籍折射了中国吸收西方知识的历程。正表三卷收录 1842 年通商之后翻译的 352 种西书，附表一卷则是从明末到通商前的西人译著，还有中国人的西学著作。传教士作用最显著，从明末的天主教徒到广学会的教徒，是主要的翻译者。你可以看到显著的断裂，从康熙的海禁到道光年间，几乎没有西方知识输入，这两个世纪正是欧洲的启蒙运动、科学革命的关键时刻。自19世纪中叶，西方书籍再度涌入，但零散、缺乏系统。江南制造局、同文馆、海关税务司、广学会、益智书会，翻译机构像是点缀物。至于中国人撰写的西学作品，大多是材料之拼凑、浮光掠影的见闻。

梁启超尝试了新分类法，将它们分为西学、西政与杂类。西学是自然科学，有算学、重学、电学、化学、天学、动植物学等等；西政更像是社会科学，包含史志、官制、法律、学制、工政、商政等等；杂类则是游记、报章、议论等无法归类的作品。在为重要书籍写的简短评语中，他偶尔显得刻薄起来，称花之安的《自西徂东》"粗浅"，韦廉臣[①]的《治国要务》"浅略"，李提摩太的《救世教益》是"传教之书，此为最巧，录之以供借鉴"。对于译者蔡尔康，他的反感无法掩饰，称《泰西新史揽要》是西方历史的最佳著作，但翻译繁芜，眩乱耳目。李提摩太曾告诉他，十年前的电学书可以一字不读，让他意识到知识更新之快，世上没有不变的真理。对林乐知的《中东战纪本末》，他也评价不高，"其书议论之是非，稍有知识者能道之，无待余言"。对于谢卫楼带有浓厚宗教色彩的《万国通鉴》，他也不感兴趣。对西方知识的源流，他有自己的认识："泰西政事原于罗

---

① 韦廉臣（Alexander Williamson，1829—1890），英国传教士，曾创办同文书会，1887年与林乐知等人在上海创立广学会，《万国公报》为广学会机关报。

马，与耶稣无关；泰西艺学原于希腊，与耶稣无关。"他强调拉丁文的重要性，英语、法语书籍大半用拉丁文法，就像中文著书用秦汉文意一样。[55]

他的笔端日益直截了当。第九期上的《论中国积弱由于防弊》一文，是他迄今最为大胆的论述，矛头直指过重的君权。中国有两种政治理念，前一种出现于三代之治，后一种则支配了秦代以来的两千年历史——"法禁则日密，政教则日夷，君权则日尊，国威则日损"，他甚至将统治者视作"民贼"。他将描述限定为秦朝到明朝，读者自然可以读到现状。清代正是专制文化的高峰时刻，整个统治哲学都是以集权、防范、压制为基础，雍正更是以"一人治天下"为荣。这样的统治哲学造就了"上下隔绝，民气散奜"，"上下暌孤，君视臣如犬马，臣视君如国人"，这种孤立感或许可以防止内部的挑战，但"外患一至，莫能救也"。这种孤立与恐惧让国人陷入了集体无能，对所有新尝试都抱有怀疑，"故语以开铁路，必曰恐妨舟车之利也；语以兴机器，必曰恐夺小民之业也；语以振商务，必曰恐坏淳朴之风也；语以设学会，必曰恐导标榜之习也"。在梁启超看来，这种体制以保护君主一人之权为目的，反造就无人负责的状态，"天下有事……天子……让权于部院……（部院）让权于督抚……（督抚）让权于州县……（州县）让权于胥吏"，最终整个国家成为无权之国。[56]

这种大胆的痛斥构成了《时务报》另一种吸引力。在私下的谈话中，人们指责制度的弊端，将它公布在新闻纸上则是另一回事。整个报馆都分享这种氛围，汪康年在第四期发表了《中国自强策》，倡导设议院，还要开宪报馆，"在事之人，有治事之权；事外之人，有监察之权"，以及兴民权，"千耳万目，无可蒙蔽"。[57]

对于很多读者而言，这份杂志代表了一种改革话语的复苏。写作于1861年的《校邠庐抗议》象征着这套话语的开端，冯桂芬大胆地说出中国与西方之差距，"人无弃材不如夷，地无遗利不如夷，君民不隔不如夷，名实必符不如夷"，必须寻求西方富强的秘密。他将作品进呈给李鸿章，成为自强运动重要的思想源泉。迫于政治压力与社会习俗，他生前从未寻求公开出版，也未见到自己的设想得到充分实现。一些敏感心灵追随了这条路径，他们可能是身处香港的新闻记者、洋行买办、外交官，抑或一名恰好曾周游澳门、上海租界的低级官员，他们看到了一个新时代的到来，却无法发挥思想影响力。

梁启超幸运得多，遇到了一个恰当的时机。甲午战争改变了整个社会情绪，同样重要的是，印刷术正在重组中国人的政治与日常生活，公共舆论蔚然兴起。梁启超不再依赖奏章、幕僚式的建议，开始诉诸报刊。不同时代曾孕育出不同的写作风格：阮元推崇"文选"式的写作，借此来打破考据家过分干涩的表达；曾国藩热衷于桐城派，这符合重建一个被摧毁的时代的道德需求。梁启超面对的则是一个政治觉醒与知识爆炸的时刻，他将士大夫的忧患意识与这新知识版图融为一体。他还逐渐创造了一种新文体来应对这潮流，像是对流行的桐城文体的反动，康有为和谭嗣同也分享了同样的风格，"不是收的而是放纵的，不是简洁的而是蔓衍的"。[58]

从万木草堂到《万国公报》《中外纪闻》，他的知识训练找到了释放之处。他不是一个原创思想家，亦非精益求精的文体大师，却是个情绪的把握者，知道如何刺激读者的神经。他的思想与写作仍明显带有康有为的痕迹，万木草堂那些汪洋恣意的演说、庞杂斑驳的知识，更重要的是孔子改制的设想，都渗透到他的写作中。读到《西学书目表》时，蔡元培觉得梁的分类与评语颇有用，"识语皆质识""立意本正"，可惜"窜入本师康有为悖谬之言，为可恨也"。[59]

《时务报》的成功超乎想象。汪康年曾估计，只需四千份就可以收支平衡，但很快，订阅就达到七千份。王文韶、袁世凯等人的捐款随之而来。李鸿章也捐助了二百元，与一年前的强学会不同，报馆没有拒绝李的捐款，"李少荃爵相助银二百元"的启事刊登在第十期上。经由出席俄国沙皇的加冕典礼、欧美之行，这位战败者的声誉再度回升。几个月后，《时务报》还将借一份译文品评李鸿章："中国之政治家，而最有名于当世者，尝游欧美诸国间，为今世之一大奇事。"不过，除去赞扬他开了大员出访的先河，也嘲讽他"行李如山，而至携带舆具食品畜类等"，与昔日彼得大帝"单身漂零，微服阔步"大不相同。[60]

梁启超不仅借言论影响时势，也试图采取行动。与同代读书人不同，万木草堂像一部政治机器在运转，实用的考量常常压过他们的道德困扰。既然变科举视作变法之根本，梁启超准备联络言官，在一个月内上十份奏折，皆要求变革科举。行动有赖于金钱的润滑。言官制度引诱贿赂行为，饱受清贫的御史们很愿意为几百金的报酬上折言事，他们甚至不用亲自撰写。梁启超期待募款三千金，"以百金为一分……分馈台官，乞为入告"。他用胡林翼来自我鼓励，这位中兴名臣用四万金贿赂重臣肃顺，求赏左宗棠四品卿督师，奠定了之后的胜利。他兴冲冲写信给康广仁、徐勤，"现已集有千余矣，想两月内可成也"，同时请求同人拟写奏折，他自己如果"独作十篇，恐才尽也"。他想明年春天推行这个计划，陈炽负责在京城运作。[61]

四

老朋友的到来将梁启超从过度繁忙中解救了出来。每次来上海，谭嗣同都会带来新的欢愉。作为候补知府，谭嗣同在南京等待可能到来的任命。沉闷的官场规则、显著的生活压力都让他倍感压抑，不断抱怨"固知官场黑暗，而不意金陵为尤甚"，自己有如"仙人降谪，困辱泥途"，前景也不光明，"非有大本钱，官场万难驻足"。[62]

上海帮谭嗣同逃入一个新世界。他在此买到傅兰雅编译的《治心免病法》，启发对人生与世界的新思考。他不仅想逃离南京，还想逃离中国，听说英俄领事在上海开捐"贡"与"监"，"捐者可得保护，借免华官妄辱冤杀"，便去信问汪康年消息是否确实。对这种流行一时骗局的兴趣，也反映了他的恐惧，对现实的深深失望：有了外国保护，才"免被人横诬为会匪而冤杀之"，"求去中国，如败舟之求出风涛；但有一隙可乘，无所不至"。[63] 在这样的复杂心绪中，他想写一本书，贯通自我与宇宙，东方与西方，佛学、儒学与基督教。这也缘于梁启超的鼓励，他建议谭嗣同为一家香港报纸写一组文章，好令这位才华横溢的新朋友有所发挥。

北京的友谊延续到上海，并有新成员加入。"宴复生、卓如、穰卿、燕生诸子于一品香。"孙宝瑄在日记中写道。[64] 二十二岁的孙宝瑄生于浙江一个官宦之家，岳父是刚卸任两广总督的李瀚章，李鸿章之兄。孙曾在京中短暂为官，因甲午年上书受到攻击，遂南归故里。他对于观念、思想、友情的兴趣远远高于权力，将自己居所称为忘山庐。他是个狂热的日记作家，将每日的读书、交游、思考写下来。

温州人宋恕个性狂狷，常常"麻衣垢面，盛夏履犹褚木棉"。[65] 他对当时的名流颇多非议，说张佩纶"一字未识"，张之洞"太不读书"，王闿运"颇能运笔而不晓一政"，不过他对康有为倒赞赏有加，称其才学胜于张謇，对夏曾佑的评价也很高，认为自己与他的见解彼此接近。[66] 他还有一个令人赞叹的关系网络，岳父是李鸿章与沈葆桢的主考官，朴学大家孙诒让也是亲戚。他对时代病症的洞察力令人叹服，在传颂一时的《六字课斋卑议》中，提出"学校、议院、报馆"是富强的三大支柱，倡导办工业、商业学校，甚至提倡汉语拼音。但他的西方知识仍充满偏差，认为欧洲的好处其实已经全在《论语》之中了，中国人遗忘的智慧反而被西方人拾得，以至于"唐虞三代之学之治，亡于秦后，而复兴于西土"。[67]

他们相聚的一品香是最著名的西餐厅，墙上的时钟、天花板垂下的煤油灯、壁炉，常令初来的客人们欣喜不已。食物充满异域风情，当地人称吃西餐为吃大菜，一首打油诗写道："大菜先来一味汤，中间肴馔辨难详。补丁代饭休嫌少，吃过咖啡即散场。"杯中的酒则是："纵饮休云力不胜，劝君且慢点香冰。白兰地本高粱味，红酒何妨代绍兴。"[68]如果愿意，客人们还叫来钟爱的青楼女子共用刀叉进餐——这些姑娘与这座城市一样，年轻、时髦。梁启超熟悉这新环境，他编辑的《西学书目表》还收录了《造洋饭书》，一本西餐烹饪指南。汪康年更是流连于这样的场合，认为喝花酒是获得新闻、拓展商务的重要手段。对他而言，上海是一座讲应酬的城市，在四马路的灯红酒绿中，北京同人"莫喝花酒"的忠告显得太过遥远。

对于这群青年，葡萄酒、牛排甚至姑娘都不重要，他们忙于忧虑中国之命运，争论新知识的发现。格致学与佛学常是话题中心，他们惊异地发现"格致之学多暗合佛理"。[69]

一股新风潮正在到来，格致的流行自不必说，它被视作西方富强的根源，佛学再度兴起则与旧思想体系的瓦解有关，它与诸子学、公羊学、西学一样，给你提供观察现实的新视角。其中充满牵强附会，士人们在佛学中看到了一个科学世界，康有为因佛典联想到显微镜下的图景与光电的速度，宋恕则认定"无量日月""风轮持地轮""人身八万虫"正是西方科学语境下的天体与细菌。佛学也抚慰了他们普遍的焦灼与迷惘，夏曾佑感慨，面对数千年未有之变化，"天下有生命者大约无一有着落者"，而"释典之精，尽于此矣"。[70]

这场佛学风潮受益于杨文会。这位安徽人曾随曾纪泽出使英法。在欧洲，他白天"求考法国政教生业甚详，精究天文显微等学。制有天地球图，并舆图尺，以备将来测绘需"。他看到西方富强的内在危机，"牟利之徒，机巧百出，非极天下之富豪，不能满其所欲也"。他不忧虑中国能否富强，因为"不出百年，必与欧美诸国，并驾齐驱"。他焦虑于中国的精神危机，复兴佛教起码可以令"（中国）声名文物，为各国所器重，不至贬为野蛮之国"。[71] 他大量刊刻佛学作品，其中很多来自日本，这也引发了一种新的误读：日本之崛起与寺庙兴盛相关，倘中国要获得富强，也要大倡佛法。

谭嗣同、孙宝瑄都是杨文会热烈的追随者。摄于 9 月 25 日的一张照片，展现出他们的佛学热情。谭嗣同、梁启超、汪康年、宋恕、孙宝瑄、吴嘉瑞、胡庸七人在上海光绘楼合影，六人或盘腿或坐椅，双手加膝或交叠，或许是尚不习惯面对镜头，他们的表情都木讷、惘然，丝毫看不出酒桌上的热烈与兴奋。只有谭嗣同合掌而立，比他人更富姿态感，似乎有本能的镜头意识。而梁启超消瘦、无神。这照片也象征着某种上海精神：现代技术与古老佛法，救世之情与纵情享乐并行不悖。

梁启超：维新 1873—1898

19 世纪广州十三行油画

广州见证了清王朝由盛至衰、由封闭至开放的过程。它是 18 世纪唯一的通商口岸，那些渴望中国丝绸、茶叶、瓷器的外来商人生活在珠江旁一个狭窄的地段，与指定的中国行商进行交易。这一模式被称作广州体系（Canton System），象征着这个古老的国度沉溺于以自我为中心，对外部世界不屑一顾。

站立办公的赫德，《伦敦新闻画报》1891 年

在给同事的信中，赫德提到近来北京多雨，街道非常泥泞，他去总理衙门途中看见北京的炮兵把一批大炮放在街上，陷在泥辙里没人管……当他试图与大臣们讨论战事时，只感受到敷衍。

总理衙门大臣合影，1894 年

右起：孙毓汶、徐用仪、奕劻、许庚身、廖寿恒、张荫桓

东堂子胡同总理衙门高悬的"中外禔福"牌匾，显示了恭亲王、文祥开创的中兴传统，中国曾展现少许开放，愿以更平等的姿态面对外部世界。如今，这传统正遭遇严峻的挑战，总理衙门大臣不复昔日的活力与弹性。

李鸿章，1896 年

自李鸿章在 1870 年出任直隶总督以来，天津还获得了显著的政治意义，以第二首都的面貌出现。各国的外交官、新闻记者、地方政治人物前往北京时，总希望能拜会李大人。有些人甚至觉得，北京的总理衙门不过是直隶总督府的一个分支。

《万国公报》载孙文《上李傅相书》，1894 年

在天津，忙于即将到来的中日冲突的李鸿章，无暇给一个香港医学院毕业生太多的关注。这种挫败感将孙文与同伴们推向另一个方向，"知和平之法无可复施"，1894 年年末，他在檀香山成立兴中会，致力于推翻清政权，如今正四处寻求可能联合的力量。

水野年方绘甲午战败后的丁汝昌，1895 年

在报业发达的上海，梁启超能够听闻各种战败的消息。在海上，提督丁汝昌
2 月 12 日在刘公岛自杀，北洋舰队彻底覆灭；在陆地，重新被启用的湘军没
有表现出任何人们期待中的力量。

梁启超致汪康年书，1896年4月2日

穰卿我兄同年：不见岁余，时局之变，千幻百诡，哀何可言！黄门以言事伏诛，学士以党人受锢，一切情节，想铁樵、伯唐书中详之，无事琐缕。南北两局，一坏于小人，一坏于君子，举未数月，已成前尘，此自中国气运，复何言哉！此间虽已复开，然麋入无赖，贤者羞之。腥膻之地，不复可以居也。兄在沪能创报馆，甚善……

资料来源：上海图书馆编《汪康年师友书札》，上海：上海古籍出版社，1986年。

左上：王韬（1828—1897）　　右上：汪康年（1860—1911）

左下：严复（1854—1921）　　右下：黄遵宪（1848—1905）

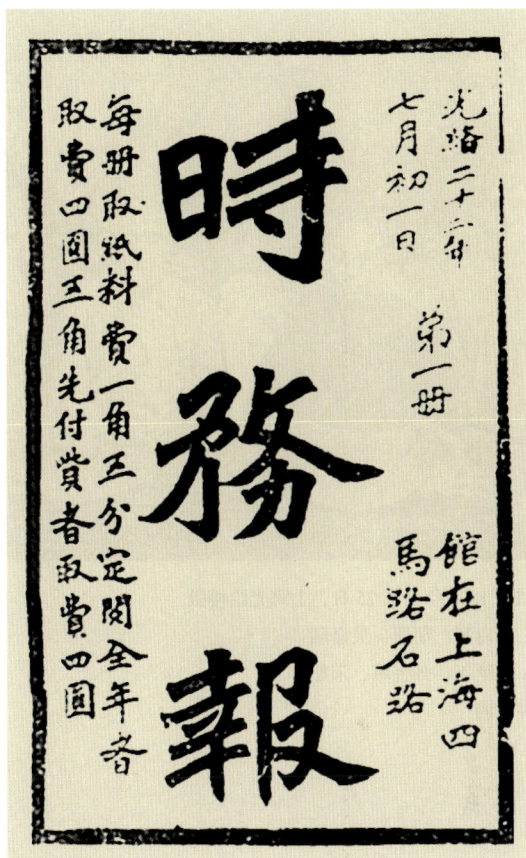

《时务报》第一册

1896 年 8 月 9 日，报纸如期出版。封面设计朴素，刊名"时务报"三个大字居中，采魏碑体，右上侧是出版日期"光绪二十二年七月初一日"，右下角则是地址"上海四马路石路"。左侧直接标明售价。

竹林七贤图，1896 年 9 月 25 日，上海光绘楼摄
前排左起：梁启超、胡庸、吴嘉瑞
后排左起：汪康年、孙宝瑄、宋恕
最右者：谭嗣同

六人或盘腿或坐椅，双手加膝或交叠，或许是尚不习惯面对镜头，他们的表情都木讷、惘然，丝毫看不出酒桌上的热烈与兴奋。只有谭嗣同合掌而立，比他人更富姿态感，似乎有本能的镜头意识。

时务学堂教习合影，1898 年

教习们在学堂中合影留念，身着长衫，垂手而立或双手背后，两位西文教习
王史、李维格鼻梁上架着圆框眼镜，叶觉迈与谭嗣同英俊端正，个子最高的
熊希龄面带憨态，唐才常则显得很沉重。

《小日报》漫画，1898 年

在一块名为中国的蛋糕旁，围坐着英国的维多利亚女王、德国的威廉二世、俄国的尼古拉二世，还有一个法国妇人、一个日本浪人。德国正把刀插入蛋糕，其他国家都在急切地观望。在他们身后，是一个惊恐的"满大人"，拖着长辫子，举起双手，对此无能为力。

胶州湾的德国军舰，1899年

抵京不久，康有为发现胶州湾危机才是迫切的挑战。掌权者的无能暴露无遗，经由败于日本，甚至连反抗的勇气都没有了。康有为的雄心再度被激发出来，写下《外衅危迫宜及时发愤革旧图新呈》一折。

翁同龢（1830—1904）

翁同龢是皇帝最亲密、最信赖的老师，他尤其厌恶李鸿章对于现代商业、科技的迷恋，相信财富只应产生于节俭与农业中。

光绪帝（1871—1908）

他没有同伴，生活中每个细节、他的称谓、他的行动，甚至使用的颜色都被灌输一种独特性。

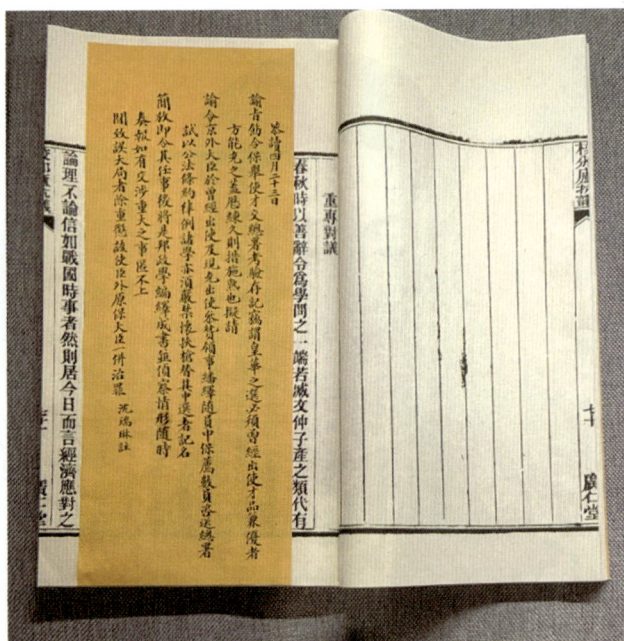

签注本《校邠庐抗议》

各级官员对《校邠庐抗议》的签注陆续汇集，这部近四十年前的著作，仍引发了两极式的反应，但大部分签注寥寥几笔，要么在观望，要么纯粹的无知，不知做何决定。

第九章　主笔

一

1896 年 10 月 24 日下午，梁启超登船前往广州。这是一次期待已久的旅程，他已近两年没回茶坑村了。行程出人意料地顺利。"遇大北风者一日，云帆直挂，速率加十之二。"梁启超去信汪康年，自己在藤床上卧了三昼夜就到了香港，但北上广州的船期迟迟未定，令他"呕出心血"。[1]

他暂从繁忙的编务中脱身。在报馆，他身兼数职，写作论说，润色译稿，整体编排，甚至充任校对。"六月酷暑，洋蜡皆变流质，独居一小楼上，挥汗执笔，日不遑食，夜不遑息。"他不无夸耀地说，自己一个人足以顶上七八个人的工作。[2] 这无疑也意味着苦役与病痛。"卓如病势似不轻，得汗自佳，然热病以通大便为第一要义，可服西人泻药。""卓如昨夕病势如何？头痛腰痛减否？小便通否？脚手发冷否？""卓如之疾，已汗已泻，不足为患，惟须加意调摄耳。"从春天到夏天，黄遵宪的信件中满是这样的关切信息。[3]

但梁启超停不下来。在给汪康年的信中，除告知行程，他也讨论了报馆的诸多事宜。他希望刚写完的文章能赶上第十一期《时务报》，稿件抵达广州后才能誊出，请求将截稿日期延到 11 月 4 日，如果赶不及，建议采用备用的学堂章程，但刊发前要请马建忠过目一下；《西学书目表》上一版错字太多，要由汪治年再校对一遍；广州圣教书楼要续添的三十份《时务报》是否已经邮出；他随信寄去了康有为《四上书记》的封面，让汪康年转交给黄春芳，重印这本书；他已答应为黄编辑一套《西政丛书》并作序，但要两百本作为报酬；他还烦请汪代寄一封信给陈炽。[4]

抵达广州后，忙碌又增加了，他觉得"亲故杂遝，日不暇给"。[5]《时务报》在广东有十三个代销点，数量仅次于江苏、浙江、直隶、四川与湖北。在广州城，圣教书楼、时务书局、会经堂书坊、中西报馆、鸿安栈等处都有代售。借由报刊文字，他获得了科举功名无法媲美的瞩目，不过半年，他就不再是一个普通的广东举人，而是全国知名的人物。仰慕者络绎不绝，有的想谈合作，有的只想一睹风采。应元书院院监就对他"倾倒之至"，曾请黄遵宪代为介绍；一位广州文人欣喜地写道："前月卓如归省，晤之羊城道上，与谈时事。"[6] 还有人找到他,想开办书店,专卖西学书与对中国有用之书。[7]

他却感到广州智识氛围的沉闷,"风气之闭塞,未有甚于此间者",各级官员"皆视西学如仇"。[8]这是一座没有新闻的城市。城中有《岭南日报》《中西日报》,一份《博闻报》刚刚创刊,主笔钟荣光也是一位举人,日后他将担任岭南大学首任校长。但这些报纸大多质量不佳,更没有一份的影响力能超出本省,激发不出他的写作欲。

沉闷与这座城市的历史命运有关,广州不再是中国与外部世界唯一的接触点,上海成为更繁荣、活跃的港口。一场政治事变也加剧了这沉闷。一年前的秋天,梁启超在北京忙于强学会事务时,那位曾令他深感好奇的孙文在此发动了一场起义。起义本身不值一提,计划幼稚、组织混乱,起义者以红带为号,还有"除暴安良"这样一个老掉牙的口号。[9]不过,这仓促的起义却蕴含着崭新的东西,它调动了国际力量与秘密会社,明确要推翻清王朝,预示了中国未来的变革方式。为控制局面,上任不久的两广总督谭钟麟采取高压手段。万木草堂也差点卷入其中,一位叫崔洞若的学子受到感召,加入了孙文创办的广州农学会,它正是起义的掩护组织。他们把武器藏在咸虾栏某处,被清军侦察到,大加搜捕。崔洞若闻讯逃走,草堂同门担心被株连,焚毁了同门录。[10]

在给上海同人的信中,梁启超没提及万木草堂。草堂的声誉在这一年有了显著的提升，公车上书、强学会与《时务报》，这一连串作为都为它增加了吸引力。此刻，康有为与徐勤、王觉任都身在澳门，雄心勃勃地准备创办一份新杂志。

在茶坑村，梁启超发现父亲身体健康，继母刚生了一个女儿，成了梁启超的三妹。梁宝瑛为长子的成就自得，但或许难以理解一个报馆的主笔到底有多重要。在村中，梁启超回信给汪康年兄弟，讨论新计划。《时务报》的成功催生了他们的雄心，汪康年有意出版日报，以商务与时事新闻为主。梁启超赞成这个提议，相信汪康年"胸中无数古董、今董可以尽搬入此间"，他愿意出任总主笔，并推荐麦孟华等人为主笔。他建议将日报分为时务一张、新闻一张、商务一张，既可以单独出售，也可合购，一旦办成，将"尽夺申沪各报之利权"。[11]

在信中，梁启超也为自己的文章辩护。他在《时务报》上的措辞仍带有康有为的影响，其中的公羊说色彩尤其引发读者的不安。抗议者中不乏《时务报》的支持者，担心这倾向会影响报纸的前途，缪荃孙专门致书汪康年谈及。梁启超愤愤不平地回应："弟之学派，不为人言所动者已将十年。然请告缪君，弟必不以所学入之报中，请彼不必过虑。"他对自己的学说颇为自信，只恨"所著之书未成，刻书之资未充耳"。他也问及邹代钧、吴樵的近况，黄遵宪是否来信，并介绍一位叫吴子光的"江湖异人"给汪康年，希望汪把吴引介绍给正在上海的容闳。听到北京的传闻，徐桐遇刺、翁同龢遇盗，他问汪康年"究为何事"。他为自己的食言道歉，不仅第十一、十二期没来得及撰文，第十三期也未置可否，再次许诺"数日内必有以应命矣"。他安抚汪康年，说自己的行程不会超过四十天，然而刚过了两天，又不得不通知汪，他必须去一趟澳门。[12]

在澳门，老师与同学们等着他。上海强学会令人挫败的经历之后，他们在澳门找到了新机会。这里有两位富豪是《时务报》的仰慕者，支持康有为创办一份新报纸，坚持要梁启超兼任主笔——他的名字与文章已经成了声誉与销量的保证。

自去年秋天北京一别，一年过去了。康圣人总是精力十足，轻易从挫败中恢复过来。他继续在万木草堂进行天马行空般的讲演，带领学生编纂《孔子改制考》《春秋董氏学》，还在家乡买地造屋，萌生归隐之意。他当然不会真的归隐，相反，一贯的社交狂热给他带来了新的机会，澳门商人何廷光再度找到了他。

何廷光家族的发迹史象征了澳门的命运。最初，他的父亲何桂出身码头苦力，很快因"孔武有力"成为苦力头目，在一项庞大的填海计划中，他占得先机，赚取第一桶金。光绪初年，在广州禁止"闱姓"赌博后，澳门成了赌业聚集地。何家的商业版图由地产扩展到博彩，再到鸦片、盐、当铺。当海外市场对华工的需求旺盛时，他开设了"猪仔"公

清末澳门赌徒

司，把苦力运往旧金山、墨尔本、新加坡。"长脸、黑发、黑色眉毛、褐色眼睛"的何廷光，是何桂次子，继承了父业，并将家族生意扩展到更广阔的区域。他的赌博业覆盖东南五省，还把丝织业、爆竹工业引入澳门。财富转化成了政治、社会地位，何廷光不仅被葡萄牙国王授予勋章，还在清政府捐了一个候补道员。他乐意支持新人物，曾创建镜湖医院，聘请孙文为医师，还借款给他开办中西药局。[13]

与天马行空的康有为结识后，何廷光最狂野的商业计划也就此诞生。两人想构造一个"百万殖民公司"，"先租船四艘，往巴西，每艘运二千人，三月一期，每期可八千人，岁运三万二千人"，他们将从事甘蔗、咖啡、烟草、可可种植。[14] 康有为相信，它将是一个新中国计划："惟巴西，经纬度与吾近，而地域数千里，亚马孙河贯之，肥饶衍沃，人民仅八百万，若吾迁民往，可以为新中国。"[15] 他们在1895年商定，何负责具体移民事务，康则进京疏通关系，请清政府批准这个计划。康曾希望说服李鸿章，然而随着后者权力的戏剧性衰退，合作搁置。一个副产品却诞生了，他们要办一份报纸。

"澳报已成，集股万元，而股商必欲得弟为之主笔。"抵达澳门后，梁启超致信汪康年，称何廷光与另一位股东都是"葡之世爵，澳之议员"。这份新报纸基本上模仿《时务报》，不仅栏目相似，连名字都叫《广时务报》——既是推广《时务报》之意，也是自诩为广东的《时务报》。他们希望将上海的成功复制到澳门，作为租借地，澳门比上海的租界更为自由，这份新报纸"多载京师各省近事，为《时务报》所不敢言者"。梁启超为此备受鼓舞，直言"吾道不孤"。他乐观地估计，只要发行到三千份就可以持平，还感慨澳门诸项费用都比上海便宜，尤其报馆所在的大井头四号，这样一座三层小洋楼，每月租金不过十五元。[16]

他再度为自己的食言感到内疚，未能按时寄去稿件，搁置时间也超出预计的四十天。通过夸赞汪康年的文章，他试图减少自己的不安。在12月8日的信中，他继续抱怨"日日无暇晷"，出于羞愧，他推荐了麦孟华的文章《治道路说》，称麦的学问"宏达赡博"，文章则"雄深秾奇"，远超过自己。他准备将麦带回上海，加入报馆。他追问汪康年的日报计划，对分张零售的建议颇有信心，也流露出对报馆生活的厌倦之意，称自己"久畜（蓄）远游之志"。听说黄遵宪即将被任命为驻英公使，颇想随之前往。不过，他没忘记劝慰汪康年，即使出游，也一定会按时撰稿，"必不至如此次之无信也"。他再度承诺，半个月后一定搭龙门火轮回上海。[17]

<h1 style="text-align:center">二</h1>

梁启超终于回到上海。第十五期《时务报》刊出了《广时务报公启》，宣称澳门即将创办新刊。与《时务报》偏重政学不同，这份新刊将"略仿《格致汇编》之例，专译泰西农学、矿学、工艺、格致等报"，在言论尺度上也将有所突破，"能言《时务报》所不能言"。在列完一连串的编辑人员之后，公启特意注明，梁启超"既主《时务报》，拟请遥领本馆诸事"。[18]

公启在朋友中引发了截然不同的反应。邹代钧来信表达了自己的兴奋，他把何廷光比作虬髯公，澳门则是"秦人之桃源、管宁之辽东，并可为海外之扶余"，他愿意"策杖从游"。[19] 吴德潚相信，这份新刊"以卓之才，兼领数笔，当可横扫"，但他坚持让梁启超坐镇上海——《时务报》是中国报馆的鼻祖，作为主人的梁启超岂能离开。[20] 吴樵则担心澳门的言论会影响到《时务报》的安全，建议更换报名，淡化两者的关系，"草蛇灰线，不必尽人知之也"。[21] 吴樵的忧虑不无道理，大胆的言论带来声誉，也会招致危险。1897 年 1 月，翰林院编修顾瑗摘录了梁启超的言论，上奏弹劾《时务报》。所幸，李鸿藻压下了奏章。[22] 这有惊无险的一幕倒也象征了梁启超的重要性，比起一年前离去时的落魄，他在北京士大夫心中的位置已迥然不同。

最令朋友们忧虑的仍是梁启超的去向。在大量介绍西方之学以后，这位年轻主笔很想去亲眼看看新世界。黄遵宪带来了希望，总理衙门计划派他出使英国，梁则随行出访。但黄的运气不佳，赫德反对这项任命，说他在新加坡任上有贪腐之嫌。接着，黄遵宪被任命为驻德国公使，德国人又不愿意接受一个被英国拒绝的人选，且鉴于他在对日谈判中展现的能力，担心他成为在中国扩张的阻力。

连续夭折的任命打破了梁启超的出国计划，但伍廷芳的邀请随即到来。这位五十四岁的官员是境外华人的成功典范。他祖籍新会，生于新加坡，长于香港，在伦敦学习法律后，成为第一个进入英国法律界的中国人。回到香港后，他成为第一个华人立法会议员，开设律师行，创办了《中外新报》——虽然短命，却是中国人自办的第一份报纸。然而，伍廷芳却认定自己在香港没有施展拳脚的机会，1882 年加入李鸿章幕府，成为李的法律与外事顾问。他曾作为随从参与《马关条约》的谈判与签署，目睹了李鸿章的衰落。这一经验令人备感屈辱，却帮他开始了独立的政治生涯。他被任命为驻美国、西班牙、秘鲁公使，想邀请梁启超作为二等参赞前往华盛顿。这是个颇有诚意的邀请，在当时的出访使团中，只有李鸿章使团任命过头等参赞。对于比自己年轻三十一岁的新会同乡，伍廷芳充满热忱，先送去一千两银子的治装费，哪怕梁尚未应允。[23]

梁启超的去留引来了各种关切。"卓日内回申，甚喜。可不出洋否？"吴德潚来信问道。邹代钧则淘气地说，如果梁启超坚持要出洋，要答应三件事：为国内同志代购图书，代购科学器械，每月寄回三篇文章。此外，他还要"将所得之学、所知之事，编为札记"印制发售，将所学与人共享，成为"天下之卓如"，否则就是没良心。夏曾佑也去信汪康年询问。他回忆起，当初认识"任弟"梁启超时，"心奇其才"，他人"皆略不置意"，梁如今已经誉满四方，"数年之后，当更可想"。他感慨际遇之重要，"一人之学，显晦有时，不独大道之行，非人力所能强也"。他还称赞汪康年的《论中国求富强宜筹易行之法》一文"精透质实，言简而意备"。[24]

梁启超离开的日子里，汪康年扮演了主笔的角色，从第十一期到第十四期，他一口气写了七篇文章，内容从国耻到商战不等。比起梁启超将视角聚焦于教育，汪康年更想给中国的变革提供一揽子解决方案。这是长期被压抑的表达欲的一次释放，或许也是他第一次充分感受到对命运的掌控：他不再是张之洞唯唯诺诺的幕僚，不是一个从未获得官职的进士，而是一家重要机构的负责人；他在新闻报纸上抒发的见解会抵达成千上万人的眼前，其中不乏位高权重者。王文韶就曾私下感慨，汪康年年少时"弱不胜衣，言呐呐然不能出诸口，而与人酬接，举止亦不佳，然勤恳专一，卒能有成，何意今日竟能作如许大事"。[25]

汪的文章引发的评论却是毁誉参半。邹代钧夸奖他"近来进学甚猛，十二、十三两册之论甚佳，可不虞炸弹矣"。陕西一位书院山长说论商战的文章"悲悯之诚，识见之远，规模之宏，真救时第一流人物也"。更显著的则是批评，梁鼎芬要汪康年"千万不可动笔，实做经理二字"。受此影响，邹代钧也改变了口风，劝他"此后万勿出笔……且公笔亦逊卓如"，二人应"各用精神于所长"。夏曾佑在夸赞之余，也强调"外间乃以为不及任弟"。[26]

短暂的分离再度确认了二人的分工，让他们各自专注于笔政与经理。间隔了四册之后，梁启超恢复了《变法通议》的写作。他在第十五期探讨了师范学校的重要性，十六期到十九期则连载了《论幼学》，集中探讨儿童教育。他批评传统的蒙学缺乏内在逻辑，只讲死记硬背，更缺乏思维的独立性，师生饱受八股训练的桎梏，"自七百字以外勿庸也。百家之书不必读，惧其用僻书也；当世之务不必讲，惧其触时事也。以此道教人，此所以学文数年，而下笔不能成一字者，比比然也"。[27]

他认定西式教学才是正途，"识字之始，必从眼前名物指点，不好难也；必教以天文地学浅理，如演戏法，童子所乐知也；必教以古今杂事，如说鼓词，童子所乐闻也；必教以数国语言，童子舌本未强，易于学也……"他甚至制订了一份完整的课程表：从上午8点到下午5点，学习算学、地理、文法、西文等，还有体操。在这份很可能受到日本影响的课程表上，梁启超也加入了康门特色：每日8点，师徒合诵《赞扬孔教歌》一遍；下午5点散学时，合诵《爱国歌》。[28]

除去儿童，他对女性问题尤其关注，认为受束缚的女人与孩子都是中国积弱的重要缘由。《戒缠足会叙》是为即将创办的不缠足会所作，他在文中批判了缠足恶习，将之与非洲、印度的压首，欧洲的束腰作比。缠足导致国弱，二万万人的智力与体力被压抑。这是一场漫长征程的欣慰一刻，自19世纪中叶，西方传教士就被中国女人缠足之残酷所震惊，包括康有为在内的一些先驱者也投入废缠足的呐喊中，如今一群中国士绅终于开始严肃地对待此事。吊诡的是，日后这个不缠足运动却是由一群男人发起的，没有一个女性成员。在《记江西康女士》一文中，梁启超描述了一个现代女性的楷模。留美女学生康爱德归国后，与同学在南昌开设了一家西医院，救助病患。梁启超感慨，倘若其他二万万中国女子都接受过类似的教育，中国将变为何种面目。在连载于第二十三期与二十五期的《论女学》中，梁启超继续展开这种观点，他倡导男女平权，女性之觉醒，女子接受教育不仅

梁启超：维新 1873—1898

能释放自己的能量，还能养育出更有活力的子女。他相信这也是强国的基础，美国的女学最盛，所以国最强，其次是英国、法国、德国与日本，而在印度、波斯、土耳其，"女学衰，母教失，无业众，智民少"。废除缠足是兴女学的前提，"缠足一日不变，则女学一日不立"。[29] 为了营造更广泛的影响，第二十六期《时务报》刊登了来自英国的栗德尔女士（立德夫人）的文章《劝中国女子不宜缠足》，这位传教士与旅行作家多年来就这个理念四处呐喊。

比起一年前的草创时期，报馆更为职业化，增添了新的工作人员，比如外文校对张让三、报馆书记许家惺。[30]《华盛顿传》的连载到第十一期结束，随后以单行本印行。杂志接着刊登了美国新总统麦金莱的介绍，甚至介绍了欧洲的社会主义运动。受压迫民族的状况也是编辑们尤其关心的：古巴、菲律宾的反抗运动，土耳其的衰落，还有朝鲜的新局势。第十三期起，报末开始附《中西文合璧表》，将英文报内的人名、地名列出。报馆尝试在第十七期发起有奖征文，题目为《中国不能变法之由》《论农学》，第一名将获得三十元报酬。从第十八期起，杂志封面上增加了英文刊名 The Chinese Progress（中国进步），像是某种宣言，一个落后的中国在每个领域都要有新的举措，修建铁路、制造舰船是一种进步，让女孩上学、不再裹脚也是一种进步。他们还在报馆内放映幻灯，第二十八期就曾刊登这样的广告："新法影灯一座，径寸照片现出山水楼台盈丈……惟所用电油价甚昂，故每人收工本银二角。"[31]

也是从第十八期起，因为"各处同志惠来论说甚多"，报上增添了"时务报馆文编"栏目，选登来稿，这是它影响力提升的标志之一。思想开通的官员们越来越发现公共舆论的诱惑力，主动投稿发表评论，或是将奏章投往报馆。陈炽不仅在北京代收捐款，还以"瑶林馆主"的笔名投稿。两位御史贵振之、缪东麟"呈请开采奉天东边五金煤砟各矿"的奏折虽已得到朝廷认可，却未发阁抄，如今也寄来刊登。钱恂提供了张之洞的"福州船政洋监督上船政大臣条陈"、请设武备学堂的奏章，并将自己关于西伯利亚铁路的译稿寄来。上海商界领袖严信厚将总理衙门答复御史褚成博的"洋商改造土货应筹抵制"奏折的回应，推荐给编辑部。外交官似乎也找到了一个共同平台，《时务报》成了他们与国内联结的纽带。华盛顿使馆的周自齐将美国众议院的茶叶进口条例译出，寄给报馆。驻意大利公使之子将《德国岁计政要》与《俄国新志》稿本寄来，稿费"或以字数核算，或包译全书"。[32]

新的基础设施建设拓展了这种影响力。1897 年 2 月 23 日，大清第一个全国邮政系统正式建立，"书籍货样并刷印各物价单等每件重不过二两收费洋银二分"，《时务报》可以更快捷广泛地传递到读者手中。[33] 它的优势尚不止于此，借助官僚、士绅网络，还能抵达更偏远的地区。张之洞敕令全省派发、阅读杂志的做法引来仿效者，浙江巡抚廖寿丰、湖南巡抚陈宝箴、江苏学政龙湛霖等先后饬令辖区内的各府县、书院订阅《时务报》。第十八期刊登的收支状况也显示了报馆的成功，它在 1896 年下半年共收入银元 18958.017、银两 1581.861，去掉各种开销，结余银元 4766.341、银两 1581.861。[34] 它的发行量更是令人惊叹，跃升到 12000 份。全国发行点达到 138 个，江苏以 25 个占据榜首，其次是浙江。不同地区的销量有赖代销者的能力与热忱，温州的陈虬令销量达到了 75 份，而河南全省最高峰也不过 70 份。湖南是重要的订户，一期 200 份仍供不应求。屠寄甚至在黑龙江每期都能卖出 20 份。它的订户不仅是全国性的，也遍布全球，纽约、柏林、伦敦、符拉迪沃斯托克（海参崴）等地的中国使领馆，甚至刚刚被日本占据的台湾新竹与苗栗都有订户。[35]

读者范围也远超编辑的想象。除了富有改革意识的官员、绅商，报纸还激励着很多普通读书人。汉口生意人"看者颇有"，他们最初不太了解文字中对现状的讥讽，一旦读懂，就"狂喜不寐"。一位叫洪国光的低级官员致信报馆，自称"幼读书即薄时文，大小试一战而止，十年作客，馆毂不过百金，十年服官，九品不进一职"，他称汪康年为老前辈，并寄来稿件，期望刊登。香港读者莫礼智也想投书，却又担心自己唐突。[36] 这些读者有的转变成了捐助者，他们力量微小，却饱含热忱。有位读者自称"常熟布衣"，感慨报馆"呼四万万黄种于梦呓之中"而捐款银元三枚。还有读者被梁启超的文笔打动，送来"茶叶两瓶、南腿一肘"。[37]

"乡人有年逾七旬素称守旧者，读其文且慕之，且赞之。其摄力何若是之大耶！"梁启超的独特魅力让张元济大为感慨。每日下午 3 点后，报馆开门迎接读者与作者。很多读者对梁启超本人颇感兴趣，"欲趋拜下风，畅聆高论"。一些无缘前往上海拜会的，则来索要照片。高凤谦在杭州见到梁启超之后，将自己的照片送给汪康年，也期望汪能"惠寄影相，俾得悬之座上，以慰企慕之私"。刘鹗在第二十一期上读到梁启超介绍江西康女士的文章，断弦四年后竟又有了春思，托朋友罗振玉函告汪康年及梁启超，请他们做媒。[38]

读者中也不乏未来的变革者。一位叫沈克诚的普通读者"勉凑银元十枚寄呈"，这个湖南人日后将参与唐才常的自立军起义。[39] 苏州的包天笑还记得，"当时最先是杨紫麟的老兄，寄到了一册，他宣布了这件事，大家都向他借阅，争以先睹为快"，几个人还据此组织协会，批评时事。[40] 绍兴少年周树人在南京路矿学堂求学，这里"设立了一个阅报处，《时务报》不待言，还有《译学汇编》"，第二年总办是个新党，"他坐在马车上的时候大抵看着《时务报》，考汉文也自己出题目……有一次是《华盛顿论》"。[41] 安庆秀才陈独秀 1897 年前往南京参加乡试，被考场内的丑状震惊，感慨"梁启超那班人们在《时务报》上的话是有些道理的"。[42] 他的第一篇重要文章《扬子江形势略论》，很可能就是受到《时务报》文章的影响。

为了分担繁重的编务，报馆先后延聘了两位新主笔。麦孟华在第二十期登场，他的首篇文章《榷署议内地机器制造物征税章程书后》是对赫德直截了当的反驳。这位著名的海关总税务司建议，凡是华商拟创办制造等事业，都要得到税务司审批。这个建议因一股新商业浪潮而起，《马关条约》准许列强在中国内地兴建工厂与仓库，激发起了华商的竞争热情，他们也开始购买机器、修建工厂。麦孟华认为赫德的提议"名虽为管理机器制造各事，实则取吾四万万人缚其手足而制其命也"。而在第二十一期的《论中国宜尊君权抑民权》中，麦孟华则主张一种集权哲学。中国不仅面临着专制，也面临着权威不足的问题，倘若没有足够的权威，如何能推进所需要的变革——统一币制、义务教育、户籍制度、设银行、开铁路。麦孟华的论点与汪康年、梁启超对民权的呼应相反，但个人权利与国家权威的同时不足，确是中国困境的两面。[43]

另一位主笔章炳麟也是个天才人物，比梁启超年长四岁。他早慧、特立独行，据说在十五岁第一次参加应试时因头痛退出，自此无意科举。1890 年，他进入诂经精舍，成为俞樾的学生。如果说陈澧是岭南学术界最富传奇性的人物，那么俞樾在江南的名声犹有过之，两人分别是学海堂与诂经精舍最著名的学长，都是阮元传统的继承者。俞樾还是位杰出的书法家，并编纂过《上海县志》。

章炳麟的反叛意识与他的天赋一样显著，对于学界称颂的《经义述闻》，他认定它"未能融贯"。他的政治意识更是早熟，自称十六七岁就开始读蒋良骐的《东华录》与《明季稗史》，了解到"扬州十日"与"嘉定三屠"的往事，以及戴名世、曾静案，"仇满之念固已勃然在胸"。受到甲午战败的冲击，他开始"略看东西各国的书籍"，并结识了夏曾佑与汪康年。上海强学会成立后，他还寄上了十六元会费。他对书斋生活感到厌倦，致信汪康年，想为《时务报》撰文，"怀欲著论，遥和钧韶，搦管笔毫，复无佳处"。[44] 梁与汪曾听闻他的才名，请他加入。七十六岁的俞樾得知这个消息后颇不高兴，认为这并非正途。[45]

　　在首篇文章《论亚洲宜自为唇齿》中，章主笔提出了联合日本、远敌西方、近御俄罗斯的主张。[46] 这种观点显示了中国士人对日本的复杂态度：战败的屈辱犹在，但比起欧洲入侵者，日本更可能是同盟，其成功也值得仿效。文章引发了截然不同的评价。"章枚叔先生……真巨子也"，谭嗣同把梁启超比作贾谊，章炳麟则为司马相如，感觉报馆"如大海，为众水所归"。[47] 黄遵宪对章炳麟的文风稍感不安："论甚雄丽，然稍嫌古雅。此文集之文，非报馆文。作文能使九品人读之而悉通，则善之善者矣。"[48] 章炳麟紧接着发表了《论学会有大益于黄人亟宜保护》，论述学会之必要，"上说下教，以昌吾学，以强吾类"；还大胆地说中国正处于革命与革政的较量中，要以"礼秀民，聚俊材"的革政来防止"变郊号，柴社稷"的革命。⁴⁹章炳麟的论点与梁启超不无相似，文笔却令人不悦，钱恂忍不住致信汪康年抱怨："贵报中章君，请其少动笔为妙，伊太古幻，非报之本意也。"⁵⁰

章炳麟的个性与他的文风一样格格不入。这位二十九岁的余杭才子乡音浓重，口无遮拦、性格傲慢。他的模样也令人过目难忘，"那突兀峥嵘的额头，看来好像生了瘤似的"，"丝一般的细眼，确实有些与众不同……总是冷然微笑的细眼"。⁵¹他的学术态度也与报馆内康门子弟不同，他遵从古文学派，厌恶公羊学说，甚至把康有为比作钟惺与李贽，所写所说是"病狂语"，将热衷于康有为学说的人比作推粪球的屎壳郎，混乱而虚妄。他曾专门撰文驳斥《新学伪经考》，对梁启超的文风也颇有看法，认为梁"好援其术语以附政论"，其实不过是科举新花样。他对于维新派这群人将"算术物理与政事并为一谈"的作风也颇为不屑，尤其是对于谭嗣同的《仁学》，"怪其杂糅，不甚许也"。章的政治态度更为激进，尽管他在文章中推崇革政，私下却是孙文的支持者，当梁启超形容孙文是陈胜、吴广之流的草莽时，他为孙辩护说："果主张革命，则不必论其人才之优劣也。"⁵²

这种理念与风格很快便引发了冲突。章炳麟在酒席上品评康门师徒，激怒了报馆里的广东人。梁启超莽撞的弟子梁作霖公开说，他们昔日在广州当众殴打不信康有为学说的学人，他把这套作风搬到上海，当众辱骂章的一位朋友是狗。情绪激动的梁作霖在章眼前"攘臂大哄"。章尽管未直接被打，却感到"不远于辕固之遇黄生"，甚至没有通知汪康年，就狼狈不堪地离开上海，结束了短暂的主笔生涯。[53] 章炳麟的离去引发了众多猜测。有人把它理解成地域上的冲突。是报馆内广东人与浙江人之争。他们在学术与政治理念上的做派都很不相同，言语的不通或许加剧了冲突。几年之后，这段怨结在东京将以另一种方式爆发出来。

黄遵宪连续修书两封，无异于火上浇油。他催促汪康年卸任总理，只担任董事，负责外部联络，汪诒年也不要再管理财务，还建议吴樵或龙泽厚出任总理。黄希望报馆采用西化管理，所有者与经营者分离，杜绝裙带关系。他或许受到了梁启超的影响，后者曾私下向他抱怨汪氏兄弟把持报务。黄遵宪的建议激起了汪氏兄弟的强烈反弹，汪诒年叫嚷着要辞职，报馆一时陷入混乱。梁启超意识到自己的错误，赶忙写信给汪诒年道歉，"公度至此，实超之谬妄也"。[54] 听到风声的吴德潇也来信平抚争端，他感慨地说，当初既未料到报馆能成，更未料到"风行如此"，若总理不是汪康年，协理不是汪诒年，主笔不是梁启超，"则馆事全毁矣"。[55]

读者不知道这些内部争端，只要杂志按期出版，梁启超继续撰写论说，编译的稿件源源到来，《时务报》的影响力就会继续上升。名声给梁启超带来各种文债和会面请求，还有开展新事业的邀请。2月22日，第一期《知新报》在澳门出版。它放弃了"广时务报"的名字，并从五日刊改为旬刊。何廷光与康广仁出任总理，梁启超是八位主笔之一，其他编务也多为康门子弟。在报社缘起中，主笔吴恒炜照例强调报刊之重要性，特别说《时务报》在全国范围引发的效应。梁启超的名字是所有撰稿人中最响亮的一个，他为新报写了一篇叙例，但第一篇投稿要到第十四期才出现。

张之洞也希望梁启超加入自己的幕府。这位湖广总督正发起新一轮改革，其中就包括扩充两湖书院。在新学章中，学生们要学习经学、史学、舆地、算学，由两位著名学者梁鼎芬、蒯光典出任东、西监督。张总督希望梁启超这样一位风头正劲的人物出任时务总教习——他习惯性地将《时务报》视作个人影响力的延伸——授意梁鼎芬发电报给梁启超，来年能前往武汉，"有要事奉商"。[56]

1897 年 2 月 16 日，即丁酉年正月十五，梁启超抵达武昌。翌日前往总督府拜访时，恰逢张之洞的侄儿成亲，宾客云集。张之洞撇开一众客人，约梁启超单独谈话，更亲自招待晚宴，两位亲信梁鼎芬与钱恂作陪，一直饮酒到二更。张希望梁启超出任书院院长，并加入自己的幕府，年薪为一千两百两。不管是年龄还是地位，他们皆相隔悬殊，梁启超颇为这种厚遇感动。他致信汪康年，说张之洞"其词甚殷勤"。[57]但武昌的生活远没有上海那样有吸引力，他请求汪出面推掉这个邀请。不过，他仍试图向张之洞推销自己的改革主张。

各种邀约接踵而至。盛宣怀奏请朝廷调四位人物辅助他办理铁路，郑孝胥、梁启超都名列其中，或许是《时务报》

上一些关于铁路的文章让他印象深刻。盛宣怀对梁启超的考语是"博通古今，志气坚强"。[58] 梁启超不愿被人驱遣，婉拒了保奏。倘若听到北方流传的许多关于铁路的谣言，梁启超会更加感到启蒙之重要性。民间传说，修铁路需要有童男童女各五千名做祭品，慈禧太后已在俄国公使的催促下，先抓了五百名童女。

尽管已花光一千两治装费，梁启超还是回绝了伍廷芳的邀请。他不信任这个新会同乡，私下抱怨伍是个"庸劣乖谬"之人，对待下属无理，并非真的想有所作为。他对参赞生涯也缺乏期待，那不过是个文书写作者，终日在使馆里，连行动自由都没有。但在信中，他压抑了厌恶，感谢伍廷芳邀请之后，还给其美国出使提出建议，劝告伍廷芳将主要精力放在保全华工问题上："惟此一举，可建不朽之业，兴大局之利，雪前此之国耻，作海内之民气。"他还提出六个具体建议——立孔庙、兴书院、设报馆、扩善堂、联公会、劝工艺，重振华人社区。[59]

第十章　海上名士

一

初春，梁启超将李蕙仙接到了上海，思顺也随妈妈而来，她已经四岁了。尽管这位年轻主笔在文章中攻击读书人饱受早婚之害，把精力耗散于闺房之中，自己却也难逃旧俗。

黄遵宪表现出一贯的关切。在给汪康年的信中，他提到梁启超的难处，为报馆舍弃了出洋的机会，其眷属又来上海，用度较紧，"不可令其以杂务纷心"，建议其"薪水可增至百元"。黄随即意识到这种偏爱太过明显，稍显笨拙地加了一句："卓如于报馆有大功，此天下之公论，非弟之私言，公谓何如？"[1]

告别独居生活的梁启超，也成了寓沪广东人的一员。广东人在上海的历史可以追溯至17世纪初，彼时的上海仍是

上海外滩，1890 年代

一座不起眼的县城，以种植棉花、大豆为主，南来北往的帆
船停在黄浦江上，广东商人即是其中重要的一支。当西方人
1840 年代到来后，这座城市被戏剧性地改变了。作为最早
与外国人接触的群体，广东人迅速跻身上海买办阶层，其中
香山人尤其突出，从唐廷枢、徐润到郑观应，都来自这个珠
江口的半岛地区。潮州人与惠州人共建的会馆则显示了广东
人之富有。它占地约十亩，前后建有两座庙堂，前堂祭祀天
后，后堂供奉关羽——经过历史的转化，战神已成为财神。[2]
但人们对广东人的道德评价普遍不佳，就连一份英文杂志都

梁启超：维新 1873—1898

上海街景，1890年代

说："大多数人认为，其中广东人最坏。"[3]

上海也是一座移民之城，说闽南话的福建人聚集在永安路、金陵东路，广东人则聚集在虹口，敏锐的观察者可以很快在茶馆中区分出苏州人、广东人、山东人。移民不仅来自国内各地，也来自不同国家。"走在南京路上的时候，你会觉得好像在参加世界各族大聚会。路上走的有高高的大胡子俄国人、胖胖的德国佬……老于世故的中国人坐在西式马车里，精瘦的美国人则乘人力黄包车。"有位英国人描述过晚清上海的景象，"轿中坐的是中国的官太太，一个法国人在上海狭窄的人行道上向人脱帽致敬，帽子正好打在一名穿着精美黄色丝绸外套的印度人脸上。耳中听到的是卷舌头的德语夹杂着伦敦俚语。穿巴黎新款时髦衣衫的人旁边站着近乎半裸的穷苦小工。"[4]

黄浦江沿岸那些高大的西式建筑、赛马场的尖叫，还有电话、水龙头、抽水马桶、电灯，这些洋玩意让人兴奋不已。但走入城内，更有熟悉的中国生活，"房子由外观柔和的蓝灰色砖砌成，街道大约只有 8 英尺宽，铺着石板，林立的货摊使得街道非常狭窄"。街道上还有搭在两侧屋檐的晾衣竹竿，"从女人的内裤、婴儿的尿布到裹脚布，都挂在竹竿上，在街道上空飘扬"。[5] 你还可以在豫园喝茶，到城隍庙上香。这里是各色人等、观念、生活习惯的交汇之地，也激发出了崭新的动力。《马关条约》催生出一股工业化的浪潮，上海准许外来者在此开办工厂，它很快就不仅是贸易与金融之城，更成为一座工业之城。它的命运也与大清国形成鲜明的对比，后者越陷入黑暗，前者的光芒就越耀眼。太平天国的战火几乎摧毁了整个江南，上海却获得了意外的繁荣。富商、文人、青楼女子涌入租界，寻求安全，令它也成为一座消费、娱乐之城，中西文化混杂，新技术与旧传统交融。外来者的管治方式也给予中国人从未体验过的自由，他们逃离掉权力、社会习俗的压迫，开始寻求崭新经验、释放创造力，造就一种新生活。

如今，这座城市面临另一个转变时刻，新闻与印刷革命

　　　　　　　梁启超：维新 1873—1898

到来了。在中国，尽管汉代就有了邸报，但近代报纸直到19世纪初才出现。新闻业是新思想、新生活、新技术与商业精神的结合体，与很多新事物一样，它也是由传教士带来的。与两百多年前耶稣会的利玛窦不同，这一代传教士没有机会接触到权力中心，必须对普通人言说，他们笃信文字与印刷组成的威力强大的发动机，会把福音与新知识带入中国。随着香港被占据，上海、福州、厦门、宁波、汉口这样的新通商口岸出现，新闻机构在更多的城市出现了。《申报》在1872年创刊，标志着上海成为中国新闻业的中心。

官方不信任这个新事物，普通中国人则猎奇与轻视。新闻从业者也很少认真看待自己，他们都是无法获得功名的文人，只能投身于这个边缘职业。蒋芷湘曾以举人的身份出任《申报》总编辑，颇令人称奇，他中了进士后随即辞职。编辑、主笔们也普遍懒惰、放纵，很少将时间精力花在对报刊的改进上，除去翻译英文报刊，他们往往只将《京报》的内容、琐碎的社会新闻、科举试卷混在一期。这些落魄文人的品位不佳，常刊登艳情诗词吸引读者。

尽管存在诸多缺陷，报纸却在缓慢、深刻地改变着日常生活。对于一个信奉古老典籍、凡事向后看的社会，能习惯时代之不断变化、不断涌现的新消息已是个令人惊诧的转变。新技术与政治变动也带来新拓展：1881年12月，天津与上海的有线电报向民间开放，催生了更广泛与快捷的新闻来源；1883—1885年的中法战争激发了公众对新闻的欲望，虽然报纸提供的军事消息漏洞百出，却仍大受欢迎。它还催生了公共空间的出现，人们可以在茶楼、酒肆、青楼中谈论报纸上的新闻与评论，朝中圣谕、边境纠纷、外国事务就这样进入了每天的生活与思考。当越来越多的读者在印刷品上找到消遣时，舆论力量就此形成，左宗棠、郭嵩焘都曾对报纸上的评论愤愤不平，前者说主笔们是无赖文人，后者则难以理解，一份报纸怎么胆敢评论朝廷之事？

中日甲午战争进一步激发了新闻业。知识求新、娱乐精神与商业诱惑搅拌在一起，孕育出印刷业的黄金时代。1895年起，全国有 216 份报纸与 112 份杂志诞生，它们大多数都创办于上海，北起大马路、南到四马路这短短两百多米的望平街，就像是伦敦的舰队街，集中着大大小小的报馆，报人数量陡增，或许达到了空前的五百人。它旁边还有各式书局以及支持其运转的印刷厂。当北京只能依赖粗陋的木活字来印刷《中外纪闻》时，上海已用凸版印刷取代了沿用多年的石印技术。蒸汽发动机的轰鸣声也成了四马路日常生活的一部分，印刷工人与报人一样，是新的职业人群，其态度和做派与北京琉璃厂、苏州书摊上的书商大不相同。

一个叫夏瑞芳的印刷工人从中看到机会，创办了自己的印刷厂，因为不知该起什么文雅的名字，干脆就叫商务印书馆。江苏才子李伯元发现，印刷业既能发挥他的文字才能，又有利可图，就在四马路上开办了《游戏报》，以报道十里洋场的娱乐生活，尤其是青楼名妓的行踪为主，这年夏天甚至评选了花榜，四马路西荟芳里的张四宝独占鳌头，刚刚十六岁的她被称作花魁"状元"——这一定会在文人圈引起讪笑，那个真实的状元张謇也是被叫作"张状元"的。加入这种小报行列的还有吴趼人。他们两人都被称作"洋场才子"，日后都成为重要的小说家，前者的《官场现形记》、后者的《二十年目睹之怪现状》都是谴责小说的代表作——面对一个不断堕落的世界，他们揭露、嘲笑与控诉。

这座城市的政治意识也开始觉醒。借由租界提供的自由，这里迅速成为探讨中国命运的首选之地。新闻业迅速政治化，中国为何失败，解决方案何在，这些议题开始进入报刊。《时务报》既属于这个浪潮，也是其中的异端。当梁启超出任主笔时，新闻记者声誉不佳。"可能成为教师和记者的人随处可见。生命竞争中的失败者、衰老者、跛行者、残废者、无能者、奢侈者、品行不好者甚至傻子都认为，当别的职业已对他们关闭大门时，这两种职业之门对他们仍然开放。"上海的一份英文报纸写道。[6]《时务报》不同，创办者皆是官绅。黄遵宪已进入高官的行列，汪康年进士出身，即使最年轻、功名最低的梁启超，也是个著名的举人。更重要的是，他们创造出了政论杂志的新模式。《时务报》是高度政治性的，言辞大胆、不无放肆，有种触碰禁忌之快感。"甲午款夷后，朝政多苟且，上下皆知其弊，以本朝文禁严，屡兴大狱，无敢轻掉笔墨讥时政者。"一位观察者写道，"自《时务报》出，每旬一册，每册数千言，张目大骂，如人人意所欲云；江淮河汉之间，爱其文字奇诡，争传诵之。"[7] 与这种政治言辞同样重要的是对西方知识与理念的介绍，"时务"一词由来已久，但它现在明确与西方事物联系在一起："人之言曰：何谓时务？康熙之理学，乾嘉之经学词章，今日之西学西法。"[8]

《时务报》代表并催生了这股时务浪潮，主笔梁启超俨然成为西学代表人物，《西学书目表》更给他带来了权威声誉，他前往武汉拜访张之洞时，特意带了数十部。梁启超对西学的理解已与万木草堂时期大为不同，他受惠于上海带来的新刺激，还有结交的新朋友，他们才是真正的西学专家。

二

"弟近学拉丁文，已就学十余日，马眉叔自愿相授，每日两点钟。"在给夏曾佑的信中，梁启超谈及新计划，还乐观地许诺，"一年即可读各书，可无窒碍。"来年见面时，要讲述"希腊七贤之宏旨"。[9]

上海给梁启超带来自我实现的机会，还拓宽了他的智识疆域。马眉叔是这新疆域的象征之一，比起眉叔这个号，他更被后世广为认知的名字是马建忠。这位六十二岁的江苏丹徒人生于一个天主教家庭，教名马赛亚斯（Mathias），而这个家族的宗教信仰足以追溯到利玛窦来华时。马建忠在两个世界中成长，童年时同时阅读"四书五经"与《天主实义》。

他没走科举之路，而是到徐汇公学学习拉丁文、希腊文、英文、法文、自然科学与中国经典。他是最早的留法学生之一，曾兼任郭嵩焘的翻译。回国后，他成为李鸿章器重的洋务专家，曾于1881年带领外交使团前往印度，交涉鸦片的销售与税收问题，并参与朝鲜与美国、英国、德国的条约谈判，还出任过轮船招商局的会办。而他作为中方代表团成员前往马关时，就意识到此前的种种努力都已化作泡影。梁启超在1896年夏天结识他时，他刚陪同李鸿章环游全球归来，从外交与商业世界退回更个人化的空间，编辑汉语世界的第一部语法书。他认为汉字传统中虽然有训诂、音韵、字书，却缺少语法，若有了拉丁文式的语法，中国人的识字率会大大提升。他对语言有一种宗教式的信念，认定拉丁经典与汉语经典分别为西方与东方文明的守护者。他还有个智识超群的哥哥马相伯，以长寿与复旦大学的创始人著称。在梅福里，马氏兄弟与梁启超比邻而居，"晨夕相过从"。他们疼惜这位青年的才华，劝他学习一门欧洲语言，以便更好地了解世界。于是，梁启超、梁启勋与麦孟华"每日晚间辄过马先生处习拉丁文"。热心的马氏兄弟也把梁启超带入自己的朋友圈。[10]

徐建寅与盛宣怀是洋务运动的中坚人物，都因作为李鸿章的助手而闻名。徐此刻出任福州船政局提调，盛则是天津海关道。四十五岁的陈季同经历更奇特，他曾与马建忠、邓世昌、严复被一起派往欧洲留学。身处巴黎时，他对文学的兴趣超过本应学习的法律。在接下来的外交官生涯中，他以Tcheng Ki-tong 之名写了一系列法文著作，其中《中国人自画像》（*Les Chinois: Peints par Eux-mêmes*）为中国人的政治制度、生活方式辩护，尤为著名。赞誉既来自巴黎社交界闻人，也有法朗士这样的著名作家。一位叫罗曼·罗兰的青年听到他演讲后写道："他有一副饱满的面容，年轻而快活，面带微笑，露出漂亮的牙齿。他身体健壮，声音低沉有力又清晰明快……在微笑和客气的外表下，我感到他内心的轻蔑，他自知高我们一等，把法国公众视作小孩……听众情绪热烈，喝下全部迷魂汤，疯狂鼓掌。"[11] 然而在中国官僚系统中，这迷魂汤自然会失去效用，陈季同普遍被认为品德不佳，因债务而官司缠身，若不是李鸿章出手相救，肯定陷入牢狱之灾。他借醇酒妇人逃避现实，据说与大名鼎鼎的赛金花也暧昧不清。在宴席上，曾朴被他的文学见解鼓舞，日后成为研究法国文学的先驱。

五十四岁的郑观应是最有洞察力或许也是最有影响力的改革派思想者。他既能进行商业活动，又具备一手的西方知识，曾做过太古洋行的买办，加入过轮船招商局，在中法战争中替清政府购买军火，被派往安南、暹罗与新加坡，劝说当地政权不要支持法方。他的洞察力与文化修养在买办中独树一帜，而且是《万国公报》与中国典籍的热情读者。他很早就表现出强烈的表达欲，二十岁就写了一本《救世揭要》，阐述自己对改革的看法，后来又将其扩充为《易言》，在日本、朝鲜流通。很可惜，中国很少有人注意到它，直到1892年再度扩充为《盛世危言》。他认为中国正处于秦统一以来的另一个大变局，秦朝是将封建制变为郡县制，此刻则是华夷共治的新时代。既然西方人的到来不可避免，就别再幻想它会自动消失。在他的改革日程上，最重要的两项是议会政治与工商业。他心中的议员不仅来自官僚体系，也来自广阔的民间。

容闳正四处兜售修建铁路的计划。这个六十八岁的香山人是最早的留学生，毕业于耶鲁大学。他曾提议并帮助曾国藩在上海建立江南制造局，并在1872年带领一群幼童前往美国，开启了中国人大规模留学之旅。他的好运气随着同治中兴的结束而终结，一手创建的幼童出洋肄业局被撤销，他再也没有机会施展自己的才能。他曾寻求张之洞支持，但发现张"有种傲慢不可一世之感……对国家的政治进行改革……他毫无表现，甚至连一丝迹象也没有"。[12]

梁启超忘记提到，或许也是刻意忽略了王韬，他比任何人都更像是梁的先驱。王韬是中国社会的异端，常年流亡香港与海外，他在香港编辑的《循环日报》是中文世界第一份富有影响力的日报，政论集《弢园文录外编》《普法战纪》影响一时。1884年回到上海之后，他的声望不断提高，仿佛成了先知式的人物。同时，他仍沉湎于酒色，写作关于歌妓的煽情故事。

这群上海改革家，是中国接触外部世界的缩影，对于科学、商业、技术、宗教、外语而非儒家传统更感兴趣。他们生活在香港、上海构成的沿海走廊上，与李鸿章有着或多或少的关联，并相互扶持：王韬支持容闳的教育计划，为《盛世危言》作过序；容闳的同学黄胜与王韬交往密切，两人合作撰写了一篇关于炮弹的文章，呈交李鸿章。

他们也普遍被视作中国社会的异端，不无孤立与苦楚，是变革挫败的缩影。《马关条约》像是宣告这种努力的失败，李鸿章身败名裂，他们也未能让自己的思想获得更广泛的影响。但战败也带来了新的希望。人们发现，这些先驱者的理念如此富有预见性，没什么比《盛世危言》的命运更能代表这种变化了。在常年无人问津后，它在1895年春的新版本卖出一万五千多部，这还不算盗版数量。他们终身倡导的西学如今变成了新的时尚，好几套西学丛书接连出版：积山书局的《万国时务策学大全》、袖海山房的《万国分类时务大成》、点石斋的《时务通考》。这些书籍还成为应试指南，《申报》的一则广告这样写道："方今朝野上下皆以讲求时务为急，而时务各书之总汇者惜无善本，仆等不惜重金，敦请名宿三年之力，采书五百余种，成《时务通考》一书。"[13]一些开明的官员也加入了这个行列：湖南学政江标编辑了《经济实学考》，由上海博记书局出版；张荫桓编辑的《西学富强丛书》由上海鸿文书局印制；连德高望重的孙家鼐也编辑了《续西学大成》，交由上海飞鸿阁书林出版。

梁启超编辑的《西政丛书》由慎记书庄出版，它是《西学书目表》的延续，收录了公法、官制、农政、史志、工政、商政、学制、兵政八类三十二种图书，既有《罗马志略》《希腊志略》《德国议院章程》这些传教士的译著，也有黄遵宪的《日本杂事诗》与马建忠的《适可斋记言》。梁启超将"西政"视作"富强"之学问，认为不重视政法之学是"外之不能与国争存，内之不能使吾民得所"的主要原因。这些书中也能折射出国家富强的路径，例如"日本变法，则先其本，中国变法，则务其末"。[14]

梁启超最为推崇《佐治刍言》，称它是"论政治最通之书"。[15] 它原题 *Political Economy for Use in Schools, and for Private Instruction*，作者是苏格兰人约翰·伯顿（John Hill Burton）。日本的福泽谕吉早在 1867 年就把它作为介绍西方政治经济学的底本，过了十八年，傅兰雅才与应祖锡合作翻译成中文。翻译的过程凸显出中国思想转变面临的困境，当时没有适合的现代词语来对应英文概念，social economy 被笼统地翻译为"一国之治"，译者更是不知道该如何传达 individual 的意涵，至于 fellow creatures，只能译作"父子家人"，society 与 law、government 被等同于"国"，civil liberty 则干脆掠过，放在君臣伦理中解释，"天赋人权"中的"天"变成了"朝廷"。这是梁启超这一代知识分子面临的挑战：他们往往对新知识生吞活剥，不清楚究竟意味着什么；个人主义与公民自由都是无中生有的概念，他们必须给出清晰的定义与内涵。

对于这些改革先驱，二十三岁的梁启超代表着新的希望，延续着他们的未遂志向，《时务报》则成为两代变革者的联结平台。报馆代销徐建寅、郑观应等人的著作，还刊登了容闳的《铁路条陈》，提出变通招股、定印借券等建议。梁启超撰写的编后语充满赞誉："借西人之资，即以铁路余利为息，并按年除本，逮廿年后，即可本利清还，尤为权自我操。"[16] 马建忠邀请这位年轻主笔为自己的文集作序。王韬正在编辑一本文集，陈虬、陈炽、汪康年与梁启超都名列其中，很多篇章发于《时务报》。他们构成了一个跨越代际的杰出人物俱乐部，三十四岁的年龄差距是思想停滞的最佳象征，梁启超、陈炽一代提出的问题、做出的论断，并没有比王韬、郑观应一代更高明。历史风向更偏向年轻一代，梁启超迅速成为最富影响力的改革作家。

这些前辈也令梁启超意识到自己学识的浅薄，甚至对万木草堂的训练与学风产生怀疑。在致康有为的信中，他说同门们到处传教新学，"入馆未及数月，即令其发挥宗旨，令其向人述先生之道"，依据道听途说，"而居然以通学自命"。他说康门中十之五六掉入这陷阱，自己也曾如此，"去年在都几成无赖"，他反问老师，"学问不成者，其将挟何术以救中国？"[17] 这反省也是梁启超的特性，他总能敞开胸怀，接受新的影响。

新朋友中最重要的一位不在上海。比梁启超年长近二十岁的严复，有着截然不同的成长轨迹与知识训练。梁启超刚接触到西学时，严复已浸淫多年。因为父亲早逝，这个福州人放弃科举之路，进入船政学堂学习物理、数学、舰艇驾驶，二十五岁时前往格林尼治的皇家海军学院深造。在伦敦，他发现比起铁甲、炮弹、炮垒、船身浮率定理，亚当·斯密、孟德斯鸠、赫胥黎、达尔文、卢梭或许更重要，这些思想才是西方富强的根源。他还碰到了人生的第一个赏识者，郭嵩焘惊讶于严复的洞察力与才华，在日记中写下"又陵才分，吾甚爱之"，只是"气性太涉狂易"。[18]通过郭嵩焘，严复又结识了马建忠。

归国后，严复再没遇到一个郭嵩焘式的赏识者。他就职于天津水师学堂，从未赢得李鸿章的充分信任，进入其核心幕僚圈。这与他没有取得科举功名有关，也受限于他的"狂易"禀性。西学知识在八股试卷中派不上用场，1885年至1893年，他四次参加科举考试，一次也没有成功。失败感始终包围着他，他在天津的生活"味同嚼蜡"，感慨"当年误习旁行书，举世相视如髦蛮"。[19]

甲午战争改变了他的命运，时局令他"觉一时胸中有物，格格欲吐"。[20]长期忧愤与被压抑的才华突然之间找到了出口，他在《直报》发表了一系列文章——《论世变之亟》《原强》《原强续篇》《救亡决论》等，对中国现状的批评与分析比任何人都更有穿透力。他相信，历史有其发展规律，称为"运会"，"运会既成，虽圣人无所为力"，中国处在"自秦以来，未有若斯之亟"的变革时刻。中国与西方的主要差异不是船坚炮利，也不仅是政治制度，而是思想方式："中之人好古而忽今，西之人力今以胜古；古之人以一治一乱、一盛一衰为天行人事之自然，西之人以日进无疆，既盛不可复衰，既治不可复乱，为学术政化之极则。"他更言明"自由"才是西方富强的根源："彼西人之言曰：唯天生民，各具赋畀，得自由者乃为全受。故人人各得自由，国国各得自由，第令毋相侵损而已。"因此，中国与西方形成了相反的习俗："中国最重三纲，而西人首明平等；中国亲亲，而西人尚贤；中国以孝治天下，而西人以公治天下；中国尊主，西人隆民；中国贵一道同风，而西人喜党居而州处；中国多忌讳，而西方人众讥评……其于学也，中国夸多识，西人尊新知。"[21]

这些文章把四十一岁的严复推上了一个迅速浮现的舆论舞台。他对仕途心灰意冷，转而寻求言论与思想表达，决定将查尔斯·达尔文、托马斯·赫胥黎、亚当·斯密与他们的学说翻译给中国读者，相信其中蕴含富强之道。他选择的第一本书是赫胥黎的《进化论与伦理学》。借此，他将开创一种崭新的翻译传统，他用渊雅的汉语翻译西方思想，并按自己的需求刻意"误读"外来观念。在他的笔下，赫胥黎抨击社会达尔文主义的观点，变成了"物竞天择、适者生存"式的肯定，这"误读"正契合时代思潮。

严复与梁启超的相识可能源于黄遵宪，途经天津的黄遵宪告知严复新报即将创办，不会不提及这位年轻主笔。夏曾佑也是天津维新派的一员，影响不可低估。也可能，马建忠从中引介。严复也是《时务报》的热情读者，曾寄去百元汇票以示支持，并去信素未谋面的梁启超表达欣赏："《时务报》已出七帙，中间述作率皆采富响闳，譬如扶桑朝旭，气象万千……风行海内，良非偶然。"[22]

对严复《直报》上的系列文章，梁启超亦大加赞赏，希望转载《原强》一文。严复却谦虚地说，此文"自觉不成一物"，想再作修改。在信中，严复回顾自己的思想演变，称中国面临民智、民德、民力的全面衰落。他感慨了解西学的人士太少，也鼓励梁启超学习拉丁文，并提醒梁，学习一种新语言充满难度，"以中年而从事西学者，非绝有忍力人，必不能也"，不过他对梁的才能充满信心，"至于足下，则深愿此业之就"。他随信寄去《天演论》的译稿。[23]

这欣赏中也有质疑。1897 年年初，严复寄来一封二十一页的长信，对梁启超的文章提出疑问，说起行文不无放纵粗陋之嫌，对变革的内在逻辑缺乏了解，不知"一思变甲，即须变乙，至欲变乙，又须变丙"。[24] 他不同意梁的保卫孔教的观点，更对其在《古议院考》中表露的西方议院古已有之的论调不满。夸赞缘何变成了凌厉的批评？短短几个月，梁启超从初试啼声的新手变成了众人瞩目的明星，严复督促他，意识到随影响力而来的责任，其中或许也有某种的嫉妒：作为年长一辈，也更理解西方知识的严复，从未品尝过这名声的滋味。

面对一个真正的西学专家，梁启超的缺陷暴露了出来。

他不得不面对这种尴尬，被截稿压力逼迫的高产，让他的思考显得潦草。因为忙碌，或尚不知如何应对，梁启超迟迟没有回信。严复的密友，也是天津维新派重要人物的王修植专门致信汪康年，希望汪能催促梁启超回信。在他眼中，严复与梁启超的交往不仅关乎两人本身，还意味着天津与上海维新者的联盟，两地理应同舟共济。受到《时务报》的鼓舞，王修植、严复、夏曾佑正筹划一份新报纸，不管是发行网络还是稿件上，天津同人都期待时务报馆的帮助。"此人之学实精深，彼书中言，有感动超之脑气筋者。"在给康有为信中，梁启超难掩对严复的敬佩。对于严复的质询，他想请教康有为，可没法在信中一一道来。梁也努力保持着自己的骄傲，说早已知道这些问题。[25]

直到4月，梁启超才回应严复，语气充满了对年长者的谦虚与感激。他说自己把信件反复看了十几遍，感到全天下除了老师康有为，就属严先生这样关爱他，能给予他启发，"非有先生之言，则启超堕落之期益近矣"。对严复的批评，他逐条做出解释。他为自己不够严谨的文风道歉，"困于宾客"与截稿日期，让他无法充分推敲文字。而在思想上，他更愿意做一个陈胜、吴广式的开创者，而不是刘邦式的定天下者。至于变法逻辑，他并非不理解这环环相扣的关系，只是想"纵其笔端之所至，以求振动已冻之脑官"，来不及做出更缜密的论证。

他说《古议院考》是一篇旧稿，因凑版面才拿出来，自己也最不喜欢用这种中国古已有之的论调，但因读者都是中人之资，更习惯这种表达方式。他不完全同意严复对于民主的判断——中国从来没有民主，西方则从希腊、罗马时期就有民主传统。他搬出春秋三世说，证明古中国也存在某种民主，西方议院与民主不必追溯到过去，它就是近代的产物，只要中国锐意变革，必能迅速赶上。至于严复所说的"教不可保，亦不必保"，让梁启超感激不尽。他深受康有为的影响，以推广孔教为己任，严复却提出保教之悖论：为了保存它就要改变它，但保下来的教也已经与从前不同，而一统之教又常常会压抑自由思想，窒息创新。"不意数千年闷葫芦，被此老一言揭破！"梁感慨说。

信末，梁启超提到谭嗣同，称谭的聪慧不亚于夏曾佑，"而力过之，真异才也！"谭刚刚写完的《仁学》第一卷，"为中国旧学所无矣"。他还提到了佛学以及刚刚写作的关于"群"的文章。[26] 这封信没引发进一步交流，两人也未发展出亲密的私人关系，但在梁启超的思想生涯中，严的影响将逐渐深入，甚至超越康有为。

上海拓展了梁启超的眼界，也带来了另一种困扰。这座城市不仅是知识、自由与希望的象征，也是焦虑的来源。西方无处不在的影响，对商业、金钱的过分推崇，令中国士大夫的道德意识、中心感备受压抑，激发了民族意识。对于梁启超，这种不快具体、个人。他曾去拜访林乐知，一位与李提摩太齐名的传教士，其译著也影响甚巨。两人谈了整整一天后，再未见面。梁从未提及此事，林则批评康梁党人鲁莽不驯。[27] 很可能，梁启超不满于传教士普遍的傲慢，总以中国变革者的老师自居。

若传教士的自以为是令人不悦，买办文人则更激发起梁启超的愤怒，蔡尔康正是其中的代表。蔡曾担任不同报馆的主笔，创造了连载小说的形态，而其最重要声誉却来自翻译，他与林乐知编译的《中东战纪本末》是理解中日甲午战争最重要的著作，也是一本超级畅销书。但此人品性不佳，也缺乏一个文人的自尊。在1896年的系列文章中，他批评刘永福在台湾的抗日行为，认为这违反了已经签署的《马关条约》。他还相信，中国自秦朝以来就无法抵御入侵者，此刻必须借助英国的保护，建议所有的士绅都学英文，专注于农工商，而非军事，求"万国而保我一国"。中国资源丰富，最好向所有国家开放领土，取消贸易壁垒，避免瓜分。[28]

蔡尔康的失败主义令人恼怒，被梁启超称为"彝其语，彝其服，彝其举动，彝其议论"。他指责这些伪西学专家不相信中国，也不了解西方，他们"上之可以为洋行之买办，下之可以为通事之西奴，如此而已"。[29] 他不满西方报章对中国的贬低，当某报说"华民不徒已死，并且臭烂"时，梁启超讥讽道："一举再举，而墟其国，奴其种，而俨然犹以仁义之师自居。"[30]

似乎是为了回应这种虚无与悲观，梁启超写了《论中国之将强》。他用康有为"运"的概念，将神秘主义融入历史叙述中。贯穿人类历史的"运"起源于昆仑山,最先进入印度,接着是波斯、巴比伦、埃及,然后是希腊、罗马,再到西班牙、葡萄牙,直至法国与英国。在过去一千年,"运"聚集在欧洲,最近一百年又分为两股,一股前往俄国,一股则是美国,但他乐观地相信,这两股"运"最终将汇集到中国——"十年以后,两运并交,于是中国之盛强,将甲于天下。"梁启超认同种族之间的不平等,也认同欧洲种族主义者关于民族优劣的划分,他同意黑、棕、红种是低劣种族,但中国人与白人同属优越人种,且中国幅员辽阔、物产丰富、气候优良,无可亡之理。[31] 这是梁启超的另一种显著风格,从不吝让他的读者在极度的悲观与乐观之间摇摆。

三

上海的商业气息带来了另一种刺激。梁启超发现,自己的名字也意味着商业价值。澳门商人要他遥领主笔,本地人也跃跃欲试,想复制他的成功。梁启超自己的雄心也被激发出来,觉得自己能量无穷,足以同时应对几桩事情——或许,对汪康年的不满,也令他想另起炉灶。

李盛铎的邀请随即到来。三十八岁的李盛铎祖籍江西,与文廷式、陈炽并列为"江西三子",他穿梭于京城官僚与上海商界之间,《北华捷报》曾形容他是一个"富有而有强烈进取心的年轻人"。[32] 早在 1889 年高中榜眼之前,他就创立了上海最具规模的印刷企业之一蜚英馆，以印行举业用书知名。甲午战争之后，他曾短暂出任督办军务处的提调，据说颇得荣禄器重。

李盛铎请恰在上海的陈炽出面，邀梁启超筹办《公论报》。梁把夭折的日报计划照搬过来，内容既有"随处指点变法自强、保全中国之意"的政论，也有"货价行情、船轮出口日期"之类的商务信息。梁启超还推荐了龙泽厚、韩文举与梁肖岩进入新报馆，希望陈炽、李盛铎"先定房屋、机器等事"。出于谨慎，他建议"必借西人招牌，以免生事"。[33]

《公论报》计划增加了梁启超的繁忙，他在一张便条里写道："今日乃镇日有客，竟不得一息暇，复爽约，可愧甚也。"[34] 夏曾佑在给汪康年的信中感慨："识与不识，无不以见兄与任弟为荣。"[35] 倘若说上海是南北交汇之地，时务报馆则已经成为维新者的交流平台，南北文人途经上海，也总要想办法前往拜访。一位参与者则形容："凡在上海之名人，于政治、学术、艺能、商业负有声誉与夫来上海者，无不踵门投刺求见。"[36] 浙江读书人罗振玉发现："士夫过沪江者无不鼓掌谈天下事，而《时报》专以启民智、伸民权为主旨。"[37]

上海的社交场是美食、风月、时事与哲学思辨的混合体。在酒精的刺激下，志士们充分体会着触碰禁忌之快感。日本人宗方小太郎与梁启超、麦孟华在一品香饮酒，"畅谈东方之时事"。他形容二十四岁的梁启超"弱冠中举，学术文章冠一时"，但梁强烈的反清意识多少让他吃惊。"梁曰：中国之天下已为满人破坏，欲挽回国运，不可不脱离满人之羁绊。"[38] 宗方是一名"出色"的日本间谍，早在1885年就以经营药铺的名义进入中国。在1893年的一份报告中，他说中国表面上虽然不断进步，但"犹如老屋废厦加以粉饰，壮其观瞻，外形虽美，但一旦遇大风地震之类，则柱折栋挫，指顾之间即将颠覆"，这些都是因为"人心之腐败"。[39] 他甚至在1894年预言："以今日之势占卜中国之前途，早则十年，迟则三十年，必将支离破碎呈现一大变化。"在甲午战争中，他还曾潜入芝罘、威海卫的要塞，探测北洋舰队的港口设施与舰队活动。他是日本正在兴起的"亚洲同盟"的中坚分子，对中国文化颇为了解，抵达上海时还写下了这样的汉诗："帆影铃声志客途，壮心曾未废驰驱。樵渔岂是男儿事，一褐秋风又向吴。"[40]

宗方发现，梁启超这种愤懑是上海文人的普遍论调。当日下午，他与李盛铎、罗诚伯等会面时，李罗也称清国"在上者尽皆腐铄，居下者无知愚蠢不足道"，可以依靠的只有中间士子，只有这个群体会改变中国。他相信，日清联合是"在野志士皆热望之"，不论两国政府如何，两国"志士互相提携，乃当今之急务"。[41]

文廷式在上海度过了一些时日，古城贞吉与他"相见于酒间，笔谈如山"，认为"其人磊砢不与时令，颇有不可一世之气"。[42] 旧友们仍经常来。孙宝瑄"诣《时务报》馆，见《农学报》"，"购得李傅相马关受伤后映像二纸。旋访卓如、仲华"。[43] 他的读书笔记中陡然塞进了大量西学书目——光学、生理学、化学、天文学等等。

每次从南京来访，谭嗣同都急于分享自己写作的新进展，"每成一篇，辄相商榷"。[44] 从数学公式、天文学、化学、儒学、佛学到西方政治理论，他将所知的一切熔于一炉，他用物理学中的以太（ether）来理解儒学中的"仁"，构造出一种新型宇宙观与人生观，并起名为《仁学》。书中还充斥着这样的狂想：既然宇宙中有无数星球，那只要将每个人送往一个星球，人类就能获得充分的自由。

这本生涩、矛盾、满是奇思异想的作品，颇能代表维新群体的知识结构，它是梁启超所谓的："生育于此种'学问饥荒'之环境中，冥思枯索，欲以构成一种'不中不西，即中即西'之新学派。"[45] 比起混乱、大胆的构想，对现实的批判才是谭嗣同的用意所在。他否定三纲，批判君主制，倡导男女平等。他认定所有人际关系中，唯有朋友一伦值得保留，它是真正基于平等、自由选择的关系。谭似乎为个人的不幸找到了明确标靶，创造了一条救赎之路，投身于"仁"之中，摆脱焦虑，获得不朽。

对谭嗣同幻想的一面，梁启超或许不无怀疑，却定能分享他的批判精神，尤其是对君权的批评，君权过重导致民情涣散、国家虚弱。该如何寻找一种新政治理论，重获国家力量呢？在梁启超看来，"群"是此刻世界最重要的单元，西方的兴起是缘于群术的发达，中国从君主到个体都长期受到"独"的影响，所以造成今日的局面。梁启超呼吁，把散落的个体变成一个强有力的群体，参与世界竞争。"以群术治群，群乃成；以独术治群，群乃败，己群之败，它群之利也。"在《说群序》一文中，梁启超将中国的困境归结于缺乏"群术"。这造成了"君私其府，官私其爵，农私其畴，工私其业，商私其价，身私其利，家私其肥，宗私其族，族私其姓，乡私其土，党私其里，师私其教，士私其学"，也因此"为民四万万，则为国亦四万万，夫是之谓无国"。[46]

梁启超再度向读者许诺了一个庞大的写作计划，要写十篇一百二十章节的《说群》组文。再一次，计划半途而废。但它的论点在开篇中已充分展现，他将植物、动物、人类的演化熔为一炉，证明"群"是智慧与力量的源泉。一个国家只有合群才能富强，离群则瓦解。他也看到历史的方向——"世界愈益进，则群力之率愈益大。"尽管引用了舜、周武王与《春秋》，文章的基调却是达尔文主义式的——"自地球初有生物，以迄今日，物不一种，种不一变。苟究极其递嬗递代之理，必后出之群渐盛，则前此之群渐衰。泰西之言天学者，名之曰'物竞'。"[47]这是严复创造的词语。

严复的文章也终于出现在《时务报》上，不是《原强》，而是《辟韩》，它刊于第二十三期。这是严复一系列文章里最激烈的一篇，批判了韩愈的崇君传统，斥责韩愈"知有一人而不知有亿兆"，致使"坏民才、散民力、漓民德"。[48]
内地与上海的自由气氛不可同日而语，在发行量较小的《直报》刊登时，它未引起太多注意，《时务报》的影响力则大得多，它引来张之洞的不悦，授意幕僚屠仁守撰文反驳。一些读者也表示对这种直截了当的批判感到不安。

在梁启超的写作中，日本越来越成为一个显著的参照。中日关系正在发生新变化，战争的仇恨消退了，日本转而成了变革的榜样。黄遵宪积压已久的《日本国志》终于出版，在为其撰写的后序中，梁启超感慨，若这本书能早日流通，中国必不致遭受此辱。黄遵宪对日本的志士精神赞叹不已，相信这是明治维新成功的重要原因，并将这种精神写入诗中："解鞘君前礼数工，出门双锷插青虹。无端一语差池怒，横溅君衣颈血红。"[49]在《记东侠》一文中，梁启超将日本的崛起归功于侠客："日本自劫盟事起，一二侠者，激于国耻，倡大义以号召天下，机捩一动，万弩齐鸣，转圜之间，遂有今日。"在回忆读到冈千仞《尊攘纪事》、蒲生重章《伟人传》时，他颇为动情，"言论丰采，一一若在耳目"，他向往的是一个人人皆为侠客的社会，"僧而亦侠，医而亦侠，妇女而亦侠"。[50]但这只是被误读的日本。日本公使矢野文雄不无讥笑地说，日本已经发生了翻天覆地的变化，若据《日本国志》来理解日本，就像以《明史》来理解今日中国。[51]

梁启超也鼓励同道成为志士。但罗振玉发现，所谓的志士"多浮华少实",不会转化成行动。[52] 真正的志士正流亡海外。孙文的消息也出现在《时务报》上,他的伦敦蒙难成为大新闻。《时务报》引用路透电音报道他的获释:"华医姓孙,号逸仙者,即中国变政党人。本月11日据说该医被人诳诱,监禁在伦敦中国使署,已暗中设法将被羁消息通知其友人,包探日夜看守使署,阻止私解回华。"[53] 又分两期翻译英文报纸对孙文的报道,更在第二十八期上直接刊登了他的文章。孙文的《中国的现在和未来》(*China's Present and Future*)一文原本刊登于 1897 年 3 月 1 日的伦敦《双周论坛》(*Fortnightly Review*),是对清政府赤裸裸的否定。《时务报》以《论中国之内腐之弊病》为题刊发中译本,并加了富有同情的导读:"孙君曾以学会立论,以激劝其国人……有中人某君论云:更革中国,非习文明之风而能成,必待更革官府而后能成也。"[54]

上海的维新志士们不会选择孙文式的道路,他们私下厌恶清政府,却不会公开表达出来,更不会直接行动。他们的救国热忱以温和的方式表达,建立各种群。第十三期《时务报》刊载了《农学会公启》,学会由罗振玉等四人倡导。三十岁的罗振玉虽是传统读书人,却对实用学问更感兴趣,想集资购买土地、仪器,进行农学探索。汪康年、梁启超把罗振玉的畅想转化为行动。在农学会的会员名单中,既有马建忠、马相伯这些老洋务派,也有张謇这样的状元以及龙泽厚、谭嗣同、李盛铎等年轻变革者。李鸿章、黄遵宪则出现在第二批名单中。张之洞也发来电报："农学会请附贱名。谨捐助银元五百元，已交汇号。"[55] 不缠足会也引发了广泛共鸣，从四川到浙江、广东，各地都涌现出不同的地方学会。不过，这个遍布全国的不缠足会是由一群男人发起的，女性少之又少，李蕙仙与康同薇是其中为数不多的活跃人物。

各地涌现的学会，正是梁启超倡导的群学的延伸。农学会也反映出这些学会普遍遇到的困境：在热情背后，他们实际上不清楚该怎样真正展开行动。在捐款、会员不断汇集后，农学会的倡导者们发现自己不知道如何进行农业试验，最后只能回到办报、译书上，将西方与日本的农学知识引入中国。《农会报》成了学会的唯一成果，在《农会报序》中，梁启超借用李提摩太的大胆预测，倘中国采用西方的农业经营法，每年可以增加六十九万一千两百万两的收入。[56]

与学会并起的是报刊的涌现。从长沙到成都，从西安到无锡，从杭州到重庆，《湘学新报》《经世报》《渝报》《蜀学报》《东亚报》《算学报》《工商学报》《新学报》《格致新闻》《无锡白话报》《求我报》……一连串报刊与学会涌现出来，都是《时务报》的仿效者。各地报人纷纷致信汪康年与梁启超，要么求代销《时务报》，要么想借助其销售网络，或者请梁启超撰写发刊词。人人都想借助他的才华与名声。北京的李佳白发来邀请，请他为自己筹办的尚贤堂写上几句；新成立的《萃报》《会报》《蒙学报》《演义报》希望这位主笔能为它们写叙例。连朋友们也加入了这个行列。谭嗣同与吴樵、张通典也受到《时务报》成功的鼓舞，想在汉口设立《民听报》，在给汪康年的信中写道："居今之世，吾辈力量所能为者，要无能过撰文登报之善矣。"他们计划用美商为招牌，读者以商人为主，每日一张。谭嗣同原想在南京的官员、士绅中筹款，但他的行动能力与抱负不相匹配，最终"不能招一人集一钱，或反从而笑之"。[57]

除去纷繁的序言、章程，梁启超还要应付各种书信。在给陕西书院山长刘光蕡的信中，他希望在陕西实现某种自立，"秦中自古帝都，万一上京有变，则六飞行在，犹将赖之，故秦地若立，东连晋豫，西通巴蜀，他日中国一旅之兴，必在是矣"。在致杭州知府林迪臣的信中，他谈及对新学堂课程设置的看法，担心过分崇拜西学反而会丢失中学的传统。这些通信也寄往澳门，以解《知新报》催稿之急。[58]

一些新报公开成为《时务报》的竞争者，回到杭州的章炳麟加入了《经世报》，还兼任上海《实学报》的总撰述。它们仿效《时务报》的形态，在立场上则大不相同。《实学报》对民权、民主论调相当不满。它的创办人王俊仁认为孙文是"乱臣贼子"，"阴谋不轨、遁迹海表"，民主更是有害于中国，"闯然以民主为揭橥，君权不尊，民气嚣然，震旦恐从此不靖矣"，不要因为败给日本、仰慕欧洲的富强，就把中国变成"去人伦，无君子，降而等于民主之国"，中国毕竟是"以名教立国"。[59]

《经世报》的言论没有这样尖锐。创办人宋恕承认学校、议院、报馆是自强之源，但对中国病症的诊断相当传统，认为只是"吏治"问题，与君权、民权皆无关。他仍坚信中国自身蕴含着富强之道。昔日的盟友也开始逐渐分裂，曾对康有为襃奖有加的宋恕，如今在私人信件中说："康长素侈然自大，实不过帖括变相。公车上书中议论可笑已极！其文亦粗俗未脱岭獠气，说经尤武断无理，乃竟能摇动天下，赤县民愚可谓极矣！" [60]

张元济在北京看出了端倪，去信提醒梁启超，"近见《实学报》《经世报》，皆有显与《时务报》为敌之意"，"《经世报》言多粗鲁"，不必在意，"《实学报》则最足以动守旧者之听，且足以夺貌新者之心"。[61]与《时务报》相比，这些报刊往往短命，影响力更是相去甚远，但它们标志着士绅意识的觉醒，并以一座城市、一片区域的名义发言。《经世报》就宣称某种杭州中心主义，"自赵宋南渡，中原人荒，惟浙东西豪杰特盛"。[62]作者与读者形成了一个崭新的知识分子网络，政治辩论也被引入公共生活中，促进舆论场的形成，民权与君权孰重孰轻正是其中的关键命题。

四

在这喧嚣与繁忙中，不幸的消息传来，挚友吴樵突然离世。富有实干精神的他，曾被寄予诸多厚望，黄遵宪曾要他出任报馆总理，陈宝箴也邀请他前往长沙协办矿务。不料，他突染瘟疫，迅疾亡故。死前不久，他还写信给汪康年，通报武昌的情况，拜托汪照顾自己在上海的家眷。

这引发了强烈的悲痛，从长沙、武昌、南京到上海、杭州，朋友们扼腕叹息，有人甚至试图通过扶乩与吴樵的亡灵通话。谭嗣同、梁启超用佛理来安抚其父吴德潚："铁樵死时，神气极清，一语不乱，虽未敢言生天成佛，然不能谓其于道无所闻矣。"还引用了乩语来证明："铁樵之未死也。且其末语自言乐矣，而我辈从而自苦何为也。"[63]

吴樵的死让众人开始担忧梁启超，过度的工作与社交，令他原本不佳的身体更为吃力。谭嗣同觉得他"揽事太多，又兼两馆主笔，内外夹攻，实于身命有碍"。尚未摆脱痛苦的吴德潚反替梁启超打算，想在西湖边找一处房子，置办中西书籍，各请英文、德文教师一位，让梁启超专心读几年书，麦孟华与梁启勋陪读，既可养好身体，也能精研学问。[64]他们不理解梁启超，甚至可能连梁启超自己也不理解——他的才能不是在孤立中孕育的，要在碰撞中展现。

报馆内日益紧张的气氛也令人不适。章炳麟的出走加剧了广东人与浙江人的隔阂，黄遵宪与汪康年的冲突则从春天延续到夏天。郑孝胥在日记中记道："谭复生来，谈《时务报》馆中黄公度欲逐汪穰卿。"[65]当黄遵宪7月经过上海时，冲突已不可化解。黄遵宪再度提出设立董事，以制约汪康年的权力。汪康年在第三十七期《时务报》上刊出了报馆的收支情况，向外人表明经营之善。并非人人都同意黄遵宪的建议，张謇就认定这样不过是徒增烦扰："二十人者居不一地，言不一时，论不一辙，增董理二十人，而事益繁矣。时政之敝也，九柯而十匠，十羊而九牧，责不切而任不专也，报馆何为袭此下策？"让他真正担心的是编务水准的下降，尤其是"议论渐弱，不逮初时之精彩"，期待梁启超能就君权与民权的利弊，做一篇大文章。[66]身列董理名单中的谭嗣同看过收支账目后，连夜写信安慰汪康年："始知穰公之贤劳，独任办理，已到绝顶好处。"[67]

梁启超劝黄遵宪与汪康年和解，却发现自己也陷入了被动。汪氏兄弟都对康学不满，不肯印发梁启超带有公羊学意味的文章。梁抱怨说，"启超之学，实无一字不出于南海"，"若以为见一康字，则随手丢去也，则见一梁字，其恶之亦当如是矣"。[68]

在私下里，梁启超抱怨道，"益困人事，日罕得片刻暇"，期待解脱。[69]黄遵宪发出了新的召唤，邀请他前来长沙。在连续出使失败后，黄遵宪终被委任为湖南长宝盐法道，出任即将创办的时务学堂的总教习。梁启超对湖南深感兴趣，他早已听闻巡抚陈宝箴的锐意改革，"湘省居天下之中，士气最盛"。[70]身在上海的陈三立想必也发出邀请，四十一岁的他是陈宝箴的长子，以诗词与改革意识著称，他也被梁启超的才华吸引。在鸿运楼的一次聚会中，梁启超与文廷式、陈三立、谭嗣同一起大谈创立女学堂事宜。谭嗣同相信，除去方言、算学，医学是与女人最相宜的。梁则确

梁启超：维新 1873—1898

信:"女学一事,实今日中国开民智之根本。"[71] 在一卷纸扇上,梁启超给陈三立题写《扬州慢》《采桑子》,不管是"战鼓摧心,征衫浣泪,乾坤无限秋声",还是"沉沉一枕扶头睡,直到黄昏,犹掩重门。门外梨花有湿痕",这些文人情绪,都给过于强烈的忧患意识带来了必要的平衡。[72]

第十一章　在长沙

一

在前往武汉的客轮上，梁启超被认了出来。一位名叫周善培的乘客在八人一桌的官舱用餐，饭吃到一半，一个人姗姗到来，身穿"紫红缎的皮袍、天青缎的出洋灰鼠风的皮马褂"，颇有纨绔之风，神情中还带着骄傲，不大理会别人。有人问起姓名，周善培得知此人正是梁启超。[1]

二十二岁的周善培原籍浙江，因父亲宦游四川，生于成都。他天资卓越，此次是应湖南新任学政徐仁铸之邀，前往长沙总校试卷。他饱受旧学训练，也对新思想如饥似渴，是再典型不过的《时务报》读者。仅比他年长两岁的梁启超俨然是偶像人物，在表面的时髦、傲慢下，内心单纯、热情，船一过九江，梁启超就主动找他来谈天了。

对于梁启超，这是一次不断推延的行程。湖南的试探性邀请，变成了一封又一封的催促函。1897 年 8 月，黄遵宪抵达长沙，又被加任为署理湖南按察使，成为本省的第三号人物。这是期待已久的认可，这个客家人长年被压抑的改革志向，有望得到释放。在某种意义上，之前的北京之行，也帮他获得了更多的政治智慧。刚入京时，他还带着一贯的骄傲劲头，陈炽发现他"可疑可诧，渠至都即讲民权"。[2]他的老朋友、日本公使矢野文雄规劝他不要如此声张。皇帝的召见也给予他对君权的另一种信心。光绪问他："泰西政治何以胜中国？"黄答："泰西之强，悉由变法。在伦敦闻父老言，百年以前，尚不如中华。"据说，光绪先是感到惊讶，然后点头微笑，似乎看到了希望。[3]

在长沙，黄遵宪惦记着《时务报》，去信修复与汪康年的关系："报馆之开，今一年矣，赖公精心果力，凡百维持，得至今日。"信的主旨却是请求放行梁启超与李维格，让他们出任时务学堂的中文与西文总教习。[4]这个学堂将是湖南维新中的重要一环。

这对报馆的冲击不言而喻。梁启超不仅是主笔，还是它的象征，很难想象"新会梁启超"的消失会给读者带来怎样的失落。李维格则是报馆最倚重的英文翻译。这位四十二岁的江苏人是一名昆曲演员之子，拘谨、未婚、过分勤苦，曾是典型的时代边缘人。他就读于格致书院，对物理、化学尤感兴趣，在英国学习时结识了李经方，并自学法语。他长期出任外交界的低级随员与翻译，驻守过华盛顿与横滨。归国后任汉阳铁厂的总翻译，"专译各种炼钢、炼铁、炼焦等西书"。他深感中国文化训练不足，拜学问博雅的郑孝胥为师。他也是《时务报》的热情读者，称赞其文章"体裁之尊，议论之正，采择之精，撰述之富，断非各处日报之摭拾街谈巷议者所能望其项背"。[5] 加入报馆后，他展现出过人的才能，编译了十九篇文章，还参与统筹、收款等事务。这二人的离去，无疑让报馆瘫痪。为了打消汪康年的顾虑，黄遵宪称梁启超每册不过作文一篇，来湖南后仍可按期交文章；李维格"屈于报馆，乃似乎用违其材"。黄遵宪还说，"学堂人师为天下模楷"，而"学堂之设，学会之开"也是汪康年本人的志向。[6]

黄遵宪的劝说信寄出不久，邹代钧的来函也抵达上海，劝告汪康年放行梁、李："缘湘学堂之设，亦有关大局也。非湘学堂贤于天下各学堂，盖湘人士之气，校（较）各省颇长。"[7] 熊希龄的信也接踵而至："弟等久知延请卓如，将为天下之所侧目，然欲办成此志此局，又非大有气魄之人不足以举重也。"[8] 湖南的聘书早已到来，时务学堂的招生亦已开始，而梁启超仍未动身，这引来谭嗣同不无戏谑的来信，说倘若汪康年再不放人，他将前往上海，"不恤与公忤而豪夺以去"。[9]

汪康年陷入了两难。报馆的蜜月过分短暂，怨恨与猜忌逐渐弥漫。组织的困境不是缘于失败，而是过分的成功。黄遵宪指责他垄断报务，将报馆视作个人事业，但他的确是这个理念最初的塑造者；旁观者也说他过分喜欢社交生活，将太多精力与时间用于吃花酒，他却觉得这是联结网络、获取新闻的重要手段。他愤愤不平的或许是，尽管他出力甚多，外界却习惯将赞誉都给梁启超。在黄遵宪制定的报酬等级中，主笔始终优于总理。众人对于他做出的种种贡献与牺牲都缺乏体谅，平日烦请他在上海帮助完成各项业务，如今转而站到了黄遵宪一边。梁启超也感到失控，汪氏兄弟越来越把报务纳入手中，连聘任人员也很少咨询他，自己这个总主笔不像是创办人，而是沦为一台供稿机器。汪康年还对康有为的学说颇多讥讽，"在上海歌筵舞座中，日日以排挤、侮弄、谣诼、挖酷（苦）南海先生为事"。[10]

梁启超有不同的选择，前往西湖读书是一条路，张之洞的邀请也是一种选择。邀请甚至还来自海外的异端，孙文鼓动横滨的华侨创办了一所中西学校，邀梁启超出任校长。这些都比不上湖南的诱惑。在写了如此之多的教育文章后，时务学堂提供了一个实践机会。更何况，邀请来自黄遵宪，人人皆知二人亦师亦友的亲密，张之洞私下开伍廷芳的玩笑，梁启超就是给黄遵宪做学生，也不会随你出国。专程赶到上海的康有为也确认了这种选择。"以湘人材武尚气，为中国第一，图此机会，若各国割地相迫，湘中可图自主"，"故令卓如入湘"，康日后回忆说。[11]

狄楚青见证了这一切，这位江西人与梁启超同龄，自公车上书以来，就成了梁的追随者。他记得，梁启超与众人商议前往湖南的策略，"一渐进法；二急切法；三以立宪为本位；四以彻底改革，洞开民智，以种族革命为本位"，梁启超力主第二与第四种。康有为"沉吟数日，对于宗旨亦无异词"。[12] 很显然，他们的计划远超一个学堂，他们要以湖南为基础，展开更大的政治行动。一股愈来愈激进的想法正在万木草堂师生间滋生。事实上，他们与孙文一派从未中断联系。1896 年年初，在香港品芳酒楼，康广仁还遇到兴中会创始人之一的谢缵泰，"席间，谢痛言两党联合救国之必要，广仁极首肯"。[13]

为确保计划的实施，梁启超要求分教习必须由总教习聘任，他不想重蹈两湖书院教习间彼此掣肘的覆辙。万木草堂的同门叶觉迈、韩文举将出任中文分教习，这个班底是传播康有为学说的最佳保证，或许还能掀起更大的波澜。

启程的时间定于 10 月 28 日。临行前的梁启超忙碌不堪，《时务报》已出版到第四十三期，他写了一篇《论金银涨落》，不过他的经济思想实在乏善可陈，远比不上政论文章精彩。《论君政民政相嬗之理》是他一年来最重要的文章，康有为与严复的影响同时显现其中，中国的"三世说"被作比为西方的政体演进："多君世之别又有二：一曰酋长之世，二曰封建及世卿之世。一君世之别又有二：一曰君主之世，二曰君民共主之世。民政世之别亦有二：一曰有总统之世，二曰无总统之世。"[14] 梁本人倾向于君民共主政体。

他理应对自己的成就感到释然，报馆外，他倡导的女学堂、大同译书局相继创办，康广仁被邀请来上海执掌译书局，准备大量翻译日文书籍。这时候，家庭出现了风波，李蕙仙再次怀孕，秋初产下一子，不幸的是一个月后就夭折了。像那个时代的很多男人一样，梁启超很少流露对家事的感受，这次变故或许也令他想暂离上海。

汪康年的不满再难掩饰，他声称患有足疾，有意回避梁启超。梁只能留便条跟汪商量事项，许诺一定会兼顾报馆文字，一旦抵达湖南，"即有文来，必不如前此之寡信也"。他建议先刊登徐勤文章，又叮嘱《时务报》务必要刊登大同译书局的告白，"外间书犹且报，况在同舟共济者"，此外还提及不缠足会的捐款名录事宜。[15]

汪康年又极力挽留李维格，启程时间又推迟到11月1日。梁启超日渐急迫，在给陈三立与熊希龄的信中，他许诺11月9日抵湘，还计划让时务学堂兼具学堂与书院的长处，"兼学西文者为内课，用学堂之法教之；专学中学不学西文者为外课，用书院之法行之"。学生方面"教四五十人与教一二百人，其所用日力心力相去不甚相远，故欲以多为贵也"。他还认为，贯通湖南与广东的铁路是救中国的关键，"欲通湘粤为一气，在以湘之才，用粤之财，铁路为其第一义也"。[16]

11月6日，梁启超抵达武昌。李维格提前一天到达，前往长沙的客轮要11日才开，这给了张之洞挽留他们的机会。

汉阳铁厂，1900 年代

张之洞仍希望梁启超出任两湖书院的时务总教习，尽管梁启超的言论常让他陷入不安。梁在《知耻学会叙》一文中，毫不掩饰自己对清人权贵的厌恶，甚至用"放巢流桀"暗示清朝也会面临亡国。文章激怒了张之洞，他下令两湖境内禁发当期杂志，还对幕僚嘀咕，要创办新报专门驳斥《时务报》。他仍想把梁启超收于麾下，也希望李维格留在武昌专事译书。张之洞建议他们在湖南象征性地住上一个月，就返回武昌。张已成为众望所归的头号洋务大员，他也乐于将自己塑造为维新领袖，号召四方之才。他并不善于使用人才，却控制不了自己的收集欲。

长沙则心急难耐，熊希龄特意发电报给张之洞，强调时务学堂开学在即，恳请张之洞专门派小轮船送他们入湘。

二

11 月 14 日，梁启超、李维格一行终于抵达长沙。在小东门外的码头上，陈三立、江标、黄遵宪、邹代钧、熊希龄、唐才常等都前来迎接。有些人是梁启超的老朋友，另一些人则素未谋面，他们都是富有改革意识的官员与绅商，也是《时务报》的读者。

梁启超一行被簇拥到时务学堂。学堂设立在小东街与三贵街的交接处，这个宅子由连接的三座四合院构成，中间还有一个天井花园，因其昔日主人刘权之曾出任协办大学士，被称为国相府。刘权之的两个弟弟也都仕途风光，因此门前又得名三贵街。学生们在堂前放鞭炮迎接到的教习，在未来的岁月里，他们将同在一院，教习们在院里住，学生宿舍在最后一进。

陈宝箴正忙于主持武考，开学日期推迟到了下个月。梁启超随即卷入了当地的社交生活，成为官员、士绅、学子谈论的中心和各种邀约的对象，"宾客盈门，款待优渥"。[17] 黄遵宪、陈三立、江标自不必说，本地士绅也表现出强烈的诚意。王先谦和张雨珊觉得需要"特加热闹"，便在曾忠襄祠设宴，请来戏班，欢迎这位二十四岁的总教习。[18] 祠堂是为曾国藩所建，是湖南崛起的象征，本城社交生活的中心。

五十七岁的王先谦是公认的湖南文坛领袖，二十三岁就高中进士，还曾出任国子监祭酒。1889 年，他辞官回到长沙，出任岳麓书院的山长。这座书院以其伟大传统著称，朱熹曾在这里讲学，魏源、曾国藩、左宗棠也曾就读于此，学习经世之学。王先谦如今决定把一些新精神引入其中，修改了书院课程，"不用时文，课经史兼算学"。他不仅自己阅读《时务报》，还让诸生一起阅读。[19]

这股热情也表现在四十八岁的皮锡瑞身上。他因在湖南龙潭书院与江西经训书院的教学与著述获得广泛的声誉，是今文学派的拥护者，相信古文《尚书》是伪作。"倦时阅《时务报》数本，每日皆然"，"阅所携《时务报》《知新报》……梁卓如痛言中国变法，止知讲求船只枪炮，徒为西人利；不知讲求学校、科举、官制，西人无所利于此，故不以此劝变法，其实此乃根本所在。可谓探源之论"。他对康有为颇为感佩，"统筹全局，权其先后缓急之序，一一如指诸掌，终以南海之四上书为最"。[20]

梁启超本人却与众人想象的不同。在黄遵宪召集的一次聚会中，皮锡瑞发现梁启超"貌不甚扬，亦不善谈"。[21] 比起纸面上那个雄辩滔滔的主笔，他本人更像个谦逊的青年。或许，梁启超浓重的广东口音也是一层阻碍。

除却饮宴，郊游也是欢迎仪式的一部分。湖南名士易鼐邀请梁启超、李维格同游岳麓山，同行者还有江标、陈三立、熊希龄、蒋德钧、陈荇唐，后两者是湖南督销局总办与会办。黄遵宪因事未到。游山之后，他们再"同登舟饮至二鼓"，边饮酒边大谈时事。熊希龄说《湘学报》将改用铅字印刷，印刷机已从上海运来；蒋德钧提到"制造局止作电灯，锅炉小，尚不能多出"，陈宝箴"欲制枪炮，恐不能办，计此厂非二百万金不可"。他们还说起岳麓书院要"仿西学式教算学、方言"，但"现在算学止二人，方言止一人"，书院还要"别造房屋二间"。皮锡瑞则问梁启超，张之洞为何不信素王改制论，梁猜测是由于"学派不合"，也"似恐犯时忌"。[22]

游湘江、登岳麓山、拜屈原祠堂是不可少的游览，长沙城内则乏善可陈。作为一个从上海到来的年轻人，坡子街与四马路不可同日而语，不但没有西餐厅与橱窗、跑马场这些新事物，就连一个洋人也见不到。一个德国人年初曾试图进入长沙，就有官员唆使百姓不让其进城。[23]城里唯有富文、新学两家书店出售一些洋书，还有一家豆豉店代售《时务报》。

喧闹非凡的火宫殿是湖南人元气充沛生活的象征，但梁启超会喜欢那股辛辣味道吗？时务学堂的招生考试是在贾谊的祠堂进行，这里倒是值得一逛。贾谊这个汉代天才以雄辩文采与政治洞察著称，此前谭嗣同正以他来作比梁启超。不过梁不是君主专制的拥趸，断然不会同意贾谊那套政治哲学的。贾谊被贬长沙，写下著名的《吊屈原赋》，他与屈原一样，被当作湖南文化的象征。他们皆才华闪耀，纠缠于文学与政治间。

长久以来，被崇山峻岭包围的湖南，一直处在中国政治与文化的边缘，直到 1724 年才确立为行省。湖南人也自认边缘者，并因此有了"悍""劲""直""刚"的性格。[24] "他们像欧洲的比利牛斯山和美国的阿勒格尼山上的居民那样，非常特别，既不欢迎陌生人，又缺乏有教养的礼貌，但却能独立自强。"一位美国旅行家写道。他发现"长沙街道上的行人语音混杂，仿佛这儿是中国的巴别塔"。[25]

湖南命运因广东人的叛乱而改变。曾国藩创建的湘军击败太平天国，重塑清王朝，湖南人随之跃至舞台中央。整整三十年，湖南人主宰了国家的政治与军事世界，在最高潮的一刻，天下督抚的一半人都来自湖南。以新宁县为例，在 1850 年前的两百多年时间，该县产生的最高官员不过是县令，之后却出现了三名总督、一名巡抚、七十三名司道府县官员，还有五十三名提督、五十八名总兵、五十六名副将和参将。[26]

一个吊诡的现象随之出现。空前的权力、荣耀、财富涌向湖南，带给这个省份强烈的自我意识，加剧了它的封闭。写作《海国图志》的魏源、开启洋务运动的曾国藩、首任驻外公使郭嵩焘、创建马尾船厂的左宗棠，国家的诸多变革因湖南人而起，他们却未能把变革带入自己家乡，甚至因新尝试惨遭唾弃。曾纪泽以汽船将曾国藩灵柩送回湖南时，全省为之哗然。郭嵩焘前往伦敦，他的朋友王闿运读了他的海外日记，说他"殆已中洋毒"，还称湖南人耻于与其为伍。或许因为太平天国以上帝为名义，湖南人尤其与"洋"为敌，他们认定自己不但重塑了政治秩序，更是文化秩序的捍卫者。对于传教士，湖南更是一座"铁门"，长沙与拉萨、紫禁城并列，是"现今世上少数让外国人不敢进入的地方"。当西方影响在广州、上海、天津、福州已成为日常生活的一部分，长沙什么也没发生。这里不仅抵制洋人，有时还会主动出击，一位叫周汉的湖南士人撰写了大量反洋教的小册子，成为席卷长江流域的反教骚乱的主要催化剂。[27]

这座城市也在孕育新精神，梁启超正是为此而来。在北门外，和丰火柴厂生产的红头、黑头火柴颇受欢迎，它雇用了几百名女工，或许是梁启超提倡的女性解放的最佳例证；从长沙至湘潭、常德、岳阳的火轮刚刚试航成功，从汉口到长沙的电报线也架设完成；《湘学报》创办不久，公开承认自己是《时务报》与《万国公报》的仿效者；宝善成机器制造公司也已经成立，有小马力锅炉一具，刨床、车床各一台，还计划制造电气灯、东洋车等；这家公司还设立了发电厂，为学堂、报馆及沿街商店架设电线，试行电灯照明，一位本地居民就看到"水风井电气灯，烂烂然"。[28]

这新精神缘于一场失败与一位新巡抚的到来。甲午之战中，湖南人的自我中心感被摧毁殆尽。巡抚吴大澂招募湘勇，亲赴前线，想重温湘军辉煌，却在牛庄、营口、田庄台接连败退。仅存的湖南中兴将领刘坤一出任前线总指挥后，也毫无作为。持续了三十年的湘军神话终于破灭了。失败带来反省，陈宝箴使反省转化成行动。1895年秋天，这位六十四岁的江西人被授予湖南巡抚一职，这是恭亲王主持中枢后人事调整的一部分。陈宝箴历经国家半个世纪的变化。他在1860年前往北京会试时，恰遇英法联军火烧圆明园，给他带来了深刻的刺激。陈宝箴回乡探望母亲时，见到驻扎在安庆的曾国藩，后者叹他为"海内奇士"，期望他能"转移风气"，陈也随即加入湘军作战。在浙江、广东、直隶出任按察使、布政使等职时，陈宝箴整治河道、查肃官吏，但从未有机会真正施展才能。甲午战争爆发后，他被任命为东征湘军的粮台，驻扎天津，被刘坤一称为"军兴粮台所仅见"。[29] 他也曾严厉批评李鸿章，但他的批评与众不同，不在于北洋作战不利、马关和谈受辱，而是因为李鸿章屈从于主战派压力，明知没有把握，还仓促应战。

战败没有终止陈宝箴的政治生命，反让他获得了实现抱负的机会。他的长子陈三立听闻任命时"独窃喜自慰"。在中国陷入整体危机之时，他们认定"湖南据东南上游，号天下胜兵处，其士人率果敢负气可用，又土地奥衍，煤铁五金之产毕具"，可在此"营一隅为天下倡，立富强根基，足备非常之变"。[30] 这也是清王朝晚期政治的另一个重要特征，地方权力迅速兴起，变革力量来自地方而非中央。

他们的理念即刻得到呼应。湖南学政江标深具改革意识，这位翰林学士皮肤白皙、样貌俊俏，曾就读于同文馆，是薛福成的追随者。1894年履任湖南后，他将数学、科学引入书院课程，并支持谭嗣同、唐才常在浏阳创办算学馆。一个具有变革意识的士绅群体慢慢浮现出来，既有王先谦、朱昌琳式的人物，他们已六七十岁高龄，目睹湖南兴起，与名臣们颇有交往；也有中生代的张祖同、蒋德钧、邹代钧，他们生于中兴气氛中，却在成年时遭遇国难；还有年轻一代的唐才常、熊希龄，正血气方刚，具有强烈的行动欲。这三代人都因甲午之败而重新思考湖南的命运，构成了一个改革同盟。邹代钧管理矿务局，朱昌琳负责官钱局、铸钱局，张祖同筹办电线、电灯，王先谦推动制造公司的建立，熊希龄、蒋德钧则办理轮船、铁路。所有的行动中，他们常集体出现。这是湖南一个独特现象，地方士绅的权力尤其显著，陈宝箴也了解如何与他们共舞。陈三立是他最杰出的助手，富有政治策略与人际网络。

三

时务学堂的创办是这一系列革新中的高潮。与报纸、学会一样，学堂也因战败勃兴。头脑开放的士人终于承认，唯有开办新式教育才可能给中国带来富强。中国的近代学堂始于京师同文馆（1862），它仅以培养翻译人才为目的。接下来的三十年中，一些新式学堂陆续出现，福州电报学堂

（1876）、天津医学堂（1881）、金陵同文电学馆（1883）、湖北矿务局学堂（1892），都像这个广阔版图中的零散点缀，是勉强的产物。学生们自视为社会的边缘人，因为无力跻身科举正途，才不得不来学习这些陌生的知识。即使在新学堂中，他们也还带有强烈的旧习气，福州船政学堂的欧洲教习就不无轻蔑说，这些学生"是虚弱孱小的角色，一点精神或雄心也没有"，"下完课，他们只是各处走走发呆，或是做他们的功课，从来不运动，而且不懂得娱乐"。[31]同文馆则始终保持官气，学生们都戴着显示等级的官帽，有人就读时身边甚至跟着仆人。

1895 年年末，天津中西学堂创办，分头等、二等，再各分头、二、三、四班，按年递增。上海南洋公学 1896 年设立，分为师范院、外院、中院等分部，这种分级方式在书院中从未出现。在武昌，张之洞筹建了武备学堂，废除自强学堂的膏火制度，以吸引真正"有志求益之士"。这股浪潮自 1895 年开始，到 1898 年达至高潮，当年夏天，全国兴建了 106 所新建学堂。[32]

作为长沙第一座新式学堂，时务学堂本没有太大的雄心。倡议者蒋德钧只希望它是附属于宝善成公司的技术学堂，聘请一位懂汽机原理的老师，每次招收二三十名学生，一边学习制造原理，一边下厂实践。这个想法得到了王先谦、熊希龄、张祖同、汤聘珍等人的赞同。这些士绅都有强烈的道德意识，很怕创建的公司只以谋利为目的，而开设学堂无疑意味着是在推广某种正确的社会价值。随着创办者奔赴南京、上海与天津筹款，购买图书仪器，寻找教习，学堂的性质也悄然发生了变化，一所纯粹的工业学堂已经无法满足被激起的雄心。当黄遵宪建议梁启超与李维格出任中西文总教习时，时务学堂已经不再是一所技术学堂，它将成为一个思想中心，在士林中引发回响。

二十七岁的熊希龄被任命为学堂总理，负责各项事务。这个湘西凤凰人是甲午年进士，但他没兴趣享受翰林院庶吉士的名望与清闲，而是请求随湘军出关作战，沉浸于"东克金陵，北平回疆，南清闽越，西讨黔蜀，萃一隅之地，庶应四方之征调"的湘军神话中。他的思想因战败而变，从前每读邸报，见有人议论西法，"颇深以为不然。及前年甲午之战，创深痛巨，示轻各国，始恍然大悟……于是趋步之心，久而益切"。[33] 张之洞赏识他，邀他出任武昌两湖营务处总办，但他更被陈宝箴的维新举措吸引，期望能在长沙创立枪炮厂。此刻，时务学堂更需要他。

梁启超尚在上海时，新生招募就已开始。陈宝箴亲自撰写《时务学堂招考示》，向入学者描绘可能的美妙前途：他们会被送到北京的京师大学堂就读，甚至有机会到外国留学；若你只想追求科举的正途，学堂还可以帮你获得监生的资格，直接参加乡试。总之，新学堂既追求国家自强，也满足个人前途的雄心。招考章程除了刊登在《湘学报》上，还张贴于长沙的大街小巷。当时恰逢三年一次的秋闱，湖南全省的秀才都聚集在长沙城，不仅看到了招生的通知，还带回各自的县城、乡村。四千多名报考者中最终有四十人被录取。慈利人李炳寰考取第一名，第三名考生蔡艮寅还不满十五岁，据说是从邵阳徒步走到长沙赴考的，他日后将以蔡锷之名著称，刚毅性格小时候已经有所显露。唐才常的弟弟唐才质也在名单之中。另一位考生章士钊则落榜了，他日后回忆起来依旧颇为伤心。[34]

11 月 29 日，时务学堂正式开课。三贵街热闹非常，长沙城主要官绅悉数到场。熊希龄撰写了"三代遗规重庠序，九州奇变说山河"的祝贺对联。尚未归来的谭嗣同也以董事身份撰联："揽湖海英雄，力维时局；勖沅湘子弟，共赞中兴。"梁启超是当日的中心人物，是学堂的灵魂以及声望来源。"吾湘变，则吾中国变；吾湘立，则中国存。"在专门撰写的《湖南时务学堂公启》中，梁启超将这所学堂的命运与湖南和中国联系到一起，在他心目中，学校是开民智的根本，民智又是现代世界竞争的关键。他追溯了魏源、郭嵩焘与曾纪泽的传统，期待学堂"用可用之士气，开未开之民智"，为"强国保种之谋"。[35]

梁启超终于有了一个实现教育主张的机会。在《湖南时务学堂学约》中，他将教学目的分为立志、养心、治身、读书、穷理、学文、乐群、摄生、经世、传教。在读书与穷理两项中，他将中国的经史、先秦诸子学与西方群学并在一起，相信这些知识中存在某种公理。在经世中，他将治理国

梁启超：维新 1873—1898

家视作专门的学问，要"深通六经制作之精意，博观历朝掌故沿革得失，细察今日天下郡国利病"，游历和讲论尤为重要。他也重申孔子作为儒家教主的身份，认为只有树立这样的教主，才可能对抗西方之入侵。治身讲究对行为的控制，学生不应有"名士狂态"，也不要染上"洋务膻习"。学文是修辞学，摄生是体育锻炼，乐群则是结社、合作的训练，是"群学"的一部分。[36]

为实现这些目标，他设置了详细的课程，每个学生在前六个月都学习溥通学，之后才选择自己的专门学。溥通学又分经学、诸子学、公理学与中外史志及格算诸学。专门之学则分三类：公法学，包括宪法、刑律等内公法与交涉、约章等外公法；以及掌故学和格算学。他列出了一个详尽的阅读书目。在溥通学的第一个月，学生要读《礼记》与《孟子》，到了第四个月，就要读《春秋公羊传》《春秋繁露》《春秋穀梁传》《白虎通》等。他计划在第七个月专门学开始时，专攻公法门的学生就要读《公法总论》《万国公法》；掌故门的学生则要开始读《周礼》与《秦会要》——"两千年制度多本于秦，故必以此书为掌故学根原"；格算门则要读《学算笔谈》与《格物质学》。[37] 这份计划是万木草堂与他的阅读经验的混合，梁启超想把时务学堂建成他心目中的政治学院，他相信，如今的学问，以政学为主业，以艺学为附庸。

学生们很快发现，年轻总教习强烈的个人风格更吸引人，他的情绪相当振奋，每日要讲上四个小时。讲学课题张贴在课堂上，两位高才生坐在讲席旁，记下所讲内容，再互相参照笔记，留下存底。"梁先生讲学时，自言吾辈教学法有两面旗帜，一是陆王派之修养论，一是借公羊、孟子发挥民权之政治论。"一位学生说。[38] 陆九渊与王阳明代表的道德冲动、行动精神，正是梁启超所追求的，对于一个普遍冷漠、涣散的中国社会，尤显重要。孟子则是他在过去几年里日益浓厚的兴趣所在。他从孟子倡导的仁政中看到现代的西方民主，从孟子对民众的推崇中引申出民权理论。他努力使学生相信，孔子传下了两种思想传统，荀子主张传经，孟子则继承经世精神。荀子长久以来占了上风，导致士风不振，而孟子的入世精神、行动力量、对仁政之追求，才代表孔子的精神。

比起康有为的"海潮音"与"狮子吼"，梁启超的演讲魅力要逊色得多。台下弟子口音各异，彼此的交流都不太通畅，更何况他的广东官话。好在他有一支健笔。时务学堂沿袭了万木草堂的札记传统，每个学生有一册札记，分专精、涉猎两门，每天要将读书的心得记在上面。心得又分两种，一种是从书中引申出的意思，另一种则是对书的反驳。札记每五天一交，院长与分教习批答之后发还。课堂上还有问答箱，学生若对读书有疑问，可以写在专门的格纸上放入箱中。

批改札记激起了梁启超的热情，"每条或至千言，往往彻夜不寐"。[39] 这是强烈书写欲的释放，仿佛学生札记本取代了《时务报》的版面。离开了时务报馆的梁启超，终于可以公开谈论公羊学、孔子改制等理念，更可畅言民权说了。学生们的问题五花八门。孟子之利与天下公法的关系，明治维新的启示，孔子大一统与督抚自治的矛盾，日食到底是否意味着灾祸……中国一整套宇宙、政治与伦理的价值观正迅速瓦解，昔日训练在现实面前陡然失效，人人感到茫然。

教习们不吝表达政治主张，说《春秋》无不言民权。古已有之的论调早被严复批评过，梁启超仍坚持认为经书中已蕴含议院设想，只是没人敢说出来。他也不遗余力地推广康有为的大同学说，相信它为历史发展给出了明确方向。梁还把国家比作杂货铺，主权属于民众，皇帝不过是杂货铺主管。韩文举赞扬美国的民主比欧洲君主制更好，很多人愿意移民到这个国家。它甚至比三代之治更理想，因为其领导人是选举出来的，而不是像中国那样由尧私下授予舜。美国总统甚至可以被弹劾，就连英国君主也曾被废黜。台下少年不仅能听到春秋大义，也能听到李维格讲述西方政治、历史、格致之学。这位西文总教习对民主不那么感兴趣，说"美国立总统，多用银买，法不善，不能持久，其风俗尚不如英。外国过奢华，亦非持久之道"。学生的好奇心与使命感被激发出来了。在札记中，张伯良开始讨论古巴独立是否合乎公法，杨树达相信振兴工业为第一，蔡艮寅则关注天文学。另一个学生李渭贤注意到了天文和政治之间的关系："彗星或五年一见，或七年三年一见……于国家妖祥，似有关系，其理究竟如何？"[40]

最令人兴奋的仍是对现实之批判。也许你能感到严峻的现实危机，也感到日常生活中无处不在的禁忌，在时务学堂，你可以直指这些禁忌。梁启超在课堂上宣讲《明夷待访录》，黄宗羲描述的学生参政传统令他神往不已："东汉太学三万人，危言深论，不隐豪强，公卿避其贬议。宋诸生伏阙捶鼓，请起李纲。"[41] 黄宗羲认为学校是天下的中心，唯有进行教育改革，才能进行政治改革，他严厉批评君主专制，倡导独立教育系统，学校可以干预政治，却不受政治权力的干预。除去黄宗羲，顾炎武、王夫之也被搬了出来。这是晚清知识界另一股暗流，在沉睡了两百年后，这三个并不相干的人物被集体唤醒。他们都经历了明清嬗代，对新王朝保持抵抗态度，并在动荡之中创造了独特的知识体系与个人哲学。尤其是王夫之，他身为湖南人，在本省有着更恢宏的影响力。

教习们还私自印刷了更大胆的禁书。王楚秀的《扬州十日记》写于 1645 年，那年初夏，清兵报复性地屠戮了扬州城。"城中四边火起，近者十余处，远者不计其数"，"所掳一少妇一幼女一小儿，小儿呼母索食，卒怒一击……复挟妇与女去"……这个幸存的扬州秀才的书中充满类似的惨况描述，他估计有八十余万人罹难，尚不包括因惧怕清兵而无奈自戕者。[42] 这本小册子不无夸张，当时的扬州人口不过四十万，屠城也并未持续十天，其栩栩如生的细节很容易激起汉人读者的屈辱与仇恨。它的流传是越来越强烈的反满情绪的流露。

梁启超也笃信，意志塑造比知识训练更重要。他喜欢讲述日本志士的事迹："日本所以能自强者，其始皆由一二藩士，慷慨激昂，以义愤号召于天下，天下应之，皆侠者之力也。中国无此等人，奈何奈何。"[43] 他期望学生们能有这慷慨激昂之气。他也将万木草堂的共同体精神搬到了长沙。不过二十四岁的他，几与学生同龄。在学堂内，他们同吃同住，日夜交流，学生们也展露出与众不同的一面。唐才质对李炳寰与蔡艮寅印象最深，他与李同住一个宿舍，因为意气相投，干脆换帖为兄弟。[44] 蔡艮寅年纪最小，体质文弱，谁也不会料到他会以军功载入历史，他见解独到，每每在月度考试名列前茅。他们"谈到当前政治败坏，声情激越，决心贡献自己一切力量，以挽救国难"。[45]

四

"入湘大佳，食用等可无须另筹，兄处有数人同居，饮食居处悉方便，不必客气也。"在致何擎一的信中，梁启超盛赞长沙新环境，并邀这位同学前来。[46]

在给汪康年的信里，他则抱怨说比在上海时还要忙："此间欲办之事颇多，将以全力鼓铸。"他未能遵守诺言按时寄去稿件。事实上，自第四十四期起，他就再没为《时务报》撰写任何重要的稿件。第四十五期的《日本书目志》序言、为倡设女学堂所写的公启，第四十七期上为日本横滨中国大同学校写的缘起，都是他离开上海前完成的。这或许也是缘于个人怨气，距离并未消解他对汪康年的不满，他私下对黄遵宪、陈三立、熊希龄、谭嗣同都抱怨过，时务报馆已变成"汪氏一人一家所开之生意"，他们"每月以百数十元雇我作若干文字"。他想辞去总主笔的职务，众人劝他报馆"究是大局之事，非一人一家之事，宁少安毋躁"。梁启超压抑住了不满，在信中还讨论了湘粤铁路的计划，它使东南中国尚有一线生气。[47]

国家的危机感伴着他的长沙生活。就在他抵达小东门码头那天，一群德国士兵登陆胶州湾，占领了青岛。这次行动蓄意已久，年轻、狂躁的德皇威廉二世一直想在中国获得一个立足点，认为既然德国帮助中国讨回了辽东半岛，理应有此回报。两位德国传教士在山东巨野县被杀，给了他自认为再充分不过的借口。湖南官绅普遍陷入焦虑，"德人甚猖獗……报中屡言德人挑衅，以为各国于中国皆有驻足之地，彼独无有，一旦瓜分，不能染指，是耽耽已久"。[48]盛宣怀则从武汉写信给陈三立，哀叹"中国之大，无兵无饷，让一步进一步，若不亟图自强，何以为国？"[49]

11月30日，谭嗣同回到长沙。一年来诸事不顺，《民听报》与《矿学报》的设想均告破灭。在武昌短暂停留时，盛宣怀期待他前往小花石煤矿，勘查能否出产汉冶萍公司所需的燃煤。张之洞也希望这位湖北巡抚的公子能团结湖南的官绅，加速湘粤铁路与湘江轮船筹办。谭嗣同一下船就前往巡抚衙门，恰好陈宝箴与一众官绅都在。他说，德国人与法国人都已向张之洞提出建铁路的要求，日本人的内河航运计划也马上开始，湖南必须抓紧铁路与轮船计划。陈宝箴出示北京电报，德国人已经占领青岛，并提出六项要求，包括山东巡抚李秉衡永不叙用等。席间，他们又谈到宫中传闻，慈禧太后的寿诞又近，据传要耗银二百万重修圆明园。"宜为外人玩视，并非洲黑人不如也！"皮锡瑞在日记里气愤地写道。[50]

翌日，谭嗣同又联合汤聘珍、熊希龄、蒋德钧等人请求设立湘粤铁路公司，集股开办，公举黄遵宪为总办。陈宝箴赞同这项建议，呈给张之洞上奏。比起一年前浏阳算学馆的艰苦尝试，谭嗣同感慨这里焕然一新："两年间所兴创，若电线，若轮船，若矿务，若银元，若铸钱，若银行，若官钱局，若旬报馆，若日报馆，若校经堂学会，若舆地学会，若方言学会，若时务学堂，若武备学堂，若化学堂，若藏书楼，若刊行西书，若机器制造公司，若电灯公司，若火柴公司，若煤油公司，若种桑公社、农矿工商之业，不一而足。"[51]

这位谭公子容易热情高涨，也容易气馁，几天后，他就发现促办铁路、轮船之事都进展不顺——张之洞感到迟疑，让熊希龄与蒋德钧前往武昌面议。皮锡瑞向谭嗣同表达忧虑，铁路计划若早不实行，"恐情见势绌，外夷又将生心"。谭说"中国事非一时能办"，湖南人可能筹不到款，只能指望广东人了。[52] 这也是湖南维新者们的普遍感受，他们开始担心中国革新的速度赶不上被瓜分的速度。

时务学堂是维新者们钟爱的聚会之所。12 月 8 日，逢学堂假期，陈三立召集众人，转述陈宝箴对时局的忧虑，务必要寻找一个"破釜沉舟、万死一生"之策。学堂中的气氛悲愤异常，梁启超也感到"心突突不自制，热血腾腾焉，将焰出于腔，盖振荡迅激，欲哭不得泪，欲卧不得瞑"。六天后，梁启超修书给陈宝箴。此日，正是他到长沙整一个月。他分析了中国面临的瓜分困境，十八行省不几年就将沦为"俎上肉"，要么像台湾那样被割让，要么像胶州那样被强占。而今日的督抚，如果不存自立之心，虽有雄才大略、忠肝义胆，其结局不出唐景崧、叶名琛之命运。这是过分大胆的警告，前者是被割让的台湾的巡抚，后者则是被掳到印度的两广总督。在如此悲观的预言后，他提出了一个令人瞠目的建议，劝陈宝箴效仿西汉末年的窦融、明末的郑成功，"以一省荷天下之重，以一省当万国之冲"，并以萨摩、九州两藩拯救日本作例。他相信，湖南正占据了这样的优势，陈不仅受到太后与皇帝的倚重，更有黄遵宪、徐仁铸等人的支持。若胡林翼生在此时，有可能也会做出相似的决定。他强调这不是传统意义上的地方割据，而是"大统沦陷，而种类有依恃之所"。[53]

无论以何种标准，这封信都显得大逆不道，宣扬湖南自立，无异谋反。陈宝箴没做出任何回应，也没表现出特别的震惊与愤怒。这位巡抚大人温和，"气象庄严而不顽固"。[54]此刻，他正承受着高度的压力，除却纷繁事务，他自己也身体不佳，妻子则卧病在床。或许，他被这群青年的救国热忱感动，默许了他们的放肆。在被瓜分的恐惧面前，一切言行似乎都可以被谅解。

对于大胆的维新者来说，通往湖南独立的路径是清晰的。梁启超写信当日，南学会的开办请求获得批准，陈宝箴将孝廉堂划为公所。南学会的筹划早已开始，黄遵宪是最初的倡导者，梁启超与谭嗣同加速了它的进程。《湘学报》当日刊登了梁启超撰写的《南学会叙》，他比任何人都能意识它的重要程度。"君与官不相接，官与官不相接……农与农、工与工、商与商、兵与兵不相接，如是乃至士与君不相接，农、工、商、兵与官不相接"，梁启超相信，这隔阂感导致国家衰弱。学会则是弥合这种分裂的最佳手段，君主、官员、士人、民众都应该有自己的会——"旦旦而讲之，昔昔而摩厉之……夫能齐万而为一者"。因有了良民会，普鲁士才击败法国；因有记念会，被击败的法国也才有反弹的一刻；意大利、希腊面临亡国，仍有保国会、保种会；明治维新的成功也是缘于诸会党。[55]

讲完这段并不准确的世界历史，他笔锋一转，回到了此刻的中国。正因缺乏各种学会，中日战后的群情愤慨才没能转化成行动。除非中国人能"齐万而为一，而心相构，而力相摩，而点相切，而线相交"，否则"一利不能兴，一弊不能革，一事不能办"。他对南学会充满厚望，湖南不仅有魏源以来的变革传统，过去两年更是"官与绅一气，士与民一心……其可以强天下而保中国者，莫湘人若也"。他期待南学会能引发新风潮，令"官与官接，官与士接，士与士接，士与民接，省与省接"。[56]

梁启超刻意隐藏了更激进的理念。黄遵宪私下把学会视作议会，梁自己也认为它是湖南独立的前奏，"南学会"正指倘若中国遭遇瓜分，南中国独可以不亡，因为"独立之举，非可空言，必其人民习于政术，能有自治之实际然后可，故先为此会以讲习之，以为他日之基。且将因此而推诸于南部各省"。[57]"开化可谓勇矣。"皮锡瑞赞叹道。[58]

在不久后的《论湖南应办之事》一文中，梁启超更大胆地写道："今之策中国者，必曰兴民权。兴民权，斯固然矣。"他将智识程度视作国家强弱的关键，"然民权非可以旦夕而成也。权者，生于智者也，有一分之智，即有一分之权"。此刻印度人和非洲的黑人、美洲的印第安人、南洋的棕色人种，他们之所以灭亡，就是因为"其智全塞"。在这种新形势下，中国应该抛弃掉过去"抑民权、塞民智"的做法，拥抱"伸民权、广民智"。不仅民智要开，绅智与官智也要开，而湖南就应该是开智的试验地。时务学堂是开民智，南学会则是为开绅智所设。他建议设立课吏堂开官智，在堂中张挂地图，陈列各国条约，以及历史掌故、公法、矿政等书籍，巡抚兼任校长，司道为副校长，要求官员写札记，把官僚系统也变成一所学校。他还建议设置新政局，从矿物、练兵到修铁路、设立劝工博览场，都归它筹划管理。在梁启超心中，湖南已经可以建立起一个政治改革的雏形——南学会是众议院，课吏堂是贵族议院，新政局则是缩微版的中央政府。[59] 梁启超的看法也得到了谭嗣同的呼应，他上书陈宝箴，提出"善亡之策"：一为开国会，"群其才力，以抗压制"，二是开公司，"群其资产，以防吞夺"。谭嗣同再提兴民权之说，其重心不是百姓如何活下去，而要考虑他们死后何以安身。[60]

"此间各事大有眉目，同心协力以鼓铸之，三年后当可有成就。"梁启超向汪康年描述这里的新气象，说南学会"诚盛典也"。他对南学会赋予了特别意义，认为是"东南半壁自立之起点"。他盼汪康年能在明年初来长沙，暂时主持南学会——这也是陈三立与熊希龄的意见。届时，梁启超将赴北京参加会试，谭嗣同则前往广东。他期待汪康年来湘协助熊希龄和邹代钧，而欧阳节吾和汪颂年或许可以帮上忙，若能得此两人办南学会，"则大佳"。[61]

五

在悲愤、激越中，离别的苦涩也渗透进来。江标结束了三年的学政生涯，即将离开长沙。各种欢送会接踵而至，梁启超照例出现在名单中。

12月19日，江标与继任者徐仁铸来到时务学堂。梁启超、李维格与新旧两位学政同坐，王先谦、邹代钧、谭嗣同、熊希龄也都在座，与诸生一起听江标的离别赠言。在场的皮锡瑞记得，江标"所讲亦是寻常发落语"。席间众人很快议论起胶州湾危机，有人还期待德国人也读孔子书，或不敢惊扰孔林。[62]

临行前，江标看到唐才常赠予梁启超的一方菊花砚台，还有谭嗣同撰写的铭文："空华了无真实相，用造蒯偈起众信，任公之研佛尘赠，两公石交我作证。"本已决定登船离去的江标旋即说，这样的砚台铭刻，岂可交给石工，只有他自己方能完成。他回船卸下冠服，傍晚时，抱着猫与刻刀回到学堂，一边与众人谈论时事、戏谑玩笑，一边镌刻砚台。夜深之时，他完成镌刻，众人又再次送他回到船上，点上蜡烛欣赏他的刻功。不知不觉天已大亮，"濛濛黄月，与太白残焰相偎煦"，江标起身送众人上岸。[63] 这枚菊花砚代表着维新者之间的情谊，两年后则成了悲剧的象征。

江标的离去并未减弱湖南的变革热情，在某种程度上，三十四岁的徐仁铸是更激进的一位，他不仅支持新学，还是公羊学说的拥趸，在中日战争后开始对康有为学说发生兴趣。这位学政是官宦之后，他的父亲徐致靖是御史之一。谭嗣同听说他将出任湖南学政时，"笑乐不能自禁"。[64] 但徐从不喜欢别人把自己与江标混为一谈，认为后者的趋新不无浅薄，只是在滥用声光电这些新词而已。

在课堂上，梁启超与同人们的言论日益激烈。"今日欲求变化必自天子降尊始，不先变去拜跪之礼，上下仍习虚文，所以动为外国讪笑也，"他写道，"二十四朝，其足当孔子王号者无人焉，间有数霸者生于其间，其余皆民贼也。"甚至认为"变法未有不先变衣服者，此能变，无不可变矣"。[65]这简直是对君权、礼仪的彻底否定。

很少外人知悉，时务学堂是怎样一个炽热的空间。一些当地著名人物都愿把自己的门生送来旁听，叶德辉就把得意弟子石陶均介绍给梁启超。叶还专门去信熊希龄，说自己的弟子"才智开拓、性情笃实"，可堪造就，希望时务学堂能"留其在学堂，通晓万方之略，周知天下之情，毫不累于考试，亦不累于章句"。三十四岁的叶德辉在长沙城中极富声誉。他是张元济、汪康年的同年进士，却因对官场缺乏兴趣回到长沙，不仅继承祖上的丰厚资产，自己也颇有生财之道，在坡子街上开设了钱庄与百货号。他以藏书家的身份为人称道，曾与前任巡抚吴大澂唱和，也曾为江标印书。他生性放纵、粗鲁，牙齿外突，脸上还布满麻点，被人叫为"叶麻子"。本地宿儒王闿运说他"躁妄殊甚"，而他对前者也没表现出太多尊敬，认为士各有志、学各有宗，甚至对湖南人倍加推崇的魏源倡导公羊学也心生不满，攻击魏源是"病狂""丧心"。不过，他对梁启超倒颇为欣赏，即使理念并不一致，仍认为"旧党与新党说到人情天理，固无有不合者"。[66]

梁启超的才华确令人折服。"梁氏文笔甚畅，使予为之，不能如此透彻，才力之相去远矣。"皮锡瑞在读完《读春秋界说》后感慨道。两天后，他前往时务学堂，正碰到梁启超升堂讲学。"窃听数语，是说《孟子》中告子、子莫两家学术。学生执笔录记，加以发明。予谓后世有取士，无教士法，如此方是教。"[67]皮还发现蔡艮寅、黄颂銮两位学生"幼而才，长于议论"，梁启超的改笔"仍重文法"。[68]

时务学堂内气氛其乐融融。黄遵宪常约学生们前往官舍谈天，"娓娓不倦，态度和蔼，无官场习气"，并作诗赠予这些少年："国方年少吾将老，青眼高歌望尔曹。"[69]徐仁铸信任梁启超，梁甚至撰写了《輶轩新语》以徐仁铸的名义印刷，发送到各书院，倡导孔子改制说。

梁启超的声名也引来远方的追随者。地处湘边的永明县县令何绍仙想打破陈规，写信给这位总教习，问他可否为当地的濂溪书院聘请一位算学山长，每年聘金洋银一百二十元，同时索要时务学堂章程四十本，准备下发乡间。平江县县令冼宝干读过梁启超的《变法通议》，来信表达仰慕，并请教改革书院事项。[70]

名声也吸引来挑战者。1898 年 2 月 13 日，湘潭举人杨度来长沙，听闻梁启超是"省中知名者"，便前往拜会。比梁启超小两岁的杨度是湘军之后，抚养他长大的伯父官至总兵，还为他捐了监生。他在 1894 年中举，曾参与公车上书，返回家乡后成了王闿运的学生。王醉心于研究帝王术，曾建议曾国藩南面称帝，自己愿意辅佐，被斥责为"妄想狂症"。王闿运相信宋明理学只有在太平之时方可运用，而他的"帝王之学"则可应对乱世。杨度被王闿运的主张深深影响，曾对朋友说，督抚可作为者很少，必要一位新王。他深感怀才不遇，在岁末的日记中写道："人生几何，而修名未立。当此岁暮，离忧生焉。"但他总有一种充沛的自信："余诚不足为帝师，然有王者起，必来取法，道或然与？"[71]

两个自命不凡的年轻人辩论起来，一直持续到夜晚。杨自称"论辩甚多，词气壮厉"，认为梁启超所推崇的孟子在当今之世没太多用处，在他的描述中，梁"初犹肆辩，后乃遁词"。但杨度对梁启超印象颇佳，说他"年少才美"。几天后，杨度再次前来，却未能见到梁启超——过分忙碌与亢奋令他患了疟疾，正卧床休息。[72]

2月20日，皮锡瑞前往时务学堂，发现梁启超"病疟不出"。他们一群朋友到梁的房间谈话，看到不缠足学会的请愿书，皮感慨"此举若行，功德无量矣"。[73]梁启超安慰前来探访的谭嗣同，自己连日服药，正在恢复，还说起想回一趟广东，庆祝父亲五十寿辰。

长沙的维新仍在继续。梁启超劝打算回江西的皮锡瑞留下，为即将开办的南学会讲学。南学会最终于2月21日成立。梁启超为南学会拟定了章程，其中包括这样的细节：听讲者要先领取凭单，只能坐着听，不能开口，如果有疑问，把问题写在纸上，投入篮中，再由讲者作答。

终于，南学会召开了第一届演讲会。凭单很快就发完了，最终有三百多人参加。对于讲者和听众来说，开会与演讲的程序都是陌生的事物。《湘报》报道说："堂上设讲座，下排横桌，听讲者环坐焉。……士大夫周旋问答，言笑晏晏。"敲钟十二下之后，人们坐下，接着铃声响起，主持者要求大家肃静。但大多数人不知讲学到底是什么，有人还以为是唱戏，还有人误认为是学堂招考，连考具都带来了。皮锡瑞是第一个讲者，他庆幸自己面对这样多的人没被吓到。黄遵宪的演说受欢迎，"更透彻，人以为似天主传教者"。陈宝箴最后出场，批评了湖南的排外情绪，"当耻我不如人，不当嫉人胜我"，"不思我政教不如彼，人材不如彼，富强不如彼，令行禁止不如彼，不能与彼争胜于疆场之间，而欺一二旅人于堂室之内"。演说结束后，铃声响起，众人起身鱼贯而出。《湘报》感慨地报道："此事为生平所未见，不图今日见三代盛仪也。"[74]

六天后，南学会举办了第二次演讲会。谭嗣同努力使听众理解地球是圆的；邹代钧则说起热带与寒带的划分，赤道又是什么。现场"听讲者更多，几无隙地"，听众却听不懂他们的话题，纷纷想离去，因为熊希龄拒绝开门才勉强听完。[75]

因为身体不适，梁启超错过了演讲。他仍挂念着《时务报》，虽挂着总主笔之名，其实已经难以施加任何影响。在给汪诒年的信中，他先是问起"年终报费收得如何，尚敷开销否"，然后提到大同译书局在《时务报》刊登广告一事——既然连蔡尔康的《中东战纪本末》都能刊登，为何却对大同译书局之事多有刁难？[76]在努力维持的和气之下，他与汪康年剑拔弩张，都想获得《时务报》的主导权，认为自己是报馆成功的关键。汪的确在 1898 年初专程来到长沙探讨《时务报》事宜，众人皆劝他放弃。或许是担心发生直接的冲突，两人并未见面。

对于梁启超，上海旧事很棘手，长沙的蜜月时光似也过去。他在课堂上的那些大胆言论，在学生札记上的批注，逐渐流出了课堂。在别人眼中，他不再是那个声名卓著的主笔，而是一个需要防范的异端。他决定回上海，既为治病，也为了再次北上参加会试，还劝慰同人，只是回乡为父亲做寿。离开长沙前的 3 月 3 日，在给汪康年的信里，梁启超终于将不满发泄于笔端，用少见的严厉语气历数自己的愤怒，"去年一年，报馆新来之人六七，未尝一告"，连延聘曾广铨出任主笔一事也隐瞒下来，更别提汪康年对康有为的嘲弄。他们已经决裂，水火不容，"非兄辞，则弟辞；非弟辞，则兄辞"，他希望汪康年将决定在 3 月 17 日前后用电报发给上海的梅福里。在信的结尾，他再次强调这次争端是源于《时务报》公事，不管结果如何，两人友情并不会因此影响——"他日海上相见，杯酒言欢，毫无芥蒂，毫无嫌疑。"[77]

比起来时的隆重，梁启超的离去显得有些匆忙、冷清，没有了惯常的宴请与送别。这既是因为梁启超身体不适，也与他尚不明确的个人选择有关——是回到上海管理《时务报》，还是赶考归来后继续充当长沙的总教习？在返回上海的立邮号轮船上，梁启超情绪激昂，与同行者相约，以救国为第一义，"非破家不能救国，非杀身不能成仁……吾辈不论成败是非，尽力做将去，万一失败，同志杀尽，只留自己一身，此志仍不可灰败，仍须尽力进行"。此刻是最艰苦之时，不能不先为筹划，人人要做好准备，万一考验到来，不要以此为苦。[78] 比起前往长沙时那个暴得大名的主笔，这位离去的总教习身上多了一些悲壮与激进，以及殉道精神。

在长沙，皮锡瑞在 3 月 6 日的日记中平淡地写道："梁卓如已往沪，乃翁在沪，待彼入都。"[79]

梁启超：维新 1873—1898

第十二章　保国会

一

　　梅福里没接到汪康年的电报，梁启超接管《时务报》的计划落了空。离开上海五个月，尽管他仍有总主笔的头衔，但影响被不断淡化，他延请的两位主笔都任职短暂，徐勤已经前往横滨执掌大同学校，欧榘甲也奔赴长沙出任时务学堂分教习。汪康年先后聘请了曾广铨与郑孝胥。一位名叫王国维的年轻人此时出任书记，对每月十二元的底薪愤愤不平。[1]

　　不过，梁启超对读者的影响力仍在继续。《时务学堂学约》《南学会叙》刊登在论说栏，将湖南的维新精神散播到全国读者中。中国女学堂的筹建也在进行，静安寺的花园餐厅为此专门举办了西式募捐会，会上供应香槟酒。在场的立德夫人，一位杰出的旅行作家，遇到了身穿满人服装的康同璧，"《时务报》的笔政梁启超先生的亲戚也都到了场"。[2]她提到的"亲戚"很可能是李蕙仙，梁启超鼓励妻子参与社交生活。学堂创办人之一经元善对梁启超大加赞叹："撰公启、定章程、倡捐助，皆出孝廉大手笔，文理密察，学有本原。"[3]大同译书局虽没有期待中的那样规模恢宏，却也出版了《孔子改制考》《董子春秋学》等著作，康有为借此构造出一个更体系化的变法哲学，也为未来的祸端埋下伏笔。

梁启超没回新会为父亲祝寿，反是梁宝瑛来到上海，陪长子北上会试，对这个乡下读书人来说，相比寿辰，金榜题名才是头等大事。康广仁的医学训练派上了用场，康有为要他暂放译书局事宜，一路随行，为梁启超调护饮食，抓药治病。1898 年 3 月 22 日，他们登上新裕号，住在大菜间的第四号。船上相当拥挤，乘客中不少是南方举子。梁启超遇到了贵州学政严修，一位富有改革意识的官员，他也是《时务报》的读者，日后还将以南开大学的创办人著称。三个月前，他上奏请开设经济特科，选拔非常人才。长沙的朋友曾希望陈宝箴保举梁启超入特科，免去他北上会试之烦扰。梁启超与严修相谈甚欢，以致康广仁不得不打断他们，提醒梁注意休息，"数日来未曾说如许多话，今日话已多矣"。翌日，严修回访梁启超，再次"畅谈甚久"，完全忘记了梁的病情。苏州举人汪钟霖也在座，他主编的《蒙学报》致力于让普通人读懂报纸，曾邀请梁启超为该报撰写序言。[4]

旅途意外地顺利，新裕号提前抵达天津，还停泊在靠近火车站的码头。这种便利与梁启超的声誉或严修的官职无关，而是因为盛宣怀的一位公子也在船上。天津至北京的铁路在一年前铺就，乘客可以从紫竹林上车，直抵马家堡，再也不用经受三天的舟车颠簸。这个北京熟悉又陌生。梁启超仍要穿过尘土飞扬、污水横流的道路，拜会同乡京官，前往琉璃厂购买考具。他也感受到某种新精神，谣言、悲愤与行动欲望交织在一起，处于舆论中心的正是康有为。

去年上海一聚后，梁启超赶赴长沙，康有为前往北京。这是康第四次北京之行，想重拾三年前未遂的计划，推动中国人移民巴西。时局太坏，亡国已无法避免，在疆域辽阔、人口稀少的巴西，倒可能开辟出一个新中国。与何廷光在《知新报》上的合作强化了他这种信念，何况，这也是一个庞大的商业机会。这个理念也打动过吴樵、梁启超与张元济。但抵京不久，康有为发现胶州湾危机才是迫切的挑战。掌权者的无能暴露无遗，经由败于日本，甚至连反抗的勇气都没有了。刑部主事刘光第在家信中感慨："中朝举动，则更骇人听闻：皇太后、皇上尚在闲日听戏为乐，每日召见军机时，比平时尤速完事……闻恭王则隔数日必交二百万金与其门上家人，嘱其置地……呜呼！无相无将，并无人心，此祸不知何日发作？"[5]

康有为的雄心再度被激发出来，写下《外衅危迫宜及时发愤革旧图新呈》一折，恳请皇帝下罪己诏激励人心，广开言论，延揽人才，再裁汰冗余官员，甚至提议派遣亲王大臣及才俊出洋，向西方借款。他还提出了上中下三策：上策是向彼得大帝的俄国与明治天皇的日本学习，以定国是；中策是号召天下群才，谋划变政；下策是任由各省份自行变法。上策能使国强，中策仍是弱国，下策只能勉强维持国家不亡。在外交政策上，他支持联合英国、日本，对抗德国。为了表现变法之迫切，他甚至用了"恐偏安不可得"的恐吓语气。身为候补工部主事，康有为不能直接上奏，只能依赖当值堂官。这是他的第五次上书。工部尚书淞湉显然对里面的措辞深感不安，拒绝上呈。不甘心的康有为抄录了三份，两份请杨锐转交御使王鹏运与高燮曾，另一份则与曾习经约定请都察院上交。这份奏折激起了李端棻的共鸣，想联合九卿共同上奏。但最终，没有一份抵达皇帝手中。[6]

这令康有为心灰意冷，加之李鸿章已应允巴西一事，他准备离京。令人意外的一幕出现了，翁同龢主动要挽留他。按康有为一贯的自我戏剧化倾向，他描述出这样一幕场景：翁同龢来到南海会馆时，他仍卧床未起，行李已搬上车。翁竭力挽留他，正似萧何月下追韩信。翁同龢当日心绪不佳，早朝时因处理胶州湾不利陷入窘迫，在皇帝面前"词多激愤，同列讶之"。或许因此，康有为才引起他的兴趣，他期待这个狂生能带来改变。[7]

会面改变了康有为的命运。翌日，兵科掌印给事中高燮曾上折保举康有为，作为游历使参加瑞典的弭兵会，疏通中国与各国的关系，还称康"学问淹长，才气豪迈，熟谙西法，具有肝胆"。[8]五十八岁的高燮曾是湖北孝感人，作为言官，他在奏章中"未尝及朝廷得失，时政是非"。[9]很有可能，这份奏折是康有为自己起草，贿赂高代奏。不管对高燮曾还是光绪，弭兵会都是个过分陌生的概念，康有为对此也是道听途说。欧洲确有一个裁军大会，这一年由俄国沙皇尼古拉二世发起，第二年在海牙召开，与高燮曾的弭兵会相去甚远。很有可能，康有为读到《万国公报》上两篇捕风捉影的文章，才有此念头。[10]他多少相信，此刻的世界正如另一个战国，他有苏秦张仪之才，必能纵横捭阖。

这份奏折再次将康有为推入光绪的视线。两年前，光绪将他的上书作为九折片之一下发给疆臣讨论，如今，他甚至想亲自见一下这位大胆的工部主事。这份冲动却为惯例所阻——皇帝不能面见这样一位低级官员，只能由总理衙门来考察他。

二

1898 年 1 月 24 日，戊戌年正月初三，下午，康有为前往总理衙门。东堂子胡同总理衙门高悬的"中外提福"牌匾，显示了恭亲王、文祥开创的中兴传统，中国曾展现少许开放，愿以更平等的姿态面对外部世界。如今，这传统正遭遇严峻的挑战，总理衙门大臣不复昔日的活力与弹性，而败于日本这一新现实，也使"地球各国始悉其虚实"，列强失去了对这个古老国度残存的尊重，更为肆无忌惮。[11]

总理各国事务衙门，1878 年

外交官的个人风格也折射出这种转变。出入于总理衙门的几代公使们对清政权心生厌倦，仍不时为它的辉煌精巧惋惜。离去前，英国公使欧格讷还在语重心长地劝说恭亲王推动变革。新一代不再如此，他们的背景与志向彻底不同。接替欧格讷的窦纳乐①，"行事作风像个军人那样武断随意"。12 他在埃及与苏丹打过仗，没有兴趣学习中文，只把中国视作另一个奥斯曼帝国或者非洲国家。他在一份电报中说："欧

① 窦纳乐（Claude Maxwell MacDonald，1852—1915），英国外交官，曾任英国驻大清国公使兼任驻朝鲜国公使，英国驻日公使、大使。

梁启超：维新 1873—1898

洲或任何文明国家的统治者都不会像这些人（指清政府）一样管理国家。将中国看成是一个文明国家实在是大错特错。"他对于操纵中国充满乐观："我只需要二百名'红衣兵'（即英国在非洲的殖民军），若其他公使不反对，就能轻易地发动政变，拿下紫禁城。"对于窦纳乐的任命，赫德甚为感慨："我辈之人多年来将中国人视为有文化和文明的民族的努力将被窦纳乐击败，因为此人对东方一无所知，而其工作方法是基于对付尼格罗人（非洲黑人）的经验。"[13]德国新任公使海靖也是一名非洲专家，与窦纳乐一样脾气暴躁。他积极响应威廉二世的扩张雄心，德国已在上一轮殖民浪潮中落后于英国、法国，现在一定要抓住新机会。当他听闻山东曹县命案时，立刻"感觉到了一场影响深远的大风暴即将来临"。[14]他还有个才华横溢的作家妻子，随时以最刻薄的语气描述中国的一切。

总理衙门成了列强势力角逐的另一个战场。每位公使都想在衰弱的东方巨人身上多分一杯羹。《小日报》（*Le Petit Journal*）上的一幅漫画表现了这种气氛。在一块名为中国的蛋糕旁，围坐着英国的维多利亚女王、德国的威廉二世、俄国的尼古拉二世，还有一个法国妇人、一个日本浪人。德国正把刀插入蛋糕，其他国家都在急切地观望。在他们身后，是一个惊恐的"满大人"，拖着长辫子，举起双手，对此无能为力——他多少有点像翁同龢，只能在日记里写下海靖的大喊大叫。

1 月 24 日就是这样一个争吵的日子。窦纳乐及俄国代理公使巴布罗夫前来交涉借款事项。对日的巨额赔款给王朝带来沉重压力，也令列强获得了介入中国的新方式。每个国家都希望借助贷款，获得特权。金融是支配世界的新工具，是军事、外交手段的延伸，汇丰银行之于英国，德华银行之于德国，东方汇理银行之于法国，花旗银行之于美国，横滨正金银行之于日本，都是如此，它们借用金融，实施政治、经济影响。俄国与法国提供了第一笔 4 亿法郎的借款，英国与德国提供了 1600 万英镑的第二笔贷款。紧随贷款合同而来的是权利要求，英国想在新疆设立领事馆，在云南修筑铁路；德国要借让海港；法国要"代造谅山至龙州的铁路，怒江下游通航和海关税务司须用法人"；俄国的条件则主要围绕着中东铁路。[15] 窦纳乐与巴布罗夫皆为第三笔借款而来。这一年春天，中国要归还最后一笔对日赔款。先来的巴布罗夫一边抱怨"中国不借俄而借英"，一边威胁说"英款万不可借"，因为英国"将以埃及待中国"。后到的窦纳乐同样蛮横，谴责中国"何以不敢以一语诘俄"。对于恭亲王、庆亲王与其他大臣而言，这些愤懑与羞辱成了日常生活的一部分。最后，气愤的恭亲王索性"两不借"。[16]

　　下午 3 点，康有为来到弥漫着愤懑的总理衙门。两位亲王已经离开，在西花厅，他见到李鸿章、翁同龢、廖寿恒等人，荣禄、张荫桓随后加入。在日后的回忆中，康有为把这次见面描述为一场激烈的辩论，他滔滔不绝地讲述自己的改

　　　　　　　　　　　　　　　　　　　梁启超：维新 1873—1898

革主张，本应讨论的弭兵会反而被忽略了。荣禄问他为何要变祖宗之法，康回应说，祖宗之法是为了治理祖宗的土地，如果不能守卫土地，那祖宗之法还怎么存留，时代不同，总需要新变化，这总理衙门，也是过去没有的。廖寿恒问他变法的步骤，他认为要从改变法律与官制开始，改官制尤要先行。李鸿章追问，难道要把目前的六部都撤掉吗？康做出肯定的回答，即使不能立刻执行，当斟酌改订。关于筹款问题，他对翁同龢说，可以广借洋债，也要考虑进行货币改革，日本有银行纸币，法国有印花税，印度有田税，中国的制度一旦改变，政府的收入应是此刻的十倍。

谈话持续到黄昏，掌灯后众人才各自归家。"总署延见，问治天下之故，乃自有总署以来□无，举朝以为旷典。"在给康广仁的信中，康有为不无炫耀地写道。他还估计，即使不出使瑞典，或也会加五品卿入军机处，或成为新设立的参议行走。他让弟弟把信抄给湖南、广西、广东与澳门的同门，也让康同薇一读。总署大臣并未分享类似的感受。翁同龢当天日记里写道："传康有为到署高谈时局，以变法为主，立制度局、新政局、练民兵、开铁路、广借洋债数大端。狂甚。"[17]

总理衙门的这场对话很快传遍了官场。备受鼓舞的康有为五天后上呈《外衅危迫分割渐至宜及时发愤大誓臣工开制度新政局折》，将总署谈及的变革计划更系统地表述出来。他以波兰、埃及、土耳其、缅甸的亡国命运来证明不变法或局部变法的危害。在他心中，明治维新提供了理想的变革路径：大誓群臣以定国是，立对策所以征贤才，开制度局而定宪法。他建议在天坛、太庙或者乾清门召集群臣，宣布变法；在午门设立上书处，准许人民自由上书。最重要的建议是设立制度局，一个推行新政的决策机构。在制度局之下，是法律、度支、学校、农业、工业、商业、铁路、邮政、矿务、游会、陆军、海军十二局，这些局都将有直通皇帝的权力，"不拘官阶，随带京衔，准其专折奏事，听其辟举参赞随员，授以权任"。[18]

这是康有为最为全面的一次上书，信号清晰而刺耳，他还警告："能变则全，不变则亡；全变则强，小变则亡。"[19]在这些激进的设想中，军机处、总理衙门、六部这些官僚机构将失去作用。"窥其隐谋，意在夺枢府之权，归制度局；夺六部之权，归十二分局；夺督抚将军之权，归各道民政局。如是，则天子孤立于上，内外盘踞皆康党私人。"一位同代历史学家如此评论。[20]与康有为期待的不同，上书并未顺利地抵达皇帝手中。直到 3 月 11 日，在总理衙门详加审议后，它才被上呈给皇帝，加上"语多切要"的评语。

但康有为最初的期待落空了，他没得到期待的五品卿，更没入军机处。但这不妨碍他的活跃，各种异想天开层出不穷。他帮御史陈其璋起草借款奏折，建议让容闳向美商借 2 亿或 3 亿两白银，以牵制列强；还借宋伯鲁之口，提出了各省开办铁路与矿务的建议。监察制度赋予言官一种特权，他

　　　　　　　　　梁启超：维新 1873—1898

们监督政务，却不用为自己的言论负责。这些人往往毫无行政经验，被不切实际的清议声誉所诱惑，需要秀异的观点来证明自己的独特性，还可能被利益诱惑——清代官员都深受低俸禄折磨，金钱通常是打动这些言官的重要手段，梁启超就曾试图集资收买十位御史上奏变革科举。这几种因素相互混杂，促成了言官的政治行动。

宋伯鲁正代表了这种混杂情绪，四十四岁的他来自陕西礼泉县，不久前被授予山东道监察御史。他是北京画坛的"旧都四家"之一，其小楷功底尤其惊人，据说能在西瓜籽上写完一首七言绝句。他对康有为的学说与个人魅力尤其佩服，声称愿意做他的学生。此外，徐致靖、杨锐、王岳鹏、杨深秀都是这个网络中的重要成员。

康有为也以学会为基础，寻求士大夫的支持。他在南海会馆创办了粤学会，二十多位在京的广东官员参与其中。福建籍官员林旭在福建会馆发起闽学会；杨锐在四川会馆发起蜀学会，会员包括刘光第等四川籍官员；宋鲁伯、李岳瑞等人召集陕西籍士人组成了关西学会。在强学会被封两年后，这些踊跃的民间学会象征着政治热情在逐渐复苏，它们宣称要心系国家安危、关心时务之学，其中关西学会甚至鼓吹将西安作为陪都。

朝廷也在响应这种新精神。1月27日，严修开设经济特科的建议得到准奏，内政、外交、理财、经武、格物、考工六科，三品以上京官及督抚学政推荐，送总理衙门，会同礼部奏请，试以策论；2月4日，朝廷决定发行昭信股票，专为战争赔款所设，尽管很快被废除，却是现代金融业的某种尝试；11日，皇帝批准兴建津浦铁路；15日，决定开办京师大学堂，19日，根据荣禄等人的建议，决定武科改试枪炮。

<h2 style="text-align:center">三</h2>

对于康有为在北京的行动，梁启超颇为了解亦不无保留。这位老师喜欢拍电报给门生与朋友，通报新消息，张扬个性展现无遗，有时甚至会令支持者尴尬。他"朝传一电报曰，康有为赏五品卿衔，游历各国，主持弭兵会；夕传一电报曰，湘抚陈宝箴入军机，黄遵宪督办铁路大臣"。叶德辉曾当面询问梁启超电报的真实性，后者颇为尴尬，"言之忸怩"——"梁固笃信康教，终身不欲背其师，而亦不能为其师讳。"[21]叶德辉的回忆不无夸张，却吻合康与梁的个性。

但一旦抵京，梁启超就投入这火热气氛中。康有为已在南海会馆建立一个活跃基地，麦孟华、梁朝杰、陈子褒等草堂弟子，以及曾在桂林听康讲学的况仕任、龙应中、程式谷、龙焕纶聚集一处，"粤中草堂，徒侣云集"。[22]它是万木草堂日益成功的标志，他们变成了政治组织，分享着忧患意识与行动精神。他们迫不及待地进行动员，戊戌年会试令全国举子再度汇聚北京。

3月27日，麦孟华约同两广、云南、贵州、山东、浙江、江苏的 298 名举人上书都察院，力陈旅顺港、大连湾不可租让给俄国。德国人在胶州湾登陆一个月后，俄国军舰就驶入了旅顺口，声称只想保持势力均衡，一旦德国人撤离，他们也会随之离去。但俄国人不仅留了下来，还要租借旅顺口与大连湾，对满洲流露出强烈兴趣。这真是充满讽刺性的一幕：德俄两国三年前还以中国拯救者的面目出现，如今却成了迫不及待的瓜分者。日渐显著的俄国威胁已经引发了中国外交政策上的争议。李鸿章在圣彼得堡签署中俄密约时，是要拉住俄国对付一个不断崛起的日本，相信这份密约将给中国带来二十年的和平。另一种声音也越来越强大，认为英国与日本才是中国的盟友，梁启超与同志们就普遍抱持这种看法。康广仁在上海时写了联英的文章，唐才常则在《湘报》上发表了《论中国宜与英日联盟》，他们不仅反感俄国领土扩张的诉求，也对它专制与残酷的统治风格表示怀疑。麦孟华写道："上焉拒俄请以联英、日，次焉求公保以绝俄交，然后发愤变法，力求自强。"[23] 在上书的名单中，联合发起人梁启超排名第二，也是名单中最知名的一位，很多签名者想必都读过他在《时务报》上的文章。

都察院当日没有堂官，上书未能上递，即使递上去也为时过晚，李鸿章、张荫桓已在当天与巴布罗夫签订条约：俄国租下旅顺口、大连湾及临近地区，租期为二十五年；俄国还可以修筑一条从西伯利亚到旅顺的铁路。撤出的清军与入驻的俄军都贴出抚民告示，宣称旅顺从此成为通商码头，百姓日见兴隆，不要因出现军队而陷入惊慌。

举子们不知总理衙门与旅顺的故事。会试在即，他们无力发起新一轮上书。这是梁启超的第四次会试，在不断批判科举之害后，他仍走进了考场，舍弃汪洋恣肆的表达，把自己缩小到八股文中。他的论敌立刻抓住了这不无讽刺性的一幕，借此嘲弄他："梁启超持论痛诋时文，比于女子缠足之害，而又潜往会试，此真无可解于人口者。"[24] 他在长沙的辩论对手杨度也是考生之一。杨毫无中试的打算，"三年不作八股，避生就熟"，三篇都靠骈文来蒙混。首场最后一晚，他甚至饶有兴致地观察起周围的考场："灯光帘影，万户寂然，文场而有武营之象。"[25]

当举子们困于考棚时，梁启超的名声仍在发酵。4月3日的《国闻报》刊登了上书的新闻，称梁启超与麦孟华"夙具爱国之忱，天下争传其学问，文章犹其末也"。[26] 当他们4月6日走出考棚时，危机更严重了，他们试图联结的英国担心在瓜分中国的热潮中错过机会，趁机占领了威海。

京城再次云集的举人们给康门师徒另一种想象。万木草堂的影响力已远非昔日，经由上海的印刷工业，康有为的著作广为流传，他的仪表与社交天赋更令人赞叹，"顾身修髯，目光炯炯射人……见人长揖大笑，叩姓名毕，次询何郡邑，物产几何，里中长老豪杰，必再三研诘，取西洋铅笔，一一录其名，储夹袋中"。[27] 他的交友范围扩散到满人权贵中，张之洞之子张权记得，康有次说起一位"天资如何高，心地如何好，如何有识见，有志向，如何好学"的满人才俊，对康"极其尊礼，每坐必居下位，每言必称先生，娓娓不绝"。[28]这位贝勒爷是二十一岁的镇国将军、辅国公溥侗，可惜他日后不是因政治能力，而以音律、金石知识闻名，中国的第一首国歌的曲谱便出自他之手，受命填词的则是严复。

梁启超的名声已无人不晓，他与同志在长沙的尝试带来启发，京城或许可以复制一个南学会。刚被委任为江南道监察御史的李盛铎，主动提出资助这个设想，并召集举人聚会，康有为建议将人选范围扩充到中低层官员。

4月17日下午1点，一百多人前往粤东会馆参加茶会，他们几乎都是《时务报》的作者与读者，既有汪钟霖、高凤岐这样的举人，也有岑春煊、徐仁镜、陈虬等官员，包括阔普通武等满人官员。曾习经、沈曾植、杨锐、容闳，以及黄遵宪之弟黄遵楷也名列其中。[29]康有为与李盛铎是召集人，梁启超则具体出面邀请。茶会的形态颇有创新，它模仿欧洲议院模式，三面环聚戏台而坐，保举在座候选人，得票多者登上戏台演讲。不出所料，首先登台的是康有为。"吾中国四万万人，无贵无贱，当今日在覆屋之下、漏舟之中、薪火之上，如笼中之鸟、釜底之鱼、牢中之囚，为奴隶，为牛马，为犬羊，听人驱使，听人割宰……加以圣教式微、种族沦亡，奇惨大痛，真有不能言者也！"他再度发挥了他恣意汪洋的比喻与排比能力，描绘了一幅悲惨的历史图景，中国可能将步缅甸、安南、印度、波兰后尘，被"胁其国主，辱其贵臣，荼毒缙绅"。他笃信，只要四万万人发愤，洋人就再不敢这样对待中国，这聚会正是发愤的开始。[30]

康有为的表演令人难忘。"楼上下人皆满，听者有泣下者"，在日后的回忆中，他自比明代大学士徐阶的讲学，后者在嘉靖年间灵济宫讲授阳明学时，听众高达五千人。康总能向听众灌输一种迫切的危机感，这是一种罕见能力。对于士大夫而言，演说是个全然陌生的技能，他们很难不在众人面前陷入慌张，还饱受方言、口音不通之苦。"一方面中国的文人学者历尽千辛万苦，不断完善其文字表达，另一方面，他们的方言、口语在表达上极不规范，疏忽懒散，"一个美国人对这种极端对比深感意外，"一个受过教育的文人的口语与一个贩车卖浆、目不识丁的苦力相比，竟然没有什么特别的差异！"[31]

一些听众认可了康有为的吸引力，江苏籍官员张一麐"入馆门已闻讲座，大声击节"，便在名录上署了名，对于结识梁启超、麦孟华也颇感兴奋。[32]当日，众人还签订一份《保国会章程》，说明宗旨："本会以国地日割，国权日削，国民日困，思维持振救之，故开斯会以冀保全，名为保国会。"除去在北京，还要在上海设立一个总会，各省各府各县设分会，以地名冠之。它将设立内部管理组织与会员制，会费二两银子。[33]很可能，梁启超也是这份章程的主要起草者。入京以来，他闪耀一时的公共形象——主笔与总教习——退隐了，他再度隐身康有为身后。

但很多参与者与发起者的认知不尽相同。没太多参与者把聚会当真，以为它不过就是另一次京城文人聚会而已。现场秩序也不无混乱，很多人"其实不过逐队观光，并不识有所谓政治思想……且是日听众，尔我漠不相属"。[34] 有人说，演讲尚未结束，现场已一片狼藉。杨锐甚至当场睡着了。他们对保国会的名称与意义缺乏兴趣，杨度甚至把它称作"康长素茶会"。这个湖南举人保持着对康梁师徒的嘲讽，得意地说起长沙激辩，乐于听到外界将其称为"驱梁启超之事"。[35]

　　一些广东籍官员对于聚会选在粤东会馆深感不安，他们对所有的"会"都感到恐惧，召集者是康有为时尤是。许应骙与兵部侍郎杨颐率先起来反对，四天后，也就是4月21日，第二次聚会移至贵州会馆召开。可能是最初的新鲜感已经散去，或是第一次大会不令人满意，参加第二次会议的不到一百人。梁启超登台演讲，回忆了三年来京师气氛的变化：甲午乙未年间"与士大夫痛陈中国危亡，朝不及夕之故"，十人中充其量只有一个人相信，随着胶州湾、旅顺、大连与威海相继割弃，他发现士大夫"忧瓜分惧为奴之言，洋溢乎吾耳也"。他还提到了曾纪泽的《中国先睡后醒论》与弗兰肯斯坦的比喻。曾纪泽1887年在一份英文杂志撰文，说中国正如沉睡中醒来的狮子，英国统帅吴士礼[①] 则说"中

---

① 吴士礼（Garnet Joseph Wolseley，1833—1913），英国军人，曾参与第二次鸦片战争，1895年任英国陆军总司令。著有 *Narrative of the War with China in 1860*，记录了他在中国的经历。

国如佛兰金仙之怪物，纵卧则安寝无为，警之觉则奋牙张爪，盖皆于吾中国有余望也"。[36] 显然，梁启超对玛丽·雪莱（Mary Shelley）小说中的怪物弗兰肯斯坦所知甚少，将之误读为某种希望。将曾纪泽与弗兰肯斯坦并置一处是梁启超写作风格的显著特征，他总有一种意外的联想能力。不过，引用"佛兰金仙"的吴士礼的确对中国的力量有一种特别的信心："就人口方面而言，没有任何国家能与中国相比。在这个巨大帝国的任何角落，他们的习惯和生活方式都是相通的。在我看来，中国人是这个世界上最优秀的人种，他们将是世界上未来的伟大统治者……中国只是没有彼得大帝或拿破仑那样的人物而已。"[37] 梁启超相信，保国会正是促成中国醒来的重要力量。但中国真的能醒来吗？曾纪泽曾认为中国已经醒来，结果败于日本。又三年过去了，从上海、长沙到北京，更新与瓦解的力量都在生长。

　　相较于三年前的强学会，保国会的规格相去甚远，没有一位当朝大员成为公开的赞助者。这种景况也折射了北京的权力变化，清流派领袖几乎都退隐了：李鸿藻在半年前去世；翁同龢仍不会公开表态；张之洞不信任康有为的思想与品性，为了驳斥他日益盛行的学说，甚至撰写了一本小册子《劝学篇》；文廷式、陈炽、汪大燮、沈曾植、张元济要么不在北京，要么抱有怀疑。康梁的言论与学术主张带来不安，梁启超与汪康年之争也造成了分裂。

　　汪大燮不仅没有出席聚会，还在信中对康梁冷嘲热讽：

"同人有赴者，闻其言，自始至终无非谓国家将亡，危亟之至，大家必须发愤。而从无一言说到办法，亦无一言说到发愤之所从。"[38] 张元济也觉得演讲不过是为了耸动视听。沈曾植参加了第一场聚会，没表现太多热情，他因丁忧离开北京，临行前劝康有为读《唐顺宗实录》，这是典型的文人表达，用历史来暗示现实：唐代永贞革新也曾喧嚣一时，包括柳宗元、刘禹锡在内的"二王八司马"掌权一百八十二天，最终以悲剧收场。[39]

康有为正沉浸于另一些坐标，在他编写的《彼得变政记》与《日本变政考》中，他用彼得大帝、明治天皇来激励皇帝，以前者为心法，后者为政谱。[40] 这是一份被曲解的蓝图，为了突出"诏定国是"的重要性与戏剧感，他将五条誓文的时间定于明治元年（1868）正月初一，但事实上发生于三月十四日，而且当时还没有改元，严格来说应当是庆应四年。

四

沈曾植的忧虑化成了明确的危险。4月26日，陈虬上折总署请求成立保浙公会，引发了另一位浙江人孙灝的攻击。四十七岁的陈虬也是维新派中的一员，以《治平通议》闻名。他是《时务报》的发行人之一，还在家乡创办了一所新式医学堂。保浙公会的想法来自保国会，面对空前的危机，一国一省都要寻求自保。孙灝的标靶不只是保浙公会，更是保国会，他称康梁等人"结社拜盟、敛财惑众"，更上纲上线到"聚众谋反"。没人知道孙灏这一弹劾的缘由，作为章炳麟的朋友，他对变法也颇有热情。一种可能是私人恩怨的延续，他对陈虬的不满，以及作为章炳麟的朋友对康梁师徒的不满。[41]

孙灏的奏折引来了连锁反应，御史潘庆澜认为保国会"结会敛财，久干例禁"，请求将其直接查禁，至于康有为应如何惩处，"出自圣裁"。连续弹劾引发了内部分裂。李盛铎上奏《党会日盛宜防流弊折》，尽管没直接点名保国会，意图却十分明显。他还在附片中弹劾了天津的《国闻报》与严复，称水师学堂的学生不应为该报翻译文章。[42]李盛铎的态度令人吃惊，他一直以合作者姿态出现，如今却反戈一击。

两周后，更严厉的指控到来。御史黄桂鋆上奏，将保浙会、保滇会、保川会都视作"保国会党"，皆"包藏祸心，乘机煽惑……为揽权生事之计"。他还将此归咎于一股令人警惕的民权思潮，"近日人心浮动，民主民权之说日益猖獗"，如果准许各省纷纷立会，恐怕会匪会闻风而起。且这些举人"无权无势，无财无位，赤手空拳，从何保起，抵制外人则不足，盗窃内政则有余"，各省之会若推广开，"天下不从此分裂乎？"[43]

出于自我辩护，梁启超将两次参会的名单寄往《国闻报》，并发表辩护文章，把对保国会的指责比作当强盗入室、大火烧门时，室内有人敲锣、大声疾呼，同室人不去对付强盗、救火，反而憎恨敲锣者。[44]《国闻报》已成为北方最有影响力的维新报纸，因主事者之一是夏曾佑，也是康有为、梁启超发表观点的重要平台。名单引发了争议，一种普遍的被欺骗感与恐惧感袭来。有些人不愿承认自己是保国会的一员，还有人发现自己的名字意外地出现在名单上。"鄙人与足下无平生之欢，在湖湘间才一见耳，与令师更无片语之接。"乔树枏写信给梁启超抗议，他对保国二字充满担忧："非在位贤能大臣，安能胜之？出之于草野、于下僚，则僭矣。况空口徒手，何能保耶？"他强调自己在茶会上完全没听到保国会三字，留下名字是为了康有为回拜所用。或因恐惧感过分强烈，他不无诅咒地说，康梁师徒"欲以愚人，其实自愚之甚"。[45]

三次会议后，雄心勃勃的保国会就被迫收场。对于草堂师徒来说，还有更令人焦虑的消息。驻日公使裕庚向总理衙门举报，身在横滨、主持大同学校的徐勤与孙文过从甚密，汪康年访问日本时也曾与这位谋逆接触。这样的消息一旦发酵，不堪设想。多亏张荫桓从中斡旋，举报被压了下来，没衍生成更大的灾难，张荫桓让康梁师徒"弗再张皇"，也警告他们不要再生事。[46]这些攻击并非全无道理。"保中国不保大清"的确曾是草堂师徒的宗旨，他们与孙文的联系也从未中断。他们在等待每一个机会，实现自己的政治抱负，即使这些机会彼此冲突，他们也总在希望与幻灭中摇摆。

遭遇此打击，他们不免心灰。在给妻子的信中，康有为说，或在开榜前回广东，或接他们来京城。梁启超则致信夏曾佑，说起离京的打算："下月乃能出京。见已不远，容面谈之。"[47] 时务学堂或时务报馆仍是不坏的选择，长沙的同人们还惦记着他，议论"卓如入场不售，病尚未瘳"。[48] 一些读者不知道他与汪康年的纷争，仍去信给汪询问，梁启超是否前往北京会试，甚为挂念。梁启超必定心有不甘，在给夏曾佑的信中，他寄去了保国会章程，"虽西人闻之亦必惊为创事"。京城盛传张之洞将入军机处的消息，他觉得未必有效，面对"恐难朝夕"的国家，他决定专注于废除八股、变更科举之事上。[49]

最终，他们没离开。皇帝亲自终止了事态发酵，据说，他质疑这些弹劾者，"会为保国，岂不甚善"。[50] 这引得梁启超不禁感慨"吾华之兴废有自乎"。[51] 或受此激励，他与麦孟华、林旭等人又草拟呈稿，抗议德国士兵在山东即墨县破坏孔庙的行径。对于很多举子，这一行为引发的焦虑与屈辱甚至超过了领土丢失。它印证了康有为一直以来的忧虑，中国不仅国不可保，儒教也岌岌可危。很可能是由于弹劾带来的恐惧，这一次上书并未得到太多人响应。

4月底，梁启超又联合了一百多名举人，上书请废除八股。这是康门改革计划的重要一环。这将梁启超推入了舆论中心。对于大多数仍在等待放榜的举人而言，这不啻彻底否定其个人前途，失去安身立命之所，纷纷"嫉之如不共戴天之仇，遍播谣言"，梁启超差一点被众人围殴。[52]

南海会馆迅速冷清下来，"宾客至交皆避不敢来，门可罗雀，与三月时成两世界矣"。[53] 大部分士大夫对康有为、梁启超充满怀疑，难以认同他们的改革热情。保定莲池书院的山长吴汝纶，一位备受尊敬的学者，曾为《天演论》作序，他对朋友说，中国很可能步波兰与印度的后尘，而士大夫却只会"空作楚囚对泣状"，康梁"日号泣于市，均之无益"。在他看来，回到县乡办学堂培养人才，才是可做之事。[54] 张謇同样意兴阑珊，写信给汪康年，准备回家开始地方建设，"从草堂下手，以海滨为基础"，既然"新政殆无大指望"，他觉得自己这一辈人能做的事情也只有这些了。[55] 远在长沙的皮锡瑞听闻北京的种种消息，觉得"在上者仍不事事，在下者并不议论，皆以为势在必亡"。[56] 在日后的诗作中，康有为描述这戏剧性一刻："八表离披割痛伤，群贤保国走彷徨。从知天下为公产，庆合民权救我疆。八俊三君自钩党，周钳来网巧飞章。"光绪对于保国会的温和处理，给他慰藉，在最后两句展露出乐观："书门幸免诛臣罪，明圣如天赖我皇。"[57]

吊诡的是，在众人日益疏离时，皇帝对康有为的兴趣却在不断增长。5月26日，他让翁同龢把康有为的上书抄写一份递呈。翁的反应令人意外，他是康有为的引介者，如今却说康居心叵测，自己已经不再与康来往。这缘于他的《孔子改制考》的阅读经历，康有为对于孔子的诠释带给他巨大的不安，这个候补工部主事不仅篡改孔子，还自比当代孔子。

翌日，光绪又问起进书之事，翁同样的回答激怒了皇帝。光绪坚持要翁带话给张荫桓，一定将康著送到自己面前。翁则反驳说，皇帝日日召见张，为何不直接面谕。[58] 这也反映了总理衙门内部的紧张，翁同龢与张荫桓相互不屑。

光绪对于康有为的新兴趣可能缘于张荫桓。比起刻板的翁同龢，张荫桓丰富的世界知识、自由个性，或更能吸引困居紫禁城、充满好奇心的年轻皇帝。三个月来，张荫桓被单独召见了十三次，在很多大臣心中是皇帝最宠爱的大臣。他对西方礼仪的熟悉、做事的变通，与翁同龢的固执形成了鲜明对比。德国亲王亨利来访，张荫桓当时把自家厨子借给宫廷，做出正宗的西餐，更拉近了与皇帝的距离。黄遵宪的《日本国志》也是由他推荐给皇帝的。

皇帝对于康有为的兴趣，伴随着国家日益严重的危机。5月27日，又一个惊人消息传来，在长久卧病之后，恭亲王逝世了。他因大清国的内忧外患而崛起，又在它再度陷入危机时离去。临死前，他叮嘱光绪与太后和睦相处，任用两三位重臣处理国事：他心目中的人选是满人荣禄、裕禄与汉人张之洞。他还将对翁同龢的不满倾泻而出，认为翁执意对日作战的决定不可原谅，"聚九州之铁，不能铸此错"。[59] 据说，他特意提到了康有为，提醒皇帝"当慎重，不可轻信小人"。[60]

"朝局殆将变动。"张謇在日记里写道。[61] 这定代表了众多官员的感受。复出三年来，恭亲王并未做出任何强有力的决定，他仍是这个危机重重、分崩离析朝廷的稳定器，是日益成长的年轻皇帝与不甘心放弃权力的太后，也是满人权贵与汉人官僚之间的缓冲地带。有西方观察家评论说："满族权贵从此失去了一位老资格的代表人物，这位人物多年来以其智慧指导朝政。他在阻止排汉、排外的政策中施加正面的影响。"[62] 清王朝错综复杂的机器失去了一个关键齿轮，人们很快意识到，即使是一个残破的齿轮，也好过没有。

关键齿轮的消失意味着失序，也意味崭新的机会，边缘人被推到了前台。在朝廷仍沉浸于对恭亲王的缅怀与对未来的猜测的气氛中时，万木草堂师徒展开更积极的动作。5月28日，梁启超约严修、李岳瑞、徐艺甫等朋友前往东交民巷，宴请日本公使矢野文雄，很不幸，公使的翻译患病，只能改期再聚。梁启超这主动的社交姿态，是对日本日益显著影响力的回应。康有为则加快了上书的速度，6月1日，他代杨深秀草拟了《请定国是而明赏罚折》，并附上《请派游学日本折》《请派近支王公游历片》《请筹款译书片》。其中派遣近支王公出国游历的建议尤为新奇，自清王朝建立以来，还从未有一位王公走出国门。最重要的建议是请定国是一条，它公开表明变法的决心。五天后，他又替李盛铎草拟了《请开馆译书折》，这颇令人玩味，弹劾康门的李似乎又归队了。维新者内部不无复杂，他们分裂又再度结成同盟。6月8日，徐致靖再次上书，请求皇帝颁布诏书，速定国是。[63] 维新者们都对皇帝这一纸明定国是的诏书充满了迷信式的信念。

第十三章　定国是诏

一

南海会馆内定一片欢腾。"举国欢欣"，康有为赞叹道。梁启超日后则写道："自是天下向风，上自朝廷，下至人士，纷纷言变法……一切维新，基于此诏，新政之行，开于此日。"[1]

6月11日的北京，"晴朗，热"。维新者期待已久的《定国是诏》毫无征兆地到来。当日早朝并无特别，翁同龢发现，军机处"外折多"，大多为农会、小学堂的创办，办理不善的昭信股票，以及河工之事。他给广西发去电旨，重申地方官员在应对地方骚乱时"勿生事"。身体不佳的廖寿恒再度申请开缺，被赏了两个月假。[2]

被召见时，翁同龢发现"圣意坚定"，要颁订定国是诏。[3] 皇帝刚从颐和园返回紫禁城，太后认可了他的决定。亲政九年来，他频繁地前往颐和园，陪太后吃饭、听戏、观赏荷花。他从未获得独断乾纲的权力，重大决策皆是在颐和园做出的。但皇帝独立的欲望日益灼人，据说还与太后争吵起来。皇帝强调，仅练兵制械不足以带来富强，还要进行根本变革。他赌气说，倘若总是无权，就不做这个皇帝了。太后不得不做出妥协，只要不变祖制，其他事情都放手去做。同时，太后也加强了控制力，皇帝返回紫禁城前一天，她主导了高层官僚的又一次变动：荣禄升大学士，管理户部；刚毅升协办大学士，接任兵部尚书；崇礼接任刑部尚书。他们都是太后的人马。

对于皇帝的决心，翁同龢并非全无准备。自康有为进京以来，《定国是诏》的建言从未停过。张謇昨日拜访时，就看到翁师傅"所拟变法谕旨"。[4] 但翁师傅也有自己的坚持。皇帝要他拟旨，"今宜专讲西学，明白宣示等因"，他回应说，"西法不可不讲，圣贤义理之学尤不可忘"。召见持续了六刻钟，一直跪着的翁同龢，起身时膝盖已开始疼痛。[5]

"用特明白宣示，嗣后中外大小诸臣，自王公以及士庶，各宜努力向上，发愤为雄。"在不足五百字的诏书中，皇帝明确表达了变革决心。不过，具体的信息仍嫌不足，除设立大学堂，并未展现出变革蓝图，也没有提及变革路径，就连姿态本身也不无扭捏，试图在"圣贤义理之学"与"博采西学"间寻求平衡。[6] 诏书也像是翁同龢思想的延伸，总想在各方力量中保持平衡。

但对于有维新意识的士人来说，这已足够庆贺，皇帝的新态度足以创造出新空间。张荫桓感慨"政令一新"，"钦佩圣明"。皇帝还要求各督抚保举通达时务的人才，为变法做准备。翌日，又颁布了一条上谕，要总理衙门选派宗室王公出国游历，为国家开通风气，勒令各省设立商务局。[7]

这接连的上谕，是对康有为、梁启超主张的确认，也激起了他们更大的雄心，想直接跻身决策中心。既然皇上期望人才，他们就索性保举自己。6 月 13 日，徐致靖举荐了康有为、张元济、黄遵宪、谭嗣同及梁启超，认定他们是"维新救时之才"，恳请皇帝"破格委任，以行新政而图自强"。徐致靖描述了每个人的特性及他们适合的职位：康有为"忠肝热血，硕学通才，明历代因革之得失，知万国强弱之本原"，建议皇帝聘作顾问，"与之讨论新政，议先后缓急之序"；黄遵宪"器识远大，办事精细，其所言必求可行，其所行必求有效"，不管海外出使还是湖南新政的经历，都证明他足以"进诸政府参赞庶政"，或成为驻外使节；谭嗣同"天才卓荦，学识绝伦，忠于爱国，勇于任事，不避艰险，不畏谤疑"，他"内可以为论思之官，外可以备折冲之选"；张元济则"熟于治法，留心学校，办事切实，劳苦不辞"，适于"筹划新政"。在保荐名单上，梁启超是最后也是最年轻的一位，其个人履历的长度却仅次于康有为，被形容为"英才亮拔，志虑精纯，学贯天人，识固中外"。他在《时务报》上的论说，在时务学堂的作为，足以证明他的才华。徐致靖建议皇帝"召置左右，以备论思与讲新政"，要么在即将创办的大学堂授课，要么负责译书。徐致靖将保荐的五人比作木户孝允、伊藤博文、大久保利通式的人物，这些日本志士也是从草茅之士"入直宪法局以备顾问"，一举奠定了明治维新的基础。[8]

这个名单是一个密切的改革团体，除去张元济，都可归于康党之列。在京城，这名声已四处流传，代表着躁进的小团体。奏折的行文的确不像出自一位老派御史之手，很有可能，康有为、梁启超直接参与撰写。在自我宣扬方面，万木草堂师徒从不避嫌，也很少流露出羞怯。梁鼎芬日后说，这份奏章在京师引发了嘲笑，士大夫嘲笑康梁试图厚颜自保，也嘲笑徐致靖的无文。[9]

反对者也活跃起来。在徐致靖保举的同一天，陕西道御史黄均隆参劾陈宝箴与梁启超。黄将湖南的新政活动视作标靶，陈宝箴"学行西学，徒务虚名，毫无实际"，梁启超在上海时就"力倡民主议院之说"，到了长沙更引来湘中人士效仿，甚至有"改正朔，易服色"之言。[10]皇帝不仅明确否定了黄均隆，还准备面见这些异端，下谕："工部主事康有为、刑部主事张元济均着于本月二十八日预备召见。湖南盐法长宝道黄遵宪、江苏候补知府谭嗣同着该督抚送部引见。广东举人梁启超着总理各国事务衙门察看具奏。"[11]当日，皇帝心情颇佳，殿试结果出炉，贵州人夏同龢高中状元，榜眼是湖南人夏寿田，探花则是浙江人俞陛云。夏同龢年仅二十四岁，恰与帝师同名，也是国家人才昌盛的标志。圣谕令维新者振奋不已。宋伯鲁上奏要选拔"专以得古今掌故、内政外交、公法律例之通才"。陈宝箴也从湖南发来练兵、筹款等建议。李盛铎上奏，建议赏罚分明，强调用人宜慎，能发议论者未必能办事——多少是在嘲讽康梁。[12]

京城政治仿若夏日天气，阴晴变幻，微风后突降暴雨。6月15日，毫无征兆地，翁同龢被罢免一切官职。"喜怒见于词色，渐露揽权狂悖情状，断难胜枢机之任。"皇帝亲自撰写的朱谕给出这样的罪状。[13]它的冲击力甚至超过了恭亲王的去世，后者的死亡是缓慢到来的，影响力也只是象征性的。翁同龢的去职则充满意外，作为户部尚书、军机处与总理衙门的大臣、帝师，过去三年来，他享有无可匹敌的权威。刚毅曾私下对李提摩太抱怨，翁才是中国真正的皇帝。

官僚系统普遍陷入惊愕、困惑与忧虑。"此举得失，小臣不敢妄言，唯忧危太息而已。"御史恽毓鼎在当天日记里写道。[14]叶昌炽感慨："朝局岌岌不可终日，如蜩如螗，如沸如羹，今其时矣。"张謇也忧心忡忡，感觉"朝局自是将大变，外患亦将日亟矣""城南士大夫人心皇皇"。张荫桓当日早晨还接到翁同龢的书信，想要对换一幅字画，午后就听到这个消息，不免大吃了一惊。外交官也四处打听这次决定的缘由，猜测将给政局带来何种影响。很少有人相信朱谕上给出的理由，翁与皇帝的关系不仅是君臣，更形同父子。有人猜测，太后担心翁对皇帝的影响力过强、与维新派的关系过于密切。还有人看到了严酷的权力斗争，推测刚毅在背后暗算。当天的另一份诏书要求，此后二品以上官员任命后都要向慈禧太后谢恩。荣禄被任命为直隶总督，成为最富实权的大员。人人皆知，他是太后最信任的人。[15]

人们纷纷继续猜测翁同龢去职的原因及可能的影响。赫德称这件事是"重要的和意味深长的。它意味着一种过于守旧的政策的放弃"，他猜测这可能是皇太后要废掉光绪皇帝。[16]一个朋友在致莫理循[①]的信中，干脆称之为一次政变，在某种程度上，是慈禧太后对皇帝的废黜，他还把这一事件与恭亲王之死联系起来——"恭亲王之死，已经使光绪皇帝失去了一位老一辈的庇护者，而慈禧太后又立刻进了一步，胁迫这位可怜的年青皇帝革去了他最忠诚的支持者。"他猜测李鸿章可能东山再起。[17]窦纳乐则把最近发生的一系列事件放在一起评价，他说《定国是诏》"表示了根本的维新，宫廷最后彻底地承认是一个真实的需要了"，却前景并不乐观，"有很少的理由来希望皇上的指示，能够深刻地感动中国的官僚们"；他说翁同龢在个人方面"是受人尊敬的，有学者风度的一位守旧的中国政治家最优美的典型"，他的去职是慈禧太后对自己权力的再度确认。[18]美国新任驻天津

---

① 莫理循（George Ernest Morrison，1862—1920），澳大利亚记者、旅行家，任《泰晤士报》驻华首席记者 17 年，有中国的莫理循（Morrison of China）之称。

领事则判断，"翁的罢退意味着一个更为孱弱的统治时代的开始"，"慈禧太后似乎已经重新掌权……李鸿章会很快再次复出并恢复其影响力"，"皇帝与太后在治理国家的观念上存在分歧，麻烦迟早都会发生"。他还听到了一些传言，"皇帝认为不必再留长辫子，女子应禁止裹小脚"。[19]

张荫桓看法却不同，在与矢野文雄私下的谈话中，他说翁同龢去职的原因是在甲午战争中主战之失误，这让慈禧与恭亲王都深为恼火。翁与光绪之间的摩擦也日益增加，德国亲王亨利的来访成为直接导火索，翁对于皇帝想采纳的西方礼仪大为不满，甚至拒绝参加宴请。直到 6 月 12 日，光绪准备在宫内接见外国使臣时，翁还表示强烈反对。这让皇帝颇为不悦，继而暴怒。无论原因是什么，这都是皇权绝对性的绝佳体现，一个重臣的政治生命，竟然可以如此草率地终结。但在大势上，张荫桓颇为乐观，他相信慈禧也会喜欢新派，皇帝的锐意进取令母子关系更加亲密了——"开新派早晚会得到胜利，也许再等三五年，或者六七年。"[20]

翁同龢在日记中抄录了朱谕，却没表露出任何震惊与不满。他了解皇帝的脾性，聪明、任性、多疑，容易为琐事发怒。皇帝"被太监激怒"，"因茶太热发怒"，"被帝师孙家鼐激怒，摔破茶杯"，"怒而踏破玻璃窗"，多年来，这种记载不断在翁的日记中出现。[21] 这一次，轮到他自己。

康有为的心情定非常复杂。他与翁同龢关系虽已转冷，但翁毕竟改变了他的命运，不免感到"甚为灰冷"。当晚，张荫桓邀李鸿章、张元济、康有为共进晚餐。[22] 翌日，三人都将前往颐和园，李向太后谢恩，张与康则是接受皇帝召见。饭桌上，翁同龢极有可能是谈论中心。

不过，康有为有理由乐观。对他而言，过去几天充满惊喜，原本想离京的他，却蒙皇帝召见，或还将出任顾问。6月16日清晨，当康有为前往颐和园时，这种乐观达到了新的巅峰。自1889年初次上书，他终得面见皇帝，直接阐述变法之道。他是光绪这一天要召见的四位官员之一，除他与张元济，还有荣禄与山西知府崇祥。荣禄刚刚被任命为直隶总督，前来谢恩，崇祥即将放任。张元济记得，当他到朝房时，康有为已至，荣禄随后到来。康有为拉着荣禄大谈变法之道，后者只是一副敷衍的样子，"唯唯诺诺，不置可否"，始终有一品大员的傲慢。[23] 在日后另一个版本中，康有为盛气凌人，对荣禄说，变法不难，只要先杀几个一、二品大员，看谁还敢阻拦。[24]

光绪先召见荣禄、崇祥，再让康有为觐见。按康的回忆，他与光绪的见面从清晨5点开始，延续了两个小时。在见面中，即使一直跪着，他也发挥了著名的演说能力，将草拟的诸多奏折中的要点一次性展示出来。他强调变法就要全变，要重用小臣，他们才是变法的关键。他还大讲废除八股文之必要。[25] 在张元济笔下，召见并没这样的戏剧感。他记得，皇帝身前放着一张扎着黄桌帷的书桌，他跪在桌旁，一室之内，只有君臣二人相对，太监留在门外。光绪询问他所办通艺学堂有多少学生，做什么功课，翻译与铁路可重要。他说，如果滇越边境发生冲突，中国的军队要两个月才到，外国人十天八天就到，"一切落后，什么事都赶不上外国，怎么好和人家办交涉呢？"皇帝感慨变法之难，总被守旧的大臣阻挠。"问话语气极为温和，看他面貌，殊欠刚健"，张元济回忆说，暗示皇帝正处于孤立中。[26] 张元济自己只在仁寿殿待了两刻钟。[27]

回到南海会馆，康有为势必要大肆宣扬面圣的经历，消息也将迅速传遍南城，引发羡慕与嫉恨。"夫子栖栖皇皇，入周庙观金人，而未尝得见天子，后圣之遭际，何其隆也。"翰林院学士叶昌炽在日记中感慨，语气不乏嫉妒。[28] 草堂师徒被召见所鼓舞，但当日宫门钞发布时，他们定大失所望，康有为只被授予总理衙门的四品章京。如同三年前的候补工部主事，他对这个职务不屑一顾，更不会赴任，习惯性地认定这是军机大臣刻意作梗。门人也纷纷不平，"总署行走，可笑之至"，梁启超向夏曾佑叫屈。梁说，皇帝对康有为"面询极殷拳"，因慈禧仍主持大局，皇帝没机会伸张自己的意见，变革仍然很困难，他用"西王母"暗指慈禧，还描述了北京的政治戏剧，"数日之内，世界屡变，或喜或愕"，颇像读佛家的相宗书。[29]

康有为灰心丧气，准备离京。这既因对任命失望，也缘于总理衙门的查看迟迟不来。梁启超又致信夏曾佑，惋惜翁同龢的离去，"未能大启天下之蒙"，康有为"从容度无所

"补救"，准备南下。[30] 但康有为最终还是留了下来，接受总理衙门章京一职，它职位不高，却意味着可能的影响力。皇帝显然对康印象颇佳，当总理衙门 6 月 21 日代递他的谢恩折时，皇帝给予他直接奏事权，还专门指派廖寿恒帮他转呈条陈。让军机大臣为章京转呈，这荒诞中，皇帝的偏爱表露无遗。廖对这新角色深感不安，一些官员也称他是"廖苏拉"——在满语中，苏拉是指不识字的传话小太监——甚至"康狗"。康有为颇为自得，这是他独特身份再好不过的体现。更为荒诞的传闻随之而来，有人说康有为、康广仁兄弟可以随意出入宫门密会皇帝，还说太后已经下了密旨："紫禁城各门外官厅，系步军统领分派八旗，两翼轮流值班……令其认准康有为面貌，车马仆役，如在各门，认名禀报。"[31]

康门备受鼓舞，废除八股成了他们的着力点，他们视此为中国积弱的根源。6 月 17 日，宋伯鲁上奏《请改八股为策论折》。五天后，徐致靖又上折，强调废除八股是"新政之最要而成效最速者"。[32] 这些奏章都出自康门，并引起嘲笑，草堂师生明明热衷于科举。

皇帝态度明确。6 月 23 日，他下诏"乡会试及生童岁科各试向用四书文者，一律改试策论"。诏书引发了狂喜与震惊。"欢声雷动，去千年之弊政，"康有为把这归咎于皇帝的魄力，"非皇上之圣武，岂能若此之刚断乎？"[33] "酌酒相庆，以为去千年愚民之弊，为维新第一大事也。"梁启超日后写道。[34] 孙宝瑄也感慨："五百年积弊决去于一旦，快甚！"[35]

改变不能限于乡试与会试，童生的岁试与科试才与更广大士人群体相关。6月30日，宋伯鲁又上折《请将经济岁举归并正科改试策论由》。折片可能由康广仁撰写，他曾对梁启超说乡会试三年后才实行，"为期太缓"，"未足以振刷此辈之心目"。皇帝当天就用朱笔批示："即行一律改为策论，毋庸候至下届更改。"[36] 建议的确立竿见影，本年优、拔贡及保和殿复试中，出现了"天下得人难论""通筹互市情形策"这样的新考题。窦纳乐看到其标志意义，他将八股文类比为英国官员必须通晓梵文，废除是一大进步，虽这导致考生们产生极大不满，"但是对于未来的影响，除了是良好以外，不会有别的情形的"。[37]

改革激怒了众多士人，无异斩断他们的前途。他们愤怒万分，甚至传闻直隶士人要行刺康有为。于式枚劝康有为深居简出，养壮士在身边。[38] 读书人的大言炎炎、知行不一再度彰显出来，没人有足够的血气去刺杀康有为。

皇帝接连的认可令人鼓舞。梁启超也进入了皇帝的视野。刑部主事吴保初向孙家鼐推荐梁："年二十四，奇才淑质，独出冠时；综贯百家，凌跞一代"，对西方书籍也"莫不取其精华，得其指要"，他劝孙速将梁揽入官书局，不然梁将迅速离京。[39] 吴保初是名将吴长庆之子，时年三十九岁，与谭嗣同、陈三立、丁惠康并称四公子。他以个性耿直著称，去年末还递一条呈，乞堂官代奏，谏止清廷的重大庆典。

二

7月1日，翁同龢离京。夏日正炎，永定门外充满感伤、悲戚。但即使送别的门生也得承认，翁同龢要对日渐衰败的朝政负责——"甲午之后，朋党渐兴，政治日紊，内外不和，以国为孤注，继此以后，尚不知有若干甲午者。"[40]翁的个性弱点展现无遗，没有一位高级官员愿意挺身为他辩护，作为帝党领袖，他在权力场上其实孑然一身，有人评论他"好延揽而必求为己用，广结纳而不能容异己"。[41]

当日，梁启超前往总理衙门接受考察。"该举人梁启超，志趣远大，学问淹通，尚属究心时务"，在折片中，总理衙门说他"平昔所著述，贯通中西之学，体用兼备，洵为有用之才"，奏请专拨经费让他管理，并恳请特赐召见。[42]召见定于两天后。按惯例，四品以上的官员才会被皇帝亲自召见，康有为、张元济已是破例，而梁启超更不过是个举人，"以布衣召见，尤为本朝数百年所未见"。[43]

7月3日一大早，梁启超前往朝房等待，然后跪在铺着黄帷布的桌子旁跟皇帝对话。对于这次珍贵会面的细节，他从未谈及。很有可能，这个习惯晚起的人还一直处于迟钝中，也被巨大的权力所震慑。他没有康有为式的自信，随时展开一番说教，浓重的广东口音恐怕也阻碍了他的表达，这位大名鼎鼎的主笔，经常连"好"与"孝"都分不清。皇帝询问了他在《时务报》的经验，对变法的看法，或许还抱怨了新政之艰难、旧党之阻挠、大臣之不明新学。也可能，皇帝并不在意他说了什么，在这些维新者身上，他能找到一种少见的放松与亲密，尤其是这位梁举人，比他还小两岁。

还要一个月，皇帝才满二十八周岁。他生活在一团矛盾中，看似握有无边权力，又被无边的规定所束缚。四岁时，他就被从父母身旁抱走，在姨母的严厉目光下、在无数的训诫中成长，很少享受家庭的亲密感。他生活在一个双重、分裂的世界，被宫女与太监包围着，后者乐于传播种种阴谋与流言，被任何微小的个人利益所引诱；他还要牢记翁同龢、孙家鼐所描绘的道德使命，心忧天下，为黎民苍生负责。从儿时起，他就过分繁忙，"既入书房，作诗文，每日皆有课程。未刻毕，则又有满洲师傅教国书，习国语及骑射等事，薄暮始休"。在一些诗歌中，他偶尔流露出杜甫式的情绪："西北明积雪，万户凛寒风。惟有深宫里，金炉兽炭红。"[44]

他没有同伴，生活中每个细节、他的称谓、他的行动，甚至使用的颜色都被灌输一种独特性。"琉璃瓦顶是黄的，轿子是黄的，衣服帽子的里面、腰上系的带子……无一不是黄的。这种独家占有的所谓明黄色，从小把惟我独尊的自我意识埋进了我的心底。"[45]溥仪描写的情形，定也适合光绪。

他很少有机会真正行使权力。他不能选择自己的妻子，私人生活要遵循规则。宣称亲政，他仍要遵从姨母的意志。依靠翁同龢的鼓舞，他在甲午战争中表现出几分"乾纲独断"，却一败涂地。他想推动变法，却不知如何下手。作为皇帝，他被要求全知全能，从淮河水患、江西教案到西北暴乱，都必须即刻做出批示。这套系统是为头脑敏锐、精力旺盛的皇帝设计的，比如无比勤政的雍正，到了光绪这里，大多数时候只能在冗长的奏折上批注"知道了""着照所议办理"。他要面对一个迅速变化的世界，大清国不再是世界中心，还要迎接一连串的屈辱。与历任先皇不同，他不仅要精通满文与汉文，还试着学习了英文。

皇帝的智力与体力也映射出王朝的兴衰。康熙、雍正、乾隆开疆辟土，还留下一大堆子女，为皇位钩心斗角。同治皇帝驾崩时，不仅国家被入侵，且没留下一个子嗣，以至于抱来醇亲王府的载湉继承大统。此刻，光绪面临着国土被瓜分，还身体虚弱，饱受遗精困扰，更没生下一个皇子。他还是个口吃症患者，说话声音细微。官员们纷纷相互转告，上朝以后不必十分拘谨，皇上不能多言，遇皇上发问，可洋洋洒洒畅所欲言，敷衍十分钟便下来。

无力感可能激发起皇帝的愤怒，或让他沉迷于无关紧要的细节。有时，任性是确认权力和逃避无能的方式。整个三月，光绪都沉醉于接待亨利亲王的细节中，纠缠于一个宝星勋章的设计。他想用西式礼仪来迎接客人，这个刚刚割取他一个港湾的代表。他的努力却透露出笨拙，在场的海靖夫人刻薄地写道："同往常一样，皇帝看上去有些胆怯，脸上还显露出病容。同皇太后相反，他在谈话时显得局促迟钝。"在试图与亨利亲王按欧洲礼仪握手时，"整个场面看上去非常

滑稽可笑"。⁴⁶

但转瞬间，他又傲慢与冷酷。他突然解除了翁同龢的职务，丝毫不忌讳这一天正是老师的生日。翌日，当翁在宫门谢恩时，他甚至没扭头看一眼。他感受到深深的无力，不知该依赖谁来提供分析、推行主张。人人在等待他的裁断，认定这个角色代表着天然的洞察与权威。他被一群老人包围着，其中很多都听命于慈禧。他被张荫桓丰富的知识吸引，也会对康有为的变革主张着迷，这一切的执行仍要有赖于官僚系统，这个系统却几乎失灵了。召见梁启超时，新政已推行将近一个月，遇到重重阻力。总署昨日向皇帝呈上《遵旨议覆康有为条陈折》，集体认为康有为的建议无一可行。这种驳斥引起了光绪的不满，斥责张荫桓道："汝等尽驳康某之奏，汝等欲一事不办乎？"⁴⁷

跪在仁寿殿中，梁启超是否能感到皇帝的心情？或许，他自己也颇为矛盾。两年来，他在《时务报》发表了大量否定君权的文章，放肆地说皇帝是民贼与独夫；在时务学堂，他甚至把皇帝比作杂货铺老板，并无神圣性可言；他还认为，满人统治导致了中国智力与体力的衰退。但在满人皇帝面前，这些指责沉默了。也有可能，接近权力本身就令人陶醉。康有为已经改变了看法，到处宣扬皇帝的英明。他是个权力的崇拜者，孔子可以被塑造成改制者，光绪也能成为彼得大帝与明治天皇。康门师徒改变策略，一年前，他们还在上海商议，要用激进的、立宪的方法，如今则要用君权推行理念。在忧国忧民的话语之下，灵活与投机同样重要。

随即颁布的上谕并不令人振奋：梁启超被赐予六品官衔，办理译书局事务。按普遍说法，蒙皇帝召见的举人不进入翰林院，至少也被赐予内阁中书。有人猜测，梁启超是否与皇帝"彼此不能达意"。[48]梁宝瑛想必已感到满意了，即使高中进士，进入翰林院或成为六部主事，官阶也只是六品，何况，梁举人还不用徒劳地等待候补。

"昨日召见，上实明。"梁启超随即致信夏曾佑，赞叹皇上的能力，却对大臣们颇感失望，"不足为助"。在这封时断时续的信中，梁启超的起伏心情也展露无遗。它有一种接近权力的自得，"新政来源真可谓令出我辈"，相信《彼得变政记》与《日本变政记》鼓舞了皇帝，"日日流览，因摩出电力"；还谈到了翁同龢开缺"最为大关键"，"然不能形诸笔墨"；康有为、张元济与他自己都没获得令人期待的职位，这也预示新政道路的不确定性——"初时极欲大办，今如此局面，无望矣"。让他自得的是科举之变，"守旧之命脉已断，我辈心愿亦几了矣"。他再次许诺将离开北京，"日间必出都，相见不远也"。[49]

康广仁也劝康有为南归，废除八股的成果已经相当让人满意，至于更深的改革，他认为时机未到："我国改革之期今尚未至，且千年来行愚民之政，压抑既久，人才乏绝。今全国人材尚不足任全国之事，改革甚难有效。"他也劝梁启超回长沙，"专心教育之事，著书译书撰报，激励士民爱国之心，养成多数实用之才"，如此三年后，可以大行改革。张元济同样劝说康有为南下办学，"俟风气大开，新进盈廷，人才蔚起，再图出山，则变法之事，不难迎刃而解"。[50]

但二人都没有离去，皇帝的垂爱带来诱惑。在梁被召见同一天，御史黄均隆再次上折，参劾黄遵宪、谭嗣同与梁启超，光绪没有理睬。总理衙门则上折片，希望梁启超负责正在筹办的京师大学堂译书局，它与大同书局形成呼应，"由该举人随时自行来往京沪，主持其事，所有细章皆令该举人妥议"，朝廷每月拨发一千两的经费。[51]

梁启超旋即发现，他的首要任务不是译书，而是为大学堂起草章程。在《明定国是诏》中，创办京师大学堂是唯一的具体计划。在一个建立于教化基础上的国家，大学堂代表学风的转变，以及整个国家生活的革新。在读书人心中，学能变政，康有为尤其如此确信。大学堂也的确与梁启超紧密相关。大学堂缘起于李端棻在 1896 年夏天的奏章，据说它由梁启超执笔。奏折主张"自京师以及各省府州县皆设学堂"，而"京师大学，选举贡监生三十以下者入学，其京官愿学者听之"，"十年以后，贤俊盈廷，不可胜用矣"。这份奏折引起了光绪的兴趣，孙家鼐因此还上了《议复开办京师大学堂折》。奏折还得到了李佳白的呼应，认为"立总学堂于京师，不但能扩众人之才智，尊朝廷之体统已也，亦可扬国家之声名"。值得注意的是，1897 年日本新设京都大学，大学无疑与国家富强紧密相连，甚至大学一词本身都来自日

大学堂匾额

本，传统中国使用的是太学。[52]

　　因恭亲王、刚毅建议缓办，大学堂直到 1898 年年初仍毫无结果。光绪在 2 月 15 日再颁上谕催促："着军机大臣会同总理各国事务衙门王大臣妥筹具奏。"[53]翁同龢曾负责章程，并转让张謇起草。翁的突然离去中断了进度，张謇的草案也未令军机处满意，于是"军机大臣及总署大臣咸饬人来，属梁启超代草"。在《时务报》上的教育文章，在长沙的实践，以及写作速度，都令他成为再恰当不过的人选，"乃略取日本学规，参以本国情形草定规则八十余条"。经过军机、总署的调整，《大学堂章程》终以八章五十一节的面目出现。[54]

　　"中国学人之大弊，治中学者则绝口不言西学，治西学者亦绝口不言中学；此两学所以终不能合，徒互相诟病，若水火不相入也。夫中学体也，西学用也，二者相需，缺一不可，体用不备，安能成才。"梁启超构想了一个混合的知识版图，还要设立一个大藏书楼，编纂大型丛书，大学将变成一部无所不包的百科全书。在他的设想中，总教习是统领一切的人物，鉴于大学堂的地位，总教习也自然成为学界领袖，"必择中国通人，学贯中西，能见其大者"，他几乎按照康有为的样子描述了这个职位。[55] 通人，康门师徒喜欢这个词，某种意义上，也是他们的自我认定。朋友们立刻感受到这一点，在江西的皮锡瑞觉得，"大学堂总教习破格录用，似乎意在南海，不知能破格否"，还夸奖梁撰写的章程"说中西学极通达"。[56]

在日后的回忆中，康有为称，孙家鼐请他出任总教习，李鸿章、陈炽也推荐他。这并非实情，不管是学识还是人品，孙家鼐都不信任康有为。严复也曾出现在人选中，他才是真正的通人，不过他对大学堂章程很不屑，觉得梁有意取悦孙家鼐与张之洞。在给汪康年的信里，严复说梁启超"英华发露太早"。[57] 并非人人想做大学堂总教习，候选人之一盛昱斩钉截铁地称："若朝来请则午死，午来请则夕死。"[58]

7月17日，孙家鼐最终拟就总办、提调、教习名单，没有一个留给康门。与两年前的官书局一样，它变成了一个常规的衙门。张元济被任命为总办，他"初颇心动"，但当提调、教习的名单出现后，发现"都不相习，且多有习气"，感慨"将来能否不蹈书局窠臼，正未可知"。[59]翰林院学士们占据了主宰地位，"大学堂派出提调十人，翰林院居其六"。叶昌炽不无自得，这安排"虽不尽公道，尚可为词馆吐气"，又担忧"康、梁有后言"。[60]这未能阻碍康门的热忱。7月6日，康有为又上《请改直省书院为中学堂乡邑淫祠为小学堂令小民六岁皆入学折》。这些新学堂不仅是为了教授新知识，更为振兴孔教所用。两天后，皇帝下谕准奏。

孙家鼐不信任康有为，却对梁启超支持有加。8月16日，他上折为译书局申请经费，请求皇上先拨开办经费一万两。光绪当天予以批准，甚至增加了一万两开办费。而上海译书局也有四万两开办费，每月经费两千两，颁给木质关防一颗。[61]瞬间，梁启超成为手头最充裕的维新者。皇帝还对他的写作发生兴趣，要他进呈《变法通议》。他选取了该主题系列部分文章，加上八篇政论及《湖南时务学堂课程》，抄成七册，用黄纸封面、细黄丝线装订，每一册都注明"举人臣梁启超撰"。[62]这是《变法通议》的第一次结集。梁启超理应为自己得意，他不仅如此高产，皇帝也成了他的读者。自然，他要进行必要的自我审查，删除那些过分刺眼的论句。他也收敛起对君主、满人的不满甚至仇恨。

索要《变法通议》也展现出皇帝的阅读热情。康有为接连进呈的《日本变政考》《泰西新史》《列国岁计》扩展了他的视野。他对两份官办报纸《官书局报》与同文馆的译报都有所不满——前者平淡无奇，后者内容太少——要求总理衙门定期呈进《时务报》，上面刊登的书单被视作通往现代世界的入口。他还要求总理衙门上呈全球地图、各国条约。上海道蔡钧奉命将书单所列图书寄往北京。军机处《随手档》上留下了这样的记录："发下《时务报》一册，见面带下，次日带上。"[63] 张元济感慨，"果于此因势利导，所造岂有限量"，可惜"在廷诸臣不惟不喜，而且忧之"。[64]

在很多人眼中，康有为与梁启超拥有了皇帝的耳朵，其影响无处不在。"至戊戌春康君入都变法之事，遂如春雷之启蛰，海上志士，欢声雷动，虽谨厚者亦如饮狂药。"罗振玉写道。[65] 缪荃孙则在信件中说，"近来新政迭颁，康先生志气发纾"，大有王安石、张居正的气象，皇帝对他"言无不听，计无不从，可谓盛矣！"张元济也认为，"风气之开，不可谓非彼（康）力"。[66] 身在上海的孙宝瑄对宋恕说："自中日战后，能转移天下之人心风俗者，赖有长素焉。何也？梁卓如以《时务报》震天下，使士夫议论一变，卓如之功，而亲为长素弟子，亦长素功也；八比废，能令天下人多读书……亦长素功也。"所以康有为"非立言之人，乃立功之人"。[67] 李鸿章在家信中也承认，京师发生的种种变革都与康梁师徒的鼓动有关，但又对他们的能力深感怀疑，料定"无一事能实做"。[68]

这风潮也引发了一连串的忧虑。"欲令一年幼无知之梁启超翻译西书，删定中学，此恐人才因之益复败坏耳。"吴汝纶如此评论。在另一封信中，他稍为平和地承认，大学堂的开办，康有为首唱大义，并非无功，"惟其师弟于世事少阅历，皆以一人室中私见，遂可推行天下，是其失也。其谈中学尤疏谬……"[69]康有为的个人风格更加剧了这种忧虑。他将上斜街的寓所命名为万木草堂，似乎拜访者都是自己的学生。张謇发现康有为过于张扬，"仆从伺应，若老大京官排场，且宾客杂沓"，感到康梁不仅"至是张甚，事固必不成"，甚至"祸之所届，亦不可测"，再度劝康不要轻举。身在北京的江标也有类似的感触，在一次聚会上，他对日本外交官中岛雄说："康氏之新学，与鄙人颇有异同；康氏取其虚，尔吾求其实。"李盛铎则说，康有为"议论甚高，而不切合实际"，一位翰林学士干脆在一旁冷笑。身在上海的文廷式感慨康有为的鲁莽正在毁掉改革，感叹"假留我辈数人，何至今渠跳梁至此？"但他不愿承认，若没有康梁之"跳梁"，变化又何从开始？[70]

康有为不会在意这些，出任大学堂总教习不成，他又寻找出使日本的机会。张仁权在给父亲张之洞的信中提到，康有为本意出使日本。[71]他也通过保举缔造着自己的关系网，6月给女儿的信中，提到万木草堂十余个同门被特科保荐，她的丈夫麦仲华也列其中。[72]皮锡瑞的江西同乡桂念祖，也要前往北京投奔康有为。康还热衷于卷入人事斗争，鼓动宋伯鲁弹劾许应骙，说许守旧迂腐、阻扰新政。许随即进行自我辩护，并展开反击，称康"少即无行，迨通籍旋里，屡次构讼，为众论所不容"，在京师则"勾结朋党，快意排挤，摇惑人心，混淆国事"，"其建言既不可行，其居心尤不可问"。[73]

反作用力接踵到来。7月8日，御史文悌上书弹劾。在外人看来，这份指控不免有些嘲讽。年初时二人还关系甚佳，文悌在奏章中也承认，康有为曾到访他十余次，有时还是夜晚到来。最初，他以为康深通洋务，还两次到南海会馆回拜。随着交往的深入，思想分歧出现了，他发现康不但"尊侠力，伸民权，兴党会，改制度，甚则欲去跪拜之礼仪，废除满汉之文字，平君臣之尊卑，改男女之外内"。他还偶然发现，康的书桌上"有洋字股信多件，不暇收拾"，而康"形色张皇，忽坐忽立"。又与张荫桓进行勾结，"行踪诡秘，恒于深夜至锡拉胡同张大人处住宿"，甚至联合言官，试图"起台谏攻击之风"。这四千多字的奏章里，事实与猜测混杂，几乎是对康有为半年来活动的全盘否定。[74]皇帝的反应出人意料，他不仅没在意这些攻击，还剥夺了文悌的御史之职，不久外放其至河南。这令康有为更为得意，"皇上至于革文悌以保全我，天恩高厚，本朝所无"。据说康广仁在街上遇到失败的文悌时，还不无挑衅地"称谢不已"。[75]

康有为再度试图推动制度局，想增加新的权力中心。尽管上书并无裁官的建议，但裁撤六部九卿的谣言四处弥漫，还有人说要设立洋人的衙门，只用鬼子办事。这引发恐慌，"老迈昏庸之堂官，懵懂无知之司官，焦急欲死者，惟有诅谤皇上，痛骂康有为"，"物议沸腾，且因新党中少年高兴，到处议论某官可裁，某人宜去，现已如何奏请皇上饬办，而皇上发下何旨，肆意矜张"。恐惧与谣言变成了双螺旋，它们相互滋养，变得荒诞异常。有人说康有为曾进药水，皇上服用后"性情大变，急躁异常"，甚至加入天主教，在宫中设立礼拜堂。改淫祠为学堂的建议传出后，另一个群体也深感不安，贤良寺与西山的僧人们纷纷询问太监拆庙之事，太监们安慰他们："有太后在，能拆庙宇乎？"[76]

如今，"朝野议论，无处不谈康有为"。[77]他很享受这种状态，被争议总比无人理睬好得多。这也激发出更新奇的想象力，8月13日，他上折建议皇帝生日时举办全国庆典，停业一日，并"电告天下士民，许人人得立万寿牌，家家得悬万寿灯"，散发皇帝御像，很多人并不知道皇帝到底长什么模样。[78]新典礼将促成全国的团结，消除君民隔阂，让光绪变成一个现代君主，更可能成为变法的推动力。

对皇帝形象的热忱，也反映出康有为变化的政治哲学。7月16日，他在《国闻报》上发表《康有为答人论议院书》一文，认定此刻中国适合君权治天下。他将一个国家比作一个家庭，君主是父亲，人民是儿子，"中国之民皆如童幼婴孩……不由父母专主之，而使童幼婴孩主之议之，能成家自养否乎？"他一反之前的论调，说"今日之言议院、言民权者，是助守旧者以自亡其国者也"。他对光绪的能力充满信心，"若雷厉风行，三月而规模成，三年而成效著"，"泰西三百年而强，日本三十年而强，若皇上翻然而全变，吾中国地大人众，三年可成"。[79]

　　这姿态并没有换得谅解，对他的批评不仅来自变法路径、个人风格，也来自学术理念。7月17日，孙家鼐上折批评《孔子改制考》："康有为必欲以衰周之事，行之今时，窃恐以此为教，人人存改制之心，人人谓素王可作。"他劝皇帝下旨，"康有为书中，凡有关孔子改制称王等字样，宜明降谕旨，亟令删除"。孙家鼐曾形容康有为"学术不端，而才华尚富"，此刻却将冯桂芬的《校颁庐抗议》上呈皇帝，与康有为争夺改革话语权。冯桂芬是自强运动的思想奠基人，他感受到了新的历史潮流，曾大胆宣称，教育、经济发展、政治合法性、知识生产是西方超过中国的关键所在。距离《校邠庐抗议》的写作已过去三十七年，冯桂芬也于二十四年前离世。昔日的异端思想终于逐渐被接受，这本书是孙家鼐心中的改革蓝图，"其书皆主变法，臣亦欲皇上留心阅看，采择施行"。[80]

　　另一位重臣也紧张地注视着康有为的动向。7月21日，张之洞去信北京的子侄："折差寄《劝学篇》三百本，以百本交仲韬、百本交叔乔、百本自留，亲友愿看者送之。"写于1898年春天的《劝学篇》，是张之洞同时对于康有为的"邪说"与顽固保守派"迂说"的回应。在这本小册子中，他承认西方影响和变革的迫切性，却反对康有为推崇的公羊说，以及日益蓬勃的"民权""议院"理论。这本小册子也是张之洞性格的最佳例证。他试图调和矛盾，对康有为迅速增加的影响力忧心忡忡。辜鸿铭记得，张之洞在武昌棉纺厂的楼顶召集会议，想办法反驳康学，"总督非常激动……在月光下来回踱步……他一遍又一遍地重复着：'不得了！不得了！'"从春至夏，张之洞的信件中充满了这样的问话："康、梁近日情形如何？""康气焰如何？"他迫切期待《劝学篇》被广泛传阅，进入皇帝的视野。最终，光绪确也认为本书"持论平正通达"，下旨颁给各省督抚、学政。与《校邠庐抗议》一样，《劝学篇》将成为皇帝钦定的政治思想著作。[81]

三

康有为试图把影响力延伸到上海。《时务报》变成一个诱人的目标，它造就了梁启超的盛名，亦可成为宣扬康学的最佳平台。若他们师徒在京师无施展空间，上海四马路可提供另一个选择。

自从3月3日的决绝信，梁启超与汪康年没有再见过面。第五十五期上的《经世文新编序》之后，梁启超未在《时务报》上发表任何文字。《经世文新编》见证了他与汪康年的友情，汪三年前催他南下时，他正编辑这本文集，它最终由麦仲华完成。梁与汪的关系再未修复，连尝试修复的欲望也消失了。

没有了梁启超的《时务报》丧失了光彩。这位新会主笔开创的文风珠玉在前，很少有人敢于续貂，郑孝胥短暂尝试一下就放弃了。汪康年无暇也无力顾及编务，福州船政大臣的一篇制船条陈竟以论说连载五期。支持者对这种变化心生怨言，不满梁启超式论说的消失。"去秋以来，论者动以贵报议论已竭为憾，厌心既生，销路将窒。"汪有龄的信中充满惋惜。汤寿潜也委婉地对汪康年说："近阅贵报者，均以展卷无议论之文为歉。"[82]

梁启超与汪康年的不和并未因前者入京得到缓解，而是演变为公开的倾轧。当驻日公使裕庚发来汪康年会见孙文的消息时，康门一派如获至宝，想借此驱逐汪康年。身在横滨的徐勤发来电报，说汪康年在日本大坏《时务报》的名声，期望黄遵宪、梁启超尽快向朝廷通报。康门一派似乎完全忘记，自己曾同孙文共谋未来，也与汪康年在上海酒桌上诋毁朝廷。听闻消息的邹代钧赶忙致信汪康年，让他赶快想办法，"诚虑此事陷公耳"。[83]汪康年希望夏曾佑充当调解人，甚至出任《时务报》主笔，被夏婉拒。猜忌与怨恨不断滋长，汪大燮把康有为身边的人统统视作康党，提醒汪康年连夏曾佑都不要信任。

"两年以来，民间风气大开，通达时务之才渐渐间出，惟《时务报》之功为最多，此天下之公言也。"7月17日，宋伯鲁的《请将时务报改为官报折》将争端推至绝境。奏章在赞叹报纸的重要性后，把梁启超描述为主要创办人："广东举人梁启超尝在上海设一《时务报》，一依西报体例，议论明达，翻译详明。"并将梁的离去视作报馆衰落的原因："局中办事人办理不善，致经费不继，主笔告退，将就废歇，良可惋惜。"他建议梁接手《时务报》，将之改为《时务官报》。新官报不再是一份私人报纸，而代表朝廷的声音，"每出报一本，皆先进呈御览，然后印行"。各省督抚要写信给所属文武人员，全部订阅。《时务报》的总部将移到北京，上海则作为分局。更重要的是，这份官报还将负责审查所有报刊，由梁启超撷取精华部分上呈给皇帝，同时纠正"议论悖谬，记载不实者"。至于新官报的章程与管理各报的方式，自然都由梁启超起草。[84]

这份令人瞠目的奏折可能出自康梁之手，也象征了这对师徒迅速膨胀的野心。权力，甚至仅仅是接近权力本身，就改变了他们看法。上海的自由气氛鼓舞了《时务报》的崛起，也正是在这份报纸上，梁启超曾经批判官僚权力扼杀了民智，如今他却要借官僚权力来收回报纸，还要代替皇帝来检审这些民间声音。

光绪对奏折不置可否，转给孙家鼐"酌核妥议，奏明办理"。[85]不过，传出的消息已经引得汪大燮极度紧张，匆匆去信给汪康年告之，"以上谕口气观之，大约收作官办居多"，劝其"早日理清……何犯着与此辈争此万不能结果之事业"。他对于康梁的品性深感不屑，"大学堂孙相不用康、梁，将来康、梁亦必攻之"，相信康、梁多行不义必有报应，"终日卖人，必为人卖"，并叮嘱汪"此时凡有与康、梁有瓜葛之事，皆不必沾边"。他还攻击《国闻报》是康党，劝汪康年"将一切来往帐目理清，将以前康、梁、黄、谭、邹、陈诸人来往函电，及一切有关紧要之件，编成纪事本末，录至五月廿九上谕而止，不必遽印"，等待未来自辩。他也掩饰不了对报纸质量下降的担忧，"京城纷纷言近来《时务报》之坏，不堪入目，盖欲打坍局面也，更不如归官为妙"。[86]

当梁启超以圣谕为号时，汪康年在寻求张之洞的帮助。双方都焦急地等待着孙家鼐的复议。九天后，这位管学大臣给出的结果让双方都感意外。他赞同改为官报，却没给它审议其他报纸的权力，亦不用呈御览，还反对把总部搬到北京。对于这份新官报的负责人，他颇有警惕："如有颠倒是非，混淆黑白，挟嫌妄议……主笔者不得辞其咎。"更令人意外的是，孙把梁启超留在了北京，建议派康有为前往上海督办官报。所有康的质疑者，必定松了一口气。皇帝随即准奏。[87]

7月30日，康有为去信给汪康年，通知接管报馆，口气颇为无辜，"弟连年在粤，一无所助，馆中诸事仍望足下相助为理"，对分歧轻描淡写，"闻卓如与足下曾小有意见，然我辈同舟共济，想足下必不因此而芥蒂也"。他说自己十天以后将前往上海，会先派一两人去沪协商。8月13日，抵达上海的狄葆贤去信给汪："此事究应如何办理？伏乞详示，以便遵办，恭候回音。"[88]

汪康年给出了自己的对策。8月7日，他在《申报》刊登《上海时务昌言报告白》。他追溯了《时务报》的创办过程，并对外宣告，其新创的《昌言报》是《时务报》的延续，从捐款与订户，都直接从旧报转到新报，"昌言"二字正是取自改官报谕旨中的"据实昌言"。这似是对上谕的挑战，接收者只能拿到《时务报》的空名。在刊登《告白》的翌日，第六十九期，也是最后一期《时务报》出版。

8月17日，《昌言报》出版，在内容、版式上延续了《时务报》，甚至在封面注明"续《时务报》第六十九册"。《昌言报》在卷首刊印了孙家鼐的条陈及上谕，但在其跋语中，汪康年再次羞辱了梁启超，不仅宣称《时务报》是自己在张之洞的支持下创办的，还写到"先后延请梁卓如、麦孺博、章枚叔、徐君勉、欧云樵诸君为主笔"，把梁启超的贡献淡化至一连串名单之中，完全忽略了这位主笔的决定性作用。[89]

这让梁启超愤怒不已，立刻撰写《创办时务报源委记》，在《国闻报》与《知新报》上刊登。这或许是梁启超一年来最动情的文字，他从北京紧张的政治气氛中暂时解脱出来，回到那个曾经甜蜜的回忆之中。他追溯与汪康年、黄遵宪、吴德潚、邹凌瀚五人共同创办的历史，而如今"四人之名，岂可剔去"。黄、吴也站在梁启超一边，他们在《国闻报》上连续一周刊登《创办时务报总董告白》，重申这份报纸最初由五人创办，其中"推汪君驻馆办事，梁君为主笔"。[90]在这场事先张扬的死亡过程中，创办人忙于争斗，没精力做出任何体面的告别。

　　康有为也加入了讨伐的行列，他发电给张之洞，声称汪的行为是"抗旨不交"，希望他禁止《昌言报》发售。汪康年则求助张之洞。这件事甚至惊动了皇帝，命黄遵宪前往上海调查。[91] 双方的争吵令一些维新者深感不安，他们本来就人数稀少，倍感孤立，如今又陷入如此分裂。"盖自海内闳达，叩胸扼腕，争主维新以来，未有若此事之伤心短气者。" 8 月 26 日，严复在《国闻报》发表了《时务报各告白书后》，难掩自己的沮丧，同时为梁启超与汪康年叹息。他质问梁启超，谁给的权力，可以将众人倡建的报纸转变成官报？梁启超漠视"总理及诸捐友之公义"，而"梁之所谓私者，正吾之所谓公；梁之所谓公者，正吾之所谓私"。他同样批评汪康年，既以总理之名管理，但梁启超离去后，报纸的质量迅速下降，且"任事以来，未尝照章清厘账目"，不能胜任此职就该主动离去。他劝双方能以忠恕精神来对待彼此，否则"两败俱伤，而维新之事自此废矣"。[92]

第十四章　咸与维新

一

8月21日，谭嗣同终于抵达北京。距他出现在徐致靖的保举名单上，已过去近三个月。

保举将谭嗣同从长沙日渐沉闷的生活中解救出来。梁启超离去后，维新的措施仍在继续。湖南不缠足会在小东街上的湘报馆正式设立，谭嗣同、黄遵宪、徐仁铸、熊希龄、邹代钧、唐才常、毕永年、梁启超等名列其中。谭嗣同与熊希龄等人还创办了延年会，鼓励众人减少繁文缛节，过更高效的生活，甚至有"无故不得请客"的条款。[1]黄遵宪推崇的警察制度也在湖南落地了。手持短棍的保卫局巡查现身长沙街头，抓捕放火者、斗殴者、盗贼，还救助醉汉、疯人与迷路者，弹压在公众场合滋事的人。它也隐寓民权之义。[2]南学会演讲也在定期举行：邹代钧讲过地球的纬度、经度与赤道；李维格大谈译书之重要；陈宝箴说起对周汉的抓捕，告诫湘人不可图一时之快而杀害游历到此的洋人；谭嗣同则说起人体学，脑、肺、肝、脾、小肠等构成"一副绝精巧之机器"，这样精巧的人体意味着人要"顶天立地，做出一番事业来⋯⋯不是与人当奴仆、当牛马的"。[3]

时务学堂添加了新血液，唐才常与杨毓麟出任中文教习。教习们在学堂中合影留念，身着长衫，垂手而立或双手背后，两位西文教习王史、李维格鼻梁上架着圆框眼镜，叶觉迈与谭嗣同英俊端正，个子最高的熊希龄面带憨态，唐才常则显得很沉重。很可惜，梁启超未能在照片中出现。第二次与第三次招生分别于 3 月 22 日与 4 月 28 日举行，报考人数锐减到百余人，难以再现初次招生时的盛况。这种转变与对康门的不满、流出的学堂札记、批注不无关联，其中激烈、叛逆之语句令人不安，对学堂的不满与质疑逐渐开始酝酿。

3 月 24 日，《湘报》刊载《南海康工部有为条陈胶事折》，在按语中，谭嗣同对康大加赞扬："言人所不敢言，其心为（中国）四万万人请命，其疏为国朝二百六十年所无也。"[4] 这段话令逐渐酝酿的反康有为情绪找到突破口。即使同为维新者，一些人也逐渐对时务学堂中的公羊理论、康有为崇拜感到不安。陈宝箴尚未明确表态，陈三立已难掩厌弃。他同意朱一新前对康有为的反驳，不喜欢他"治今文公羊之学，附会孔子改制以言法"。5 邹代钧则对康的追随者的作风更感不安，称他们"康党"，"同我者党之，异我者仇之，势可杀则杀之，其奸诡亦不可不防"。6

通过欧阳节吾，陈三立转达了对于谭嗣同、唐才常思想倾向的不安。这激发了后者的愤怒，谭与唐致信欧阳老师，请他转达陈三立，远毋为梁鼎芬所压，近毋为邹代钧所惑，还形容自己"如轻气球，压之则弥涨，且陡涨矣"。7 两人从未见过康有为，却对他的学说钦佩有加。他们也对欧阳节吾与陈三立的保守不满，这一年，城南、求是两书院原本准备废除时文考试，因无人阅卷，欧阳与陈决定沿袭旧题，结果"令守旧者鼓舞欢欣，维新者扼腕太息"。8

裂痕出现了。在小东门码头迎接梁启超的维新者联盟开始瓦解，一些更激烈的声音带来更尖锐的冲突，它由唐才常主笔的《湘报》引发。邵阳名士樊锥在上面发表《开诚篇》，建议拘禁守旧者，生活习俗全面西化，用孔子纪年，还要"人人平等，权权平等"。9 另一位名士易鼐在《中国宜以弱为强说》一文中提倡西教与中教并行，民权与君权两重，甚至要黄种人与白种人通婚。10 易鼐的文章充满了康有为的影响，张之洞认为"十分悖谬，见者人人骇怒"，去电要求陈宝箴与黄遵宪更正，并决定湖北不再订阅《湘报》。11《湘报》自辩说，易鼐"所陈皆日本明治初年之已事，彼时日本危亡迫于眉睫，乃能大改一切政学，以有今日之君尊、臣乐、士贵、民荣"。12

决定性的冲突来自时务学堂。教习们的批改札记流出后，引发了普遍的不安。一位叫宾凤阳的岳麓书院学生将这种不安汇聚在一篇檄文中，他公开指责湖南学界的堕落，把矛头指向康有为的拥护者、追随者，甚至按察使黄遵宪与学政徐仁铸："自黄公度观察来，而有主张民权之说；自徐砚夫学使到，而多为崇奉康学之人；自熊秉三庶常邀请梁启超主讲时务学堂，以康有为之弟子大畅师说……我省民心顿为一变。"这份上书打动了王先谦，他联络张祖同、叶德辉、刘凤苞等人上书陈宝箴，要求整顿时务学堂。几人连署的《湘绅公呈》称梁启超等教习"自命西学通人，实皆康门谬种"，谭嗣同、唐才常、樊锥、易鼐等人则"为之乘风扬波，肆其簧鼓"，导致学生们"效彼狂谈……不复知忠孝节义为何事"。[13] 这也意味着湖南维新联盟彻底瓦解。仅仅一年前，他们还围绕陈宝箴为各项事业奔忙，如今已经分帮结派，形同水火。一些谣言宣称，陈宝箴对梁启超丧失了兴趣，想请叶德辉出任总教习。叶德辉对公羊学说的厌恶尽人皆知，未来将刻印《輶轩今语评》，逐一批评徐仁铸、梁启超等人著作。

这种局面肯定让谭嗣同愤怒又挫败。在长沙，他一直未获得可以一展所长的机会。5月中旬，他被张之洞任命为两湖机器制茶总公司长沙分公司（又名湖南焙茶公司）总办，负责购买机器、寻找厂房。他认为湖南危机已无法避免，必须加速自保，对回浏阳创办团练更感兴趣，请到一位叫师中吉的江湖人士，招募百余人来到长沙，专在黄忠浩军营中训练。[14] 陈宝箴、陈三立父子亦愈加疏远，邹代钧甚至说，谭嗣同比熊希龄更猖狂，"若早去谭，事犹可挽回"。[15]

突然间，他获得了一个崭新的机会。"我此行真出人意外，绝处逢生。皆平日虔修之力，故得我佛慈悲也。"谭嗣同在给夫人的信中掩饰不住喜悦，但他把皇上的召见归于佛法的力量，而非北京朋友的努力。6月20日，他写信请她收拾托带物品，并向浏通银号借了四百两银子做路费，叮嘱她"必须节俭，免得人说嫌话"。这一年是他们结婚十五年，谭嗣同流露出少见的温情，想要跟妻子"生生世世，同住莲花"。[16]

离开长沙前，谭嗣同试图修复与欧阳节吾的关系。欧阳叮嘱他"善藏其用，留俟彼时为四万万黄种立命"，建议他到京后设法让皇上明诏天下，设立警部。但他身体不佳，刚到武汉就大病一场，"晦气满面……肝气横烈"，整夜干咳，无法入睡，行程不得不暂时搁置了一阵。[17] 疾病令他的悲壮感更为强烈，他对送行的唐才常吟诵道："三户亡秦缘敌忾，勋成犁扫两昆仑。"[18] 愤慨之情溢于言表。

他的行动迟缓令光绪颇不耐烦，7月30日再次下谕，令谭嗣同与黄遵宪速来北京。"圣恩高厚，盖可见矣。"谭嗣同当日给妻子写信说。[19] 途经上海时，他发现旧友们对前途深感悲观，宋恕"再三讽以时局之难，不如早归"。[20] 在天津的酒楼上，谭嗣同高叹"有君无臣，奈何！"引来恰在隔座的谭延闿与林旭一起"高晬大谈，一座尽倾"。[21] 十八岁的谭延闿是湖南茶陵人，两广总督谭钟麟之子，写得一手好字，也前往北京。林旭则前来拜会荣禄，荣禄对他很赏识，一直邀他入幕。

二

谭嗣同定即刻感到京城的新气象，与他去年春天离开时相比，一切大不相同。他抵达当日，光绪就颁布了几条有关新政的上谕。皇帝要求设立农工商总局，委派端方、徐建寅、吴懋鼎为督理。这个总局还将在各省府州县设立农务学堂，开农会，刊刻农报，购买农器，邀田产富裕的乡绅试办。[22] 这条上谕是对康有为三天前所上《请开农学堂地质局以兴农殖民而富国本》的回应，也是几年来农学浪潮兴盛的成果。三位督理都富有维新精神，正白旗出身的端方更是满人中少见的变革者，上任后随即去信罗振玉，商讨农学事宜。翁同龢曾赞誉性格开朗的他"读书多"，"勤学可嘉"，推荐他进入官书局。有些人认为端方是保国会未登记的成员，与康有为相识。[23]

皇帝命前江西巡抚德馨前往奉天，办理矿务，还命罗丰禄、伍廷芳等使臣在各地华侨社区创办学堂，造就人才。罗伍二人还奉命翻译外文书籍，交由总理衙门呈览。[24] 总理衙门则传旨给康有为，为了嘉奖他编书有功，赏银二千两。[25]

这股新气氛让谭嗣同倍感鼓舞，他几天后致信妻子："朝廷毅然变法，国事大有可为。"连他自己的身体也转好了，"体气尚好，精神极健"。他寄了《女学报》与女学堂书一包，鼓励她努力学习。[26] 康同薇与李蕙仙是这份报纸的主要创办者与编辑。

谭嗣同找到了久违的归属感。他见到了仰慕已久的康有为。他们皆着迷于变法与昆曲，几乎天天前往徐致靖的寓所，"商量变法的事"。谭嗣同喜欢请徐唱《长生殿》中的《酒楼》一折，在戏中，郭子仪在酒楼上看到众臣为杨国忠庆贺新居，被封为东平郡王的安禄山走过楼下时飞扬跋扈，愤慨异常。康有为则钟爱《刀会》的唱词"大江东去浪千叠"。[27]

康党在长沙陷入困境，却在这里风生水起，康有为获得皇帝的关注，其身边也确实围绕着一个能量巨大的小团体。除了万木草堂师生，杨深秀、宋伯鲁、徐致靖、陈其璋等御史也是康有为热切的追随者，张元济、寿富、阔普通武是更松散的成员。此外还有李盛铎这样的人物，时而表现出声气相投，时而又因政治考量而走向相反的方向。在品秩上，这个团体处于权力的边缘，大部分人只有六品至四品的官衔，最显赫的李端棻也只是户部仓场侍郎而已，勉强算是高官。不过言官特权给他们带来直接的影响力。对于很多人来说，康有为可以直达天听，他自己也乐于宣扬这一点，尽管和皇帝仅有一面之缘，却认定自己懂得皇帝的心。他们也经常被称作康党，其怪异学说与张扬作风常引来不安。蔡元培日后回忆说："我虽表同情，然生性不喜赶热闹，未尝一访康氏。"他与梁启超是乡试同年，"但亦未与见面"。[28]

另一些雄心勃勃的年轻官员被康党的大胆主张吸引。比如三十七岁的岑春煊，他是太仆寺候补官员，生于广西的官宦之家，父亲岑毓英曾署理云贵总督。他以性格鲁莽、暴烈著称，这一年春天结识了康有为，并加入保国会。礼部主事王照时年三十九岁，同样脾气暴烈。这个直隶人有位声名显赫的曾祖父王锡朋，是第一次鸦片战争战死于定海的三位总兵之一。王照自幼对塾师教授的诗文缺乏兴趣，热衷于天文、地理、兵法、中外掌故。他十九岁中秀才后，却想投考京师同文馆，并成了林乐知、傅兰雅编译书籍的热心读者。他在 1894 年参加会试时高中进士，进入翰林院。他是一名与众不同的翰林学士，享有"身躯奇伟，治事有能名"的名声。王照对时事的看法颇有见地，中日战争爆发后，与文人中普遍的主战呼声不同，他站在李鸿章一边，甚至当前方传来大捷的消息，尽管通常是伪造的，他也感到忧虑而非喜悦，担心这会令主战派的呼声更强烈。他甚至回到家乡办理团练以自卫，"所练之乡团，队伍严整，饷项分明，为沿海一带表率"。王照也是教育改革的实践者，在两位著名的同乡徐世昌与李石曾的协助下，他在 1898 年初筹办了"八旗奉直第一号小学堂"，与张元济的通艺学堂相互呼应。趋新行为没改变王照内在的保守与执拗，他在家乡常以气力压服众人，捍卫道统，据说有族人在服丧期生子，被他斥为非礼，不许进入族谱。王照最初惊异于康有为的思想与行动，却没有出现在保国会的名单里，与康也无深交。《定国是诏》下达后，他开始"窃服康之作用"。整个夏天，他都身体不佳，六月之后更"肝肺两伤，咳嗽甚剧"。病情没有影响到他参与变法的热情，或许还增加了他的紧迫感，因为写不了小楷，他托人代写奏折。[29]

在这个群体中，梁启超的个人光芒再度收敛起来。尽管康梁称谓已四处流传，经由《时务报》，他在士林中的声名甚至比康有为流传得更广，但在现实中，他远不似纸面上那般文采飞扬。王照频频去往南海会馆，只遇见过他两次，还不如见徐致靖、杨深秀、谭嗣同的次数多。他猜梁启超更像子游、子夏一样的人物，以文学才能而不是谋略与组织著称。[30]张元济也有类似观感："卓如固不羁之才，然以云办事，则未见其可。"[31]

这个夏天，梁启超一直奔忙。除去处理《时务报》纠纷，他一直在忙于译书局与大学堂。后者在 8 月 24 日开办，礼部铸好了大印，户部的第一批拨款也到了，"常年经费及购买中西功课书等，银三万七千二百四十五两三钱二分"，两天后就可以支取。[32]孙家鼐不信任康有为，对梁启超颇加支持。8 月 26 日，他代梁启超上奏《拟在上海设立编译学堂并准予学生出身呈》与《书籍报章概准免纳税厘呈》，建议培养新的翻译人才，以免税来刺激译书业。皇帝当即批准。[33]

北京、上海两处译书局以及编译学堂加在一起，梁启超每年可以支配八万两的花销，比起两年前为《时务报》四处筹款的光景，不可同日而语。

对于谭嗣同的到来，梁启超定欣喜若狂。自从长沙一别，他们已有半年未见。借由通信与新闻，他知晓了湖南的变动。他在湖南的影响力并未随着离去而减少，被批评者视作罪恶的源头。[34] 他的朋友有意将他与康有为分开。黄遵宪对陈三立说，梁启超"渊雅温厚，远过其师"，他捍卫康有为学说，但"与之深谈，每有更易"，当黄遵宪劝他缓行民权后，"渠亦言民知未开，未可遽行"。[35] 唐才常则说他"外似温柔，内实刚劲"。[36]

长沙的斗争也延伸到了这里。徐致靖对黄遵宪、谭嗣同、梁启超的保举，多少是用来压制长沙的反对者的。倘若这些维新者能在北京获得更大权力，湖南的事务就更顺理成章。梁启超对谭嗣同的能力尤富信心，期待他为维新团体带来新活力。他们是一群四十左右的人物，梁启超最为年轻，不过二十五岁。在整个国家的官僚系统中，他们是不折不扣的异端。王朝被一种暮气包围着，中央与地方的权力被一群老人把控：大学士张之万八十七岁，李鸿章七十五岁，徐桐七十九岁，额勒和布七十二岁，孙家鼐七十一岁，总督、巡抚、将军、提督也普遍都是七十岁以上的老人。

军机处与总理衙门的暮气同样明显。总理衙门首席大臣庆亲王奕劻有一张瘦长的脸，颌下的长白胡子尤其引人注目，他既无野心也无个性，只是被强烈的贪婪驱动，一心想着自家的荷包；军机处的礼亲王世铎同样庸碌无为。这些人都是满人统治者迅速衰败的统治能力的象征，全因是太后的人马才得以身居要冲。一位旁观者不无刻薄地形容他们的行事风格："由于离群索居，其为人行事从某种程度上来说，比较刻板生硬，过分自律，不够镇定自若。"[37] 在翁同龢突然被罢免之后，这两个机构更乱了阵脚，在年轻皇帝的变革热情前，他们不知所措。皇帝尤为倚赖的张荫桓不断受到弹劾，太后厌恶他对皇帝的影响力。

康有为的奏折仍不断到来。他的变法思路日渐明确，就是要得君行道，自己则是君主的指导者。他在 1888 年首次上书的期待，第一次有了实现机会。他也迫不及待地试图抓住这个机会。8 月 29 日，他再度建议"开制度局于宫中，以筹全局"，同时进行一场官制改革，"分别官差以行新政"。[38] 官员的品级与实际职能严重分离，已经成了国家的痼疾，最终导致整个体系几乎无人负责。岑春煊也在几天前提出过相似的主张，认为整个官僚系统过分烦冗，主张裁员。

在大多数大臣眼中，这太极端了。孙家鼐希望皇帝能以冯桂芬的思想为路线，渐次革新，对抗康有为的主张。各级官员对《校邠庐抗议》的签注也陆续汇集，这部近四十年前的著作，仍引发了两极式的反应。阔普通武支持其中的变法议院，而一位左副都御史则说，"荐举之权"即是民权，"实属谬妄"。[39] 大部分签注则寥寥几笔，要么在观望，要么纯粹的无知，不知做何决定。一位叫陈鼎的翰林院编修的回应最令人惊诧。他的签注整整有四十八篇，几乎比原书更丰富，分四册用楷书抄写，名为《校邠庐抗议别论》。他在论调上更让人诧异，主张以君权变法，甚至是全盘西化式的变化，要变服装、合宗教、通语言文字，且中西通婚，其离经叛道程度与湖南的易鼐不相伯仲。但他对议院缺乏兴趣，认为俾斯麦正是通过解散议院才塑造出了普鲁士的强权。

这些看法与陈鼎的个人背景大异其趣。除去在1889年充任浙江乡试副考官，这个四十四岁的湖南人乏善可陈，其京官生涯清贫、抑郁，充满对时代的抱怨。他不喜欢酒食争逐的士林气氛，痛斥他们的守旧，又对"高谭雄谈"的维新者心持怀疑。他被《定国是诏》鼓舞，甚至嫌废除八股举措仍不够，想"尽烧宋人之书"。[40] 从他身上，折射出士大夫的另一种思维特性，他们缺乏逻辑训练，很容易从一个极端滑向另一个极端。但皇帝似乎颇被其书触动，命总理衙门审阅。

变革蓝图与现实行动的距离，令皇帝愈发茫然与焦躁。两个月来，他不断发布诏书，也被接连的挫败包围，几乎对每位召见者都下意识地抱怨。他对身边人也失去了耐心，"自康召对，枢臣每进见多被诮责，从前奏对，不过一二刻，近日率至五刻，诸大臣深嫉苦之"。[41] 大臣们心生抵触，"凡遇新政诏下，枢臣俱模棱不奉，或言不懂，或言未办过"。[42] 奏章上的朱批语气也越来越急切，字迹亦更潦草。

8月30日，皇帝下谕裁撤詹事府、通政司、光禄寺、鸿胪寺、太常寺、太仆寺、大理寺等一连串中央机构以及湖北、云南、广东三巡抚、东河总督，各省无运可办之粮道、无场销盐之盐道，还命各省督抚将冗员裁汰干净。这些机构是低效、臃肿的官僚系统的缩影。詹事府为东宫太子所设，其属员名义上要陪太子读书，但清朝不设太子，它也就沦为翰林院附庸单位。光禄寺掌管典礼，预备宴席；鸿胪寺负责朝会与朝廷宴会礼仪；太常寺则掌握坛庙祭祀礼仪；太仆寺负责牧马，随皇帝出巡。这四个机构本应皆归属礼部。大理寺的职责完全可以归于刑部。

这道上谕与岑春煊的奏折直接相关，岑随即被任命为广东布政使。官场的紧张气氛达到了高峰，人人皆感大变将至，却没想到它会以如此突然的方式到来。"京师闲散衙门被裁者，不下十余处。连带关系因之失职失业者将及万人，朝野震骇，颇有民不聊生之戚。"[43] 也有人赞赏这个举动。恽毓鼎在日记中写道："各官有名无实，久应裁并，我皇上毅然废之，一破宋元以来积习。"这语气不无躲过一劫的轻松。一个多月前，他听到改官制奏议时，还感慨"未知当道大臣有能挽回此举者否"，自我安慰最坏的结果不过无官一身轻，"余将遁迹荒江，抱圣贤遗书私自讲明以待后世"。[44] 在给英国外交大臣的电报中，窦纳乐称谕旨"辞句很果断"，据说是皇帝亲自起草的。裁掉的官职可能涉及一百六十人，整个计划严格来说，无异于一场政界革命。[45] 这些机构乱作一团，目击者第二天发现，衙门里文件散落一地，官员四处谋求新出路。[46]

这一波浪尚未停息，王照又投入新的巨石。8 月 21 日，他请礼部代奏条陈，提出了三条变法主张，希冀皇帝"宣示削亡之祸，已在目前"，"俾人人知危急存亡，朝廷苦心挽救，庶海内从风，反求诸己，不为浮嚣所惑"；还建议光绪与慈禧共同出访国外，首站选择日本，"借以考证得失，决定从违"；并请设定教部、学部，"以西人敬教之法，尊我孔子之教，以西人劝学之法，兴我中国之学"。[47] 对于礼部的堂官，第一、第三条都不算新奇，第二条实在引人争议。在中国历史上，天子只会等待万邦来朝，谁曾出国远游。王照亦认定，太后也有变法意愿，只要皇帝将名义上的领导权给予她，一切就能顺畅地进行，巡行也有助于母子和谐，消除帝后之争的流言。

礼部尚书许应骙没兴趣理解王照的苦衷。很有可能，他看到皇帝东游的内容时就已深感不安，拒绝代奏。在繁忙的 8 月，一条未被代递的奏折算不上什么，整个官僚系统不知压制了多少奏章。皇帝也不会多么在意，自明定国是以来，各种奏片纷至沓来，他完全没时间消化。但堂官们低估了王照的脾性。他当面诘问许应骙与满人尚书怀塔布，称若不上递，就请都察院上呈，并上奏弹劾他们。两位尚书怒不可遏，又不得不做出让步。许应骙于 9 月 1 日上奏这份条陈，顺带弹劾王照，称其咆哮公堂，奏请皇上东游是居心叵测，因日本多刺客，俄国皇储与李鸿章都曾蒙祸。

养心殿，1910 年

光绪的反应令所有人大吃一惊。9 月 4 日，他斥责礼部积压王照的上书，命各衙门不得再堵塞言路。王照的条陈似乎成为他发泄挫败的导火索，仅仅申斥都难以排解愤怒，他下诏将礼部的两位尚书、四位侍郎全部革职，王照则因"不畏强御，勇猛可嘉"，赏给三品顶戴，以四品京官候补。这或许是光绪亲政十年来做出的最为极端的决定，颇符合独断乾纲之定义，它引发了前所未有的惊骇，很多官员"相顾错愕，盖自通籍以来，未见此不测之赏罚也"。谣言四处蔓延，有人说王照本来就是狂人，替六位堂官惋惜，"适逢天怒，亦无可如何，惟呼丧气而已"。[48]

三

皇帝贬斥旧人，也拔擢新人。9月5日，李端棻出任礼部尚书，王锡蕃、徐致靖也被擢升为侍郎。这是康党的一大胜利，他们曾抱怨新党都是小官，如今一品与二品大员已成批出现。

胜利接踵而至。谭嗣同也在同一天被召见，带着对新政的期待与各式宫廷谣言去见皇帝，召见情形日后将以不同的版本流传。一种说法是："嗣同既得见上，慷慨论列当年之利弊，上大悦。"[49] 在另一份记述中，会面更有戏剧性，皇帝陷于无力感之中，对谭嗣同大倒苦水："我为二十三年罪人，徒苦我民耳，我何尝不想百姓富强，难道必要骂我为昏君耶？"但"太后不要变政，又满洲诸大臣总说要守祖宗之成法，我实无如之何耳"。他对谭嗣同说："汝等所欲变者俱可随意奏来，我必依从，即我有过失，汝等当面责我，我必速改也。"[50] 还有一种记载，谭嗣同带着宫外的传言，问起了皇帝的病情，后者则深感意外，说自己"未尝有病"。[51]

这过分栩栩如生的场景可能都是臆想。不管事实如何，召见本身足以展现皇帝的变法决心。当日的军机处向皇帝递上已经召见的保举人员名单，其中尚有五位没有获得委任，除去谭嗣同，还有内阁候补侍读杨锐、刑部候补主事刘光第、内阁候补中书林旭、江西候补道恽祖祁，他们分别于9月1日、3日、4日被召见。朱批略过了恽祖祁，钦点了剩余的四人。众人当晚通过邸报得知，他们"均着赏加四品卿衔，在军机章京上行走，参预新政事宜"。[52]

这四人随即以"军机四章京"闻名于京城。实际上，四个人年龄悬殊、性格各异，政治主张也不尽相同。杨锐年龄最长，时年四十一岁。他在成都尊经书院就读时曾赢得四川学政张之洞的赞赏，考取进士任内阁中书后成为张之洞在北京的代理人，传递京师消息。刘光第也来自四川，比杨锐年轻两岁。二十四岁进士及第后，他在刑部候补主事的位置上一待多年。刘光第道德意识极强，"端重敦笃，不苟言笑"[53]，不参与社交，很少收受京官常见的额外收入，饱受清贫之苦，常依赖亲戚接济过活。他对普遍的政治腐败心怀不满，"大官只晓得作官，不晓得什么叫国家。我们这班小官虽晓得国家，却只有着急叹气"。[54] 他原本已经对仕途丧失兴趣，在城外租了几亩地，闭门读书、种菜，直到诏书改变了他的命运。二十三岁的林旭是最年轻的一位，"文如汉魏，诗如宋人"的早熟天才，娶了沈葆桢的孙女，荣禄也对他倍加赏识。被召见时，他受困于自己的福建口音，所幸他的奏折打动了皇帝。这或能减缓他一直的隐隐焦虑，大年初一时，他与朋友共游陶然亭，恰逢日食，一切昏暗不明，乌鸦鸣叫，他还去观音大士庙问签，相传签中有"巴、蜀、湘、闽"四字，没人料到这与四章京日后的命运有关。[55]

只经过一天的学习，四位章京就正式当值了。军机处源自雍正年间，它的设立是为了应对迟钝的官僚系统，直接贯彻皇帝的意志。如今，光绪皇帝觉得拥有六位军机大臣、三十八位章京的军机处再度壅塞。为显示四章京使命之新之重要，他们没在原军机章京中排班，而是单独轮流值班，负责处理涌来的新政上书。杨锐与林旭一班，双日入值，刘光第与谭嗣同为一班，单日入值。他们要在每日的条陈上加签语，论证是否可行，再进呈御览，由皇帝裁夺。

谭嗣同与林旭都以康有为的学生自居，杨锐、刘光第曾是保国会会员，属于广泛意义上的新党。这个消息传来，康门雀跃不已，"自是每日章奏条陈，上择要披阅外，皆四臣阅看，新政诏谕，皆命恭拟"。[56]皇帝与康有为更加密切，"自此皇上有所询问于康，则命四卿传旨；康有所陈奏，亦令四卿密陈，不复由总署大臣矣"。[57]康有为干脆夸张地说，这四人"实宰相也"。[58]

9月6日，他们当值的上书有六件，其中最重要的是张元济的奏章，奉旨留中。翌日，他们展现出自己价值，军机奏片中出现"现在酌拟办法"的批示。但很快，涌来的上书令四章京猝不及防，他们的人手与经验均难以应付这一切。条陈的数量随着皇帝的态度而变化。从8月2日至9月4日，共有38人次44件上书。9月5日后，因为王照事件，人人都渴望获得类似的垂青，上书的数量开始显著增加。截至9月20日，十五天的时间中，上书达到301人次373件，9月14日这一天则创纪录地达到了37人次53件。对于四章京，在9月9日收到的40人次45件，他们只处理了4件。[59]他们每两日一班，三更后就开始工作，刘光第体会到与闲散多年的京官生涯大不相同，"忙迫极矣"。[60]

公文挑战只是一种，他们还要应对来自官僚内部的敌意。他们是系统的入侵者，"因有'参预新政'四字，遂为嫉妒者诟病"[61]，有官员"不能赞置一词，咸忿忿不平，怒眦欲裂于此四臣矣"[62]。这种孤立也表现在空间上。章京只有一间屋子办公，"所谓南屋者甚狭，设案无多，满汉分列"，当谭嗣同、林旭等人想要在汉人章京这边找席位时，汉人章京托言"我辈系办旧政者"，予以拒绝；当他们无奈想转到满人章京这边时，又遇到"我辈满股，君何为搀杂"的奚落，谭与林只好愤然离去。在军机大臣的调停下，他们最终在房屋正中设了案头，结果"众怒益甚矣"。[63]

四人的不同性格也加剧了这种冲突。有人说谭嗣同、林旭"意气尤甚"。林旭一日草拟谕旨，命满人领班章京继昌找人誊写。继昌说无人代书，林旭忍不住大怒，声称"既无人代书，汝可为我书之"。两人的争吵惊动了军机大臣，大臣们"相顾良久"，裕禄最后劝继昌替新人代写一次，继昌只好"含愤书之"。[64]

外界看到了他们的盛气凌人，新贵们则觉得如履薄冰。刘光第对任命本身充满了疑惑，觉得迟早会招来祸端，在家信中写道，新旧关系"势成水火，将来恐成党祸"。[65]杨锐则感慨皇帝与太后不和，"变法事大，祸且不测，吾属处枢要，死无日矣"。[66]

这个孤立小团体的内部也不无矛盾。上任八天后，杨锐已开始在家书中抱怨合作者，"事体已极繁重，而同列又甚不易处"。他说谭嗣同"最党康有为，然在直当称安静"，林旭"随事都欲取巧，所答者有甚不妥当者，兄强令改换三四次"，让他感到"积久恐渐不相能"。[67]

国家正面临全面性的困境，他们要处理的上书更是五花八门，涉及政治、经济、军事、外交、铸币、交通诸方面，上海四马路上的西洋玩意与《三国演义》的古老戏文并存。一位贵州举人恳请征集天下壮士，以三千人组成敢死军，"日日操练，结以信义。若遇有事，愿以三千人横行天下，先行直当其锋"。一位国子监生强调外国人"足拙不灵屈伸不便，力不敌人而专恃枪炮以取胜，及至短兵相接，惟有引领受死"，建议多训练短刀、藤牌、开山炮这些军械。一位曾驻秘鲁的前外交官建议在广东、福建种植咖啡，替代受到冲击的茶叶、丝绸的出口。户部四品官员陈星庚建议中国改变历法，采用西人的时间，实行六天工作制，每七日有一次休息。一位福建生员建议实行拼音法，以使妇孺皆可识字。一位刑部主事建议在北京设立煤气路灯，另一位则希望能开设电车，用电车的收费来支付修路费用。陈季同干脆自荐出使比利时，还说自己与比利时国王关系甚好。最长的条陈来自河南已革知县孙宝璋，他在 9 月 5 日上书四册，每册一万多字；广西举人李文诏是最频繁的上书人，分别在 8 月 30 日和 9 月 3 日、7 日、15 日等日上条陈十二件。[68]

这还折射出皇权的局限。它看似无边无际，普通人遵循的却是另一套生活准则。"有谓折中作行书者，有如写信式样者，有如州县署中所收呈状式者，有写皇上二字不知抬头者，有自署为汉水渔人者，甚至有谓从师学道在洞中修炼多年，神通广大，今望气知太平之运将至，故奉师命下山立功，以继姜子牙、诸葛孔明而起者。"[69]这些上书更像是一次作文比赛，上书者把策论训练与一知半解的西方知识混在一起，不仅缺乏实践性，甚至常常荒诞不经。人们第一次感到能到达"天听"，都暗暗期待像王照那样骤获荣耀。

雪片式上书象征着一个长期被压抑的社会突然被激活。思维惯性仍牢牢地攫住每一个人，令章京们深感不安。杨锐看到了人们"争言新法，率多揣摩迎合，甚至有万不可行之事"；刘光第则感慨"学术不明久矣，条陈上书者多可笑，且有讦告恶习，斯为流弊耳"，"目下条奏既多，即好者亦多与人雷同，便无足观"。[70]

四

北京的政治气氛诡谲不堪，新秩序慢慢浮现，旧秩序迅速瓦解。9月5日，李鸿章上折，想减缓突然裁官带来的震荡，建议将詹事府归到翰林院，通政司归到内阁，光禄寺及鸿胪寺归入礼部，大理寺并入刑部。他说，裁并官职"诚为今日当务之急"，但"一切事宜非仓猝所能遽定"，他主动请缨，"由臣等即日行知各衙门调取文卷，饬员迅速办理"。[71]令人意外的是，两天后他就被逐出了总理衙门。

消息惊动官场与外交界，即使李鸿章不复当年的权力与声望，仍是最富象征性的大臣，深得太后信任。各种猜测层出不穷，有人说这是恭亲王的遗策，他不满李将外交事务私人化的倾向；有人说缘于英国的压力，李鸿章在卢汉铁路问题上偏袒俄方；有人说主张联日、英的士大夫，很可能是康党，憎恶李鸿章的联俄政策；还有人认定这只是被同列官员猜忌。李鸿章自己也"莫测由来"，认为可能是张荫桓的诡计，后者为了揽权，蒙蔽了皇上。李也宽慰自己，"借以静养避谤，亦为得计"。对于英国人来说，这值得庆贺，顽固的亲俄派消失了。俄国人当然闷闷不乐。日本人以旁观者的角度记录下这一切："李鸿章已解除总理衙门大臣一职，但仍保留内阁大学士头衔。据可靠消息，他被指责为亲俄。""俄国代办并未向我掩饰对李失势的不快。英国公使告诉我，他曾不得不对抗李的反英态度。"随李鸿章退出总理衙门的还有满人敬信，没引发太多关注。[72]

旧人离去，新人躁动不安。王照又把矛头指向张荫桓，在9月9日的奏稿中，他弹劾张滥保"劣迹昭著"的官员，指责他的品行，"役志于声色货利，为外人所轻笑，于洋务仅识皮毛"。弹劾令人意外，张荫桓与皇帝的亲密众人皆知，何况，他还是康有为的引介人。但王照认定，他的道德瑕疵不可原谅，还离间皇帝与太后的关系。康有为试图阻止王照，后者答曰："不见得他是皇上的人，他败坏皇上的声名，我就看他是皇上的仇人。"[73]

皇帝的确迅速活跃起来。9月12日，他下谕要求各省督抚将新政谕旨刊刻誊黄，各州县教官四处宣讲，务令家喻户晓；还要求言路要通畅，不得阻挠各种上书，甚至要求将这道谕旨悬挂在各省督抚衙门大堂，"俾众共观"。[74] 诏书很可能出自康有为，它也展现了维新者的感受与思维——被挫败感包围的他们，相信只要一纸上谕，就能推动变化。梁启超后来则评论："此诏为国朝第一诏书，恻怛爱民，饥溺自任，以变中国二千年之弊政。"[75]

他们还要为改革的迟缓寻找替罪羊。9月13日，宋伯鲁上折参劾两广总督谭钟麟，甚至出现了"两目昏盲，不能辨字……文书皆须人口诵，拜跪皆需人扶持……走肉行尸，已属无用"这样的词句。[76] 这份奏章也是康有为授意，他相信革除昏庸大员是推动变法最快的方式，其中或许还夹杂有个人恩怨。

人人感到这种激进态度，就连倾向变法的人物也不免不安。郑孝胥8月26日抵京，很快就遇到王照事件带来的"举朝震骇"。他带着这种震骇感面圣，发现皇帝"似颇瘦弱"，但气色还算不错，态度也"谦挹异常"。四天后，郑孝胥被授予总理衙门章京。北京的亢奋气氛也令郑孝胥忧虑。他在梦中与人争论，维新新贵们"以荡检逾闲为彩旗，以奔竞招摇为作用"，"试之以事，则敛怨纷腾；假之以权，则营私狼藉；迹其心术，则借本朝之荣宠以为号召徒党之资；按其学术，则袭西国之皮毛以开空疏剽窃"，变法前景不容乐观，"小人量浅，易致骄盈，躁进不已，必至覆"。他还对朋友感慨，"今有数学子，视纲常名教为迂阔，裂冠毁冕，悍然不顾，究其实际，毫无根底，可笑人也。此曹不能成气候，而兴乱则有余"。很可能，这段话批评对象就是康党。同乡林旭的行为也再度确认这一点，林对他说礼部堂官的事与自己无关，令他觉得林"阴若辩解，意实招摇"。[77]

稍晚到来的严复也有相似的哀叹。受荣禄所保，严复9月8日到京，预备召见。当晚，他就去拜访郑孝胥，并带去年初所撰《拟上皇帝书》。郑赞誉严复"文词深隽，诚雅才也"，也把自己的抱怨与忧虑转述给他。[78]对于政治生态，严复的认识比郑复杂、深刻得多。当很多人乐于谈论新党与旧党之争时，他觉得连真正的政党都没有。在7月31日的《国闻报》上，他发表了《论中国分党》一文，谈及中西方在政党理解上的不同，"中国之所谓党者……均以事势成之，不必以学识成之也，故终有一败而不能并存"，而"西人之党，则各有所学，即各有所见。……其所执者两是，则足以并立而不能相灭"。倘若非要按西方视角粗略划分中国党派，那就是：守旧党主联俄，要保持现状；中立党主联日，变法保国；维新党主联英，以作乱为自振之机。[79]

按这种概念划分，孙文是维新党的代表，严复却认定他"轻躁多欲，不足任重"。康梁则被划入中立党，他们"与守旧党者比，不过千与一之比，其数极小"，而且"此党之中，实能见西方所以然之故，而无所为而为者，不过数人"，其余的人要么"以谈新法为一极时势之妆，与扁眼镜、纸烟卷、窄袖之衣、钢丝之车正等，以此随声附和，不出于心"，要么"见西人之船坚炮利、纵横恣睢，莫可奈何，以为此其所以强也，不若从而效之"，要么是"极守旧之人，夙负盛名，为天下所归往，及见西法，不欲有一事为彼所不知不能也，乃举声光化电之粗迹，兵商工艺之末流"。严复悲观地认定，这三类人都有"维新之貌，而无维新之心"。甚至守旧党都不能成气候，他们人数虽多，但"不过流俗之习气"，纯粹是为了个人私心，毫无真正保守什么的信念。严复感慨此刻的中国连"汉之党锢，唐之牛李，宋之蜀洛，明之东林"都比不上，更何况西方之政党。对于声势大震的康梁，他不无怀疑。[80]

自命温和的维新者给出自己的方案。9 月 13 日，郑孝胥在《敬陈变法大要折》中，感慨官僚"其老成者既苦于素无学术，其新近者又苦于未经历炼"，令变法步骤不无混乱，"近数月来，诏书所发，条绪至繁，有实效者尚难遽见"。他对各种新奇议论、全盘改革缺乏兴趣，认为练兵造械才是最亟须的。[81]张元济提出了一个详尽的解决方案。9 月 5 日，他呈上一篇九千多字的奏章，分为设议政局以总变法之争、融满汉之见、通上下之情、定用人之格、善理财之策五部分，每一部分又分为八条具体执行的办法。奏章确认了制度局的主张，它以议政局的名称出现。张元济首次提出满汉之分，它是国家内部最重要的裂痕。剩下的三部分则都是老生常谈，其中一些建议令人印象深刻，例如建议免去跪拜之礼，内地满蒙各旗统一编入民籍，甚至大胆提出废科举。[82]这些计划该如何实现呢？早在7月，他就感到"近来举动，毫无步骤，绝非善象"，他觉得"中国固患无晓事之人，尤患无任事之人"，曾抱怨康梁师徒缺乏办事能力，如今他发现自己也无能为力。[83]

在新旧秩序的交替中，康梁师徒的显要性再度上升。一条条上谕似乎遵循了他们的建议，他们并没获得相应的官位。本该前往上海的康有为迟迟不动身，梁启超也还只是译书局的六品主管。"康梁二人又未见安置，不久朝局恐有更动。"在家信中，杨锐担心这对雄心勃勃的师徒。[84]康有为仍将各式奏章呈给皇帝。他建议废除漕运，以漕款铸造铁路，还主张建立新京师，因北京"朔风凛冽，飞沙障目，于养生不宜，于兴事艰阻"，他建议广设陪都，以武昌为中京，成都为西京，广州为南京，拉萨为藏京，伊犁或迪化为西域京。他以普鲁士为例，相信"多联邦多京都而繁盛"。他甚至更为激烈地劝告"断发易服改元"，"垂辫既易污衣，而蓄发尤增多垢……为外人指笑，儿童牵弄"，"褒衣博带，长裾雅步"无法应对现代竞争，改元等于宣告一个新时代的开始，这三项可以重振国民精神。[85]上奏中最关键的部分仍是自我推荐。自1月29日最初提出制度局的建议，他一直在推动这个新权力机构的建立。它以议政处、设议院、设散卿等不同名目出现，无一不被军机处与总理衙门驳回。康的热情并未浇灭，他要名正言顺地接近皇帝，最大程度发挥个人影响力。

这种紧迫还因现实危险更为突出。9月12日，湖南举人曾廉在一份冗长的上书中将矛头对准了康有为与梁启超："天下之祸不在夷狄而在奸党"，康与梁就是奸党的首领，建议"斩康有为、梁启超以塞邪慝之门"。附片更令人胆寒，"梁启超并无学术，惟恃康有为无君无父之邪说，广诱人心，为乱臣贼子布置徒党，以遂其私图"。他把这对师徒比作雍正年间的吕留良、曾静，"直诋我皇上，谤及祖宗"。曾廉列出梁启超在时务学堂的所批札记，比如建议去跪拜之礼、倡导平等，对《扬州十日记》的评论，都是大逆不道之言。[86]

曾廉的上书是湖南内部争端的延伸。四十二岁的曾廉颇富文名——熊希龄就是他主讲沅州校经堂时的学生——曾在中日战争时上书激烈主战，相信红船能击败日本军舰。1895、1898年，他两次来京城参加会试，对康有为的主张与行动嗤之以鼻。他还曾在邵阳聚众攻击樊锥。黄遵宪、谭嗣同、皮锡瑞的相继离去，加速了湖南改革动力的消退。对康学的不满，演化成对整个维新事业的攻击。曾廉知道上书蕴含的危险。皇帝的意志明确，康梁正得到恩宠，也曾下谕支持陈宝箴的新政，称若有缙绅阻挠，必当严惩。为了表明自己的决心，曾廉用"烈女不辞水火，故能成其烈；忠臣不避斧钺，故能成其忠"自陈心迹。[87]

这一天正是谭嗣同与林旭当值。他们定会为其中浓浓的血腥气愤怒。谭建议以牙还牙，以毁谤新政之罪斩曾廉。皇帝却表现出节制与宽容，说自己刚要广开言论，怎能如此对待上书。不过，皇帝对康梁的偏爱表露无遗，他命谭嗣同逐条反驳曾文，呈进太后。一位历史学家日后估计，光绪已经被条陈的反变法论调弄得烦躁不堪，也未看到附片中那些大逆不道的言论。

可预见的伤害被压下来，心理冲击却不可低估。对于康门而言，变法推进迟缓，连生命也悬于一线。很有可能，心理紧张促使他们更为激进。"进呈严劾，戊戌党祸之构成，此实一重要原因也。"梁启超日后写道。[88] 9 月 13 日，宋伯鲁再度上折，建议寻找"熟谙古今之学者数人，置诸左右"，皇上可与他们一起商榷"何者宜行，何者宜革，何者宜缓，何者宜先"。[89] 它是制度局的最新变种，康有为要牢牢抓住皇帝的注意力。

皇帝也的确下了决心。当日，他命谭嗣同拟旨，预备开设懋勤殿。懋勤殿来自懋学勤政之意，它位于乾清宫西侧，南面为月华门，由此出入养心殿。月华门南是内奏事处，再向南则是南书房。懋勤殿建于嘉靖十四年（1535），康熙曾在此读书，秋季批阅刑部档册，勾决死刑之犯。对于光绪来说，它意味着顾问议政场所，一个新权力中心，助他跳脱迟缓、衰老的军机大臣。

消息随即传遍京城。

第十五章 密谋

一

9月13日午后，王照与徐致靖正斟酌新奏折时，康有为走进来，面带喜色。自《定国是诏》颁布以来，汗漫舫变成了一个小型工作坊，康党们在此商讨策略、撰写奏章、猜忌敌手，过分大胆地畅想未来。

康有为说，皇帝已同意开懋勤殿，将用顾问官十人，要徐王二人速拟奏章，推荐十人。王照说自己也在拟就一道要折，一时顾不上。康有为反驳道："皇上业已说定，欲今夜见荐折，此折最要紧。"王照回忆说，他拟定了六人，首推梁启超；徐推荐了四人，康有为排第一位。[1]这个名单从未被正式确认，在康有为的回忆中，宋伯鲁推荐了黄遵宪、梁启超，王照则推荐康广仁、麦孟华、徐仁铸、徐仁镜、宋伯鲁，还提到吴德潇、沈曾植。一个多月后的《字林西报》则说首位是李端棻。[2] 不管名单如何排列，按外界的看法，他们无一不是康党。对于康梁而言，这是一场漫长征程的胜利一刻。

9月14日，皇帝再次前往颐和园。新政的繁忙并未减少他前往颐和园的次数，在戊戌年四月的三十天中，他有十九天与太后同住在颐和园，九次侍奉早膳，五次侍奉晚膳，一起看了三次戏。七月，他又与太后同住了十六天。从中南海到昆明湖，每一次往返都耗资巨大。内务府《杂录档》中记录了当日的仪仗队列："总管二名，用马二匹。内殿总管、首领、太监、小太监等二十七名，用马二十七匹……自鸣钟首领、太监六名，用马六匹……鸟枪三处首领、太监四名，用马四匹。御茶房首领、太监十七名，用马十七匹，大车二辆，抬挑苏拉八名……"[3] 这些仪仗维护着王朝最后的尊严，也展现它的烦冗、浪费。与展现孝道同样重要的是，皇帝要寻求太后的意见。凡重要决策与重要官员任免，不管是翁同龢的免职、刚毅进入军机处，还是废除八股，批准京师大学堂的创建，甚至裁撤詹事府，决定权都在颐和园。唯一例外的是罢免礼部六堂官、任命新堂官，它由皇帝独自作出。

这天，皇上的作息稍有拖沓。卯正，也就是凌晨6点，他才接见朝臣。通常，他4点就要开始，除了军机大臣与当值衙官，他还要面见前来谢恩或特蒙召见的臣子。勤勉满足了人们对天子的期待，过度勤勉却不符合身体规律，张元济就曾建议将早朝改为午朝，因为"诸臣秉烛入直，仓皇视事，神气不清，岂能振作，且起居失宜，亦非保护圣明之道"。[4] 入值大臣叫苦不迭，偶蒙召见的外臣却可能发现意外的诗意，一睹紫禁城的庄严与静谧。郑孝胥有一次夜里 2 点进入东华门，朗月高照，"至景运门侧九卿朝房小坐。昧爽，入乾清门，同入者张荫桓、谭嗣同。至乾清宫廊下板屋中候召，俄而天曙"。[5]

这一天，在军机大臣、内阁学士张英麟，贵州古州镇总兵张绍模之后，皇帝召见了严复，他是顺天府尹胡燏棻举荐的经济特科。皇帝先是"垂询办理海军并开办学堂事，其为详悉"，问起他是否仍为《国闻报》撰稿，其中得意的篇章又是什么？严复答，年初的《拟上皇帝书》或可一读，其中谈到请皇帝到海外一行，"以联各国之欢"，还要国内巡查，"以结百姓之心"。皇帝的反应颇为无奈，叹了一口气："中国就是守旧人多，怎好？"在历时三刻钟的召见中，皇帝"垂问事甚多"，似乎把每一次召见都当作难得的自由呼吸。[6] 严复或许也分享着梁启超的复杂心情，他在笔下对专制君主大加批判，见到皇帝本人却是另一种感受。目睹新政的偏激与慌乱，他更强调维新逻辑的重要性：它只能循序渐进，一个有力的君主是必要的。

除去接见诸臣，皇帝颁布了几道上谕：命两江、湖广、浙江各督抚查清各卫所的屯田情况；命荣禄、刘坤一督率各海关申明约章，严查禁止金银制钱流出外洋；他还电谕陈宝箴，鼓励他"坚持定见，实力举行，慎勿为浮言所动"。[7]他还允许八旗经商贸易，将满汉之分的现实明确置于台前，击中了满人的恐慌之处。这个数量微小的特权群体，其困境随着王朝的衰落日趋显著，他们迅速汉化，常年的特权还使得他们失去了活力与能量。在任何城市中，满人群落总是显得衰败与萧瑟，"他们的房屋更小，更贫穷，但四处都是疏忽、浪费、败落的情形"。[8]满人们形成了寅吃卯粮的习惯，"领到饷银，便去还债。还了债，所余无几，就再去赊"。这条鼓励满人融入经济生活的上谕引发了新的焦虑，满人担心朝廷不再关照他们的生活，认定这都是因变法而起。"我的大舅、大姐的公公和丈夫，都真着了急。他们都激烈地反对变法……听说，一变法，旗人就须自力更生，朝廷不再发给钱粮了。"一位满人舒庆春多年后写道，他以笔名老舍闻名。[9]

处理完这一系列事务后，皇帝前往颐和园。这一次，皇帝带着开懋勤殿的设想前往颐和园，视之为打破僵局、加速变法的灵药。在昨天召见湖北补用知府钱恂时，他还提到"议政局必设"，对严复也说，"将开懋勤殿，选才行兼著者十人入殿行走，专预新政"。[10]没人知道，皇帝手中的名单，是不是康党举荐。

在南海会馆，喜悦更为高涨。也是这一天，袁世凯抵京。三天前，徐致靖上折保举袁世凯，称他"年力正强，智勇兼备，血性过人"，建议皇帝"特于召对，加以恩意，并予破格之擢"。光绪当日就命直隶总督荣禄知会袁世凯，"即行来京陛见"。[11] 保举是康有为计划的一部分。他将变法寄托在皇帝的个人权力上，皇帝受制于太后，且处于危险中，有失去生命之虞。6 月 15 日，朝廷宣布皇帝与太后四个月后将前往天津阅兵。康担心皇帝可能在天津之行中被废黜，因此欲寻求军队支持。

袁世凯是个恰当的人选。自从 1895 年末接管定武军以来，他迅速成为重要的军事将领，推广一套西化训练。他在小站的步兵队配备了清一色的曼利夏步枪，马队是曼利夏马枪及佩刀，炮队有克虏伯七五山炮等，军官则是六响左轮手枪及膛刀。士兵甚至还要学习英语，军队也有军乐，在徐世昌看来，简直是"平生所未闻"。[12] 袁世凯对危机的认识也颇为清晰，这年春天，他向翁同龢出示瓜分中国画报，与之"深谈时局，慷慨自誓，意欲辞三千添募之兵，而以筹大局为亟"，他还认定当前局势"必亡必分"，"必须大变法"，不过，他的变法是依靠各省练出三四万新兵，而非中央的整体布局。[13]

康梁与袁世凯相识于三年前的强学会，袁迅速变化的地位引来他们的新兴趣。一个半月前，他们对袁世凯的拉拢就已开始，康派徐仁铸堂弟徐仁录前往天津，试探袁的态度。出面招待的是徐世昌，在天津，他们"聚谈半日"，徐世昌发现这位公子"少年气盛，议论风生"。三天后，他们同至

颐和园，1890 年代

小站，与袁世凯久谈，当夜，徐仁录留宿军营。翌日，他们畅谈一日，袁克定也在一旁作陪，这位公子刚满二十岁。次日，徐仁录冒雨回京，并传递给康有为一个模糊信息，袁世凯愿意支持他，康随即夸大为"袁为我所动"，决定向皇帝举荐袁，期望在关键时刻，袁能站在他与皇帝一边。[14] 此刻，他似已决定发动军事政变，控制太后，拥立皇帝，或许也并不清楚，这一切将如何发生。

当朝廷再度确认，皇帝、太后将于 10 月 19 日前往天津阅兵时，康有为的紧张感陡然增强，皇帝可能被废黜甚至被杀。康有为也寄望聂士成的支持。在保卫京畿的部队中，除去袁世凯的新军，聂士成的武毅军驻扎芦台镇，有三十营，

　　　　　　　　　梁启超：维新 1873—1898

共万余人。[15] 得知王照与聂士成是把兄弟后，康有为要王照游说聂，一起拥戴皇帝，还许诺他直隶总督的官位。当王照拒绝后，说客徐致靖大怒："尔如此怕事，乃是为身家计也。受皇上大恩，不趁此图报，尚为身家计，于心安乎？"王照回应，他宁做武则天的狄仁杰，也不做范雎，后者是缺乏道义的象征。他认定这帮不了皇上，而是"拉皇上去冒险"。[16]

此刻，袁世凯入京令康有为雀跃。王照却担心，这将引起慈禧的警觉。为减少猜忌，他连夜撰写条陈，请求皇帝派袁世凯驻守河南镇压土匪。南海会馆的一位住客也有相似的忧虑。二十九岁的毕永年是谭嗣同、唐才常的密友，自幼出入军营，胆识过人，与哥老会联系密切，喜以江湖豪杰自居，还是一名拔贡生。两天前，他抵达北京，昨晚才搬入南海会馆，多少为谭唐嘱托，他想助力变法大业。9月14日晚，在译书局，他还把康梁介绍给到访的山田、泷川、平山与井上。这几个日本人都同情中国维新派，平山周更是与孙文关系密切。康有为对于平山的在场感到不安，他一直在剪断与孙一派的联系，因此对毕永年不无怪责。当晚9点，康有为召毕永年到室内，说出心中的大胆计划，将以袁世凯率军围颐和园，再请毕永年亲率百余人，捉拿慈禧太后。康以唐代张柬之起兵反武则天为例，还说已对袁世凯使反间计，令袁深恨慈禧与荣禄，并奏知皇帝，召见时务必对袁"隆以礼貌，抚以温言，又当面赏茶食，则袁必愈生感激而图报矣"。毕永年对此不尽赞同，他说袁世凯是李鸿章之党，李又听从太后。[17]

二

而在颐和园，故事并未按康梁的期待发展。皇帝没得到开懋勤殿的准许，还遭遇了太后的怒火。在一种流传的版本中，太后斥责皇帝："使祖宗之法自汝坏之，如祖宗何？"皇帝则哭着自辩："时势至此，敌骄民困，不可不更张以救祖宗"，"宁变祖宗之法，不忍弃祖宗之民、失祖宗之地"。太后不加理睬，二人在玉澜堂不欢而散。[18]慈禧的怒火积压已久，尤其罢免礼部六堂官，令她感到失控，这种感觉又因礼部尚书怀塔布的失势更为显著。怀塔布也是叶赫那拉氏，其妻是她深得宠信的游伴。在颐和园下棋时，怀塔布氏哭诉，说变法要"尽除满人"。[19]据说，怀塔布等内务府人员数十人"环跪于西后前，痛哭而诉皇上之无道"。[20]

皇帝陷入了恐慌。他想找人调停，但恭亲王已经去世，庆亲王与端亲王又站在太后一边。翌日，在破例召见杨锐时，他将自己的无力倾泻而出。对只见过一面的小臣这样表露心境，在清朝历史上还是第一次，从没哪位皇帝像他这样孤立无援。没人知道杨锐是如何抚慰皇帝的，两种猜测四处流传。杨锐没有提出解决方案，而是请皇帝与皇室宗亲商议，"此陛下家事，当谋之宗室贵近，小臣惧操刀而自割也"；另一种说法是，他建议放缓变法速度、拔擢老臣主持，"请择深信有方略大臣任之，命斟酌缓急，岁行一二事，则民不扰而国自强"。[21]

杨锐未能减缓皇帝的焦虑，他赐下一道密诏："朕亦岂不知中国积弱不振，至于阽危，皆由此辈所误；但必欲朕一旦痛切降旨，将旧法尽变，而尽黜此辈昏庸之人，则朕之权力实有未足。"他知道罢黜礼部六堂官是转折点，"皇太后已以为过重"，倘坚持继续变法，则"朕位且不能保，何况其他"。他向臣子求救，有什么良策可以全变，罢黜昏庸之臣，擢用维新之人，又不致有违太后的意思。"尔其与林旭、刘光第、谭嗣同及诸同志等妥速筹商，密缮封奏，由军机大臣代递。候朕熟思，再行办理。"皇帝还加上一句："朕实不胜十分焦急翘盼之至。"[22] 或出于不信任，杨锐并未立刻把密诏带给其他几位章京，更不要说康梁。杨锐之子杨应昶记得，父亲回到家中，唤他入室，令他将密诏藏起。儿子问起复奏如何，杨锐约略说了三点：皇帝对太后作出让步、变法有次第、对大臣的升降不可过骤。

至少表面上，皇帝掩饰着自己的失控。9月16日，他如常到乐寿堂向太后请安。在玉澜堂召见袁世凯后，意外地将袁从按察使升至侍郎，还给予他直接上奏权。袁次日谢恩时，皇帝还说："人人都说你练的兵、办的学堂甚好，此后可与荣禄各办各事。"这无疑是在鼓励袁摆脱直隶总督的控制，更为独立。[23] 当日，新政如常推进。皇帝命户部将每年出款入款分门别类，按月刊报，形成粗略的预算制度；他还下谕，征送著名华侨回国任职。有关变法的上书仍陆续涌来，翰林院编修汪凤梁还在上折鼓励出洋留学，让富有绅商资助。[24]

这天的梁启超异常忙碌。郑孝胥应梁启超、康广仁之约，前往译书局共进午餐，时间到了，"主人犹未至，遂留字而去"。[25]当晚，袁世凯拔擢的消息传回，康有为与梁启超大喜过望。毕永年记得，8点左右，正进晚餐的康梁听闻消息后拍案叫绝："天子真圣明，较我等所献之计，尤觉隆重，袁必更喜而图报矣。"康有为随即起身，带毕永年进房商讨接下来的行动。他想让毕永年充任袁的参谋，监督其行动。为了打消毕的怀疑，康有为又拿出袁世凯的信札，"书中极谢康之荐引拔擢，并云：'赴汤蹈火，亦所不辞。'"毕反问，若袁有异志，他一人如何应对？康建议将招募来的百余江湖人士交给毕，当袁世凯的部队包围颐和园时，毕则"率百人奉诏往执西后而废之"。毕又说，他不认识袁世凯，要先见面，何时能见到袁？康说再商议。这时，康广仁、梁启超走进落座。梁劝毕永年不用再怀疑，只要尽力去做就好，又激将说："然兄敢为此事乎？"毕说："何不敢乎？"但还是觉得要见到袁世凯本人后，才能了解是否可靠。梁启超随即安慰他，袁世凯是可靠的，让毕永年先答应此事。毕永年面露踌躇，一旁的康广仁已经掩饰不住愤怒之色。毕"终不敢独任之"，但他找到了妥协的方式，要求唐才常也参与行动。康梁表示同意，又担心电召唐才常会耽误时日。犹豫片刻，他们前往浏阳会馆找到谭嗣同，谭也认为"稍缓时日不妨也，如催得唐君来，则更全善"。梁启超附和道："毕君沉毅，唐君深鸷，可称两雄也。"康有为随即令电报湖南，催促唐才常及师中吉的百名死士入京。[26]

9月17日，事情又发生变化。皇帝下达了十八道明发、交片、字寄、电寄谕旨，其中一道明发尤令人意外，要康有为速往上海督办官报局，"此时闻尚未出京，实堪诧异"，"着康有为迅速前往上海开办，毋得迁延观望"。其中一句更为突兀："朕深念时艰，思得通达时务之人与商治法，闻康有为素日讲求，是以召见一次。"在这道冷冷的谕旨背后，压抑着挫败与惋惜，毫无必要地澄清与康有为的关系，似乎在向太后表明自己的态度。当日，皇帝意外地召见了林旭。按康有为的回忆，皇帝命林旭带出密诏，其中有让康"爱惜身体，善自保卫，他日再效驱驰"这样的语句。[27]

这突如其来的消息充满不祥，皇帝或已失势。夜晚到来时，南海会馆尚不知如何行动。毕永年自早晨起来就陷于疑惑与恐惧，不知计划如何实行。早饭后，他带着疑惑去问康广仁。两人争辩起来，毕不知如何结识袁世凯，又担心自己这样一个南方人骤然进入北方军队，无法调动，且自己是一个正在守母丧的拔贡生，如何带兵。康广仁大怒，语带讥讽地说："汝等尽是书生气，平日议论纵横，乃至做事时，乃又拖泥带水。"最后"冷笑而出"。在康有为的记述中，当晚他先在宋伯鲁家中做客，李端棻、徐致靖相伴左右，"唱昆

第十五章 密谋   377

曲极乐"，但几个人"曲终哀动，谈事变之急，相与忧叹"。夜晚7点，回到会馆时发现奉诏人来到，催康有为出京。而林旭拜访不遇，留书叮嘱："明日勿出，有要事告。"毕永年感慨："今必败矣，未知袁之消息如何？"当毕向他抱怨康广仁的无礼时，康有为则冷冷回应说："汝以一拔贡生而将兵，亦甚体面，何不可之有？"康有为仍寄望于袁世凯。他要徐世昌、谭嗣同、梁启超去对袁世凯明言，"成败在此一举"。[28]

9月18日早晨，林旭带密诏而来，"跪诵痛哭激昂"。按康的回忆，梁启超、谭嗣同、徐仁录、徐仁镜、徐世昌也在场，会馆中充满悲壮之气，众人"痛哭不成声"。康有为一边奏报将于19日出京、开用官报关防，一边商量对策。内心的焦灼催促他们采取行动，劝说袁世凯迫在眉睫。毕永年记得，"康氏兄弟等纷纷奔走，意甚忙迫"。围颐和园、劫杀太后的计划似乎已经传开，同住会馆的钱维骥甚至直接问毕永年是否有此事，并声称是梁启超告诉他的。[29]

三

康有为还把希望寄托在伊藤博文身上。五天前，这位日本前首相抵达北京，整个北京城都在谈论他。这是一次被大肆张扬的访问，尽管只是一位卸任首相，但作为明治维新的主要缔造人、击败中国军队的日本领导人，他的来访引人遐想。

嗜酒、夜食，热爱威武、华丽的事物，喜汉诗与女人，身高五尺三寸的伊藤博文个性多姿多彩。年轻时，他是个攘夷的恐怖分子，成年后却是西方文明的推手。他建造鹿鸣馆，学习西方社交生活，穿洋服，鼓励小姐夫人们将头发烫染成金色，抽雪茄烟，嗜读拿破仑、加富尔、俾斯麦的传记。作为日本的宪法之父，议会政治也让他饱尝苦涩。年初，他第三次组阁，不到半年就被迫下野，标志着藩阀政治让位于政党政治。对于中国人来说，伊藤博文是最不可思议的政治人物，比李鸿章更符合"东方俾斯麦"的称谓。他的个人声誉在中国迅速蹿升，他不再是敌人，而是值得模仿的楷模。访问中国是伊藤多年的心愿。他考察中国之风土人情，说服中国接受日本军官代为训练军队，减少俄国对中国的影响。自消息传出，一种说法广为流传：他要成为朝廷的客卿，协助中国变法。不止一位官员奏请皇帝留用伊藤，郑孝胥就曾对张之洞建议伊藤"可荐为客卿"。[30] 士大夫不理解现代民族国家，仿佛仍生活在战国年代。有些人还在议论合邦论，仿佛中日结盟会如奥地利与匈牙利结成的奥匈帝国。李鸿章在家信中感叹："众言庞杂，用人太乱，内意竟欲留伊藤为我参政，可笑也。"[31]

"此次伊藤侯访问清国消息传来时，正值清国改革之气运旺盛，上下共同仰视日本，而欲将其作为清国文明先导者之议论甚嚣尘上之际。"日本外务省官员松本在报告中写道。在 9 月 11 日的天津，荣禄热情地接待伊藤，两人"并肩而坐，相互亲切交谈，气氛十分融洽"，荣禄还请他为中国的改革提出意见。[32] 9 月 14 日，伊藤一行抵达北京。人人以会见伊藤为荣，问题相似、直接：中国该如何取得与日本类似的成功？这位侯爵对一位拜访者评论，中国"变法既不得人，又无次序，恐致生乱"。[33] 在总理衙门，他也劝王公大臣们，变法"尤应慎重周详，切忌轻躁之行为"，用"老成练达之人"制定方针，"盛壮气锐之士"具体执行，否则"乱阶将起"。[34]

与莫理循见面时，伊藤的观点更为坦白，他对中国的变法维新很失望，"认为没有政治家，没有人愿意负责，没有人在他的追随者们面前勇敢地、公开地站出来"。"皇帝颁布了大量变法维新的诏书，但是这些诏书从未付诸行动"，皇帝颇显幼稚，"发出一道敕令，指出官吏们应该正直、廉洁，这并不能改造那些不可救药的贪官污吏"。伊藤对中国的监察御史制度也相当怀疑，"监察官员们没有薪俸，他们的生活收入，全靠敲诈勒索"，这个制度"是一切罪恶和贪污的根源"，"必须废除"。[35]

日本舆论界呼应了伊藤的怀疑。9 月 11 日《万朝报》刊载长篇评论《中国改革的风气》，说中国虽自咸丰、同治时起就有对朝局的议论，但从未达到如今这种广度与深度，提出如此之多的建议，更没有涌现出康有为这样的人物，但总体而言，"中国改革的气势尚未足恃"。文章将康有为、汪康年视作改革派领袖，他们都很年轻，"尚缺乏扭转乾坤的大气魄、大力量"，中国人则"柔惰怯懦之风不易改变，虽然改革的建议层出不穷，但为使其风气大开，尚需及早计议"。两天后的后续文章中，作者口气趋向缓和，反问日本维新初年的变革者又所知多少，中国的变化仍值得期待。[36]

比起其他拜访者，康有为的目的更迫切、更具体。伊藤也对康不无兴趣，不管是日本媒体的零星报道，或旅途的种种议论，都让他对康有所了解。他主动问起中岛雄对康的看法，后者介绍了康的著作与行动后，评论说"康不啻是一个名士，但是处世经验明显不足"。

会面安排在9月18日下午3点。康有为迅速切入正题，伊藤对中国维新的建议是什么。伊藤说，贵国若想变法，要先除去自尊自大的陋习，不能自称中华，把他人都视作夷狄。康有为自辩说，这是过去的看法了，甲午之后，"各地学校、学会、新闻、杂志纷纷并起，民间知识大开"，年轻一代已有新观点。他希望听到的是伊藤对于更根本的问题的回应：如何变法。伊藤反问康，他认为过去几个月变法缺乏成效的原因是什么？康说，变法的要害是必须要全变，但皇帝缺乏足够的权力推行。伊藤颇感意外，"贵国君权专制无限，环地球之所知"，怎反而说自己无权？康把问题归咎于慈禧，"不知中外情形、本国危急，故不欲改革"，围绕在她周围的后党则"皆绝少见识"，甚至不知五大洲的名字，更担心"改革唯利汉人，满人不利。凡倡论变革者，皆阴谋叛逆人"。康劝说伊藤，若能见到慈禧，要奉劝她变革者是衷心为国家谋利，并无他意，而且满人与汉人都受益，满汉"如一母生两子"，满汉界限切不可分，他还想让伊藤劝太后"与皇帝共讲求变法条理"。谈话一直持续到"暮色苍然，座皆举烛"，伊藤没给出任何确实的许诺。他两天后才能面见皇帝，至于能否见到慈禧，仍是个未知数。[37]

回到南海会馆的康有为，与众人陷入焦灼。一段时间以来，他们风闻满人权贵们奔波于天津与颐和园之间，寻求太后与荣禄的支持，废黜皇帝的谣言已四处流传。伊藤的暧昧态度令袁世凯变成救命稻草，要肩负"复大权，清君侧，肃宫廷"的重任。直隶总督荣禄，慈禧最信赖的人物，是这个进程的重要障碍。

最终，谭嗣同决定去说服袁世凯。虽没见过袁，但天子近臣的身份与个人胆识都令他成为最佳人选。有人说，是谭嗣同最先提出动议，他引康有为入卧室，"取盘灰作书，密谋招袁世凯入党，用所部新建军，围颐和园，以兵劫太后"。而康有为"执嗣同手，瞪视良久"，质疑他岂可如此，谭一意坚持，梁启超也赞成。[38]

四

当晚7点过后，谭嗣同前往袁世凯寓居的法华寺，徐世昌可能随行，梁启超则前往关帝庙。他们该乘坐骡车从正阳门进入内城。没有路灯的北京即将陷入黑暗，显露出另一种

　　　　　　　梁启超：维新 1873—1898

面貌:"夜晚的街道空无一人,也没有任何照明,街道的两旁堆砌着灰色的矮墙,一眼望不到头,让人压抑得有些透不过气来,感觉自己仿佛是这个消亡的世界上唯一存活的生灵。偶尔也能碰上一两个中国人,手里提着一个灯笼,从黑暗中忽闪出来的模糊的轮廓看上去好像穷困迷途的魂魄一般;他们也在找路,所有人都没有足够的光线。"[39]

法华寺位于报房胡同。它原是明代一个大太监的府宅,后改为寺庙,明宪宗钦赐法华寺碑额。到清代,它更是见证了混乱与屈辱。1860年,恭亲王的京师巡访处设在这里,他与外来者谈判,由此展露的才干把他推向了权力中心,也获得"鬼子六"的绰号。再后来,这里成了京城文人乐于选择的居所,寺里的海棠院尤受欢迎。

9月14日入京后,袁世凯一直住在这里,几日来,既充满喜讯,也令人不安。他不仅蒙皇上召见,还意外地升任侍郎。京城政治气氛诡谲,人人都觉得变局将至,却不知会怎样爆发。袁世凯早已察觉到北京的混乱。在天津时,他认为朝廷"政令甚糟",还听闻皇帝"病甚沉"的传言。他高兴受到保举,但还是与康党保持距离。抵京后,他在钱恂家中提到自己将推荐张之洞入京,失衡的中枢需要这样的重臣。

9月18日,袁世凯更为繁忙,他一早就前往贤良寺拜会李鸿章,"久谈兵事"。李中堂刚刚意外地被驱赶出总理衙门,引发官场与外交界的一片猜测。饭后,袁前往庆王府,不巧的是，奕劻正在颐和园面见太后。傍晚，他接到小站军营的电报，说多艘英国兵船在大沽口游弋；荣禄也传来电报，说已调聂士成的十营兵到天津，驻扎在陈家沟，要袁迅速回防。但袁世凯要等待皇帝面训，暂不能回津。当晚，他与幕僚起草给皇帝的奏疏，回信荣禄，秉烛拟稿时，听到外面有人说话，守门人持名片来，说是一位军机大人求见。袁世凯"急索片视，乃谭嗣同也"。谭大人不候传请，直接来到客堂。[40]

很有可能，这是他们首次见面。袁世凯比谭嗣同年长六岁，个子矮小，体格壮实，走路的时候还有些轻微摇摆，看似貌不惊人，有些人却觉得他"充满魔力和智慧的善于明察秋毫的眼睛总能吸引人的注意"。[41] 谭嗣同有文人少见的武人气，袁世凯则是具革新思想的新军人，他们是各自圈内的异类，是皇帝新宠、城中的话题中心。

"余知其为新贵近臣，突如夜访，或有应商事件，停笔出迎。"袁世凯日后写道。谭嗣同先是恭贺他荣升，接着要他进入内室，说是有密语要说。袁支出仆从，两人进入内室。在照例久仰之类的寒暄过后，谭嗣同说袁世凯的面相有"大将格局"，又问起 20 日的请训情况。袁世凯说正在拟折请训，因英国船来到天津附近海面，他想急速回去防备。谭嗣同却说，中国真正的忧虑不是外敌，而是内患。接着，他说荣禄正在密谋废掉光绪，对袁本人也颇有猜忌。袁这次超升，多亏康有为等人的努力。谭嗣同拿出一份名片状的草稿，打开一看，竟是皇帝的口吻：荣某废立杀君，若不除掉

　　　　　　　　　　　梁启超：维新 1873—1898

他，上位不能保，性命也不能保。皇帝在袁世凯请训时会面付朱谕一道，令其回小营，带兵前往天津，宣读朱谕，将荣禄正法，并即刻代任直隶总督，然后昭示天下，封禁电局铁路，再派遣一部军队入京，一半围颐和园，一半守紫禁城。

读到此处，袁世凯已"魂飞天外"，诘问谭为何要围颐和园。谭的回答定让他飞往天外的魂魄更回不来："不除此老朽，国不能保。"他安慰袁，除去慈禧的任务会交给湖南赶来的好汉，还不无威胁地要求袁世凯一定要答应下来，"如不许我，即死在公前"，或者反过来，"公之性命在我手"。袁世凯试图说服谭，"天津为各国聚处之地，若忽杀总督，中外官民，必将大讧，国势即将瓜分"，何况还有董福祥、聂士成以及淮军、旗兵各种军队驻防，而新军只有七千人，另外"本军粮械子弹，均在天津营内，存者极少，必须先将粮弹领运足用，方可用兵"。袁对谭说需要半个月以上的准备，才能答复。谭等不了这么长时间，为了增加说服力，他真的拿出了一份朱谕。袁世凯日后回忆，"乃墨笔所书，字甚工，亦仿佛上之口气"，他也发现上面并无杀荣禄、围颐和园的字句，只是要杨、刘、谭、林四章京另议变法之策。谭嗣同转而声称，这并非原诏，怪林旭误事，未把原件给他。袁世凯日后称，此刻已识破谭嗣同的谎言，却要保持谨慎，谭不仅是天子近臣，且情绪愈加激动，"几至声色俱厉"，且"腰间衣襟高起，似有凶器"。

为和缓气氛，袁世凯建议将时间推迟到天津阅兵之时，

"军队咸集，皇上下一寸纸条，谁敢不遵，又何事不成？"他还许诺，一定劝荣禄请皇上前往天津。这似乎说服了谭嗣同，后者再次强调袁世凯的重要性："报君恩，救君难，立奇功大业，天下事入公掌握，在于公；如贪图富贵，告变封侯，害及天子，亦在公；惟公自裁。"谭又谈起皇帝与太后不合的原委，并发下狠话："自古非流血不能变法，必须将一群老朽，全行杀去，始可办事。"若这个场景属实，袁世凯定再度被震惊。夜已深，袁称还有奏折要写，请谭嗣同离去。[42]

对于那个夜晚，袁家一位老仆多年后回忆说，"有一天下午八点多钟，忽然有一个人求见袁大人"，门上拦不住，此人直入袁的书房。关于当晚的会面，"大人精神很不安。那个人态度很严肃，一手拿着手枪，一手拿着一个簿子，请大人在簿子上签名。大人开始有为难的样子，最后还是签了"。老仆还记得，袁世凯等那人走后，就匆匆前往某亲王处。不久，老仆听说，"那个人就是谭嗣同"。[43]

当谭嗣同在法华寺与袁世凯争辩时，梁启超一直在烧酒胡同的关帝庙等着他，老朋友容闳也住在这里，维新者常用的另一个聚会之所。康有为则在南海会馆收拾行李，准备离京。一整天，康闭门谢客。夜晚，朋友们还是来了。杨深秀说，人人纷传将有大变，米面价格已经大涨，董福祥的军队会从北门进入，居民纷纷迁居避难。李岳瑞提到英国有七艘军舰停泊在大沽口，可能要与俄国交战。康有为拿出李提摩太带来的瓜分图，众人再次沉浸在悲愤中。很可能，康有为再次确认了围园计划，要他们上折，请调袁世凯的军队入京勤王。

9月19日子时，城门再度打开时，康有为入城，与梁启超、谭嗣同在关帝庙会面。当谭嗣同复述见面场景后，他们或许都意识到，行动失败了，也还抱着最后一丝侥幸，等待袁世凯再次面见皇帝。

吃完早饭，谭嗣同回到浏阳会馆。经过这惊心动魄的一夜，前来探访的毕永年发现，正在梳头的谭嗣同"气恢恢然"，说袁世凯既未应允，也未彻底拒绝，"欲从缓办也"。毕追问袁世凯是否可用，谭回答，他与康有为争辩过数次，康坚持用袁，他也无可奈何。毕永年感到大势已去，劝谭嗣同"亦宜自谋，不可与之同尽"，当日下午，他从南海会馆搬出，"不愿同罹斯难"。[44]

康有为的活力并未受损。这天早晨，他去拜会李提摩太，与三年前一样，这次也只是匆忙一瞥。康告诉李提摩太，局势险峻，他打算马上去上海。他说起宫廷矛盾，希望李提摩太能找到英国公使，去营救将陷入困境的皇帝。李提摩太也保持着一贯的天马行空，以为自己将出任皇帝的顾问，将提出与英、日、美结成联盟的解决方案。傍晚，康有为回到南海会馆，一面砖墙恰好倒塌。这个不祥征兆比皇帝诏书、失败劝说更有力地提醒他，危险正在逼近。他从来是个迷信的人，决定即刻离京。

康梁的忙碌与密谋，已为一小部分维新者所知，但他们很少真的认为会发生，或许不过是康门的另一次大言。刘光第沉浸于繁忙与抱怨中，他说"新旧两党，互争朝局"，自己则"无新旧之见，新者、旧者均需用好人"，他感到寒心，"惟圣恩高厚，急切不忍去也"。军机章京的任命反加剧了生活的困窘，"隔数日须往颐和园住班。老骡不行，又要买马，又要添皮衣，非狐皮不行，且定要貂褂"。[45] 严复前往张元济的通艺学堂，演讲"西学源流旨趣，并中西政教之大原"，令他意外的是，竟有数十人到场，还有一些京官。士大夫似乎真对西学产生了些许兴趣。[46]

五

9月18日，颐和园内一切如常。戏演了一整天，戏目中有《丹桂飘香》《庆安澜》，著名的义顺和班也演了六出戏。下午2点左右，皇帝起身，返回紫禁城，带着开懋勤殿未果的挫败。[47]

很可能当晚，慈禧读到了杨崇伊的奏折，它可能由庆亲王亲自送来。奏折从攻击文廷式开始，追溯了文之前的罪行，例如"昌言用兵，遂致割地偿款"，还说他创办大同学会，"引用东人，深恐贻祸宗社"。说文廷式会带来新的混乱，对外勾结叛民孙文，对内则"奉康有为为主，得黄遵宪、陈三立标榜之力"，几个人在湖南"专以讪谤朝廷为事"。康有为之流更"不知何缘，引入内廷，两月以来变更成法，斥逐老成，借口言路之开，以位置党羽"。最危险的情况正在到来，他听说伊藤博文不日到京，"将专政柄"，若真如此，"则祖宗所传之天下，不啻拱手让人"。[48]

奏折中满是错误与猜测，文廷式从未创建大同学会，他在上海参与的是同文学会。杨崇伊理解慈禧心理，作为珍妃与光绪最信任的人之一，文廷式一直令慈禧恼怒不已。这封奏折是多日运作的结果。按照翰林蔡金台的说法，杨崇伊原想和其他重臣共同上奏，却四处碰壁。他找到王文韶，后者告诫他"无牵老夫"；他去找张次山等九人，没有一位愿意响应。这不表示这些人更有政治原则，更可能是出于恐惧，不知这件事会引发怎样的后果。在另一种说法中，杨直接找到庆亲王代奏他的条陈，请太后训政。庆亲王刚刚面露难色，杨遂要拂袖而去，声称这并非他个人意思，庆亲王连忙拉住他同往颐和园。

不管怎样，这份奏折确实击中了慈禧的心，或许也帮她释放出心中积郁已久的不满与猜忌。她尤为担心关于伊藤博文的传闻。她决定临时回城，先乘船从颐和园抵达广源闸西码头，在万寿寺拈香，进膳后稍作休息，乘船至倚虹堂，再乘轿子从西直门入城，穿过西安门，抵达西苑的仪鸾殿。

整个戊戌年，慈禧只有六次回到紫禁城，两次为了探望病危的恭亲王，一次是咸丰的生日，一次为咸丰的祭日，还有一次是光绪的生日。傍晚，她到达西苑，庆亲王通知光绪，后者连忙在瀛秀门跪迎。

9月20日的紫禁城，并无特殊。皇帝在勤政殿接见了伊藤博文，这桩大肆张扬的会面只持续了两刻钟，除去礼貌性问候，没有任何实质性的交流。当日，维新派仍在继续上折，杨深秀建议，"固结英、美、日本三国"，合成一邦。在附片中，他还请求挖掘圆明园中可能窖藏的金银，以作练兵之款。一位叫恩裕的官员上奏，请皇上下旨给孙家鼐，并转饬梁启超，务须不惜重金，聘请精于西学、通华语、识华文的西人主持译事，而以精华文、通西学的中国人辅佐之，专译西书。[49]

袁世凯一早赴宫门请训完，乘坐11点40分的火车返回天津，"同城文武各官咸往迎迓，一时颇为热闹"。[50]康有为的离去冷清得多，清晨4点，他把一切行囊留给康广仁，"在火车上买了一个包房，一直到塘沽"。[51]

一场风暴即将到来。

注　释

引言　逃亡

1　［清］恽毓鼎：《恽毓鼎澄斋日记》，史晓风整理，杭州：浙江古籍出版社，2004 年，第 169 页。

2　［日］岩井尊人笔记，陈鹏仁译著：《林权助回忆录》，台北：致良出版社，2015 年，第 38—40 页。

3　《刑部尚书崇礼等折》，转引自茅海建：《戊戌变法史事考》，北京：生活·读书·新知三联书店，2005 年，第 121 页。

4　《上谕档》光绪二十四年八月初六日，同上，第 122 页。

5　清华大学历史系编：《戊戌变法文献资料系日》，上海：上海书店出版社，1998 年，第 1051、1049 页。

6　梁启超：《戊戌政变记·谭嗣同传》，见汤志钧、汤仁泽编：《梁启超全集》第 1 集，北京：中国人民大学出版社，2018 年，第 594 页。

7　同上。

8　《林权助致大隈重信》，转引自茅海建：《戊戌变法史事考》，第 482—483 页。

9　陈鹏仁：《梁启超逃出中国的经纬》，见《林权助回忆录》，第 205—206 页。

10 《林权助致大隈重信》《大隈重信致诸井六郎、郑永昌》《大隈重信致林权助》《大隈重信致加藤高明》，转引自茅海建：《戊戌变法史事考》，第483—484 页。

11 《戊戌变法文献资料系日》，第 1061 页。

12 《郑永昌致外务次官鸠山和夫》，转引自茅海建《戊戌变法史事考》，第491 页。

13 《总理衙门清档·收发电》01—38，同上，第 493 页。

14 《梁启超、王照致伊藤博文、林权助》，转引自［日］伊原泽周：《从"笔谈外交"到"以史为鉴"：中日近代关系史探研》，北京：中华书局，2003 年，第 217—219 页。

第一章　茶坑村

1 梁启超：《三十自述》，见《梁启超全集》第 4 集，第 107 页。

2 ［美］马立博：《虎、米、丝、泥：帝制晚期华南的环境与经济》，王玉茹、关永强译，南京：江苏人民出版社，2012 年，第 79 页。

3 ［清］林星章修，黄培芳等纂：《新会县志》，台北：成文出版社，1966 年，第 61 页。

4 Helen F. Siu, *Agents and Victims in South China,* Yale University Press, 1989, p. 16.

5 梁启超：《三十自述》，见《梁启超全集》第 4 集，第 107 页。

6 丁文江、赵丰田编：《梁启超年谱长编》，上海：上海人民出版社，1983 年，第 7 页。

7 同上，第 9 页。

8 同上，第 10 页。

9 同上，第 9 页。

10 罗检秋：《新会梁氏：梁启超家族的文化史》，北京：中国人民大学出版社，1999 年，第 13—14 页。

11 《梁启超年谱长编》，第 6 页。

12 同上，第 6—7 页。

13　梁启超:《三十自述》,见《梁启超全集》第 4 集,第 107 页。

14　梁启超:《夏威夷游记》,见《梁启超全集》第 17 集,第 258 页。

15　梁启超:《中国文化史·社会组织篇》,见《梁启超全集》第 13 集,第 139—140 页。

16　同上,第 141 页。

17　[英]约翰·濮兰德:《李鸿章传》,张启耀译,天津:天津人民出版社,2008 年,第 13 页。

18　《新会县志》,第 61 页。

19　[美]包筠雅:《文化贸易:清代至民国时期四堡的书籍交易》,刘永华、饶佳荣等译,北京:北京大学出版社,2015 年,第 229 页。

20　《梁启超年谱长编》,第 14 页。

21　梁启超:《变法通议·论幼学》,见《梁启超全集》第 1 集,第 58 页。

22　梁启超:《三十自述》,见《梁启超全集》第 4 集,第 108 页。

23　[美]谭雅伦:《落叶归根(摘译):新会 1893 年义冢札记》,舒奋译,载《五邑大学学报(社会科学版)》2001 年第 2 期。

24　商衍鎏:《清代科举考试述录》,北京:故宫出版社,2014 年,第 8 页。

25　《梁启超年谱长编》,第 15 页。

26　同上,第 16 页。

27　同上,第 17 页。

第二章　学海堂

1　郑曦原编:《帝国的回忆:〈纽约时报〉晚清观察记》,北京:生活·读书·新知三联书店,2001 年,第 38—40、43 页。

2　邬庆时:《番禺末业志》,见蒋建国:《广州消费文化与社会变迁:1800—1911》,广州:广东人民出版社,2006 年,第 178 页。

3　[法]伊凡:《广州城内:法国公使随员 1840 年代广州见闻录》,张小贵、杨向艳译,广州:广东人民出版社,2008 年,第 115 页。

4　宋巧燕:《诂经精舍与学海堂两书院的文学教育研究》,济南:齐鲁书社,

2012 年，第 310 页。

5　廖恩焘：《嬉笑集·序》，见戴胜德：《粤讴与粤语诗词》，载《羊城晚报》
　　2013 年 11 月 16 日。

6　蔡杰：《晚清石印举业用书的营销与流通》，载《江汉论坛》2014 年第 9 期。

7　《申报》1890 年 4 月 2 日，转引自沈俊平：《晚清石印举业用书的生产与
　　流通》，载 *Journal of Chinese Studies*, No. 57, July 2013.

8　戴均衡：《桐乡书院四议》，见桐城市博物馆主编：《桐城明清散文选》，合
　　肥：安徽美术出版社，2011 年，第 173 页。

9　郑曦原编：《帝国的回忆》，第 91 页。

10　〔英〕施美夫：《五口通商城市游记》，温时幸译，北京：北京图书馆出版
　　社，2007 年，第 33、90—91 页。

11　《梁启超年谱长编》，第 18 页。

12　李国钧主编：《中国书院史》，长沙：湖南教育出版社，1994 年，第 776 页。

13　彭丹：《论清代广州十三行商人对岭南文化的贡献》，暨南大学 2006 年硕
　　士毕业论文。

14　〔美〕麦哲维：《学海堂与晚清岭南学术文化》，沈正邦译，广州：广东人
　　民出版社，2018 年，第 1 页。

15　程美宝：《地域文化与国家认同：晚清以来“广东文化”观的形成》，北
　　京：生活·读书·新知三联书店，2006 年，第 170—171 页。

16　〔美〕艾尔曼：《学海堂与今文经学在广州的兴起》，车行健译，载《湖
　　南大学学报（社会科学版）》2006 年第 2 期。

17　梁启超：《论中国学术思想变迁之大势》，见《梁启超全集》第 3 集，第
　　96 页。

18　崔弼：《新建粤秀山学海堂记》，转引自宋巧燕：《诂经精舍与学海堂两书
　　院的文学教育研究》，第 127 页。

19　梁启超：《清代学术概论》，见《梁启超全集》第 10 集，第 259 页。

20　《学海堂志》，转引自宋巧燕：《诂经精舍与学海堂两书院的文学教育研
　　究》，第 385 页。

21　〔美〕麦哲维：《学海堂与晚清岭南学术文化》，第 350 页。

22　梁启超：《清代学术概论》，见《梁启超全集》第 10 集，第 259 页。

23　《梁启超年谱长编》，第18—22页。

24　同上，第20页。

25　《广州府志》卷一百二十九，列传十八，见《中国地方志集成·广东府县志辑 第3辑》，上海：上海书店出版社，1999年。

26　梁启超：《三十自述》，见《梁启超全集》第4集，第108页。

27　商衍鎏：《清代科举考试述录》，第15页。

28　尤尔：《三年一度的考试》，转引自张仲礼：《中国绅士：关于其在19世纪中国社会中作用的研究》，李荣昌译，上海：上海社会科学院出版社，1991年，第189页。

29　吴剑杰编著：《张之洞年谱长编》，上海：上海交通大学出版社，2009年，第225页。

30　蒲松龄：《聊斋志异》，北京：中华书局，2015年，第2371页。

31　《梁启超年谱长编》，第21页。

32　蒲松龄：《聊斋志异》，第2371页。

33　《梁启超年谱长编》，第21页。

第三章　春闱

1　商衍鎏：《清代科举考试述录》，第128页。

2　王荣商：《自申江北上》，转引自卜永坚、李林主编：《科场·八股·世变：光绪十二年丙戌科进士群体研究》，香港：中华书局，2015年，第155页。

3　叶显恩、周兆晴：《广东航运业的近代化》，载《珠江经济》2008年第11期。

4　［德］海靖夫人：《德国公使夫人日记》，福州：福建教育出版社，2012年，第13页。

5　张謇研究中心等编：《张謇全集》第6卷，南京：江苏古籍出版社，1994年，第334页。

6　［德］海靖夫人：《德国公使夫人日记》，第12页。

7　［英］斯坦利·莱恩—普尔、弗雷德里克·维克多·狄更斯：《巴夏礼在中国》，金莹译，桂林：广西师范大学出版社，2008年，第357页。

8　同上。

9　［德］海靖夫人:《德国公使夫人日记》,第 14 页。

10　［英］斯坦利·莱恩－普尔、弗雷德里克·维克多·狄更斯:《巴夏礼在中国》,第 357 页。

11　［美］凯瑟琳·卡尔:《美国女画师的清宫回忆》,王和平译,北京:故宫出版社,2011 年,第 154 页。

12　翁万戈整理:《翁同龢日记》第 5 卷,上海:中西书局,2011 年,第 2387、2397、2386 页。

13　白继增:《北京宣南会馆拾遗》,北京:中国档案出版社,2011 年,第 226 页。

14　劳祖德整理:《郑孝胥日记》第 1 册,北京:中华书局,1993 年,第 160—164 页。

15　《张謇全集》第 6 卷,第 308 页。

16　高平叔:《蔡元培年谱长编》,北京:人民教育出版社,1999 年,第 48 页。

17　《梁启超年谱长编》,第 22 页。

18　王荣商:《赠陆渔笙先生序》,见卜永坚、李林主编:《科场·八股·世变》,第 162 页。

19　《翁同龢日记》第 5 卷,第 2398 页。

20　邓嗣禹:《中国考试制度西传考》,见刘海峰编:《中国科举文化通志》,武汉:武汉大学出版社,2015 年,第 74、83 页。

21　《翁同龢日记》第 5 卷,第 2399 页。

22　蒲松龄:《聊斋志异》,第 2371 页。

23　《郑孝胥日记》,第 173—174 页。

24　王荣商:《赠江亭芙比部》,见卜永坚、李林主编:《科场·八股·世变》,第 163 页。

25　《梁启超年谱长编》,第 22 页。

26　同上,第 23 页。

27　同上。

28　同上。

29　梁启超:《南海康先生传》,见《梁启超全集》第 2 集,第 362 页。

30 楼宇烈整理:《康南海自编年谱》,北京:中华书局,1992 年,第 6、9—
10 页。

31 康有为:《康子内外篇》,见姜义华、张荣华编校:《康有为全集》第 1 集,
北京:中国人民大学出版社,2007 年,第 97 页。

32 楼宇烈整理:《康南海自编年谱》,第 15 页。

33 康有为:《上清帝第一书》,见《康有为全集》第 1 集,第 181—182 页。

34 康有为:《与沈刑部子培书》,同上,第 238 页。

第四章　狂生

1 康有为:《长兴学记·陈千秋跋》,见《康有为全集》第 1 集,第 351 页。

2 康有为:《与沈刑部子培书》《与祁子和总宪书》,同上,第 238、240 页。

3 康有为:《与沈刑部子培书》,同上,第 238 页。

4 吴敬轩:《康圣人的故事》,见夏晓虹编:《追忆康有为》,北京:生活·读
书·新知三联书店,2009 年,第 169 页。

5 康有为:《长兴学记》,见《康有为全集》第 1 集,第 342 页。

6 吴敬轩:《康圣人的故事》,见夏晓虹编:《追忆康有为》,第 170 页。

7 康有为:《学术源流》,见姜义华、张荣华编:《万木草堂口说》,北京:中
国人民大学出版社,2010 年,第 3—24 页。

8 《梁启超年谱长编》,第 25—26 页。

9 同上,第 24—25 页。

10 梁启超:《祭麦孺博诗》,见陈汉才:《康门弟子述略》,广州:广东高等
教育出版社,1991 年,第 10 页。

11 梁启勋:《"万木草堂"回忆》,见夏晓虹编:《追忆康有为》,第 194—
195 页。

12 《梁启超年谱长编》,第 24 页。

13 同上,第 18—19 页。

14 康有为:《新学伪经考》,见《康有为全集》第 1 集,第 355 页。

15 张之洞:《学术》,见庞坚点校:《张之洞诗文集》,上海:上海古籍出版

社，2008 年，第 153 页。

16 [美]艾尔曼:《经学、政治和宗族:中华帝国晚期常州今文学派研究》，赵刚译，南京:江苏人民出版社，2005 年，第 236 页。

17 梁启超:《清代学术概论》，见《梁启超全集》第 10 集，第 270 页。

18 康有为:《新学伪经考》，见《康有为全集》第 1 集，第 355 页。

19 钱穆:《中国近三百年学术史》，北京:商务印书馆，1997 年，第 715—716 页。

20 梁启超:《清代学术概论》，见《梁启超全集》第 10 集，第 272—273 页。

21 康有为、朱一新:《与朱一新论学书牍》，见《康有为全集》第 1 集，第 327 页。

22 同上，第 314—319 页。

23 康有为:《与洪右臣给谏论中西异学书》，同上，第 337 页。

24 《梁启超年谱长编》，第 28 页。

25 梁启超:《三十自述》，见《梁启超全集》第 4 集，第 109 页。

26 黄濬:《花随人圣庵摭忆》，北京:中华书局，2013 年，第 363—364 页。

27 张桂丽:《李慈铭年谱》，上海:上海古籍出版社，2016 年，第 333 页。

28 《梁启超年谱长编》，第 1020 页。

29 同上，第 28—29 页。

30 同上，第 29—30 页。

31 卢湘父:《万木草堂忆旧（选录）》，见夏晓虹编:《追忆康有为》，第 179 页。

32 梁启超:《南海康先生传》，见《梁启超全集》第 2 集，第 364 页。

33 卢湘父:《万木草堂忆旧（选录）》，见夏晓虹编:《追忆康有为》，第 179 页。

34 陈汉才:《康门弟子述略》，第 69 页。

35 梁启勋:《"万木草堂"回忆》，见夏晓虹编:《追忆康有为》，第 192 页。

36 同上，第 189—190 页。

37 康有为:《康南海自编年谱》，第 20 页。

38 梁启勋:《"万木草堂"回忆》，见夏晓虹编:《追忆康有为》，第 193 页。

39 同上，第 191 页。

40 同上。

41 同上，第 195 页。

42 康有为：《康南海自编年谱》，第 22—23 页。

43 卢湘父：《万木草堂忆旧（选录）》，见夏晓虹编：《追忆康有为》，第 183 页。

44 冯自由：《革命逸史》，北京：新星出版社，2009 年，第 45 页。

45 《梁启超年谱长编》，第 30 页。

46 梁启超：《读书分月课程》，见《梁启超全集》第 1 集，第 10—18 页。

47 同上，第 13 页。

第五章　战争

1 吉辰：《昂贵的和平：中日马关议和研究》，北京：生活·读书·新知三联书店，2014 年，第 3 页。

2 姜鸣：《龙旗飘扬的舰队：中国近代海军兴衰史》，北京：生活·读书·新知三联书店，2014 年，第 332 页。

3 《翁同龢日记》第 6 卷，第 2708 页。

4 姜鸣：《龙旗飘扬的舰队》，第 333 页。

5 ［美］何德兰：《慈禧与光绪：中国宫廷中的生存游戏》，汪春译，北京：中华书局，2004 年，第 65 页。

6 茅海建：《从甲午到戊戌：康有为〈我史〉笺注》，北京：生活·读书·新知三联书店，2009 年，第 31—35 页。

7 《张荫桓日记》，转引自茅海建：《从甲午到戊戌》，第 36 页。

8 《翁同龢日记》第 6 卷，第 2727 页。

9 茅海建：《从甲午到戊戌》，第 35 页。

10 《张謇全集》第 6 卷，第 361 页。

11 《翁同龢日记》第 6 卷，第 2741—2742 页。

12 《梁启超年谱长编》，第 31 页。

13 权赫秀：《马相伯在朝鲜的顾问活动（1882 年 11 月—1884 年 4 月）》，

载《近代史研究》2003年第3期。

14　［日］原田敬一：《日清、日俄战争》，徐静波译，香港：香港中和出版有
　　限公司，2016年，第89—90页。

15　《论俄国不以兵力助法人》《保守朝鲜策》，载《字林沪报》1894年1月
　　2、8日，转引自李敬：《甲午战争期间的〈字林沪报〉舆论》，华东师范
　　大学硕士论文，2006年，第5页。

16　戴东阳：《晚清驻日使团与甲午战前的中日关系（1876—1894）》，北京：
　　社会科学文献出版社，2012年，第318—319、323页。

17　同上，第320页。

18　［日］原田敬一：《日清、日俄战争》，第98页。

19　［美］马里乌斯·詹森主编：《剑桥日本史》第5卷，王翔译，杭州：浙
　　江大学出版社，2014年，第698—699页。

20　石泉：《甲午战争前后之晚清政局》，北京：生活·读书·新知三联书店，
　　1997年，第86页。

21　《翁同龢日记》第6卷，第2744、2747页。

22　《张謇全集》第6卷，第363页。

23　《张謇全集》第2卷，第56页。

24　高平叔：《蔡元培年谱长编》，第65页。

25　《中日决战说》，载《字林沪报》1894年7月25日，转引自李敬：《甲午
　　战争期间的〈字林沪报〉舆论》，第11页。

26　《南洋大臣刘坤一奏为中日既经开战不宜轻予议和折》，见戚其章编：《中
　　日战争》第1册，北京：中华书局，1989年，第205—206页。

27　陈霞飞主编：《中国海关密档：赫德、金登干函电汇编（1874—1907）》
　　第6卷，北京：中华书局，1995年，第94页。

28　刘成禺：《世载堂杂忆》，沈阳：辽宁教育出版社，1997年，第91页。

29　《梁启超年谱长编》，第22页。

30　茅海建：《从甲午到戊戌》，第39—40页。

31　《梁启超年谱长编》，第32页。

32　［日］原田敬一：《日清、日俄战争》，第124页。

33　杨天石：《梁启超为康有为弭祸：近世名人未刊函电过眼录》，载《光明

日报》2003 年 7 月 8 日。

34 姜鸣:《龙旗飘扬的舰队》,第 394 页。

35 陈霞飞主编:《中国海关密档》第 6 卷,第 108—109、112 页。

36 同上,第 132 页。

37 姜鸣:《龙旗飘扬的舰队》,第 394 页。

38 [德]福兰阁:《两个世界的回忆:个人生命的旁白》,[德]傅复生编,
    欧阳甦译,北京:社会科学文献出版社,2014 年,第 78 页。

39 《议和说》,载《字林沪报》1894 年 11 月 13 日,转引自李敬:《甲午战争
    期间的〈字林沪报〉舆论》,第 23 页。

40 《梁启超年谱长编》,第 34 页。

41 虞和平编:《经元善集》,转引自张海荣:《〈公车上书记〉作者沪上哀时
    老人未还氏究竟是谁》,载《清史研究》2011 年第 2 期。

42 李瀚章:《遵旨查复康祖诒新学伪经考折》,转引自茅海建:《从甲午到戊
    戌》,第 42 页。

43 《康有为全集》第 12 集,第 176 页。

第六章 上书

1 梁启超:《上海遇雪寄蕙仙》,见《梁启超全集》第 17 集,第 579 页。

2 夏东元编著:《盛宣怀年谱长编》,上海:上海交通大学出版社,2004 年,
   第 474 页。

3 《梁启超年谱长编》,第 37 页。

4 上海图书馆编:《汪康年师友书札》,上海:上海古籍出版社,1986 年,第
   1830—1831 页。

5 冯自由:《革命逸史》,第 46 页。

6 《戊戌变法文献资料系日》,第 23 页。

7 孔祥吉:《晚清史探微》,成都:巴蜀书社,2001 年,第 19 页。

8 《翁同龢日记》第 6 卷,第 2837 页。

9 刘坤一:《慈谕恭记》,转引自石泉:《甲午战争前后之晚清政局》,第

191 页。

10 董蔡时、王建华:《论甲午战争时期帝党和言官的"倒李"斗争》,载《清史研究》1994 年第 4 期。

11 茅海建:《从甲午到戊戌》,第 62 页。

12 文廷式:《闻尘偶记》,转引自石泉:《甲午战争前后之晚清政局》,第 139 页。

13 茅海建:《从甲午到戊戌》,第 61 页。

14 郑曦原编:《帝国的回忆》,第 250 页。

15 刘大鹏:《退想斋日记》,乔志强标注,太原:山西人民出版社,1990 年,第 39—42、594—600 页。

16 同上,第 41 页。

17 《翁同龢日记》,第 2833—2834 页。

18 梁启超:《中国四十年来大事记》(一名《李鸿章》),见《梁启超全集》第 2 集,第 427 页。

19 茅海建:《从甲午到戊戌》,第 88—89 页。

20 W. G. Beasley, *Japanese Imperialism 1894–1945*, Oxford: Clarendon Press, 1987, p.56.

21 《筹办夷务始末》,转引自杨国强:《甲午乙未之际:清流的重起和剧变》,载《中华文史论丛》2013 年第 2 期。

22 《翁同龢日记》第 6 卷,第 2836—2837 页。

23 茅海建:《戊戌变法史事考二集》,北京:生活·读书·新知三联书店,2011 年,第 34 页。

24 茅海建:《从甲午到戊戌》,第 63 页。

25 《梁启超年谱长编》,第 38 页。

26 茅海建:《戊戌变法史事考二集》,第 6—14 页。

27 文廷式:《闻尘偶记》,同上,第 37—38 页。

28 《翁同龢日记》第 6 卷,第 2841 页。

29 戚其章主编:《中日战争》第 3 册,北京:中华书局,1991 年,第 191 页。

30 茅海建:《戊戌变法史事考二集》,第 16 页。

31 文廷式:《闻尘偶记》,同上,第 37 页。

32 《叶题雁等台湾举人上清帝书》,见阎湘译注:《中法中日战争诗文选译》,

成都：巴蜀书社，1997年，第105页。

33 《梁启超年谱长编》，第38页。

34 刘大鹏：《退想斋日记》，第600页。

35 茅海建：《从甲午到戊戌》，第67页。

36 茅海建：《戊戌变法史事考二集》，第24—25页。

37 魏元旷：《坚冰志》，转引自尤育号：《黄体芳社会交游考察》，载《温州大学学报·社会科学版》2009年第5期。

38 魏绍昌编：《孽海花资料》，上海：上海古籍出版社，1982年，第313页。

39 康有为：《上清帝第二书》，见《康有为全集》第2集，第32页。

40 《梁启超年谱长编》，第38页。

41 沪上哀时老人未还氏：《公车上书记序》，转引自茅海建：《戊戌变法史事考二集》，第80页。

42 张海荣：《晚清举人邱菽园对"公车上书"的两次追忆》，载《历史档案》2014年第1期。

43 茅海建：《从甲午到戊戌》，第69—70、76页。

44 刘大鹏：《退想斋日记》，第43页。

45 《梁启超年谱长编》，第38—39页。

46 《公车上书题名》，见《康有为全集》第2集，第47页。

47 胡思敬：《国闻备乘》，徐一士：《一士类稿·一士谈荟》，转引自茅海建：《从甲午到戊戌》，第90页。

48 梁鼎芬：《康有为事实》，叶德辉：《与刘端先、黄郁文两生书》，同上，第91—92页。

49 《德宗实录》，转引自张海荣：《甲午战后改革大讨论考述》，载《历史研究》2010年第4期。

50 《御史王鹏运奏应相机收复辽台以系人心而维国脉折》《遵旨复奏时政请以开银行修铁路振兴商务为首要折》，转引自张海荣：《甲午战后改革大讨论考述》。

51 《戊戌变法文献资料系日》，第64页。

52 张海荣：《晚清举人邱菽园对"公车上书"的两次追忆》。

53 汪叔子、王凡：《〈公车上书记〉刊销真相：戊戌变法史考论之二》，载

《江西社会科学》1990 年第 4 期，第 99—107 页。

第七章　改革俱乐部

1　《梁启超致汪康年》，见《汪康年师友书札》，第 1833 页。

2　《梁启超年谱长编》，第 39 页。

3　［英］约翰・濮兰德：《李鸿章传》，第 69 页。

4　《翁同龢日记》第 6 卷，第 2860 页。

5　孔祥吉：《清人日记研究》，广州：广东人民出版社，2008 年，第 22 页。

6　许全胜：《沈曾植年谱长编》，北京：中华书局，2007 年，第 210 页。

7　梁启超：《蛰庵诗存序》，转引自黄濬：《花随人圣庵摭忆》，第 546 页。

8　梁启超：《与江孝通联句》，梁启勋识，见《梁启超全集》第 17 集，第 580 页。

9　文廷式：《闻尘偶记》，转引自张海荣：《甲午战后改革大讨论考述》。

10　翁同龢：《自订年谱》，见《翁同龢日记》第 8 卷，第 3862 页。

11　《德宗实录》，转引自张海荣：《甲午战后改革大讨论考述》。

12　同上。

13　胡燏棻：《因时变法力图自强并陈管见折》，张百熙：《和议虽成应急图自强并陈管见折》，徐桐：《奏为遵筹偿款兴利裁费补抽洋货加税等八条敬陈管见折》，同上。

14　廖寿丰：《变法有渐正本为先折》，同上。

15　宋庆：《治兵之要应黜虚文力求实用折》，谭钟麟：《遵旨筹议复陈折》，额勒精额：《遵议各处条陈时务就不可开铁路等敬陈管见折》，马丕瑶：《创巨痛深极宜乘时变计请召内外大臣振刷精神急筹补救之法折》，同上。

16　茅海建：《从甲午到戊戌》，第 105—106 页。

17　［日］中岛雄：《清国政变前后见闻一斑》，转引自孔祥吉、［日］村田雄二男：《从东瀛皇居到紫禁城：晚清中日关系史上的重要事件与人物》，广州：广东人民出版社，2011 年，第 378 页。

18　陈霞飞主编：《中国海关密档》第 6 卷，第 334 页。

19 《李鸿章致盛宣怀》，见上海图书馆历史文献研究所编：《盛宣怀档案名人手札选》，上海：复旦大学出版社，1999 年，第 29 页。

20 茅海建：《从甲午到戊戌》，第 129 页。

21 《梁启超年谱长编》，第 40 页。

22 孔祥吉：《晚清政治改革家的困境》，见《晚清史探微》，第 122，124 页。

23 《梁启超年谱长编》，第 48 页。

24 王伯恭：《蜷庐随笔·康有为》，见夏晓虹编：《追忆康有为》，第 238—239 页。

25 《梁启超年谱长编》，第 28 页。

26 戈公振：《中国报学史》，上海：上海三联书店，2014 年，第 13 页。

27 方汉奇：《中国新闻事业通史》，北京：中国人民大学出版社，1992 年，第 547 页。

28 ［美］魏定熙：《权力源自地位：北京大学、知识分子与中国政治文化，1898—1929》，张蒙译，南京：江苏人民出版社，2015 年，第 22 页。

29 茅海建：《从甲午到戊戌》，第 129、144 页。

30 方汉奇：《中国新闻事业通史》，第 544 页。

31 《梁启超年谱长编》，第 41 页。

32 同上，第 42 页。

33 北京出版社编：《徐世昌与韬养斋日记（戊戌篇）》，北京：北京出版社，2014 年，第 49 页。

34 《梁启超年谱长编》，第 42 页。

35 《汪大燮致汪康年》，见《汪康年师友书札》，第 710 页。

36 康有为：《割台行成后》，见《康有为全集》第 12 集，第 174 页。

37 ［英］李提摩太：《亲历晚清四十五年：李提摩太在华回忆录》，李宪堂、侯林莉译，天津：天津人民出版社，2011 年，第 12 页。

38 同上，第 139—144 页。

39 《赵昌凤上海来电》，转引自茅海建：《戊戌变法的另面："张之洞档案"阅读笔记》，北京：生活·读书·新知三联书店，2018 年，第 457 页。

40 ［英］麦肯齐：《泰西新史揽要》，［英］李提摩太、蔡尔康译，上海：上海书店出版社，2002 年，第 1 页。

41　［英］李提摩太:《亲历晚清四十五年》，第 214—215 页。

42　同上，第 238—239 页。

43　同上。

44　《梁启超年谱长编》，第 48 页。

45　《徐世昌与韬养斋日记（戊戌篇）》，第 50 页。

46　李佳白:《美国教士显考约翰府君行状》，转引自胡素萍:《李佳白与清末民初的中国社会》，广州:中山大学出版社，2009 年，第 14 页。

47　《林董公使致西园寺公望代理外相报告》，转引自茅海建:《从甲午到戊戌》，第 148 页。

48　［英］李提摩太:《亲历晚清四十五年》，第 239 页。

49　*North China Daily News*，1895 年 11 月 18 日。

50　汤志钧:《戊戌时期的学会和报刊》，台北:商务印书馆，1993 年，第 35 页。

51　同上，第 79—80 页。

52　《梁启超年谱长编》，第 42 页。

53　《汪大燮致汪康年》，见《汪康年师友书札》，第 720 页。

54　叶昌炽:《缘督庐日记钞》，见中国史学会主编:《戊戌变法》一，上海:上海人民出版社，1958 年，第 527 页。

55　杨崇伊:《京官创设强学会大干法禁据实纠参折》，转引自茅海建:《从甲午到戊戌》，第 146—147 页。

56　《汪大燮致汪康年》，见《汪康年师友书札》，第 721 页。

57　《吴樵致汪康年》，同上，第 472 页。

58　《林董公使致西园寺公望代理外相报告》，转引自茅海建:《从甲午到戊戌》，第 148 页。

59　《汪大燮致汪康年》，见《汪康年师友书札》，第 721—722 页。

60　汤志钧:《戊戌时期的学会和报刊》，第 127—128 页。

61　《林董公使致西园寺公望代理外相报告》，转引自茅海建:《从甲午到戊戌》，第 148 页。

62　［英］阿绮波得·立德:《亲密接触中国:我眼中的中国人》，杨柏等译，南京:南京出版社，2008 年，第 256 页。

63　《吴樵致汪康年》，见《汪康年师友书札》，第463页。

64　《梁启超年谱长编》，第41页。

65　梁启超：《蛰庵诗存序》，见孙淑彦：《曾习经先生年谱》，第75页。

66　同上，第85页。

67　《吴樵致汪康年》，见《汪康年师友书札》，第464页。

68　谭嗣同：《吴铁樵传》，见《谭嗣同全集》，北京：中华书局，1981年，
　　第258页。

69　《吴樵致汪康年》，见《汪康年师友书札》，第486页。

70　《梁启超年谱长编》，第48页。

71　谢国桢：《梁任公先生遗事（少年时代）》，见夏晓虹编：《追忆梁启超》，
　　北京：生活·读书·新知三联书店，2009年，第142页。

72　《梁启超年谱长编》，第47页。

73　欧阳予倩：《上欧阳瓣姜师书序》，见《谭嗣同全集》，第536页。

74　刘人熙：《琴旨申邱·旋宫第八》，转引自贾维：《谭嗣同与晚清士人交往
　　研究》，长沙：湖南大学出版社，2004年，第112页。

75　谭嗣同：《上欧阳中鹄》，见《谭嗣同全集》，第458页。

76　谭嗣同：《与唐绂丞书》，同上，第359页。

77　谭嗣同：《上欧阳中鹄书》，同上，第167—168页。

78　《1896年2月26日贾礼士的报告》，转引自贾维：《谭嗣同与晚清士人交
　　往研究》，第171页。

79　谭嗣同：《上欧阳中鹄》，见《谭嗣同全集》，第455页。

80　《翁同龢日记》第6卷，第2951页。据《翁同龢日记·附录：删改真
　　相》，翁同龢原作"杰出"，后改为"桀傲"，见《翁同龢日记》第8卷，
　　第3880页。

81　梁启超：《亡友夏穗卿先生》，见《梁启超全集》第17集，第320页。

82　谭嗣同：《上欧阳中鹄》，见《谭嗣同全集》，第461页。

83　《梁启超年谱长编》，第48页。

84　谭嗣同：《赠梁卓如诗四首》，见《谭嗣同全集》，第244页。

85　谭嗣同：《金陵听说法诗》，同上，第247页。

86　《戊戌变法文献资料系日》，第186页。

注　释

87 谭嗣同:《仁学》,见《谭嗣同全集》,第 356 页。

88 谭嗣同:《致刘淞芙》,同上,第 484 页。

89 《梁启超致汪康年》,见《汪康年师友书札》,第 1834 页。

90 《梁启超年谱长编》,第 41 页。

91 曾习经:《别任父》,见孙淑彦:《曾习经先生年谱》,第 75 页。

第八章 时务报

1 茅海建:《从甲午到戊戌》,第 157 页。

2 《康有为致徐勤、何树龄》,转引自汤志钧:《戊戌时期的学会和报刊》,
   第 129 页。

3 廖梅:《汪康年:从民权论到文化保守主义》,上海:上海古籍出版社,
   2001 年,第 43—44 页。

4 周善培:《旧雨鸿爪》,见《文史资料选辑》第 3 辑,北京:文史资料出版
   社,1985 年,第 99 页。

5 廖梅:《汪康年》,第 30 页。

6 周善培:《旧雨鸿爪》,见《文史资料选辑》第 3 辑,第 96 页。

7 〔加〕施吉瑞:《人境庐内:黄遵宪其人其诗考》,孙洛丹译,上海:上海
   古籍出版社,2010 年,第 16 页。

8 同上,第 13 页。

9 黄遵宪:《今别离》,见《黄遵宪集》,天津:天津人民出版社,2003 年,
   第 181 页。

10 《郑孝胥日记》,第 481 页。

11 Noriko Kamachi, *Reform in China: Huang Tsun-hsien and the Japanese Model*,
    Harvard University Asia Center, 1981, p.201.

12 康有为:《〈人境庐诗草〉序》,见《黄遵宪集》,第 77 页。

13 《郑孝胥日记》,第 468 页。

14 康有为:《〈人境庐诗草〉序》,见《黄遵宪集》,第 77—78 页。

15 魏明枢:《论黄遵宪对中日甲午战争的历史反思》,见中国史学会、中国

社会科学院近代史研究所编:《黄遵宪研究新论》，北京:社会科学文献出版社，2007年，第163页。

16　梁启超:《创办〈时务报〉源委》，见《梁启超全集》第1集，第463页。

17　《邹代钧致汪康年》，见《汪康年师友书札》，第2639、2648页。

18　《吴樵致汪康年》，同上，第467页。

19　《梁启超年谱长编》，第97页。

20　《汪大燮致汪康年》，见《汪康年师友书札》，第737、743页。

21　廖梅:《汪康年》，第45页。

22　《黄遵宪致汪康年》，见《汪康年师友书札》，第2331页。

23　《梁鼎芬致汪康年》，同上，第1895页。

24　《黄遵宪致汪康年》，同上，第2334—2336页。

25　《戊戌变法文献资料系日》，第203页。

26　高尔伊:《致汪康年书》，转引自汤志钧:《戊戌时期的学会和报刊》，第137页。

27　梁启超:《与康有为书》，同上，第132页。

28　廖梅:《汪康年》，第48页。

29　《梁启超致汪康年》，见《汪康年师友书札》，第1835—1840页。

30　廖梅:《汪康年》，第48—49页。

31　《论日本国势》，见中华书局编辑部编:《强学报·时务报》，北京:中华书局，1991年，第26页。

32　闾小波:《中国早期现代化中的传播媒介》，上海:上海三联书店，1995年，第170—171页。

33　《华盛顿全传叙》，见《强学报·时务报》，第53页。

34　梁启超:《论报馆有益于国事》，见《梁启超全集》第1集，第107页。

35　同上，第108页。

36　同上，第107—109页。

37　梁启超:《变法通议自序》，同上，第21—22页。

38　梁启超:《变法通议·论不变法之害》，同上，第23页。

39　《郑孝胥日记》，第568页。

40　《纪钜维致汪康年》，见《汪康年师友书札》，第1290—1291页。

41　《汪大燮致汪康年》，同上，第 746 页。

42　《邹代钧致汪康年》，同上，第 2655、2658—2659 页。

43　《吴樵致汪康年》，同上，第 500 页。

44　《钱恂致时务报馆电》，转引自茅海建：《戊戌变法的另面》，第 239 页。

45　张之洞：《咨行全省官销时务报札》，转引自汤志钧：《戊戌时期的学会和报刊》，第 169 页。

46　《强学报·时务报》，第 199 页。

47　沈国威：《近代中日词汇交流研究：汉字新词的创制、容受与共享》，北京：中华书局，2010 年，第 376 页。

48　《强学报·时务报》，第 199 页。

49　梁启超：《变法通议·论变法不知本原之害》，见《梁启超全集》第 1 集，第 29—31 页。

50　梁启超：《波兰灭亡记》，同上，第 110—111 页。

51　《强学报·时务报》，第 199 页。

52　朱至刚：《人脉与资金的聚合——从汪康年、黄遵宪合作看〈时务报〉的创立》，载《近代史研究》2011 年第 5 期。

53　梁启超：《变法通议·学校总论》，见《梁启超全集》第 1 集，第 34—53 页。

54　同上。

55　梁启超：《西学书目表》，参见陈启云：《梁启超与清末西方传教士之互动研究：传教士对于维新派影响的个案分析》，载《史学集刊》2006 年第 4 期。

56　梁启超：《论中国积弱由于防弊》，见《梁启超全集》第 1 集，第 121—124 页。

57　汪康年：《中国自强策》，转引自廖梅：《汪康年》，第 97—98 页。

58　曹聚仁：《文坛五十年》，北京：生活·读书·新知三联书店，2011 年，第 22 页。

59　高平叔：《蔡元培年谱长编》，第 98 页。

60　《中国论》，转引自闾小波：《中国早期现代化中的传播媒介》，第 156 页。

61　《梁启超年谱长编》，第 60—61 页。

62　谭嗣同：《上欧阳中鹄》《致汪康年》，见《谭嗣同全集》，第 468、502、470 页。

63　谭嗣同：《致汪康年》，同上，第 492—493 页。

64　《梁启超年谱长编》，第 57 页。

65　章太炎：《瑞安孙先生伤辞》《检论·对二宋》，转引自蒋海怒：《晚清政治与佛学》，上海：上海古籍出版社，2012 年，第 190 页。

66　《戊戌变法文献资料系日》，第 25 页。

67　胡珠生主编：《宋恕集》，北京：中华书局，1993 年，第 510 页。

68　邓大情：《广州与上海：近代小说中的商业都会》，上海：复旦大学出版社，2014 年，第 66 页。

69　《梁启超年谱长编》，第 57 页。

70　宋恕：《六字谋斋津谈》，夏曾佑：《致汪康年书》，转引自葛兆光：《西潮又东风》，上海：上海古籍出版社，2006 年，第 77—101、102—113 页。

71　杨文会：《观未来》《中国佛教振兴策》，转引自蒋海怒：《晚清政治与佛学》，第 81、85、89 页。

第九章　主笔

1　《梁启超致汪康年等》，见《汪康年师友书札》，第 1842 页。

2　梁启超：《创办〈时务报〉源委》，见《梁启超全集》第 1 集，第 464 页。

3　《黄遵宪致汪康年》，见《汪康年师友书札》，第 2333、2341 页。

4　《梁启超致汪康年等》，同上，第 1842—1843 页。

5　《梁启超致汪康年、汪诒年》，同上，第 1844 页。

6　《梁志文致汪康年》，同上，第 1826 页。

7　《梁启超致汪康年、汪诒年》，同上，第 1845 页。

8　同上。

9　冯自由：《革命逸史》，第 653 页。

10　《康门弟子述略》，第 144 页。

11　《梁启超致汪康年、汪诒年》，见《汪康年师友书札》，第 1843 页。

12 同上，第 1843—1845 页。

13 汤开建：《晚清澳门华人巨商何连旺家族事迹考述》，载《近代史研究》
2013 年第 1 期。

14 蒋贵麟：《康南海先生轶事》，见夏晓虹编：《追忆康有为》，第 157 页。

15 茅海建：《从甲午到戊戌》，第 197 页。

16 《梁启超致汪康年》，见《汪康年师友书札》，第 1846 页。

17 《梁启超致汪康年等》，同上，第 1848 页。

18 《强学报·时务报》，第 1030 页。

19 《邹代钧致汪康年》，见《汪康年师友书札》，第 2703 页。

20 《吴德潚致汪康年》，同上，第 413 页。

21 《吴樵致汪康年》，同上，第 523 页。

22 廖梅：《汪康年》，第 128 页。

23 《梁启超年谱长编》，第 55 页。

24 《汪康年师友书札》，第 413、2703、1321—1322 页。

25 同上，第 2347 页。

26 同上，第 2698、2870、1897、2683、1321 页。

27 梁启超：《变法通议·论幼学》，见《梁启超全集》第 1 集，第 60 页。

28 同上，第 58、68 页。

29 梁启超：《变法通议·论女学》，同上，第 76 页。

30 闾小波：《中国早期现代化中的传播媒介》，第 65—66 页。

31 《强学报·时务报》，第 1930 页。

32 潘光哲：《〈时务报〉和它的读者》，载《历史研究》2005 年第 5 期。

33 朱至刚：《人脉与资金的聚合》，载《近代史研究》2011 年第 5 期。

34 闾小波：《中国早期现代化中的传播媒介》，第 93、81 页。

35 同上，第 89—91 页。

36 《汪康年师友书札》，第 3577、1966 页。

37 潘光哲：《〈时务报〉和它的读者》，载《历史研究》2005 年第 5 期。

38 《汪康年师友书札》，第 1682、3391、1624、2889 页。

39 同上，第 1125 页。

40 包天笑：《钏影楼回忆录》，太原：山西古籍出版社，1999 年，第 189 页。

41 鲁迅:《朝花夕拾·琐记》,见《鲁迅全集》第 2 卷,北京:人民文学出版社,1973 年,第 405 页。

42 陈独秀:《实庵自传》,见任建树等编:《陈独秀著作选》第 3 卷,上海:上海人民出版社,1993 年,第 426 页。

43 闾小波:《中国早期现代化中的传播媒介》,第 118 页。

44 同上,第 12、4、16、21 页。

45 孙德鹏:《满地江湖吾尚在:章太炎与近代中国(1895—1916)》,桂林:广西师范大学出版社,2016 年,第 39 页。

46 《章太炎年谱长编》,第 24 页。

47 《谭嗣同致汪康年、梁启超》,见《汪康年师友书札》,第 3241—3242 页。

48 《黄遵宪致汪康年》,同上,第 2351 页。

49 《章太炎年谱长编》,第 24 页。

50 《钱恂致汪康年》,见《汪康年师友书札》,第 2999 页。

51 《对芥川龙之介的谈话》,见孙德鹏:《满地江湖吾尚在》,第 31 页。

52 《章太炎年谱长编》,第 25、22—23 页。

53 同上,第 25 页。

54 《梁启超年谱长编》,第 95 页。

55 《吴德潇致汪康年》,见《汪康年师友书札》,第 443 页。

56 《梁鼎芬致梁启超电》,转引自茅海建:《戊戌变法的另面》,第 240 页。

57 《梁启超致汪康年、麦孟华》,见《汪康年师友书札》,第 1841 页。

58 盛宣怀:《奏调人员片》,转引自茅海建:《戊戌变法的另面》,第 241 页。

59 《梁启超年谱长编》,第 55—56 页。

第十章　海上名士

1 《黄遵宪致汪康年》,见《汪康年师友书札》,第 2351 页。

2 〔美〕顾德曼:《家乡、城市和国家:上海的地缘网络与认同,1853—1937》,宋钻友译,上海:上海古籍出版社,2004 年,第 40 页。

3 《上海的人和事》,载《中国丛报》1850 年 2 月,转引自〔美〕顾德曼:

《家乡、城市和国家》，第 34 页。

4 ［美］卢汉超：《霓虹灯外：20 世纪初日常生活中的上海》，段炼等译，上海：上海古籍出版社，2004 年，第 31 页。

5 同上，第 278 页。

6 《上海的夜间与白天》，载《文汇报》1897 年，转引自［德］朗宓榭、［德］费南山主编：《呈现意义：晚清中国新学领域》，李永胜、李增田译，天津：天津人民出版社，2014 年，第 83 页。

7 胡思敬：《戊戌履霜录》，见《戊戌变法》一，第 373 页。

8 琼河庄客：《充实论》，载《时务报》第 67 册，转引自闾小波：《中国早期现代化中的传播媒介》，第 54 页。

9 《梁启超年谱长编》，第 57 页。

10 同上，第 56 页。

11 李华川：《晚清一个外交官的文化历程》，北京：北京大学出版社，2004 年，第 53 页。

12 石霓译注：《容闳自传》，上海：百家出版社，2003 年，第 288—289 页。

13 沈俊平：《晚清石印举业用书的生产与流通》，载《中国文化研究所学报》2013 年 6 月总第 57 期。

14 梁启超：《变法通议·论译书》，见《梁启超全集》第 1 集，第 81 页。

15 梁启超：《西学书目表》，见《梁启超全集》第 1 集，第 172 页。

16 《强学报·时务报》，第 638 页。

17 梁启超：《与康有为书》，见中国史学会主编：《戊戌变法》二，第 544—545 页。

18 孙应祥：《严复年谱》，福州：福建人民出版社，2014 年，第 37 页。

19 严复：《送陈彤卣归闽》，见《严复集》第 2 集，北京：中华书局，1985 年，第 361 页。

20 《严复集》第 3 集，第 514 页。

21 严复：《论世变之亟》，见《严复集》第 1 集，第 1—5 页。

22 《严复集》第 3 集，第 514 页。

23 同上，第 515 页。

24 梁启超：《与严幼陵先生书》，见《梁启超全集》第 19 集，第 533 页。

25　《梁启超年谱长编》，第 77 页。

26　梁启超：《与严幼陵先生书》，见《梁启超全集》第 19 集，第 532—536 页。

27　陈启云：《梁启超与清末西方传教士之互动研究》，载《史学集刊》2006
　　年第 4 期。

28　同上。

29　梁启超：《西学书目表》，见《梁启超全集》第 1 集，第 178 页。

30　梁启超：《论中国之将强》，同上，第 203 页。

31　同上，第 206—207 页。

32　［美］芮哲非：《谷腾堡在上海：中国印刷资本业的发展（1876—1937）》，
　　北京：商务印书馆，2014 年，第 142 页。

33　马忠文：《晚清人物与史事》，北京：北京师范大学出版社，2015 年，第
　　215—217 页。

34　同上，第 215 页。

35　《夏曾佑致汪康年》，见《汪康年师友书札》，第 1324 页。

36　汪诒年：《汪穰卿先生传记》，见章伯锋、顾亚主编：《近代稗海》第 12
　　辑，成都：四川人民出版社，1988 年，第 342 页。

37　张连科：《王国维与罗振玉》，天津：天津人民出版社，2002 年，第 25 页。

38　［日］宗方小太郎：《宗方小太郎日记》，甘慧杰译，上海：上海人民出版
　　社，2017 年，第 284 页。

39　［日］宗方小太郎：《中国大势之倾向》，见戚其章主编：《中日战争》第
　　6 册，北京：中华书局，1993 年，第 127—131 页。

40　廖梅：《汪康年》，第 159 页。

41　［日］宗方小太郎：《宗方小太郎日记》，第 384 页。

42　［日］古城贞吉：《沪上销夏录》，转引自沈国威：《近代中日词汇交流研
　　究》，第 389 页。

43　孙宝瑄：《忘山庐日记》，上海：上海古籍出版社，1983 年，第 100、88 页。

44　梁启超：《三十自述》，见《梁启超全集》第 4 集，第 109 页。

45　梁启超：《清代学术概论》，见《梁启超全集》第 10 集，第 287 页。

46　梁启超：《说群》，见《梁启超全集》第 1 集，第 196 页。

47　同上，第 199—200 页。

48 严复:《辟韩》,见《严复集》第 1 集,第 35 页。

49 黄遵宪:《日本杂事诗》,见《黄遵宪集》,第 48 页。

50 梁启超:《记东侠》,见《梁启超全集》第 1 集,第 258—260 页。

51 梁启超:《新民说·论进步》,见《梁启超全集》第 2 集,第 576 页。

52 张连科:《王国维与罗振玉》,第 25 页。

53 《路透电音》,载《时务报》第 10 册,转引自间小波:《中国早期现代化中的传播媒介》,第 162 页。

54 孙中山:《论中国内腐之弊病》,载《时务报》第 28 册;《论中国亟宜变法》,载《时务报》第 32 册。转引自间小波:《中国早期现代化中的传播媒介》,第 164—165 页。

55 《梁启超年谱长编》,第 71 页。

56 梁启超:《农学报序》,见《梁启超全集》第 1 集,第 188 页。

57 《谭嗣同致汪康年》,见《汪康年师友书札》,第 3238 页。

58 梁启超:《复刘古愚山长书》《与林迪臣太守书》,见《梁启超全集》第 19 集,第 344、298 页。

59 王仁俊:《民主驳义》,转引自汤志钧:《戊戌时期的学会和报刊》,第 447—448 页。

60 宋恕:《又复胡、童书》,见《宋恕集》,第 578 页。

61 《张元济致梁启超》,转引自汤志钧:《戊戌时期的学会和报刊》,第 515 页。

62 宋恕:《经世报叙例》,同上,第 513 页。

63 梁启超:《与吴季清书》,见《梁启超全集》第 19 集,第 457 页。

64 《梁启超年谱长编》,第 74 页。

65 《戊戌变法文献资料系日》,第 319 页。

66 《张謇致汪康年》,见《汪康年师友书札》,第 1804 页。

67 《谭嗣同致汪康年》,同上,第 3262 页。

68 《梁启超年谱长编》,第 100 页。

69 同上,第 74 页。

70 《梁启超致汪康年》,见《汪康年师友书札》,第 1831 页。

71 梁启超:《致盛宣怀书》,见《梁启超全集》第 19 集,第 384 页。

72 李开军:《陈三立年谱长编》,北京:中华书局,2014 年,第 403 页。

第十一章　在长沙

1　周善培:《谈梁任公》,见夏晓虹编:《追忆梁启超》,第 126 页。

2　《陈炽致汪康年》,见《汪康年师友书札》,第 2076—2077 页。

3　尤炳圻:《黄遵宪年谱》,见《戊戌变法》四,第 186 页。

4　《黄遵宪致汪康年》,见《汪康年师友书札》,第 2360 页。

5　《李维格致汪康年》,同上,第 579—581 页。

6　《黄遵宪致汪康年》,同上,第 2360 页。

7　《邹代钧致汪康年》,同上,第 2743 页。

8　《黄遵宪致汪康年》,同上,第 2840 页。

9　《谭嗣同致汪康年》,同上,第 3264—3265 页。

10　《梁启超致汪康年》,同上,第 1853 页。

11　康有为:《与赵曰生书》,见尹飞舟编:《湖南维新运动史料》,长沙:岳麓书社,2012 年,第 621 页。

12　《梁启超年谱长编》,第 87—88 页。

13　冯自由:《革命保皇两党之冲突(节录)》,见夏晓虹编:《追忆梁启超》,第 164 页。

14　梁启超:《论君政民政相嬗之理》,见《梁启超全集》第 1 集,第 265 页。

15　《梁启超致汪康年》,见《汪康年师友书札》,第 1849—1850 页。

16　《梁启超与伯严、秉山书》,见李开军:《陈三立年谱长编》,第 416 页。

17　熊希龄:《为时务学堂事上陈宝箴书》,见尹飞舟编:《湖南维新运动史料》,第 663 页。

18　《梁启超年谱长编》,第 87 页。

19　阳信生:《湖南近代绅士阶层研究》,长沙:岳麓书社,2010 年,第 364—365 页。

20　皮锡瑞:《师伏堂未刊日记选》,见尹飞舟编:《湖南维新运动史料》,第 674、678 页。

21　同上,第 680 页。

22　同上,第 682 页。

23　李开军:《陈三立年谱长编》,第 392 页。

24 罗志田:《道出于二:过渡时代的新旧之争》,北京:北京师范大学出版社,2014年,第39—40页。

25 〔美〕威廉·埃德加·盖洛:《中国十八省府》,沈弘等译,济南:山东画报出版社,2008年,第257页。

26 〔美〕裴士锋:《湖南人与现代中国》,黄中宪译,北京:社会科学文献出版社,2015年,第27—28页。

27 同上,第59、35、65—66页。

28 皮锡瑞:《师伏堂未刊日记选》,见尹飞舟编:《湖南维新运动史料》,第675—676页。

29 刘梦溪:《陈宝箴和湖南新政》,北京:故宫出版社,2012年,第17、21页。

30 李开军:《陈三立年谱长编》,第327页。

31 《田凫号航行记》,转引自桑兵:《晚清学堂学生与社会变迁》,桂林:广西师范大学出版社,2007年,第47页。

32 同上,第37页。

33 周秋光:《熊希龄与湖南维新运动》,载《近代史研究》1996年第2期。

34 郑大华主编:《湖南时务学堂研究》,北京:民主与建设出版社,2015年,第101—105页。

35 同上,第84—85页。

36 梁启超:《湖南时务学堂学约十章》,见《梁启超全集》第1集,第294—298页。

37 梁启超:《时务学堂功课详细章程》,同上,第410—413页。

38 唐才质:《湖南时务学堂略志》,见郑大华主编:《湖南时务学堂研究》,第138页。

39 《梁启超年谱长编》,第83页。

40 郑大华主编:《湖南时务学堂研究》,第150—152页。

41 黄宗羲:《明夷待访录·学校》,见《黄宗羲全集》,杭州:浙江古籍出版社,2012年,第9页。

42 何正标:《"扬州十日"真相:南明遗民王秀楚手记解析》,载《沧桑》2008年第1期。

43　梁启超:《学生问答若干条》,见尹飞舟编:《湖南维新运动史料》,第
　　46 页。

44　唐才质:《唐才常和时务学堂》,见郑大华主编:《湖南时务学堂研究》,
　　第 106 页。

45　唐才质:《追忆蔡松坡先生》,见《湖南文史资料选辑》,长沙:湖南人民
　　出版社,1981 年,第 97 页。

46　《梁启超年谱长编》,第 89 页。

47　《梁启超致汪康年》,见《汪康年师友书札》,第 1851、1853 页。

48　皮锡瑞:《师伏堂未刊日记选》,见尹飞舟编:《湖南维新运动史料》,第
　　681 页。

49　李开军:《陈三立年谱长编》,第 417 页。

50　皮锡瑞:《师伏堂未刊日记选》,见尹飞舟编:《湖南维新运动史料》,第
　　682—683 页。

51　谭嗣同:《与徐仁铸书》,见《谭嗣同全集》,第 270 页。

52　皮锡瑞:《师伏堂未刊日记选》,见尹飞舟编:《湖南维新运动史料》,第
　　684 页。

53　李开军:《陈三立年谱长编》,第 422—423 页。

54　梁启超:《湖南教育界之回顾》,见郑大华主编:《湖南时务学堂研究》,
　　第 349 页。

55　梁启超:《南学会叙》,见《梁启超全集》第 1 集,第 418—419 页。

56　同上,第 420 页。

57　梁启超:《戊戌政变记·湖南广东情形》,同上,第 622 页。

58　皮锡瑞:《师伏堂未刊日记选》,见尹飞舟编:《湖南维新运动史料》,第
　　686 页。

59　梁启超:《论湖南应办之事》,见《梁启超全集》第 1 集,第 433—439 页。

60　谭嗣同:《上陈右铭抚部书》,见《谭嗣同全集》,第 276—280 页。

61　《梁启超致汪康年》,见《汪康年师友书札》,第 1852 页。

62　皮锡瑞:《师伏堂未刊日记选》,见尹飞舟编:《湖南维新运动史料》,第
　　688 页。

63　《梁启超年谱长编》,第 93 页。

64　谭嗣同:《与徐仁铸书》,见《谭嗣同全集》,第269页。

65　《梁启超年谱长编》,第90页。

66　叶德辉:《致熊希龄》《与段伯猷茂才书》《致熊希龄》,见尹飞舟编:《湖南维新运动史料》,第877、857—858页。

67　皮锡瑞:《师伏堂未刊日记选》,同上,第689—690页。

68　同上,第703页。

69　唐才质:《追忆蔡松坡先生》,见《湖南文史资料选辑》,第97页。

70　《永明县何绍仙大令致时务学堂总教习托聘算学山长函》《平江县冼宝干大令致时务学堂梁院长书》,见尹飞舟编:《湖南维新运动史料》,第547—548、541—542页。

71　北京市档案馆编:《杨度日记(1896—1900)》,北京:新华出版社,2001年,第124、93页。

72　同上,第78—79页。

73　皮锡瑞:《师伏堂未刊日记选》,见尹飞舟编:《湖南维新运动史料》,第706页。

74　《师伏堂未刊日记选》《陈右铭大中丞讲义》《开讲盛仪》,同上,第707、379—381页。

75　谭嗣同:《南学会第二次讲义》,邹代钧:《南学会第二次讲义》,皮锡瑞:《师伏堂未刊日记选》,同上,第392—398、709页。

76　《梁启超年谱长编》,第102页。

77　《梁启超致汪康年》,见《汪康年师友书札》,第1853—1854页。

78　《梁启超年谱长编》,第107页。

79　皮锡瑞:《师伏堂未刊日记选》,见尹飞舟编:《湖南维新运动史料》,第711页。

第十二章　保国会

1　张连科:《王国维与罗振玉》,第28页。

2　[英]阿绮波德·立德:《亲密接触中国》,第258页。

3 《戊戌变法文献资料系日》，第 537 页。

4 同上，第 569 页。

5 刘光第：《自京师与自流井刘安怀堂书札》，见王夏刚：《戊戌军机四章京合谱》，第 145 页。

6 茅海建：《从甲午到戊戌》，第 211 页。

7 同上，第 223—224 页。

8 同上，第 228 页。

9 沃丘仲子：《近代名人小传》，转引自马忠文：《晚清人物与史事》，第 204 页。

10 茅海建：《从甲午到戊戌》，第 229—233 页。

11 马金华：《外债与晚清政局》，北京：社会科学文献出版社，2001 年，第 234 页。

12 ［澳］西里尔·珀尔：《北京的莫里循》，檀东鍟、窦坤译，福州：福建教育出版社，2003 年，第 122 页。

13 相蓝欣：《义和团战争的起源》，上海：华东师范大学出版社，2003 年，第 25、44 页。

14 ［德］海靖夫人：《德国公使夫人日记》，第 100 页。

15 蔡乐苏、张勇、王宪明：《戊戌变法史》，北京：清华大学出版社，2001 年，第 575—577 页。

16 《翁同龢日记》第 7 卷，第 3135 页。

17 茅海建：《从甲午到戊戌》，第 293、290 页。

18 康有为：《外衅危迫分割洊至宜及时发愤大誓臣工开制度新政局折》附《上清帝第六书》，见《康有为全集》第 4 集，第 11—20 页。

19 同上。

20 胡思敬：《戊戌履霜录》，见《戊戌变法》一，第 385 页。

21 叶德辉：《与刘端先、黄郁文两生书》，见尹飞舟编：《湖南维新运动史料》，第 862 页。

22 茅海建：《从甲午到戊戌》，第 357 页。

23 《戊戌变法文献资料系日》，第 581 页。

24 叶德辉：《与刘端先、黄郁文两生书》，见尹飞舟编：《湖南维新运动史料》，第 863 页。

25 《杨度日记》，第 85 页。

26 《梁启超年谱长编》，第 108 页。

27 胡思敬：《戊戌履霜录》，见《戊戌变法》一，第 374 页。

28 《张权上张之洞》，转引自茅海建：《戊戌变法的另面》，第 82 页。

29 《京城保国会题名记》，载《国闻报》光绪二十四年闰三月二十三日，转引自茅海建：《从甲午到戊戌》，第 361 页。

30 康有为：《京师保国会第一次集会演说》，见《康有为全集》第 4 集，第 57—59 页。

31 ［美］丁家立：《汉语改革》，见［美］谢念林等编译：《丁家立档案》，桂林：广西师范大学出版社，2015 年，第 165 页。

32 张一麐：《古红梅阁笔记》，转引自茅海建：《从甲午到戊戌》，第 366 页。

33 《保国会章程》，同上，第 362 页。

34 《梁启超年谱长编》，第 112 页。

35 《杨度日记》，第 87—88 页。

36 《梁启超年谱长编》，第 111 页。

37 《吴士礼自传》，见［日］石川祯浩：《中国近代历史的表与里》，袁广泉译，北京：北京大学出版社，2015 年，第 8 页。

38 《汪大燮致汪康年》，见《汪康年师友书札》，第 782 页。

39 《沈曾植年谱长编》，第 196 页。

40 孔祥吉：《康有为变法奏议研究》，第 175 页。

41 孙灏：《驳保国会议》，转引自茅海建：《从甲午到戊戌》，第 369 页。

42 潘庆澜：《请饬查禁保国会片》，李盛铎：《党会日盛宜防流弊折》，同上，第 370—372 页。

43 黄桂鋆：《禁止莠言以肃纲纪折》，同上，第 374 页。

44 《梁启超年谱长编》，第 113 页。

45 乔树枏：《续记保国会逆迹》，见《戊戌变法》四，第 418 页。

46 《汪大燮致汪康年》，见《汪康年师友书札》，第 775 页。

47 《梁启超年谱长编》，第 110 页。

48 皮锡瑞：《师伏堂未刊日记选》，见尹飞舟编：《湖南维新运动史料》，第

736 页。

49　《梁启超年谱长编》，第 110、114 页。

50　《戊戌变法文献资料系日》，第 659 页。

51　《梁启超年谱长编》，第 110 页。

52　同上，第 114 页。

53　《戊戌变法文献资料系日》，第 659 页。

54　同上，第 675 页。

55　《张謇致汪康年》，见《汪康年师友书札》，第 1805—1806 页。

56　皮锡瑞:《师伏堂未刊日记选》，见尹飞舟编:《湖南维新运动史料》，第 747 页。

57　《戊戌变法文献资料系日》，第 659 页。

58　同上，第 661 页。

59　《申报》光绪二十四年五月初九日，转引自茅海建:《戊戌变法的另面》，第 71 页。

60　胡思敬:《戊戌履霜录》，见《戊戌变法》一，第 358 页。

61　《戊戌变法文献资料系日》，第 664 页。

62　相蓝欣:《义和团战争的起源》，第 1 页。

63　《戊戌变法文献资料系日》，第 663—671，678 页。

第十三章　定国是诏

1　梁启超:《戊戌政变记》，见《梁启超全集》第 1 集，第 498 页。

2　《翁同龢日记》第 7 卷，第 3181 页。

3　同上。

4　张耀南等著:《戊戌百日志》，北京，北京燕山出版社，1998 年，第 1 页。

5　《翁同龢日记》第 7 卷，第 3181—3182 页。

6　《戊戌变法文献资料系日》，第 681 页。

7　同上，第 681、685 页。

8　《戊戌百日志》，第 18—21 页。

9　《戊戌变法文献资料系日》，第 686 页。

10　同上，第 686—687 页。

11　同上，第 686 页。

12　《戊戌百日志》，第 24—25 页。

13　《戊戌变法文献资料系日》，第 692 页。

14　恽毓鼎：《恽毓鼎澄斋日记》，第 159 页。

15　《戊戌变法文献资料系日》，第 692—699 页。

16　《罗·赫德来函》，见骆惠敏编、刘桂梁等译：《清末民初政情内幕：〈泰晤士报〉驻北京记者、袁世凯政治顾问乔·厄·莫里循书信集（1895—1912）》，北京：知识出版社，1986 年，第 105 页。

17　《艾·爱·贺壁理来函》，同上，第 107 页。

18　《窦纳乐致沙侯》，见《戊戌变法》三，第 543—545 页。

19　《戊戌变法文献资料系日》，第 699 页。

20　孔祥吉、［日］村田雄二郎：《罕为人知的中日结盟及其他》，成都：巴蜀书社，2004 年，第 253 页。

21　萧公权：《翁同龢与戊戌维新》，北京：中国人民大学出版社，2014 年，第 47 页。

22　《戊戌变法文献资料系日》，第 695、692 页。

23　张元济：《戊戌政变的回忆》，转引自茅海建：《戊戌变法史事考二集》，第 331 页。

24　《戊戌变法文献资料系日》，第 698 页。

25　同上，第 696—697 页。

26　张元济：《追述戊戌政变杂咏》《戊戌政变的回忆》，转引自茅海建：《戊戌变法史事考二集》，第 331，334—335 页。

27　《致沈曾植》，见张树年、张人凤编：《张元济书札》，北京：商务印书馆，1997 年，第 675 页。

28　叶昌炽：《缘督庐日记钞》，见《戊戌变法》一，第 528 页。

29　《梁启超年谱长编》，第 121 页。

30　同上。

31　苏继祖：《清廷戊戌朝变记》，见《戊戌变法》一，第 335 页。

32 《戊戌变法文献资料系日》，第 701、727 页。

33 同上，第 728 页。

34 梁启超：《戊戌政变记》，见《梁启超全集》第 1 集，第 501 页。

35 孙宝瑄：《忘山庐日记》，第 215 页。

36 茅海建：《从甲午到戊戌》，第 465 页。

37 《窦纳乐致沙侯》，见《戊戌变法》三，第 545—546 页。

38 《戊戌变法文献资料系日》，第 728 页。

39 同上，第 748 页。

40 同上，第 753 页。

41 汤志钧：《戊戌变法史论》，第 102 页。

42 《戊戌百日志》，第 98 页。

43 《梁启超年谱长编》，第 126 页。

44 孔祥吉：《晚清史探微》，第 157、161 页。

45 溥仪：《我的前半生》，北京：东方出版社，1999 年，第 48 页。

46 ［德］海靖夫人：《德国公使夫人日记》，第 159 页。

47 马忠文：《晚清人物与史事》，第 39 页。

48 《梁启超年谱长编》，第 127 页。

49 同上，第 121—122 页。

50 梁启超：《康广仁传》，张元济：《追述戊戌政变杂咏》，转引自茅海建：《从甲午到戊戌》，第 560 页。

51 《戊戌变法文献资料系日》，第 755 页。

52 李端棻：《刑部左侍郎李端棻奏请推广学校折》，转引自王晓秋主编：《戊戌维新与近代中国的改革：戊戌维新一百周年国际学术讨论会论文集》，北京：社会科学文献出版社，2000 年，第 240—242 页。

53 同上。

54 茅海建：《从甲午到戊戌》，第 514—515 页。

55 《总理衙门筹议京师大学堂章程》，见朱有瓛主编：《中国近代学制史料》，上海：华东师范大学出版社，1986 年，第 656—660 页。

56 皮锡瑞：《师伏堂未刊日记选》，见尹飞舟编：《湖南维新运动史料》，第 762 页。

57　孙应祥:《严复年谱》,第 108 页。

58　《张权上张之洞》,转引自茅海建:《戊戌变法的另面》,第 81 页。

59　《致沈曾植》,见《张元济书札》,第 676—677 页。

60　叶昌炽:《缘督庐日记钞》,见《戊戌变法》一,第 529 页。

61　《戊戌变法文献资料系日》,第 860、849 页。

62　茅海建:《梁启超〈变法通议〉进呈本阅读报告》,载《近代史研究》
　　2016 年第 6 期。

63　军机处《随手档》光绪二十四年六月二十三日,转引自茅海建:《从甲午
　　到戊戌》,第 450 页。

64　《致沈曾植》,见张树年、张人凤编:《张元济书札》,第 676 页。

65　罗振玉:《贞松老人遗稿》,见《戊戌变法》四,第 249—250 页。

66　《缪荃孙致汪康年》《张元济致汪康年》,见《汪康年师友书札》,第
　　3060、1738 页。

67　《戊戌变法文献资料系日》,第 758 页。

68　《李鸿章致李经方》,转引自茅海建:《从甲午到戊戌》,第 602 页。

69　《吴汝纶致李经迈》《吴汝纶致廉泉》,同上,第 529 页。

70　张謇:《啬翁自订年谱》,中岛雄:《清国政变前后见闻一斑》,文廷式:
　　《芸阁丛谈》,同上,第 560 页。

71　《张权上张之洞》,转引自茅海建:《戊戌变法的另面》,第 81 页。

72　《康有为致康同薇》,转引自茅海建:《从甲午到戊戌》,第 413 页。

73　《许筡庵尚书明白回奏折》,转引自茅海建:《戊戌变法的另面》,第 35 页。

74　《戊戌变法文献资料系日》,第 762—765 页。

75　茅海建:《从甲午到戊戌》,第 485—486 页。

76　苏继祖:《清廷戊戌朝变记》,见《戊戌变法》一,第 337—338 页。

77　同上,第 335 页。

78　《戊戌变法文献资料系日》,第 853 页。

79　同上,第 789 页。

80　同上,第 790 页。

81　茅海建:《戊戌变法的另面》,第 41、38、80、42 页。

82　《汪有龄致汪康年》《汤寿潜致汪康年》,见《汪康年师友书札》,第

1057、2214 页。

83　《邹代钧致汪康年》，同上，第 2756 页。

84　《戊戌变法文献资料系日》，第 791—792 页。

85　同上，第 789 页。

86　《汪大燮致汪康年》，见《汪康年师友书札》，第 787—788 页。

87　《戊戌变法文献资料系日》，第 813 页。

88　《康有为致汪康年》《狄葆贤致汪康年》，见《汪康年师友书札》，第
　　　1665、1152 页。

89　茅海建：《戊戌变法的另面》，第 273 页。

90　《梁启超年谱长编》，第 131—132 页。

91　茅海建：《戊戌变法的另面》，第 275—276 页。

92　严复：《〈时务报〉各告白书后》，见《严复集》第 2 册，第 492—495 页。

第十四章　咸与维新

1　谭嗣同：《延年会章程》，见《谭嗣同全集》，第 412 页。

2　刘梦溪：《陈宝箴和湖南新政》，第 118 页。

3　谭嗣同：《南学会第八次讲义》，见尹飞舟编：《湖南维新运动史料》，第
　　441—442 页。

4　谭嗣同：《读南海康工部有为条陈胶事折书后》，见《谭嗣同全集》，第 421 页。

5　陈寅恪：《寒柳堂集》，转引自贾小叶：《戊戌时期学术政治纷争研究：以
　　"康党"为视角》，北京：社会科学文献出版社，2017 年，第 178 页。

6　《邹代钧致汪康年》，见《汪康年师友书札》，第 2757 页。

7　谭嗣同：《上欧阳中鹄》二十二，见《谭嗣同全集》，第 475 页。

8　皮锡瑞：《师伏堂未刊日记选》，见尹飞舟编：《湖南维新运动史料》，第
　　736 页。

9　樊锥：《开诚篇》，见郑大华主编：《湖南时务学堂研究》，第 213 页。

10　易鼐：《中国宜以弱为强说》，见李开军：《陈三立年谱长编》，第 447 页。

11　刘梦溪：《陈宝箴和湖南新政》，第 137—138 页。

12 湘报馆:《复欧阳节吾舍人论报书》,见李开军:《陈三立年谱长编》,第447 页。

13 宾凤阳:《宾凤阳等上王益吾院长书》,王先谦等:《湘绅公呈》,见郑大华主编:《湖南时务学堂研究》,第 186—187 页。

14 谭嗣同:《上欧阳中鹄》二十,见《谭嗣同全集》,第 473 页。

15 《邹代钧致汪康年》,见《汪康年师友书札》,第 2756 页。

16 谭嗣同:《致李闰》一、《戊戌北上留别内子》,见《谭嗣同全集》,第530、284 页。

17 欧阳中鹄:《复艮生书》,转引自贾维:《谭嗣同与晚清士人交往研究》,第 303、317—318 页。

18 谭嗣同:《残句》,见《谭嗣同全集》,第 542 页。

19 谭嗣同:《致李闰》二,同上,第 531 页。

20 宋恕:《致孙仲凯书》,转引自贾维:《谭嗣同与晚清士人交往研究》,第318 页。

21 同上,第 319 页。

22 《戊戌变法文献资料系日》,第 884 页。

23 尚小明:《戊戌时期的端方》,转引自王晓秋主编:《戊戌维新与近代中国的改革》,第 759—762 页。

24 《戊戌变法文献资料系日》,第 884 页。

25 同上,第 901 页。

26 谭嗣同:《致李闰》三,见《谭嗣同全集》,第 531 页。

27 许姬传:《戊戌变法侧记》,载《文史杂志》1985 年第 1 期。

28 高平叔:《蔡元培年谱长编》,第 133 页。

29 周敏之:《王照研究》,长沙:湖南人民出版社,2003 年,第 2—8 页。

30 王照:《复江翊云兼谢丁文江书》,见夏晓虹编:《追忆梁启超》,第 155 页。

31 《张元济致汪康年》,见《汪康年师友书札》,第 1733 页。

32 郝平:《北京大学创办史实考源》,北京大学出版社,2008 年,第 128 页。

33 《戊戌变法文献资料系日》,第 892 页。

34 桑兵:《康梁并称的缘起与流变》,载《近代史研究》2013 年第 2 期。

35 黄遵宪:《致陈三立函》,见李开军:《陈三立年谱长编》,第 467 页。

36　汤志钧:《戊戌变法人物传稿》,北京:中华书局,1982 年。

37　辜鸿铭:《中国牛津运动故事》,见《辜鸿铭文集》,海口:海南出版社,
　　1996 年,第 329 页。

38　《戊戌变法文献资料系日》,第 904 页。

39　熊月之:《冯桂芬评传》,南京大学出版社,2004 年,第 269 页。

40　孔祥吉:《晚清知识分子的悲剧——从陈鼎和他的〈校邠庐抗议别论〉谈
　　起》,载《历史研究》1996 年第 6 期,第 66—76 页。

41　《杨锐致赵凤昌》,转引自茅海建:《戊戌变法的另面》,第 173 页。

42　苏继祖:《清廷戊戌朝变记》,见《戊戌变法》一,第 336 页。

43　陈夔龙:《梦蕉亭杂记》,同上,第 485 页。

44　恽毓鼎:《恽毓鼎澄斋日记》,第 167、161 页。

45　《窦纳乐致沙侯》,见《戊戌变法》三,第 547—548 页。

46　陈夔龙:《梦蕉亭杂记》,见《戊戌变法》一,第 485 页。

47　《戊戌百日志》,第 382—384 页。

48　《戊戌变法文献资料系日》,第 921—922,927—928 页。

49　《清国殉难六士传》,载《知新报》第 75 册,见王夏刚:《戊戌军机四章
　　京合谱》,第 192 页。

50　《书今上口谕军机章京谭嗣同语后》,见《戊戌变法》三,第 204 页。

51　梁启超:《戊戌政变记》,见《梁启超全集》第 1 集,第 538 页。

52　《戊戌变法文献资料系日》,第 928 页。

53　梁启超:《刘光第传》,见《梁启超全集》第 1 集,第 590 页。

54　周善培:《旧雨鸿爪忆光第》,见四川省政协文史资料委员会编:《文史资
　　料选辑》第 1 卷,成都:四川人民出版社,1996 年,第 27 页。

55　陈衍:《石遗室诗话》,见王夏刚:《戊戌军机四章京合谱》,第 151 页。

56　苏继祖:《清廷戊戌朝变记》,见《戊戌变法》一,第 340 页。

57　梁启超:《戊戌政变记》,见《梁启超全集》第 1 集,第 496 页。

58　康有为:《康南海自编年谱》,见《戊戌变法》四,第 157 页。

59　茅海建:《戊戌变法史事考》,第 233、241 页。

60　刘光第:《在京与厚弟书》,见《戊戌变法》二,第 571 页。

61　同上,第 570 页。

62 苏继祖:《清廷戊戌朝变记》,见《戊戌变法》一,第340页。

63 无闷居士:《思痛吟稿本》,见王夏刚:《戊戌军机四章京合谱》,第200页。

64 朱德裳:《三十年闻见录》,同上,第200—201页。

65 刘光第:《在京与厚弟书》,见《戊戌变法》二,第570页。

66 章太炎:《革命之道德》,转引自茅海建:《从甲午到戊戌》,第367页。

67 杨锐:《杨参政公家书》,见《戊戌变法》二,第572页。

68 茅海建:《戊戌变法史事考》,第252—253页。

69 《国闻报》光绪二十四年八月七日,见《戊戌变法》三,第412页。

70 杨锐:《杨参政公家书》,刘光第:《在京与厚弟书》,见《戊戌变法》二,
    第571—572页。

71 《戊戌变法文献资料系日》,第929页。

72 《合肥相国出总署述闻》《李鸿章致李经方》《林权助致大隈重信电》,转
    引自茅海建:《从甲午到戊戌》,第744页。

73 《戊戌变法文献资料系日》,第951—952页。

74 同上,第967页。

75 梁启超:《戊戌政变记》,见《梁启超全集》第1集,第526页。

76 宋伯鲁:《粤贼蔓延疆臣昏老悖谬阻抑新政乞严惩斥革折》,见《戊戌百
    日志》,第504页。

77 《郑孝胥日记》,第675—677页。

78 同上,第678页。

79 孙应祥:《严复年谱》,第109页。

80 同上,第109—110页。

81 《戊戌百日志》,第513页。

82 同上,第407页。

83 《致汪康年》,见《张元济书札》,第651—652页。

84 《杨参政公家书》,见《戊戌变法》二,第572页。

85 《戊戌百日志》,第425—431页。

86 同上,第486,495—496页。

87 同上,第484页。

88 《梁启超年谱长编》,第84页。

89 宋伯鲁:《请选通才以资顾问疏》，转引自茅海建:《康有为、梁启超所拟戊戌奏折之补篇:读宋伯鲁〈焚余草〉札记》，载《近代史研究》2011 年第 5 期。

第十五章　密谋

1 王照:《关于戊戌政变之新史料》，转引自茅海建:《从甲午到戊戌》，第 709 页。

2 译文载《中外日报》光绪二十四年九月初八日，同上，第 713 页。

3 茅海建:《戊戌变法史事考》，第 32、39 页。

4 《戊戌百日志》，第 412 页。

5 《郑孝胥日记》，第 675 页。

6 孙应祥:《严复年谱》，第 114 页。

7 《戊戌百日志》，第 516—518 页。

8 〔美〕路康乐:《满与汉:清末民初的族群关系与政治权力（1861—1928）》，王琴、刘润堂译，北京:中国人民大学出版社，2010 年，第 47 页。

9 老舍:《正红旗下》，北京:人民文学出版社，1980 年，第 35—36 页。

10 茅海建:《从甲午到戊戌》，第 712 页。

11 同上，第 731 页。

12 《徐世昌与韬养斋日记（戊戌篇）》，第 60 页。

13 《翁同龢日记》第 7 册，第 3151 页。

14 茅海建:《从甲午到戊戌》，第 727—728 页。

15 茅海建:《戊戌变法史事考》，第 50—51 页。

16 王照:《方家园杂咏二十首并记事》，转引自茅海建:《从甲午到戊戌》，第 729 页。

17 毕永年:《诡谋直纪》，见汤志钧:《乘桴新获:从戊戌到辛亥》，北京:北京师范大学出版社，2018 年，第 26 页。

18 《戊戌变法文献资料系日》，第 1019 页。

19 汤志钧:《戊戌变法人物传稿》，第 538 页。

20 梁启超:《戊戌政变记》,见《梁启超全集》第 1 集,第 547 页。

21 胡思敬:《戊戌履霜录》,高楷:《刘杨合传》,见王夏刚:《戊戌军机四章京合谱》,第 215 页。

22 黄彰健:《戊戌变法史研究》,上海:上海书店出版社,2007 年,第 530—531 页。

23 袁世凯:《戊戌日记》,见《戊戌变法》一,第 549 页。

24 《戊戌变法文献资料系日》,第 1017 页。

25 同上,第 1020 页。

26 毕永年:《诡谋直纪》,见汤志钧:《乘桴新获》,第 26—27 页。

27 黄彰健:《戊戌变法史研究》,第 530—531 页。

28 《戊戌变法文献资料系日》,第 1023 页。

29 同上,第 1026—1027 页。

30 《郑孝胥日记》光绪二十四年六月二十六日,转引自茅海建:《从甲午到戊戌》,第 766 页。

31 《李鸿章致李经方》,同上,第 751 页。

32 《松本记录·伊藤公爵清国巡回一件》,转引自茅海建:《戊戌变法史事考》,第 480 页。

33 《陈庆年致缪荃孙》,转引自茅海建:《从甲午到戊戌》,第 767 页。

34 《戊戌变法文献资料系日》,第 999 页。

35 《莫里循致瓦·姬乐尔》,见骆惠敏编:《清末民初政情内幕》,第 111—113 页。

36 〔日〕志村寿子:《戊戌变法与日本——甲午战后的日本报刊舆论》,王晓秋译,陈选校,见《国外中国近代史研究》第 7 辑,北京:中国社会科学出版社,1985 年,第 293—294 页。

37 伊藤博文:《游清纪语》,见汤志钧:《乘桴新获》,第 20—22 页。

38 胡思敬:《戊戌履霜录》,见王夏刚:《戊戌军机四章京合谱》,第 224 页。

39 〔德〕海靖夫人:《德国公使夫人日记》,第 53 页。

40 袁世凯:《戊戌日记》,见《戊戌变法》一,第 549—550 页。

41 〔美〕斯蒂芬·麦金农:《中华帝国晚期的权力与政治:袁世凯在北京与天津(1901—1908)》,牛秋实、于英红译,天津:天津人民出版社,

2013 年，第 16 页。

42　袁世凯:《戊戌日记》，见《戊戌变法》一，第 551—553 页。

43　袁克齐:《回忆父亲二三事》，见吴长翼编:《八十三天皇帝梦》，北京:
中国文史出版社，2016 年，第 69—70 页。

44　毕永年:《诡谋直纪》，见汤志钧:《乘桴新获》，第 28 页。

45　刘光第:《京师与厚弟书》，见王夏刚:《戊戌军机四章京合谱》，第 217 页。

46　《戊戌变法文献资料系日》，第 1031 页。

47　茅海建:《戊戌变法史事考》，第 83 页。

48　《戊戌百日志》，第 564—565 页。

49　《戊戌变法文献资料系日》，第 1036、1039 页。

50　同上，第 1043 页。

51　《中国的危机》，载《字林西报周刊》1898 年 10 月 7 日，见《戊戌变法》
三，第 512 页。

征引文献

书籍

1. 黄兴涛等编:《辜鸿铭文集》,海口:海南出版社,1996年。

2. 白继增:《北京宣南会馆拾遗》,北京:中国档案出版社,2011年。

3. 包天笑:《钏影楼回忆录》,太原:山西古籍出版社,1999年。

4. 北京出版社编:《徐世昌与韬养斋日记(戊戌篇)》,北京:北京出版社,2014年。

5. 北京市档案馆编:《杨度日记(1896—1900)》,北京:新华出版社,2001年。

6. 卜永坚、李林主编:《科场・八股・世变:光绪十二年丙戌科进士群体研究》,香港:中华书局,2015年。

7. 蔡尚思、方行编:《谭嗣同全集》,北京:中华书局,1981年。

8. 曹聚仁:《文坛五十年》,北京:生活・读书・新知三联书店,2011年。

9. 陈汉才:《康门弟子述略》,广州:广东高等教育出版社,1991年。

10. 陈霞飞主编:《中国海关密档:赫德、金登干函电汇编(1874—1907)》,北京:中华书局,1995年。

11. 程美宝:《地域文化与国家认同:晚清以来"广东文化"观的形成》,北京：生活·读书·新知三联书店，2006 年。

12. 戴东阳：《晚清驻日使团与甲午战前的中日关系（1876—1894）》，北京：社会科学文献出版社，2012 年。

13. 邓大情：《广州与上海：近代小说中的商业都会》，上海：复旦大学出版社，2014 年。

14. 丁文江、赵丰田编：《梁启超年谱长编》，上海：上海人民出版社，1983 年。

15. 方汉奇：《中国新闻事业通史》，北京：中国人民大学出版社，1992 年。

16. 冯自由：《革命逸史》，北京：新星出版社，2009 年。

17. 高平叔：《蔡元培年谱长编》，北京：人民教育出版社，1999 年。

18. 戈公振：《中国报学史》，上海：上海三联书店，2014 年。

19. 葛兆光：《西潮又东风》，上海：上海古籍出版社，2006 年。

20. 郝平：《北京大学创办史实考源》，北京：北京大学出版社，2008 年。

21. 胡素萍：《李佳白与清末民初的中国社会》，广州：中山大学出版社，2009 年。

22. 胡珠生主编：《宋恕集》，北京：中华书局，1993 年。

23. 黄濬：《花随人圣庵摭忆》，北京：中华书局，2013 年。

24. 黄彰健：《戊戌变法史研究》，上海：上海书店出版社，2007 年。

25. 吉辰：《昂贵的和平：中日马关议和研究》，北京：生活·读书·新知三联书店，2014 年。

26. 贾维：《谭嗣同与晚清士人交往研究》，长沙：湖南大学出版社，2004 年。

27. 贾小叶：《戊戌时期学术政治纷争研究：以"康党"为视角》，北京：社会科学文献出版社，2017 年。

28. 姜鸣：《龙旗飘扬的舰队：中国近代海军兴衰史》，北京：生活·读书·新知三联书店，2014 年。

29. 姜义华、张荣华编校：《康有为全集》，北京：中国人民大学出版社，2007 年。

30. 姜义华、张荣华编：《万木草堂口说》，北京：中国人民大学出版社，2010 年。

31. 蒋海怒：《晚清政治与佛学》，上海：上海古籍出版社，2012 年。

32. 蒋建国：《广州消费文化与社会变迁：1800—1911》，广州：广东人民出版社，2006 年。

33. 孔祥吉：《晚清史探微》，成都：巴蜀书社，2001 年。

34. 孔祥吉：《清人日记研究》，广州：广东人民出版社，2008 年。

35. 孔祥吉、〔日〕村田雄二郎:《罕为人知的中日结盟及其他》,成都:巴蜀书社,2004年。

36. 孔祥吉、〔日〕村田雄二男:《从东瀛皇居到紫禁城:晚清中日关系史上的重要事件与人物》,广州:广东人民出版社,2011年。

37. 李国钧主编:《中国书院史》,长沙:湖南教育出版社,1994年。

38. 李华川:《晚清一个外交官的文化历程》,北京:北京大学出版社,2004年。

39. 李开军:《陈三立年谱长编》,北京:中华书局,2014年。

40. 劳祖德整理:《郑孝胥日记》,北京:中华书局,1993年。

41. 老舍:《正红旗下》,北京:人民文学出版社,1980年。

42. 廖梅:《汪康年:从民权论到文化保守主义》,上海:上海古籍出版社,2001年。

43. 刘成禺:《世载堂杂忆》,沈阳:辽宁教育出版社,1997年。

44. 刘大鹏:《退想斋日记》,乔志强标注,太原:山西人民出版社,1990年。

45. 刘海峰编:《中国科举文化通志》,武汉:武汉大学出版社,2015年。

46. 刘梦溪:《陈宝箴和湖南新政》,北京:故宫出版社,2012年。

47. 楼宇烈整理:《康南海自编年谱》,北京:中华书局,1992年。

48. 鲁迅先生纪念委员会编:《鲁迅全集》,北京:人民文学出版社,1973年。

49. 罗检秋:《新会梁氏:梁启超家族的文化史》,北京:中国人民大学出版社,1999年。

50. 罗志田:《道出于二:过渡时代的新旧之争》,北京:北京师范大学出版社,2014年。

51. 骆惠敏编、刘桂梁等译:《清末民初政情内幕:〈泰晤士报〉驻北京记者、袁世凯政治顾问乔·厄·莫里循书信集(1895—1912)》,北京:知识出版社,1986年。

52. 间小波:《中国早期现代化中的传播媒介》,上海:上海三联书店,1995年。

53. 马金华:《外债与晚清政局》,北京:社会科学文献出版社,2001年。

54. 马忠文:《晚清人物与史事》,北京:北京师范大学出版社,2015年。

55. 茅海建:《戊戌变法史事考》,北京:生活·读书·新知三联书店,2005年。

56. 茅海建:《戊戌变法史事考二集》,北京:生活·读书·新知三联书店,2011年。

57. 茅海建:《从甲午到戊戌:康有为〈我史〉笺注》,北京:生活·读书·新知三联书店,2009 年。

58. 茅海建:《戊戌变法的另面:"张之洞档案"阅读笔记》,北京:生活·读书·新知三联书店,2018 年。

59. 庞坚点校:《张之洞诗文集》,上海:上海古籍出版社,2008 年。

60. 蒲松龄:《聊斋志异》,北京:中华书局,2015 年。

61. 溥仪:《我的前半生》,北京:东方出版社,1999 年。

62. 戚其章编:《中日战争》,北京:中华书局,1989 年。

63. 钱穆:《中国近三百年学术史》,北京:商务印书馆,1997 年。

64. 清华大学历史系编:《戊戌变法文献资料系日》,上海:上海书店出版社,1998 年。

65. 任建树等编:《陈独秀著作选》,上海:上海人民出版社,1993 年。

66. 商衍鎏:《清代科举考试述录》,北京:故宫出版社,2014 年。

67. 上海图书馆历史文献研究所编:《盛宣怀档案名人手札选》,上海:复旦大学出版社,1999 年。

68. 桑兵:《晚清学堂学生与社会变迁》,桂林:广西师范大学出版社,2007 年。

69. 沈国威:《近代中日词汇交流研究:汉字新词的创制、容受与共享》,北京:中华书局,2010 年。

70. 石霓译注:《容闳自传》,上海:百家出版社,2003 年。

71. 石泉:《甲午战争前后之晚清政局》,北京:生活·读书·新知三联书店,1997 年。

72. 四川省政协文史资料委员会编:《文史资料选辑》第 1 卷,成都:四川人民出版社,1996 年。

73. 宋巧燕:《诂经精舍与学海堂两书院的文学教育研究》,济南:齐鲁书社,2012 年。

74. 孙宝瑄:《忘山庐日记》,上海:上海古籍出版社,1983 年。

75. 孙德鹏:《满地江湖吾尚在:章太炎与近代中国(1895—1916)》,桂林:广西师范大学出版社,2016 年。

76. 孙青:《晚清之"西政"东渐及本土回应》,上海:上海书店出版社,2009 年。

77. 孙应祥:《严复年谱》,福州:福建人民出版社,2014 年。

78. 汤志钧:《戊戌变法人物传稿》,北京:中华书局,1982 年。

79. 汤志钧:《戊戌时期的学会和报刊》,台北:商务印书馆,1993 年。

80. 汤志钧:《乘桴新获:从戊戌到辛亥》,北京:北京师范大学出版社,2018 年。

81. 汤志钧、汤仁泽编:《梁启超全集》,北京:中国人民大学出版社,2018 年。

82. 桐城市博物馆主编:《桐城明清散文选》,合肥:安徽美术出版社,2011 年。

83. 王栻主编:《严复集》,北京:中华书局,1985 年。

84. 王晓秋主编:《戊戌维新与近代中国的改革:戊戌维新一百周年国际学术讨论会论文集》,北京:社会科学文献出版社,2000 年。

85. 翁万戈整理:《翁同龢日记》,上海:中西书局,2011 年。

86. 吴长翼编:《八十三天皇帝梦》,北京:中国文史出版社,2016 年。

87. 吴光主编:《黄宗羲全集》,杭州:浙江古籍出版社,2012 年。

88. 吴剑杰编著:《张之洞年谱长编》,上海:上海交通大学出版社,2009 年。

89. 吴振清、徐勇、王家祥编校整理:《黄遵宪集》,天津:天津人民出版社,2003 年。

90. 夏东元编著:《盛宣怀年谱长编》,上海:上海交通大学出版社,2004 年。

91. 夏晓虹编:《追忆康有为》,北京:生活·读书·新知三联书店,2009 年。

92. 夏晓虹编:《追忆梁启超》,北京:生活·读书·新知三联书店,2009 年。

93. 相蓝欣:《义和团战争的起源》,上海:华东师范大学出版社,2003 年。

94. 萧公权:《翁同龢与戊戌维新》,北京:中国人民大学出版社,2014 年。

95. 熊月之:《冯桂芬评传》,南京:南京大学出版社,2004 年。

96. 许全胜:《沈曾植年谱长编》,北京:中华书局,2007 年。

97. 阎湘译注:《中法中日战争诗文选译》,成都:巴蜀书社,1997 年。

98. 阳信生:《湖南近代绅士阶层研究》,长沙:岳麓书社,2010 年。

99. 尹飞舟编:《湖南维新运动史料》,长沙:岳麓书社,2012 年。

100. 张桂丽:《李慈铭年谱》,上海:上海古籍出版社,2016 年。

101. 张謇研究中心等编:《张謇全集》,南京:江苏古籍出版社,1994 年。

102. 张连科:《王国维与罗振玉》,天津:天津人民出版社,2002 年。

103. 张树年、张人凤编:《张元济书札》,北京:商务印书馆,1997 年。

104. 张耀南等著:《戊戌百日志》,北京,北京燕山出版社,1998 年。

105. 张仲礼:《中国绅士:关于其在 19 世纪中国社会中作用的研究》,李荣昌译，上海：上海社会科学院出版社，1991年。

106. 章伯锋、顾亚主编：《近代稗海》第12辑，成都：四川人民出版社，1988年。

107. 郑大华主编：《湖南时务学堂研究》，北京：民主与建设出版社，2015年。

108. 郑曦原编：《帝国的回忆：〈纽约时报〉晚清观察记》，北京：生活·读书·新知三联书店，2001年。

109. 中国人民政治协商会议全国委员会文史资料研究委员会编：《文史资料选辑》第3辑，北京：文史资料出版社，1985年。

110. 中国社会科学院近代史研究所编：《国外中国近代史研究》第7辑，北京：中国社会科学出版社，1985年。

111. 中国史学会主编：《戊戌变法》，上海：上海人民出版社，1958年。

112. 中国史学会、中国社会科学院近代史研究所编：《黄遵宪研究新论》，北京：社会科学文献出版社，2007年。

113. 中华书局编辑部编：《强学报·时务报》，北京：中华书局，1991年。

114. 周敏之：《王照研究》，长沙：湖南人民出版社，2003年。

115. 朱有瓛主编：《中国近代学制史料》，上海：华东师范大学出版社，1986年。

116. ［澳］西里尔·珀尔：《北京的莫里循》，檀东鍟、窦坤译，福州：福建教育出版社，2003年。

117. ［德］福兰阁：《两个世界的回忆：个人生命的旁白》，［德］傅复生编，欧阳甦译，北京：社会科学文献出版社，2014年。

118. ［德］海靖夫人：《德国公使夫人日记》，福州：福建教育出版社，2012年。

119. ［德］朗宓榭、［德］费南山主编：《呈现意义：晚清中国新学领域》，李永胜、李增田译，天津：天津人民出版社，2014年。

120. ［法］伊凡：《广州城内：法国公使随员1840年代广州见闻录》，张小贵、杨向艳译，广州：广东人民出版社，2008年。

121. ［加］施吉瑞：《人境庐内：黄遵宪其人其诗考》，孙洛丹译，上海：上海古籍出版社，2010年。

122. ［美］艾尔曼：《经学、政治和宗族：中华帝国晚期常州今文学派研究》，赵刚译，南京：江苏人民出版社，2005年。

123. ［美］包筠雅：《文化贸易：清代至民国时期四堡的书籍交易》，刘永华、饶佳荣等译，北京：北京大学出版社，2015年。

124. ［美］顾德曼：《家乡、城市和国家：上海的地缘网络与认同，1853—1937》，宋钻友译，上海：上海古籍出版社，2004 年。

125. ［美］何德兰：《慈禧与光绪：中国宫廷中的生存游戏》，汪春译，北京：中华书局，2004 年。

126. ［美］凯瑟琳·卡尔：《美国女画师的清宫回忆》，王和平译，北京：故宫出版社，2011 年。

127. ［美］卢汉超：《霓虹灯外：20 世纪初日常生活中的上海》，段炼等译，上海：上海古籍出版社，2004 年。

128. ［美］路康乐：《满与汉：清末民初的族群关系与政治权力（1861—1928）》，王琴、刘润堂译，北京：中国人民大学出版社，2010 年。

129. ［美］马立博：《虎、米、丝、泥：帝制晚期华南的环境与经济》，王玉茹、关永强译，南京：江苏人民出版社，2012 年。

130. ［美］马里乌斯·詹森主编：《剑桥日本史》，王翔译，杭州：浙江大学出版社，2014 年。

131. ［美］麦哲维：《学海堂与晚清岭南学术文化》，沈正邦译，广州：广东人民出版社，2018 年。

132. ［美］裴士锋：《湖南人与现代中国》，黄中宪译，北京：社会科学文献出版社，2015 年。

133. ［美］芮哲非：《谷腾堡在上海：中国印刷资本业的发展（1876—1937）》，北京：商务印书馆，2014 年。

134. ［美］斯蒂芬·麦金农：《中华帝国晚期的权力与政治：袁世凯在北京与天津（1901—1908）》，牛秋实、于英红译，天津：天津人民出版社，2013 年。

135. ［美］魏定熙：《权力源自地位：北京大学、知识分子与中国政治文化，1898—1929》，张蒙译，南京：江苏人民出版社，2015 年。

136. ［美］威廉·埃德加·盖洛：《中国十八省府》，沈弘等译，济南：山东画报出版社，2008 年。

137. ［美］谢念林等编译：《丁家立档案》，桂林：广西师范大学出版社，2015 年。

138. ［清］林星章修，黄培芳等纂：《新会县志》，台北：成文出版社，1966 年。

139. ［清］恽毓鼎：《恽毓鼎澄斋日记》，史晓风整理，杭州：浙江古籍出版社，2004 年。

140. ［日］石川祯浩:《中国近代历史的表与里》,袁广泉译,北京:北京大学出版社,2015年。

141. ［日］岩井尊人笔记,陈鹏仁译著:《林权助回忆录》,台北:致良出版社,2015年。

142. ［日］伊原泽周:《从"笔谈外交"到"以史为鉴":中日近代关系史探研》,北京:中华书局,2003年。

143. ［日］原田敬一:《日清、日俄战争》,徐静波译,香港:香港中和出版有限公司,2016年。

144. ［日］宗方小太郎:《宗方小太郎日记》,甘慧杰译,上海:上海人民出版社,2017年。

145. ［英］阿绮波得·立德:《亲密接触中国:我眼中的中国人》,杨柏等译,南京:南京出版社,2008年。

146. ［英］李提摩太:《亲历晚清四十五年:李提摩太在华回忆录》,李宪堂、侯林莉译,天津:天津人民出版社,2011年。

147. ［英］麦肯齐:《泰西新史揽要》,李提摩太、蔡尔康译,上海:上海书店出版社,2002年。

148. ［英］施美夫:《五口通商城市游记》,温时幸译,北京:北京图书馆出版社,2007年。

149. ［英］斯坦利·莱恩—普尔、弗雷德里克·维克多·狄更斯:《巴夏礼在中国》,金莹译,桂林:广西师范大学出版社,2008年。

150. ［英］约翰·濮兰德:《李鸿章传》,张启耀译,天津:天津人民出版社,2008年。

151. Helen F Siu, *Agents and Victims in South China,* Yale University Press, 1989.

152. Noriko Kamachi, *Reform in China: Huang Tsun-hsien and the Japanese Model,* Harvard University Asia Center, 1981.

153. W. G. Beasley, *Japanese Imperialism 1894–1945,* Oxford: Clarendon Press, 1987.

论文

1. 蔡杰:《晚清石印举业用书的营销与流通》,载《江汉论坛》2014年第9期。

2. 陈启云:《梁启超与清末西方传教士之互动研究:传教士对于维新派影响的个案分析》,载《史学集刊》2006年第4期。

3. 戴胜德:《粤讴与粤语诗词》,载《羊城晚报》2013年11月16日。

4. 董蔡时、王建华:《论甲午战争时期帝党和言官的"倒李"斗争》,载《清史研究》1994年第4期。

5. 何正标:《"扬州十日"真相:南明遗民王秀楚手记解析》,载《沧桑》2008年第1期。

6. 孔祥吉:《晚清知识分子的悲剧——从陈鼎和他的〈校邠庐抗议别论〉谈起》,载《历史研究》1996年第6期。

7. 李敬:《甲午战争期间的〈字林沪报〉舆论》,华东师范大学硕士论文,2006年。

8. 茅海建:《康有为、梁启超所拟戊戌奏折之补篇:读宋伯鲁〈焚余草〉札记》,载《近代史研究》2011年第5期。

9. 茅海建:《梁启超〈变法通议〉进呈本阅读报告》,载《近代史研究》2016年第6期。

10. 潘光哲:《〈时务报〉和它的读者》,载《历史研究》2005年第5期。

11. 彭丹:《论清代广州十三行商人对岭南文化的贡献》,暨南大学2006年硕士毕业论文。

12. 权赫秀:《马相伯在朝鲜的顾问活动(1882年11月—1884年4月)》,载《近代史研究》2003年第3期。

13. 桑兵:《康梁并称的缘起与流变》,载《近代史研究》2013年第2期。

14. 沈俊平:《晚清石印举业用书的生产与流通:以1880—1905年的上海民营石印书局为中心的考察》,载《中国文化研究所学报》2013年6月总第57期。

15. 谭雅伦:《落叶归根(摘译):新会1893年义冢札记》,舒奋译,载《五邑大学学报(社会科学版)》2001年第2期。

16. 汤开建:《晚清澳门华人巨商何连旺家族事迹考述》,载《近代史研究》2013年第1期。

17. 汪叔子、王凡:《〈公车上书记〉刊销真相:戊戌变法史考论之二》,载《江西社会科学》1990年第4期。

18. 许姬传:《戊戌变法侧记》,载《文史杂志》1985年第1期。

19. 杨国强:《甲午乙未之际:清流的重起和剧变》,载《中华文史论丛》2013年第2期。

20. 杨天石:《梁启超为康有为弭祸:近世名人未刊函电过眼录》,载《光明日报》2003年7月8日。

21. 叶显恩、周兆晴:《广东航运业的近代化》,载《珠江经济》2008年第11期。

22. 尤育号:《黄体芳社会交游考察》,载《温州大学学报·社会科学版》2009年第5期。

23. 张海荣:《甲午战后改革大讨论考述》,载《历史研究》2010年第4期。

24. 张海荣:《〈公车上书记〉作者沪上哀时老人未还氏究竟是谁》,载《清史研究》2011年第2期。

25. 张海荣:《晚清举人邱菽园对"公车上书"的两次追忆》,载《历史档案》2014年第1期。

26. 周秋光:《熊希龄与湖南维新运动》,载《近代史研究》1996年第2期。

27. 朱至刚:《人脉与资金的聚合——从汪康年、黄遵宪合作看〈时务报〉的创立》,载《近代史研究》2011年第5期。

28. 〔美〕艾尔曼:《学海堂与今文经学在广州的兴起》,车行健译,载《湖南大学学报（社会科学版）》2006年第2期。

人名索引

致 谢

"倘若剽窃一本书，人们谴责你为文抄公；然而倘若你剽窃十本书，人们会认为你是学者；倘若你剽窃三十本书，则是位杰出的学者。"在阿莫司·奥兹迷人的回忆录中，我读到这句话。

写作这本书的三年中，它常给我慰藉。对于一个微电子专业的毕业生，完成一本带有注释的历史著作，实在是个冒昧、令人不安的尝试。近代中国过分庞杂的史料与线索，仿若一片不断深入的密林，令我试图抓住每一位偶尔路过的向导之手。我经常担心自己不是在引用，而是剽窃。

茅海建先生对于康有为与戊戌变法的研究，为我提供了本书重要篇章的主线，我偶尔不免觉得，自己不过是将他繁多的注释演变成叙事，并增加了一点情感色彩。汤志钧先生对学会报刊的考证，葛兆光先生的思想史研究，罗志田先生对湖南维新派的分析，马忠文先生对于康党、张荫桓的考证，让我受益良多。在闲聊中，马勇先生大胆猜想了历史的另一种可能，丰富了我对历史情境的感受。本书的注释，显示出众多研究者对我的影响。因为引用的书籍远超三十本，有时我心中还生出这已是一部杰作的幻觉。

我的朋友于威、谭徐锋、孟凡礼阅读了初稿，给出修改意见，徐添与克惠参与资料查证。徐家宁先生提供了部分图片资料。二民与海玉的修缮，令本书增色。董秀玉女士促成了它的最终出版。我把最深的感激给予编辑马希哲，三年来，他从未放弃对我的信心，尽管显得盲目，但正是他的鼓舞与编辑，这本书得已成形。

最后，我要对周小姐表达特别的谢意。十多年前，正是她的一项提议令我对传记写作产生兴趣，也是她令我清晰地意识到，用世界眼光观察中国之必要。

至于书中的失误，不管是行文还是注释，都缘于我个人。因为学术训练与耐心的双重不足，我甚至完全遗忘了一些引文出自何处。

2019 年 3 月

多亏旖旎的耐心付出，修订版以新的面貌出现。凡礼再次给出了建议，山川设计了新封面。广西师大的同仁文辉、晓燕、郑伟不吝支持，一并感谢。

2024 年 12 月

梁启超：维新 1873—1898

LIANGQICHAO: WEIXIN 1873—1898

图书在版编目 (CIP) 数据

梁启超：维新：1873—1898 / 许知远著 . -- 桂林：
广西师范大学出版社，2025.9（2025.11 重印）. -- ISBN
978-7-5598-7661-4

Ⅰ. B259.15

中国国家版本馆 CIP 数据核字第 2025JG3132 号

广西师范大学出版社出版发行

广西桂林市五里店路 9 号　邮政编码：541004
网址：http://www.bbtpress.com

出　版　人：黄轩庄

责任编辑：郑　伟

营销编辑：丁　辉　张依婷

装帧设计：山川制本 WORKSHOP

内文制作：张　佳

全国新华书店经销

发行热线：010-64284815

山东京沪印刷科技有限公司印刷

山东省淄博市桓台县桓台大道西首　邮政编码：256401

开本：889mm×1194mm　1/32

印张：15.375　　字数：260 千

2025 年 9 月第 1 版　2025 年 11 月第 2 次印刷

定价：88.00 元

如发现印装质量问题，影响阅读，请与出版社发行部门联系调换。